四川革命老区发展研究

（第五辑）

编委成员　何先成　杜成辉
蒲小梅　周春艳
顾　　问　王成端
主　　编　刁永锋
执行主编　刘长江
副 主 编　孙　杰

西南交通大学出版社
·成　都·

图书在版编目（CIP）数据

四川革命老区发展研究. 第五辑 / 刁永峰主编. —
成都：西南交通大学出版社，2019.3
ISBN 978-7-5643-6710-7

Ⅰ. ①四… Ⅱ. ①刁… Ⅲ. ①区域经济发展 – 研究 –
四川②社会发展 – 研究 – 四川 Ⅳ. ①F127.71

中国版本图书馆 CIP 数据核字（2018）第 291344 号

SICHUAN GEMING LAOQU FAZHAN YANJIU DI WU JI

四川革命老区发展研究
（第五辑）

主编 刁永峰

责任编辑 张慧敏
封面设计 原谋书装

印张 17.25 字数 366千
成品尺寸 185 mm × 260 mm
版次 2019年3月第1版
印次 2019年3月第1次
印刷 成都蜀雅印务有限公司
书号 ISBN 978-7-5643-6710-7

出版发行 西南交通大学出版社
网址 http://www.xnjdcbs.com
地址 四川省成都市金牛区二环路北一段111号
西南交通大学创新大厦21楼
邮政编码 610031
发行部电话 028-87600564 028-87600533
定价 88.00元

课件咨询电话：028-87600533

前　言

《四川革命老区发展研究》（第五辑）是四川革命老区发展研究中心主办的学术文集，是致力于革命老区发展研究的专家学者集体研究成果。

本辑收录的19篇论文和调研报告，是从四川革命老区发展研究中心近两年课题结项成果中遴选出来的。这些研究成果涉及的内容十分广泛，包括老区经济社会发展研究、红色文化与经济开发研究，精准扶贫下的老区发展研究、老区社会建设研究、区域经济与城市发展研究，革命老区历史问题研究等，这些成果凝聚了各地专家学者的智慧。许多研究成果有较强的针对性和实用性，并受到各级政府的高度重视，对于深化四川革命老区认识、推动其振兴发展有着重要意义。

作为四川省专门研究革命老区相关问题的跨学科、跨专业的开放性学术研究机构，四川革命老区发展研究中心以“繁荣学术、以文化人，咨政建言、服务地方”为宗旨，担负着传承与弘扬优秀传统文化，推动四川革命老区经济社会加快发展、可持续发展的重要职责和历史使命。《四川革命老区发展研究》作为同行间交流经验、增进了解的平台和纽带，我们热忱欢迎有志于研究革命老区问题的专家学者一如既往地积极投稿，不断探索老区历史、研究老区现状、描绘老区未来，为革命老区的经济社会文化和生态文明建设建言献策。

《四川革命老区发展研究》（第五辑）的编辑出版一直得到四川文理学院党政领导的关心支持，四川革命老区发展研究中心全体同志参与了编辑工作，西南交通大学出版社的同志为本书出版付出了辛勤劳动，在此一并致谢！书中的缺点和不足之处，敬请各位专家和广大读者批评指正。

编委会

2018年10月

目　录

以发展新理念建设川东革命老区“美丽乡村”*

刘长江

摘　要：由于历史、地理等各种因素的影响，革命老区特别是川东革命老区的现代化建设任务还十分艰巨。建设老区美丽乡村必须以发展新理念为指导，积极借鉴国外发达国家乡村现代化建设的经验，以市场为导向，完善农业发展政策、发展规划及市场配套制度，结合自身的农业资源和乡村历史传统，积极培植特色产业，实现脱贫致富，走符合自身发展的现代化之路。文化是乡村现代化的神和魂，革命老区的文化发展有自身独特的发展优势，可以打造老区自身的文化发展优势，坚持政府主导，加大宣传力度；加快人才引进培养，完善经费投入体系。

关键词：发展新理念；美丽乡村；特色产业；文化发展

川东革命老区位于川陕苏区的中心地带，包括广安市、达州市和巴中市的16个区县，面积3.5万平方千米，人口1543.4万。改革开放以来，党和国家领导人十分关心老区发展，川东革命老区的经济建设取得了可喜的成就。但由于川东革命老区地势复杂，历来属于较为贫困的地区，目前要实现老区现代化，建设老区美丽乡村，必须以发展新理念为指导，实现革命老区的永续发展。

一、川东革命老区“美丽乡村”建设现状

经过改革开放四十年的不断发展，革命老区人民的生活条件得到了极大的改善，温饱问题得到了解决。在农村，绝大多数的农民告别了简陋的居住环境，通过各种努力，住上了“洋房”。特别是近几年当地政府通过政策引导和搬迁，逐步把生活环境、生产条件较差的农户集中安置到交通条件较好地区，建立起一些新的定居点，逐渐打造了一批有特色的“新村落”，从2013年起四川省开始打造“美丽乡村”，首批公布建设全省1000个“美丽乡村”，老区就占了200多个，达州市在2014年建成了60个“美丽乡村”示范村，并在2015年表彰了“十大最美新村”。老区建设“美丽乡村”取得了一定的成绩。

---

* 基金项目：2016年度四川省社科联基地项目“特色产业与川陕革命老区振兴发展实践研究”(SC16E064)系列成果之一。

作者简介：刘长江，四川文理学院四川革命老区发展研究中心主任，教授。

（一）川东革命老区“美丽乡村”建设取得的成绩

川东革命老区“美丽乡村”建设取得了一定的成绩，主要表现在两个方面：一是注重特色产业的发展。老区各地市因地制宜地发展本地特色产业，出现了规模不大的现代农业产业，如大竹的醪糟产业、宣汉的黄牛产业、通川区的灯影牛肉产业、渠县的黄花菜产业、通江的银耳产业等。这些产业都有了一定的生产加工规模，但附加值不高，还基本上属于粗加工状态，科技含量不高，销售渠道也还没有成为市场品牌。二是老区文化打造工程成绩斐然。革命老区以红色文化为主要资源的旅游文化，开始向古村落文化、自然山水景观、现代农业产业文化等多个方向发展，形成了新的文化阵地。首先，传统的红色文化资源得到了有效的保护和传承。如通江县在王坪烈士陵园原址的基础上，新建了游客中心、陵园甬道、陵园浮雕、纪念区、纪念碑、纪念馆、纪念墙、鹦哥咀墓园等，形成了崭新的旅游文化圣地。其次，新的旅游景点不断被打造出来，形成了新的旅游文化景点。达州的“杨烈新村”“賨人谷”“百里峡”，巴中平昌的“镇龙森林公园”“驷马水乡”等，这些旅游文化景点的打造，一方面改善了当地的基础设施环境，另一方面也打造出了新的自然人文景观。

（二）贫困仍然是老区持续发展的瓶颈

据最新的统计数据表明，全国贫困县总数中有一半在老区，近 4 万个建档立卡贫困村和近 3000 万贫困人口分布在老区。贫困成为老区发展瓶颈和难题。老区的贫困是一个复杂的问题，是历史与现实多重原因造成的。我们认为，目前老区贫困主要在两个方面：一是收入低，物质生活相对贫乏；二是老区自我发展的能力不足。老区摆脱贫困，最终实现可持续发展的重要一点就是增强老区的自我发展的能力，就是要贯彻落实“创新、协调、绿色、开放、共享”的发展新理念。早在 1992 年，习近平总书记就在《摆脱贫困》一书中指出：贫困地区要把握发展的机遇，“弱鸟先飞”，要制定和实施产业政策，富余劳动力资源的开发，“走一条发展大农业的路子”；干部要练基本功，同贫困做斗争是一项长期的历史任务，要有持之以恒，滴水穿石，不畏艰难的精神；要在治山治水这个“笨”工作上面下功夫，要在经济、社会、生态三个方面要效益，不然是很难改变贫困落后的面貌的。2015 年 2 月，习近平在陕甘宁革命老区脱贫致富座谈会上强调，我国要实现全面建成小康社会，没有老区的全面小康，尤其是没有老区贫困人口脱贫致富，那是不完整的。2016 年 2 月，党中央、国务院在《关于加大脱贫攻坚力度支持革命老区开发建设的指导意见》中提出了老区脱贫攻坚的六条政策，以重点区域、重点人群、重点领域为突破口，布置了三个重点工作和八项主要任务，加大脱贫攻坚力度，带动老区全面振兴发展。2016 年 7 月，国家发改委正式发布《川陕革命老区振兴发展规划》。这既是国务院为川陕革命老区振兴发展而单独编制的顶层设计，又是党中央、国务院和全国人民对川陕革命老区开的“小灶”和发的大“红包”。《规划》对川陕革命老区振兴发展定位较高，重点项目和重大政策支持较多，从而将川陕革命老区的振兴发展上升为国家级区域协调发展战略，革命老区迎来了又一次发展机遇，脱贫攻坚成为老区可持续发展的第一步。为确保到2020年我国现行标准下农村贫困人口和贫困县脱真贫、真脱贫，同全国一道进入全面小康社会，党的十九大报告提出，要“加大力度支持革命老区、民族地区、边疆地区、贫困地区加快发展”。同时，报告为革命老区、贫困地区打赢脱贫攻坚战指明了方向：“要动员全党全国全社会力量，坚持精准扶贫、精准脱贫，坚持中央统筹省负总责市县抓落实的工作机制，强化党政一把手负总责的责任制，坚持大扶贫格局，注重扶贫同扶志、扶智相结合，深入实施东西部扶贫协作，重点攻克深度贫困地区脱贫任务。”

二、以发展新理念促进老区的农业现代化

党的十八届五中全会强调，实现“十三五”时期发展目标，破解发展难题，厚植发展优势，必须牢固树立并切实贯彻“创新、协调、绿色、开放、共享”的发展理念，这既是国家“十三五”时期的发展新理念，也是老区永续发展的新理念。党的十九大提出“实施乡村振兴战略”，“要坚持农业农村优先发展，按照产业兴旺、生态宜居、乡风文明、治理有效、生活富裕的总要求，建立健全城乡融合发展体制机制和政策体系，加快推进农业农村现代化”。老区面临的主要发展难题是农业技术落后、基础设施薄弱、生态系统退化、资源环境约束较大，说到底就是农业现代化程度低。按照现代学者的看法，“农业现代化由科学技术体系、农业产业体系、微观经营体系和政策法规体系四轮驱动”。而我国农业现代化的这些驱动因素目前正在发生新的变化，如科学技术体系从以前注重机械化、电气化、水利化和化学化，转而注重生物技术、温室技术、电子技术和信息技术等；农业产业体系从以前注重产量和产出效率，转而注重产品安全、资源节约、环境友好以及综合生产能力和农民收入水平。[1]从川东革命老区的农业现代化的实际进程来看，前一个时期的现代化进程尚未实现，如农业机械化水平低，水利设施简陋，靠天吃饭的传统农业生产方式还未得到根本改变，而化肥的广泛使用则使农业的生产成本上升，农业环境问题十分突出。2014年，农业部部长韩长赋在十二届全国人大常委会第十二次会议报告中指出，农业生产成本上升与比较效益下降矛盾突出，“全国耕地土壤污染物点位超标率达19.4%，化肥利用率、农药利用率、畜禽粪污有效处理率分别仅为33%、35%和42%，水土流失面积295万平方公里，90%的天然草原出现不同程度退化”。[2]全国农业现代化面临的问题，也是川东革命老区农业现代化面临的突出问题。

（一）美丽乡村的国际经验：老区从传统到现代的蜕变

以发展新理念打造美丽乡村，发达国家的乡村建设的国际经验及其做法值得借鉴。如美国的“乡村发展计划”与乡村政策，加拿大的“新乡村建设运动”和“乡村生活工程”，使其传统的乡村社会在转向现代乡村社会过程中走出了一条适合自身特点的发

展之路。英、法、德等欧洲国家通过法律、制度与乡村政策的制定和支持，使其乡村保持了自身的乡土本色与风貌。法国的普罗旺斯已经成为法兰西的花园，其乡村的自然景观与其深厚的历史文化传统有机地融合在一起。英国的“农业环境政策”使其乡村的环境保护与农产品质量一直走在世界农业的前列，其《城乡规划法》把“农村中心村”建成了“城市花园”，大大缓解了城市与乡村的矛盾，改善了乡村基础设施薄弱、人口不集中的问题，使得其乡村经济成为国家经济的增长中心。德国实行“村落风貌保护”策略，建设休闲农庄，让城市分享农耕文化。巴伐利亚州的“农村更新计划”就在地块分布、产业结构调整、传统民居维修、古村落保护与修复、基础设施建设等多个层面进行了详细的规划。这些项目的完成，“一方面推进了农村地区产业结构的改善和村庄的城市化发展，保护了农村地区的自然环境、人文环境和文物古迹；另一方面则巩固了村庄作为居住和生活空间的可持续发展”[3]。这里值得一提的是荷兰的农业合作社的发展道路。荷兰国土面积小，人口密集，国内资源和国内的市场资源贫乏，但自从 19 世纪 70 年代成立农业合作社以来，荷兰创造了农业奇迹，合作社注重农产品的加工业的增值发展，走合作社的专业化和产业化道路。总之，北美和欧洲主要发达国家的乡村现代化可持续发展的政策导向、法律法规的制定和完善、农业技术的贡献虽各有不同，但在推进农业现代化和促进乡村永续发展方面，它们结合自身的农业资源和乡村历史传统，走出了符合自身发展的现代化之路。正如有学者指出的那样，发达国家推进乡村现代化可持续发展，“主要是以市场为导向，完善农业法律和政策体系”，如健全法制、制定农业法案、完善基础设施体系、实施休耕和农作物保障计划、制定土地集中政策、实行专业化政策、完善农业技术研发推广政策、建立农业风险防范机制、制定化肥农药施用标准，等等。[4]换言之，落实发展新理念，首先要完善农业发展规划和发展政策，这是理念创新的第一步，在此基础上围绕市场这个根本的轴，有完善的乡村人才培养计划、有土地经营向规模化和区域化方向发展的政策和策略支持，有“三农”投资的风险防范措施，有科技成果的应用和转化行动纲领和鼓励保证措施，等等。从世界范围的农业现代化进程及其经验来看，完善和确保农业或乡村现代化的四轮驱动，是发达国家乡村现代化的成功之路，这些都是需要我们积极借鉴和融合创新的。

（二）积极培植特色产业

习近平曾在陕甘宁革命老区脱贫致富座谈会上强调指出，老区要实现脱贫致富，其重要途径就是必须用好革命老区自身资源优势，大力发展特色产业。目前我国的农业特色产业发展总体来看比较滞后，特别是革命老区，粗放式的农业产品加工还十分普遍，农产品深加工能力还需要极大地提升；科技含量低，区域产业重复分散，还未形成完善的产业链，特色产业规模化程度不高，农业合作的专业化和产业化还需要极大的提升。从川东革命老区来看，川东革命老区有着悠久灿烂的历史文化资源、雄奇壮丽的自然山川，古村落遍布山山水水，历史遗迹隐现着文明的曙光，还有宝贵的红色文化，独具特色的自然山水孕育了丰富的物种和物产，形成了地域特色鲜明的农业产品和农业文化景观，农业特色产业初具规模，发展和培植特色产业具有得天独厚的条件。第一，发展现有的特色农产品加工产业，以此为龙头，带动相关产业的发展。如通江的银耳产业、宣汉县的牛肉加工产业、大竹的醪糟产业、开江的豆笋加工产业、通川区和平昌县的白酒产业等都有一定的产业基础。我们可以借鉴荷兰农业现代化的经验，围绕单个品种的农产品形成生产、加工销售产业链，实现贸工农一体化的专业化和产业化经营理念和模式。目前，川东革命老区农业特色产业面临的问题主要有：第一，缺乏符合实际的政策规划和鼓励措施，很多加工企业发展处于自发阶段；第二，农产品加工的机械化程度低，企业专业技术人才匮乏，产品在低端徘徊；第三，销售渠道不通畅，“互联网+”的现代网络销售模式还没有规模化和系统化；第四，政府的市场配置机制还未最终形成；第五，稳定的市场品牌还未形成；第六，川东革命老区大多远离中心大城市，城乡差距较大，农业产业融入城市发展的水平较低。

我们认为，革命老区的可持续发展的第一步应该是实现农业产业的现代化，摆脱贫困，逐步走上富裕发展的道路。没有农业产业特别是特色产业的现代化，就难以摆脱持久贫困的怪圈，可持续发展就没有坚实的物质基础。

三、打造老区自身的文化发展优势

十九大报告明确指出：“文化是一个国家、一个民族的灵魂。文化兴国运兴，文化强民族强。没有高度的文化自信，没有文化的繁荣兴盛，就没有中华民族伟大复兴。要坚持中国特色社会主义文化发展道路，激发全民族文化创新创造活力，建设社会主义文化强国。”文化实力和竞争力成为国家富强、民族振兴的重要标志，文化强国成为国家发展的重要战略思想。在国家宏观层面上，党的十九大指出，“满足人民过上美好生活的新期待，必须提供丰富的精神食粮。”“完善公共文化服务体系，深入实施文化惠民工程，丰富群众性文化活动。”坚持面向基层、服务群众，加大对农村和欠发达地区文化建设的帮扶力度，文化建设必然成为老区可持续发展的重要议题。文化是一个十分复杂的概念，英国人类学家爱德华·泰勒在《原始文化》一书中认为：“文化或文明，就其广泛的民族学意义来说，是包括全部的知识、艺术、信仰、道德、法律、风俗以及作为社会成员的人所掌握和接受的任何其他的才能和习惯的复合体。”[5]这个文化的概念被学术界普遍认同。著名学者钱穆在《中国文化史导论》中认为，由于自然环境的差异，世界各地大致形成了三种文化：游牧文化、农耕文化和商业文化，从而形成了不同地区的生活方式和文化精神，他认为中国文化自始至今建立在农业上面。人类学家费孝通认为，中国社会本质上就是一个乡土社会，中国文化的核心是建立在农业经济的发展基础上。文化是乡村发展和建设的神和魂，革命老区的文化发展有自身独特的发展优势，农业文化景观十分丰富，民居村落、农业机械、传统的农产品生产工具、农业劳动、灌溉方式、广袤的农田牧场、村落信仰、节日庆典、红色文化、传统的民间文化等，发展优势非常明显。革命老区要顺势抓住时代发展的机遇，充分利用国家发展的战略机遇，把乡土文化建设与生态文明建设、经济社会发展的创新性结合起来，打造可持续发展的美丽老区，实现老区的永续发展。

（一）文化发展坚持政府主导，加大宣传力度

从发达国家的乡村文化发展来看，政府的系统规划和协同推进在乡村文化发展中发挥着巨大的作用，德国的“农村更新”实验采取的就是自上而下的途径，政府从一开始就发挥主导职能，政府和村民成为德国农村更新的两种重要的意见决策来源。按照目前我国文化资源的市场配置和管理体制来看，文化发展决策创新、协调，都要坚持政府主导。革命老区发展不平衡，文化建设的成本较高，需要建设的资金巨大，创新协调的难度大，坚持政府主导的作用在于可以制定文化发展的总体目标、文化政策、建设规划，并能够有效实施；同时，政府对市场的需求和消费趋势进行预测研究，能积极引导政府文化职能部门开发适销对路的文化产品和服务，建立和打造城乡文化消费的平台，积极培育有特色的文化产业。特别是在信息化时代、交通便利的情况下，针对城乡甚至国内外不同的消费群体，可以推出更多富有本土特色的文化产品和服务，并坚持做好个性化、品牌化。

落实发展新理念，推动文化资源的开放、共享，就要加大广告宣传力度。广告的作用不仅仅是刺激需要，更微妙的是促进文化资源的传播、开放和分享。现代新媒体的发展已经深刻地改变了我们的认知结构和消费理念，产品消费在很大层面上变成了一种文化的消费，消费“文化”成为一种现代时尚，“消费社会的兴起带来了异彩纷呈的消费文化，消费已然成为一大社会景观，因为消费已不仅仅是个体、机能式的消费，而更是群体、符号、体验式的消费。这种群体消费方式借助于新媒介而无限延伸，其传播的侧重点并不在于信息与知识，而在于消费文化与群体标签”。[6]新媒体传播的群体特征，更适合现代文化消费信息的传播，也更能有效地对文化产品及其文化服务进行及时的信息回馈。革命老区目前的文化宣传力度不够，很多有特色的文化产品和有特色的农业产业没有得到很好的宣传，还没有专业的文化宣传网站，对革命老区的自然人文景观、农业产业文化及其消费缺乏有效的指导。如国内大型电商淘宝、京东等对革命老区的特色农业产业的推介还是个别的、单一式的；国内大型旅游网对革命老区的旅游景点缺乏深度、清晰的推介和更新。我们要充分利用现代新媒体的时效性和便利性，加大广告宣传，营造老区文化发展的新空间，让世界了解老区，让老区与世界相通，从而在全球化的背景下形成革命老区的文化自信和文化自觉。

（二）加快人才引进培养，完善经费投入体系

人才培养是老区现代化建设的重要步骤，也是目前革命老区文化发展的瓶颈之一。达州市政府在 2012 年启动的“千名硕博进达州”计划，力争在三年内引进千名硕博高端人才进达州，但引进的人才主要在“两化”上，即达州工业化和城市化方面的人才，

乡村文化建设方面的人才引进明显不足。美国的乡村发展计划的精髓之一，就是为城乡人口接受教育特别是高等教育的机会平等专门立法，使得美国的乡村教育、科技研发、社会保障、农业保险、环境保护、公共文化服务等众多方面有比较厚实的人才基础。德国的农村更新计划中，建筑师等文化专业人才全程参与其中，并充当着重要的政策决策人和计划实施者。革命老区的文化人才主要是文艺创作与表演方面的人才，乡村文化特色产业化、市场化、信息化方面的综合型人才欠缺，引进和培养革命老区人才是一个复杂的系统工程，需要有持久的政策扶持措施和教育改革措施。

经费投入不足是制约革命老区文化发展的重要因素。这就需要一方面对现有的文化经费使用好、落实好，统筹规划，合理使用，把文化建设的经费，特别是农村文化建设纳入地方财政支出范围，逐年逐步增加农村文化建设的投入；继续做好对现有的文化资源和文化产业的保护传承工作；另一方面，要充分调动社会各界的力量，改革创新，大胆探索，拓宽资金的投入渠道，引入市场管理机制，加大政府的支持力度。在这方面，我们要大胆借鉴和学习发达国家文化建设的经验，如英国文化创意产业的发展主要依靠政府的指导和帮助。当企业资金出现问题时，政府就发挥其指导作用，指导相关企业或个人寻求金融机构或政府部门的投资帮助。同时，政府也“从奖励投资、成立风险基金、提供货款等方面”逐步建立文化创意产业财务支持系统，对企业投资文化产业实行“政府陪同资助”；在美国，文化创意产业的发展主要依靠公司和个人的捐助，尤其是“一些金融巨头与文化集团的强强联合”资助，在很大程度上保证了美国文化创意产业发展的长期持续性。[7]革命老区文化发展长期主要依靠政府投入，单一的资金投入渠道带来了一系列的发展难题。

自 2013 年以来，党中央和国务院等国家机关陆续出台了《关于创新机制扎实推进农村扶贫开发工作的意见》《建立精准扶贫工作机制实施方案》《扶贫开发建档立卡工作方案》《中共中央国务院关于打赢脱贫攻坚战的决定》《关于加大脱贫攻坚力度支持革命老区开发建设的指导意见》一系列文件，老区脱贫成为国家发展的战略决策，老区脱贫攻坚的过程也是老区逐渐摆脱贫困、走向可持续发展的艰难过程。在这个过程中，我们要从老区的实际出发，因地制宜地走“创新、协调、绿色、开放、共享”老区发展新道路。要借鉴世界发达国家的农业现代化发展的有益经验，持续加大资金投入，加强基础设施建设，制定政策支持和完善的法律法规并有效实施，培植和壮大特色产业，延伸并确保农业产业链可持续发展，培育人才，激发以老区精神为核心的活力，落实发展新理念，从而迎来可永续发展的美丽乡村。

参考文献

[1] 李周. 以新理念拓展农业现代化道路[N]. 人民日报，2014-2-14.
[2] 许跃芝，李万祥，韩长赋. 农村是全面建成小康社会的短板[EB/OL]. 中国经济网，

http://www.ce.cn / xwzx / gnsz / gdxw/ 201412/23/ t20141223_4187255.shtml.
[3] 唐珂．美丽乡村国际经验及其启示[M]．北京：中国环境出版社，2014：129.
[4] 李周．以新理念拓展农业现代化道路[N]．人民日报，2014-2-14.
[5] [英]爱德华·泰勒．原始文化[M]．桂林：广西师范大学出版社，2005：01.
[6] 陈邦武. 从文本到人本：社会化媒体时代的传播形态[J]. 出版发行研究，2015（8）.
[7] 王国颖．国外文化创意产业发展的启示[J]．沈阳师范大学学报，2013（2）.

金牛区“三项制度试点”取得初步成效*

侯水平　黄泽勇

摘　要：成都市金牛区作为全国32家“三项制度试点单位”中唯一一家在中心城区进行的试点，自试点工作开展以来，从行政执法整体行为入手，在行政执法信息公开、过程记录、控权约束、组织保障等方面探索形成了4大类、16项行政执法行为“金牛标准”。“金牛标准”具有规范性、系统性和可操作性，对于在中心城区推进行政执法行为规范化、标准化具有示范和推广价值。

关键词：金牛区；三项制度试点；行政执法行为

2016年12月，中央全面深化改革领导小组第三十一次会议审议通过《推行行政执法公示制度执法全过程记录制度重大执法决定法制审核制度试点工作方案》（简称“三项制度试点”），在全国确定包括国土资源部、河北省部分单位在内的32家单位试点，其中，成都市金牛区是唯一一家进行试点的中心城区。“三项制度试点”是对行政行为的信息公开公示、过程信息留痕记载记录、法制审核三个方面的探索创新，核心是通过试点探索出行政执法行为基本标准。金牛区高度重视试点工作，从行政执法整体行为入手，在行政执法信息公开、过程记录、控权约束、组织保障等方面探索形成了4大类、16项行政执法行为的“金牛标准”。

一、明确行政信息公开公示标准

执法过程的公开性体现在“行政执法公示制度”上。公示内容包括公开行政执法主体、人员、职责、权限、随机抽查事项清单、依据、程序、监督方式、救济渠道及“双随机一公开”的监管方式等信息，健全了公开工作机制。

——执法职责标准。各部门均建立起权责清单制度，确立权责清单长效管理机制，做到每年定期进行权力与责任的清理完善；各部门通过政府信息公开网站等行政执法平台将各自的权责清单、各局的相关文书进行公示。各部门建立健全了错案登记及责任追究制度，严格监督审查职责。

——执法资格标准。实行行政执法人员资格管理一体化，各局各科室已配备具有执法资格证书的执法人员，并要求执法人员在执法中佩戴执法标志或执法时出示执法证

* 作者简介：侯水平，四川省社会科学院研究员；黄泽勇，四川省社会科学院副研究员。

件，出示执法文书，做好告知说明。执法服务窗口要公示执法人员信息。

——执法依据标准。对行政执法依据全面清理，根据执法需要，全面统一执法依据，分别是法律、法规、规章、行政决定。法律文书格式据此一并修订完善。

——执法信息公开公示时限标准。明确规定各部门积极贯彻执行将行政许可、行政处罚、行政强制、行政检查等行政权限范围内的行政行为，自执法信息形成之日起 20 个工作日内分别在行权平台、政府信息公开目录平台等网站上对外公示。

二、明晰行政执法记录记载标准

落实行政执法全过程记录的标准。明确法定节点的文字记录、重点环节的影音记录内容要求，要求执法过程中动作规范、语言准确，进行自我约束，自我克制，文明执法。

——记载文本标准。制定一系列法律文书制作规范，如《调查询问笔录制作规范》《勘验取证制作规范》《调取证据通知书》《调取证据登记书》《证据搜集清单》等，规范证据搜集、提取行为；制定《行政机关案审及听证程序规定》及《行政鉴定规范》，对行政机关举行的案件集体讨论、律师提供的法律服务咨询、行政机关负责人集体讨论案件等事项逐一统一规范；对前述调查询问、证据提取、证据鉴定、现场勘验、听证、鉴定、送达回执等行为一一制作格式文书，推荐统一使用。

——记录格式标准。制作《行政程序启动审批表》，载明启动原因、当事人基本情况、承办人意见、承办机构意见和行政机关负责人意见，其中重大行政执法行为还应载明行政执法机关法制机构合法性审查意见；制作《行政执法调查笔录》参考文本，规范内容包括执法人员数量、姓名、执法证件编号及出示情况、是否回避等事项，由当事人或有关在场人员签字或盖章；制作《行政机关强制执行程序规定》，对查封场所、设施或财物，扣押财物，冻结存款、汇款等行政强制措施等行为进行全面规范；制作《行政执法决定书》及其系列文书文本、格式表格等供执法单位参照使用。

——影音摄录标准。制定执法记录仪的使用、管理等规则。制作《行政执法记录仪参数标准》《行政执法记录仪使用规范》，对执法记录中的时间、地点、人物、事项、过程摄录对象、摄录方式、节点或者全程摄录等事项进行规定；制定《行政执法视频监控配备规范》及《行政执法视频监控设施设备使用规范》，规定行政执法办案室建设使用标准；制定《行政执法现场执法音视频使用规范》，规定使用条件、摄录要求、人员设备配置、音视频保存、资料整理、归档等规范；制定行政执法指导书，统一标准本文格式，各个执法文书在标准文本上修订。

——平台保存标准。出台《执法记录仪基本技术参数》《同步录音录像设备最低技术参数标准》《执法摄录设备配置参考标准》，制作《行政执法音视频资料保管规范》对音视频资料按照案件卷宗分别编号、归档、保管、备查。各个行政执法机关建立健全执法全过程记录管理与使用制度，明确专门人员负责对全过程记录文字和音像资料的归档、保存和使用。保存期届满，需要删除现场执法音视频资料的，管理人员应制作清单留档备查。

三、形成执法决定法制审核标准

试点单位做出重大执法决定之前，必须进行法制审核；未经审核或者审核未通过的，不得做出决定。金牛区为了保证重大执法决定法制审核制度的确定性，在以下四个方面做出了具体的标准规定。

——审核主体标准。各部门均挂牌设立政策法规科，负责执法案件的审核工作，配备具有法律专业背景且有相关工作经验的人员，建立定期培训制度。确定法制审核员负责行政执法案法制审查，不再参与案件的调查与处理，实现案件调查权、案件处理权与法制监督权的分离。各部门均有重大行政执法案件审查委员会，建立重大行政执法案件咨询专家库，充分发挥政府法律顾问的作用，根据工作需要从专家库中选择专家对重大行政执法案件进行书面或会商论证，形成专家论证意见。

——审核范围标准。结合行政执法行为的类别、执法层级、所属领域、涉案金额以及对当事人、社会的影响等因素，确定重大执法决定的范围，各执法部门建立重大执法决定目录清单。落实重大行政执法案件集体讨论制度，并制定《重大行政执法决定法制审核办法》《重大行政执法案件审查委员会工作制度》《法律顾问工作制度》《行政复议工作规则》和《行政应诉工作规则》等一系列配套制度，形成了对重大行政执法案件的“四步审查决策”机制，即案件承办机构合议、专家论证、法制机构审核和案审会决定。

——审核内容标准。重点审核依据合法、程序合法性、证据合乎“三性”。执法有明确的法定权力渊源，受命而为。证据合法性，证据资格即证明能力，对象准确、取证合法、程序合法；证据真实性，即证据所表达的事实或内容是真实的，不是臆想或虚构的；证据关联性，是指证据与待证事实必须密切相关，具备证明待证事实的属性。

——审核程序标准。合理构建审批层级、明确把关职责，将依法行政作为执法的立足点。根据重大执法决定的实际情况编制法制审核工作流程，明确法制审核送审材料，规范法制审核工作方式和处理机制，规定法制审核时限，建立责任追究机制。

四、推出行政执法组织保障标准

为保障“三项制度试点”具体落实，各项制度、规范具有内在的关联性，需要统一推行。具体体现在：统一平台、统一实施制度、统一程序、统一文书格式文本、统一着装（依法确定）、统一执法文明用语、统一培训、统一资格认证、统一运行软件、统一卷宗。

——制度建设标准。出台了《金牛区关于推进行政执法公示制度全过程记录制度重大执法决定法制审核制度试点工作实施方案》《金牛区行政执法公示办法》《金牛区行政执法全过程记录实施办法》《金牛区重大行政执法决定法制审核办法》等具体落实“三项制度试点”要求的文件，各试点部门按照区政府出台的文件结合自己部门的特点，制订了本部门的工作方案。

——培训、资格认证、着装、文明用语、执法记录仪使用标准。统一组织培训，学习法律知识，掌握执法技能，具备执法资质的人员通过统一考试，取得四川省颁发的执法资格证；按照执法需要和行业规定统一、规范着装，非执法工作（及非工作需要）不得穿着执法服装；选择使用文明、规范、正式的执法用语，执法人员必须掌握、训练、练习并熟练使用；统一推进行政执法全过程记录制度，请公安警察进行关于执法记录仪的使用、信息上传、保存等相关培训，纠正在行政执法全过程记录中的不规范不全面的行为，促进行政执法工作的规范化、标准化；统一采购、配备符合条件的执法记录仪，建立行政执法记录仪的使用、保管及监督等制度。

——执法程序、文本、培训、运行软件标准。执法活动的执法准备、执法证件出示、行政相对人认定、现场处置、证据保存、执法调查、执法询问、执法文书制作发出送达、执法内部上报讨论审核审批、执法相关行为交接交换办理、执法结案等持续形成一体图示，各个试点部门在统一图示中增删相关程序。多次举办专家培训会对执法规范进行讲解、传授，内部观摩培训，形成金牛执法规则。

——公示平台标准。统一公示平台将各部门的零碎信息进行整合，统一公示，便利群众获取、了解信息，减少行政执法人员的负担。区法制和政务管理办公室在构建网上行政执法服务大厅，多次进行内测试、封闭试运行。行政执法服务大厅综合各执法部门信息，横向上沟通各执法部门，纵向上串联区政府与成都市政府信息公开网。统一采购执法软件，实行网上办公，执法信息上网，网上督查、审核、审批，网上结案等。

金牛区被确定为全国“三项制度试点”单位，是中央对四川省近年来法治建设工作取得的成绩的肯定，也是对四川省进一步探索依法行政经验建设法治政府的期待。金牛区在“三项制度试点”中，探索行政执法行为基本标准的做法及取得的初步经验，对于推进行政执法行为规范化、标准化具有积极意义。“金牛标准”具有规范性、系统性和可操作性，建议在全省市州中心城区进行推广。

自我发展能力培育视角下四川革命老区旅游扶贫研究*

孙根紧　丁志帆

摘　要：旅游扶贫是在经济发展新常态下四川革命老区实施精准扶贫、推进全面建设小康社会伟大历史进程的重要途径。四川革命老区旅游扶贫是一个系统工程，其本质是通过旅游资源开发，不断培育和提升四川革命老区在家庭、产业和区域三个层面的自我发展能力。四川革命老区应当以旅游资源为依托，促进区域旅游合作，推动旅游产业整合，帮助贫困人口积极参与社区旅游经济开发，培育与提升多层面自我发展能力，走内生型旅游扶贫之路。

关键词：自我发展能力；四川革命老区；旅游精准扶贫

旅游扶贫不仅是加快贫困地区经济发展的新增长点，也是推动贫困地区社会发展与民生改善的重要途径，对转变贫困地区经济发展方式、拓展扶贫功能、带动农民就业增收、促进扶贫开发提质增效、推进新村建设与统筹城乡发展，以及满足城乡居民日益增长的休闲消费需求具有重要意义和积极作用。党的十八以来，习近平总书记等中央领导人高度重视扶贫开发工作，多次强调扶贫的重点必须由救济性扶贫转变为开发性扶贫，旅游扶贫由此成为“四个一批”扶贫攻坚行动计划的重要组成部分。

四川革命老区覆盖面积达25.5万平方千米，占全省的51.8%，总人口4168.6万人，占全省人口的近 50%，是四川贫困人口分布较为集中的地区。但由于受自然环境、历史等多种因素影响，四川革命老区的经济社会发展现状依然相对落后。与此同时，四川省革命老区旅游资源富集，尤其是红色旅游资源相当丰富。因此，如何通过旅游扶贫以实现新十年《扶贫开发纲要》提出的总体目标成了四川省实践部门和学术界关注的焦点。加快四川革命老区的旅游扶贫发展，对提高革命老区人民生活水平，推动革命老区经济社会发展，乃至实现四川“两个跨越”式发展和实现全面建成小康社会的战略部署都具有重要意义。

* 基金项目：四川省哲学社会科学重点研究基地——四川革命老区发展研究中心课题：自我发展能力培育视角下四川革命老区旅游扶贫研究（SLQ2015C-03）；四川旅游发展研究中心课题：四川地区红色旅游口述档案信息共享空间保护与实现机制研究（LYC13-45）；四川农业大学社科联课题：文化传承视角下的红色旅游资源开发方式创新；河南大学科学研究基金课题：经济全球化、收入差距与中国居民主观幸福感研究。

作者简介：孙根紧（1981—），男，四川农业大学旅游学院副教授，硕士生导师，研究方向为区域社会发展；丁志帆（1986—），男，河南大学经济学院副教授，研究方向为区域旅游经济。

一、文献回顾

旅游业独特的产业特性和生产方式，使之能够与消除贫困紧密联系起来。[1]英国国际发展局（DFID）提出益贫旅游（Pro-Poor Tourism）概念后，旨在推动贫困人口发展的“旅游扶贫”成了国内外旅游业界和学术界重要的研究内容。国外学术界在围绕如何通过旅游发展使贫困人口获得更多包括经济的、社会的、文化的发展机会和净收益的研究中，呈现出一些成果。第一，旅游扶贫方式不存在普适性蓝图或标准模式，而取决于所依赖的资源类型和文化背景。国外旅游扶贫方式主要有自然旅游、遗产旅游、农业旅游、社区旅游等。第二，旅游扶贫绩效评价内容广泛，且具有两面性。旅游扶贫不仅可以为旅游目的地贫困人口带来经济利益，而且有助于其获得更好的卫生、医疗、交通改善[2]，但由于发展旅游可能导致贫富差距扩大、加剧环境资源恶化，而因旅游扶贫备受质疑。第三，旅游扶贫开发涉及众多利益相关者。[3]国际发展组织、非政府组织、地方政府与旅游企业在旅游扶贫过程均具有重要作用，扮演不同的角色。这些丰富的研究成果为本研究提供了理论借鉴和逻辑起点。虽然国外也存在与“红色旅游”类似的活动，但相关研究并没有将其与扶贫开发相融合，这就决定了本研究在研究对象上与国外旅游扶贫存在差异，对我国革命老区旅游扶贫的经验借鉴构成一定约束。

长期以来，我国政府将旅游扶贫作为国家扶贫开发战略的重要组成部分，大力推进老、少、边、穷地区的旅游发展，国内学术界也对旅游扶贫的相关理论与实践政策进行了探索性研究。就革命老区的旅游扶贫研究而言，文献主要集中在革命老区旅游扶贫模式、红色旅游资源开发与革命老区旅游扶贫绩效上。也有大量学者对四川革命老区旅游扶贫进行了研究，四川革命老区旅游资源富集与扶贫任务艰巨特征明显，革命老区的旅游扶贫应整合区域旅游资源，实施政府主导的大旅游发展区域合作战略，构建国家集中连片特困地区旅游扶贫系统集成开发模式，鼓励居民参与旅游开发。[4]-[7]另外，一些学者分别从文化传播[8]、移动互联技术[9]、农村体育[10]等视角对四川革命老区的旅游扶贫进行了研究。

毋庸置疑，国内学术界对四川省革命老区旅游扶贫开发研究已经有了良好起步，但由于研究目的与视角所限，也存在以下亟待改进之处。就研究内容而言，一是大多数研究停留在四川革命老区旅游扶贫的经验总结和战略构想层面，对四川革命老区旅游扶贫的理论，尤其是对四川革命老区旅游资源开发和降低贫困之间的互动机制研究较少，而且大多数研究关注如何通过旅游发展实现“减贫”，很少涉及如何通过旅游发展培育四川革命老区各层次自我发展能力以实现“脱贫”。从研究层面上看，大多数文献从较为宏观的区域整体进行革命老区旅游扶贫研究，缺乏微观主体层面和中观产业层面的“精准”旅游扶贫研究。因此，本文尝试在探究旅游资源开发、降低贫困和自我发展能力培育之间的互动机制基础上，从家庭、产业和区域三个层面探讨旅游扶贫开发的路径选择。

二、自我发展能力较低，制约了四川革命老区旅游扶贫开发

随着旅游扶贫开发实践工作的不断推进，四川革命老区的贫困治理取得了显著进展，但旅游扶贫形势依然严峻，其根本原因在于四川革命老区家庭、产业和区域三个层面自我发展能力水平较低，亟须通过旅游资源开发实现其自我发展能力的培育与提升，达到从微观到宏观层面的脱贫致富与内生性发展。

（一）家庭层面

从家庭层面看，四川革命老区的自我发展能力较低体现在贫困人口在参与旅游开发过程中面临资本匮乏与能力低下的双重制约。首先，四川革命老区贫困人口的居住环境和条件不适宜改造成为旅游接待设施，不能有效利用所拥有的物质资本如院舍、房屋来从事旅游经营服务。其次，四川革命老区贫困家庭无任何积蓄，无贷款能力，无法享受惠农配套政策，导致无法获得参与旅游开发来获取自身发展的机会。再次，在工业化和城镇化浪潮冲击下，四川革命老区大量劳动力外出务工，农村“空壳化”，导致旅游开发劳动力缺乏。最后，四川革命老区贫困人口受教育程度低，没有旅游服务技能，而且获取相关技能也很困难，导致这部分人旅游发展参与难度大。另外，部分贫困家庭仍然存在等待心理，不愿意积极参与旅游开发实现脱贫。

（二）产业层面

从旅游业发展层面看，四川革命老区的自我发展能力较低体现在旅游产业发展的基础设施建设滞后、旅游服务条件差、旅游配套设施不健全以及旅游产品同质化严重等方面。四川革命老区地处偏远山区，可进入性相对较差。加之基建成本较高，区域内部路网密度低，且等级不高，路况较差，无法满足现代旅游所需的舒适、安全的要求，拉大了旅游目的地与游客之间的时间距离和心理距离。从经营管理上看，贫困地区的旅游企业经营者大部分并无任何旅游经营管理经验和能力，凭借以往的一些技能和知识开设简单的民居住宿、餐饮等。从景区道路看，景区的公路均达不到二级路标准；村道路多为 4.5 米宽的水泥路，且村内配套设施不足，不能适应旅游发展的需求。从食、宿、游服务看，吃饭主要以低端农家乐为主，食品安全性差，缺少特殊风味；住的客栈从家具到床上用品都照搬城市宾馆酒店模式，对当地民俗与文化内涵开发不充分，没有形成特色，更无法与杭州、台湾等地的民宿相比，缺乏吸引力；游览以观光型为主，住、购、娱其他要素基本缺失，因此无法吸引远程游客。从旅游配套设施看，贫困地区旅游扶贫试点旅游配套设施不健全，尚未建设观景台、接待亭、游乐设施等旅游基础设施，专线车、导游、交通标志标牌、宾馆客栈、旅游公厕等旅游服务设施不健全，不具备旅游接待服务功能。

（三）区域层面

从区域层面看，四川革命老区的自我发展能力较低体现在区域旅游品牌缺乏，区域旅游合作发展程度低。一方面，四川革命老区旅游发展都处于起步阶段，缺乏旅游总体发展规划，部分地方的旅游扶贫项目分布广、规模小，尚未形成旅游品牌，难以在主流媒体或重要窗口进行捆绑宣传，外界对革命老区旅游的优势和特色知之甚少。其次，受限于自然地形、地貌与旅游开发理念，四川革命老区旅游扶贫项目的开发没有考虑规模效应，导致大多数基于扶贫开发的旅游目的地在空间分布上呈散点状，没有形成片区，甚至也没有形成成熟的旅游线路。另一方面，四川革命老区各地方政府在扶贫旅游开发过程中，各自为政，在区域旅游产业发展规划制定，区域旅游资源整合与开发，区域旅游品牌打造等方面合作不够，在一定程度上制约了旅游产业发展，进而影响了旅游开发的扶贫效果。

三、四川革命老区旅游扶贫的关键在于培育自我发展能力

区域自我发展能力是指各层次区域行为主体在发展过程中基于自身条件，依靠区域内部系统发展机制，发挥区域优势、扬长避短，挖掘区域发展潜力、激发区域发展活力，以实现区域经济、社会、生态等持续健康发展的能力。[11]一个地区的自我发展能力可以分解为家庭、产业和区域三个层面的自我发展能力，具体讲贫困户在旅游扶贫过程中获取自我发展能力是通过旅游发展获取更多的发展机会和社会福利；而旅游产业通过形成企业自生能力，参与市场竞争获取自我发展能力；区域总体自我发展能力体现在区域旅游资源整合、旅游合作发展和区域旅游品牌化塑造等方面。

四川革命老区贫困人口在旅游扶贫开发过程中承担两个角色，一个是脱贫对象，一个是扶贫攻坚战的主要行为主体。作为脱贫对象，他们要通过革命老区的旅游开发获得自身发展能力，具体表现为提升参与旅游业经营管理的能力，并获得参与旅游业经营管理的机会，实现自身福利水平提高。作为扶贫攻坚战的主要行为主体，他们要发挥主观能动性，以国家旅游扶贫开发为契机，努力提高自我发展能力，积极参与旅游经济活动，在获取经济收入实现脱贫的同时为旅游业发展提供较高水平的人力资源。

在旅游资源富集的四川革命老区选择发展旅游产业，不仅是出于资源要素优势考虑，通过培育旅游经济增长极，发挥其扩散效应带动区域经济社会发展，赋予贫困人口更多经济发展获得感和发展机会，更多是看重旅游业无污染、绿色环保发展的特性，希望区别于其他区域伴随着重污染、环境恶化的工业化推进现代经济发展路径，通过旅游产业发展使贫困人口在获取经济收益的同时，也保留了优越的自然生态环境。因此，旅游产业是四川革命老区扶贫开发的优势产业，培育有自我发展能力的旅游企业可以使贫困人口增收脱贫，获得更多的发展机会，也使区域经济发展具备“造血”功能，促进四川革命老区自然、经济、社会等全面发展，并最终促使人的发展，从而使贫困问题迎刃而解。

不管是四川革命老区贫困人口自我发展能力的培育，还是区域旅游产业自生能力的获取，都需要有一个良好的区域发展宏观环境。因而依据区域发展的大推进理论，通过短时期大规模的人力资本投资和基础设施建设投资形成良好的旅游发展环境是非常有必要的。在大推进过程中，强化区域旅游规划一体化，加强区域旅游资源整合与旅游产业发展合作，以四川革命老区为整体塑造共同区域旅游品牌，有利于推动区域经济社会发展宏观环境的塑造。而大量具有自我发展能力居民与具备自生能力旅游企业的出现，又为区域宏观环境形成提供了微观基础和经济动力，两者之间的相互作用日渐增强。

四、以自我发展能力培育推动四川革命老区旅游扶贫开发

四川革命老区旅游扶贫是一个系统工程，只有通过旅游开发培育和提升家庭、产业和区域三个层面的自我发展能力，才能真正实现旅游扶贫的战略目标。其中贫困人口旅游发展参与能力的提升和参与机会的赋予是四川革命老区旅游扶贫的微观基础，基于扶贫而诞生的旅游业自生能力的培育与加强是四川革命老区旅游扶贫的核心任务，区域旅游资源整合与旅游产业合作发展、共筑区域旅游品牌、实现区域旅游产业发展规模效益是四川革命老区旅游扶贫的宏观要求。四川革命老区旅游扶贫应从家庭、产业和区域三个层面培育区域自我发展能力，将着力点由加大投资和外援的“输血式”减贫，转向自我发展能力培育的“造血式”脱贫，走内生型旅游扶贫之路。

（一）家庭层面

“人”是四川革命老区旅游扶贫系统的微观基础和核心要素，要想真正通过旅游发展做到“扶贫”，应通过加强旅游专业技能培训，增加旅游服务就业岗位，强化脱贫致富自强不息的思想动员工作，使贫困人口获得更多地参与旅游业经营和旅游地管理的能力和个人发展机会。首先，对贫困人口进行旅游业经营管理能力培训与专业服务技能培训，宣传国家的旅游扶贫政策，鼓励有经营管理能力的贫困人口开设家庭宾馆、农家乐、休闲农业等旅游服务业，帮助那些没有独立经营管理能力的贫困人口在环卫、展示、保卫、向导等工作岗位实现就业，提高他们的经济收入水平。其次，在规划旅游扶贫项目时，在尊重营利性的同时，应尽可能设置较低技能的工作岗位，并将服务性低技能岗位向贫困人口倾斜。鼓励贫困人口以马匹、土地、房屋、院落、林盘等多种生产要素入股参与旅游项目开发，强化旅游业发展的共享经济效应。对于距离旅游目的地较远地方的贫困农户，可以通过特色优质农产品种植、传统工艺品加工，然后将成品提供给旅游目的地进行销售，实现间接参加旅游服务和旅游商品供给，以获取经济收入，最终达到贫困人口脱贫致富的目的。最后，要从思想上动员革命老区贫困人口继续发扬革命精神，摒弃等、要、靠等思想，重树自力更生、自强不息的信念，主动参与旅游扶贫开发工作，发挥主观能动性实现脱贫致富。

（二）产业层面

旅游产业发展是四川革命老区旅游扶贫系统工程的核心任务，应加强基础设施建设、改善旅游服务条件配套设施、开发特色旅游产品，赋予旅游业自生能力，将扶贫旅游业从“输血”性质转变为“造血”机器。首先，加强四川革命老区公路、铁路以及景区内部等基础设施建设，提高旅游交通可达性和舒适性，缩短旅游目的地与游客之间的时间距离和心理距离。其次，加强接待中心、卫生间、停车场、休憩处、观景台、乡村客栈或特色民宿等旅游设施建设。最后，根据四川革命老区自然资源和红色文化资源，通过“农旅”结合、“工旅”结合、“红旅”组合，促进旅游产业和其他产业融合，延长产业链。通过设计旅游产品和旅游路线，打造有吸引力的旅游产品。应当考虑区域旅游资源的特色和生态环境条件，在旅游资源开发过程中体现“地域特色”。

（三）区域层面

塑造良好的旅游产业发展环境是推动四川革命老区旅游扶贫开发项目落地、增加旅游企业自生能力和提升贫困人口参与旅游开发的积极性、参与能力的重要保证。首先，四川革命老区市级地方政府应在省级规划指导下，对辖区内的旅游扶贫项目进行整体规划，尽可能打造旅游扶贫片区或旅游扶贫线路，在提高基础设施建设成效的同时，形成规模效应和外溢效应。其次，四川革命老区应积极构建一体化的智慧旅游信息化平台。不仅要在省内 81 个县级革命老区之间建立智慧旅游信息化平台，还应建立四川革命老区与陕西、重庆甘肃及其他省份革命老区之间建立智慧旅游信息化平台。再次，对四川革命老区的旅游资源进行整合，制定统一的开发政策，合作开发旅游产品，通过区域旅游融合、合作、共生，协同发展，创造新的产业功能，或拓展新的发展空间，形成旅游产业优化发展的动态过程。最后，以四川革命老区旅游业为整体开展旅游宣传促销，塑造共同区域旅游品牌，提高革命老区特色旅游尤其是红色旅游的吸引力和知名度，扩大客源市场空间。

参考文献

[1] Goodwin H. Reflections on 10 years of pro-poor tourism[J]. Journal of Policy Research in Tourism, Leisure and Events, 2009, 1(1).

[2] Lepp A. Residents’ attitudes towards tourism in Bigodi Village, Uganda[J]. Tourism Management, 2007, 28(3).

[3] Mastny L. Redirecting International Tourism[M]. Starke L. State of the World. New York: Worldwatch Institute, 2002.

[4] 张先智，刘旺. 四川红色旅游发展的战略思考[J]. 乐山师范学院学报，2005，20（5）.

[5] 秦容. 四川革命老区的旅游资源整合开发研究[J]. 中国商贸，2011，(5).
[6] 岳云华，等. 巴中革命老区贫困县旅游资源开发扶贫研究[J]. 中国农学通报，2012，28 (14).
[7] 唐勇，等. 国家集中连片特困地区旅游扶贫开发模式研究[J]. 资源开发与市场，2013，29 (10).
[8] 李萍. 四川革命老区民俗文化旅游资源国际传播策略[J]. 成都大学学报(社科版)，2011，(4).
[9] 程子彪. 移动互联时代革命老区旅游扶贫联动开发研究[J]. 四川文理学院学报，2012，22 (7).
[10] 文烨，王德志. 达州革命老区红色旅游对农村体育的影响研究[J]. 四川文理学院学报，2014，24 (5).
[11] 孙根紧. 区域自我发展能力：概念辨析、构成要素与判断标准[J]. 区域经济评论，2015，6 (2).

中国旅游扶贫研究文献计量分析*

李倩楠　孙根紧

摘　要：旅游扶贫是促进贫困人口就业、增加贫困人口收入、实现全面小康社会建设的重要途径。本文以 CNKI 收录的旅游扶贫研究文献为对象，利用文献计量分析法来探索该领域的研究现状与进一步研究空间。2000—2015 年中国旅游扶贫研究文献呈不断上升趋势；文献著者及著者机构分布显著集中，著者机构多为高等学校；文献期刊来源较为分散；文献内容多关注行业指导和政策解读，而相关基础理论分析较少；对文献关键词的分析发现研究集中分布在乡村旅游、旅游资源、旅游开发等方面。

关键词：旅游扶贫；洛卡特定律；文献计量分析；CNKI

引　言

随着我国旅游业的不断改革创新和扶贫攻坚任务的提出，旅游扶贫应运而生。旅游产业受众范围广、数量多、提供的就业机会多，可带动贫困人口进行就业，因此逐步成为多数贫困地区消除贫困与发展经济的重要途径。相对传统扶贫方式而言，旅游扶贫是一种全新的产业扶贫方式，具有效果显著、获益明显等特点。

旅游扶贫是以“扶贫”为宗旨，以发展旅游业为手段和途径，以反贫困和消除弱势群体为核心目标，以经济效益为前提，以贫困人口和社区的综合发展为内容的战略举措。[1]现有关于旅游扶贫研究的述评分析大致可以分为三类：第一类是对国内旅游扶贫模式的运行机理、现实困境和推进措施等方面的探讨[2]-[3]；第二类是对旅游扶贫研究现状和经济效应的分析[4]-[5]；第三类是对国外旅游扶贫文献的研究述评与经验借鉴。[6]-[7]

已有的相关文献梳理性分析对我国旅游扶贫的科学研究与实践工作起到了很好的推动作用，但仍有进一步推进之必要。本文从文献计量分析角度入手，对 2000 年以来国内旅游扶贫研究文献进行梳理，从文献数量、文献著者、文献来源、关键词等四个

* 基金项目：四川省哲学社会科学重点研究基地——四川革命老区发展研究中心课题“自我发展能力培育视角下四川革命老区旅游扶贫研究”（SLQ2015C-B）；四川旅游发展研究中心课题“四川地区红色旅游口述档案信息共享空间保护与实现机制研究”（LYC13-45）；四川农业大学社科联课题“文化传承视角下的红色旅游资源开发方式创新”；四川农业大学大学生科研兴趣项目“四川革命老区旅游扶贫研究”。

作者简介：李倩楠（1996—），女，河南新郑人，会展经济与管理专业学生。研究方向：区域社会发展与区域旅游经济。

角度分析，以期更加清楚地把握旅游扶贫研究现状以及未来研究之趋势。

一、研究设计

（一）样本来源

为保证样本中尽可能全面包含旅游扶贫相关研究文献，本文利用中国学术期刊出版总库（CNKI）以“旅游”包含“扶贫”为关键词进行检索，选取 2000—2015 年的文献，并将检索得到的相关研究文献作为初步样本进行分析。

（二）样本选择

为保证样本中的所有文献研究均符合期望，且确保样本的有效性和准确性，本文在进行理论结果分析之前，对该样本进行进一步阅读筛选，从而剔除与样本要求不相符的研究文献。在进一步的筛选完成之后，最终将 767 篇文献作为本文的最终样本。

二、研究结果

（一）文献年度趋势分析

由样本统计分析结果可得，2000—2015 年共计有文献研究 767 篇，其年度分布状况见图 1。

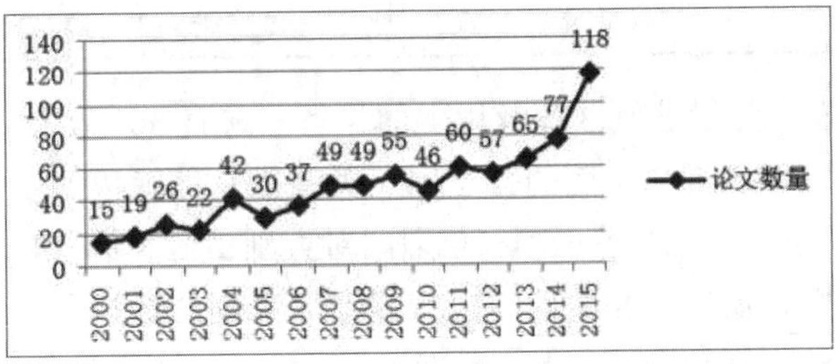

图 1　2000—2015 年中国旅游扶贫文献数量年度变化情况

由图 1 可知，从整体趋势上看，2000—2015 年中国旅游扶贫的研究大致呈现上升趋势。自 2000 年开始，由于国务院出台了《关于进一步推进旅游业发展》文件，旅游扶贫成为专家学者研究的主要对象，且在该段时间专家学者大多以探索旅游扶贫的发展路径为主要内容。杨桂华在《云南大学学报（人文社会科学版）》上对滇西北香格里拉地区的旅游扶贫发展路径进行了研究，并提出设立生态旅游示范区这一模式。[8]在 2003 年提出的西部大开发战略之后，学术界将旅游扶贫研究推向了一个小高潮，在一定程度上助推了旅游扶贫研究。之后随着旅游扶贫的不断发展，各地旅游扶贫成果的显现，从而使得对于旅游扶贫效益研究有所上升。其中李辉霞在《生态旅游学刊》上曾对云南省旅游业开发的扶贫优势进行分析，在结合当地旅游资源优势的基础上对其进一步开发提出建议。[9]在 2014 年之后，其文献数量出现大幅度增长的原因在于该时间段旅游扶贫政策的实施较为成熟，地方成果较为突出明显；加之到 2020 年全面建成小康社会战略目标倒计时开始，学术界更加关注旅游扶贫效应评价和模式总结与推广研究。黄梅芳在《桂林理工大学学报》上对民族旅游扶贫绩效评价指标体系及其实证研究做出分析，其运用层次分析法的基本原理并结合德尔菲法和定表 2 量模型法构建了旅游扶贫绩效的评价体系。[10]

（二）文献著者分析

一方面从文献著者的发文数量进行分析，以文献的第一著者为统计标准，着重分析在 2000—2015 年连续发表文献 3 篇及以上的著者（见表 1）。

表 1　2000—2015 年中国旅游扶贫主要文献著者及其文献数量

孙志国：12	张　敏：6	王　超：3	任　春：3
黄莉敏：12	孙　沁：5	王　铁：3	谭丽燕：3
熊晚珍：12	李会琴：5	黄燕玲：3	邢慧斌：3
王树婷：12	罗明义：4	黄国庆：3	陈　华：3
向延平：8	谢泽氡：4	郭清霞：3	李益敏：3
李星群：6	文　军：4	张遵东：3	王章郡：3
刘之杨：6	王荣红：4	梁明珠：3	伍延基：3
钟儒刚：6	邓小艳：4	殷红梅：3	王淑娟：3
邓小海：6	戴楚洲：4	程建平：3	辛纪元：3

由表 1 可知，发文数量达到 3 篇及以上的作者，共有 36 名。其中，位居首位的是湖北科技学院资源与环境科学学院的孙志国、黄莉敏、熊晚珍和王树婷，其发文数量均为 12 篇。这四位著者在 2000—2015 年期间对大别山区和武陵山区旅游扶贫地区的地理标志和非物质文化遗产的相关内容进行详细而深刻的探讨，为该领域的更进一步研究提供了实践指导意见和参考。其次，处于第二位的是吉首大学商学院的向延平教授，其发文数量为 8 篇。向延平教授在过去 15 年内主要致力于研究不同贫困地区的旅游绩效评价和模糊分析，以科学的数据客观评价其地区旅游扶贫的效果；2008 年在《湖南文理学院学报》发表《贫困地区旅游扶贫经济绩效评价研究》一文，2009 年在《资源开发与市场学刊》上对湘鄂渝黔边区的旅游扶贫绩效评价感知进行调查分析，并在 2011 年运用 WTP 对德夯苗寨进行旅游扶贫社会绩效评价研究。[11]-[13]除此之外，由洛卡特定律[14]可知，旅游扶贫领域的洛卡特值小于 60%，说明我国旅游扶贫研究具有连续性，且将有一大批专家学者极有可能在以后研究过程中形成不同特色的思想文化派别，并显示出独特的研究方法和研究视角。

另一方面，从文献著者所属的机构来进行分析，着重分析文献著者集中分布且出现频次在 4 次以上的机构（见表 2）。

表 2　2000—2015 年中国旅游扶贫主要文献著者所属机构及频次

吉首大学	23	中央民族大学	7	广西师范学院	5	北京第二外国语学院	4
云南大学	17	贵州大学	7	凯里学院	5	皖西学院	4
桂林理工大学	11	绵阳师范学院	6	河北大学	5	渤海大学	4
四川大学	10	广西大学	6	西华师范大学	5	桂林工学院	4
西北师范大学	10	云南师范大学	6	昆明理工大学	4	河南大学	4
贵州师范大学	8	中国地质大学	6	中山大学	4	湖北大学	4
中国科学院	8	长江师范学院	5	首都师范大学	4	辽宁师范大学	4
西南民族大学	8	宁夏大学	5	九江学院	4	中南民族学院	4
成都理工大学	8	河北农业大学	5	上海师范大学	4		

由表 2 可知，从著者所属的机构来看，绝大部分都为高校。由此可见，目前对于旅游扶贫领域的研究，高校机构是主力军。再者，这些高校机构多为“211 工程”院校，如四川大学等，这些院校在高校建设中较为注重科研等方面，从而使其成为旅游扶贫领域研究的重要组成部分。其次从高校成分上来看，其主要文献著者所属机构大多分布在少数民族聚集地区，其主要原因在于旅游扶贫等政策多实施于旅游资源丰富的贫困地区，而少数民族聚集区正是其中所占比重最大的地区。在少数民族区域，科研力量可依托旅游扶贫实践工作和现实背景为地方经济发展发挥推动作用。

（三）文献类型分析

本文选取中国知网（CNKI）的学术期刊载文为主要研究对象，经统计分析可得其主要文献来源及其刊文数量。在进一步的分析过程中，选择刊文数量达到 5 篇以上的文献来源进行分析。

经统计，《安徽农业大学学报》《旅游学刊》《贵州民族研究》为中国旅游扶贫的三大主要文献来源，因此推测旅游扶贫在农业、旅游和少数民族等三个领域是研究热点。此外，对于旅游扶贫的农业研究来说，《安徽农业大学学报》对此研究较为深入，较大可能成为该领域的领头羊；而《旅游学刊》作为旅游业的核心期刊，同样也是研究旅游扶贫的重要期刊之一。对于少数民族地区的旅游扶贫，贵州地区发展较好且其研究的内容与话题也较为丰富和新颖，反映出其少数民族地区的旅游扶贫发展态势较为迅猛，成果显著。

除此之外，根据中国知网上的研究层次进行分析可知，在旅游扶贫领域的研究中，有 55.3%是进行基础研究，21.5%属于行业指导，15.1%属于政策研究，据此可以了解旅游扶贫研究的重点。目前有超过一半的专家学者致力于对旅游扶贫进行基础研究，其中包括基于不同产业视角和背景下的旅游扶贫研究[15]-[16]和地区实施旅游扶贫的模式分析[17]-[18]。有一部分专家学者致力于对旅游扶贫领域的未来发展提出行业指导性意见及建议。[19]-[20]而对于该领域的政策研究占文献总量的 15.1%。[21]

（四）关键词分析

在对样本进行分析过程中，将关键词进行录入整理，合并相似关键词，删除非实质性含义的关键词，最终选择关键词频数大于等于6的文献做进一步分析（见表3）。

表3　2000—2015年中国旅游扶贫文献主要关键词及其频数

旅游扶贫：299	旅游业：20	旅游扶贫开发：10	消除贫困：7
乡村旅游：56	民族地区：18	问题：10	旅游发展：6
旅游：43	可持续发展：17	发展：10	旅游扶贫模式：6
扶贫：42	模式：14	西部大开发：10	感知：6
旅游资源：39	开发模式：13	贵州省：9	西部：6
旅游开发：38	少数民族：13	红色旅游：9	少数民族地区：6
扶贫开发：28	开发：12	云南：8	集中连片特困地区：6
PPT：27	贫困：12	反贫困：8	宁夏：6
贫困地区：27	旅游产业：12	发展战略：8	动力机制：6
生态旅游：27	SWOT分析：12	非物质文化遗产：8	建设：6
对策：24	西部地区：12	效应：7	地理标志：6
武陵山区：24	旅游经济：11	政府主导：7	农业旅游：6
社区参与：21	中国：11	民族村寨：7	

对表3进行分析可知，第一，旅游扶贫领域常见关键词出现频次较高，例如：旅游扶贫、旅游业、旅游开发等，这在一定程度上反映样本主题与本文期望相符。第二，部分代表特定区域的关键词频数较高，如武陵山区、西部地区、集中连片特困地区、贵州省等，这在一定程度上反映出旅游扶贫领域集中分布的地区，且发现该地区均为经济欠发达、少数民族聚集的非平原地区。第三，少数反映研究方向的词汇出现频数较高，如问题、模式、感知、对策、效应等。其表现出目前扶贫领域研究的大概方向，并表明有绝大部分专家学者选择对民族贫困地区的旅游扶贫模式及效应进行研究分析，总结目前发展过程中所存在的具体问题，并针对这些问题提出解决措施，最终对未来该领域的发展进行展望。

三、结论与展望

（一）结论

基于上述分析，我们可以得出以下四点结论。

（1）从文献年度趋势分析来看，旅游扶贫文献数量呈现出逐年递增的趋势，预计在之后几年的发展中，将始终保持良好的发展势态，文献数量将继续增加。且随着旅游扶贫战略的逐步实施，部分贫困地区已通过旅游扶贫实现了扶贫脱贫的目标，扶贫成果的增加可在一定程度上提升专家学者对旅游扶贫的关注度，并在一定程度上促进旅游扶贫研究的进一步发展。其次，研究的热点话题始终与社会关注的热点问题基本保持一致，旅游扶贫始终保持其话题的关注度，因此预计之后旅游扶贫研究将有一定程度的突破。

（2）从著者分析上来看，目前旅游扶贫领域已有领头羊的角色，且已有一部分专家学者近几年来对旅游扶贫领域某方面内容保持持续研究，因此其可在一定程度上表明旅游扶贫领域研究的连贯性和持续性。连贯性和持续性的保持可助推旅游扶贫领域研究的进一步发展。除此之外，在分析过程中还发现，目前著者已有初步的学派分界。学派的划分表明旅游扶贫研究已有一定的成熟度，在之后的发展过程中，其学派分界会更加明显，从而促进旅游扶贫领域研究的类别化、层次化发展。

从文献类型上看，目前旅游扶贫研究集中发表在《安徽农业大学学报》《旅游学刊》《贵州民族研究》。在之后的进一步发展过程中这三个期刊有望成为旅游扶贫领域的核心期刊，但并不排除其他报刊在之后的发展中有赶超的可能。因为目前旅游扶贫领域的研究仍处于上升阶段，因此对其核心报刊的估计比较保守。

从关键词分析来看，目前旅游扶贫领域的研究呈现出多元化、多学科的特点。其中生态旅游、农业旅游、红色旅游、乡村旅游等成为旅游扶贫的主要方式；而云南、贵州、湖南、四川等少数民族聚集区成为实施旅游扶贫的重要试验区；旅游扶贫的经济研究、模式分析、感知效应、开发模式等成为目前研究的重要组成部分。从关键词分析上来看，目前关键词并没有呈现出明显的分类特征，因此在之后的发展中将继续保持多元化、多学科的发展特点，预计在之后的发展中会与其他学科进行不断交融发展，从而衍生出更多创新的方式和途径。

（二）不足与展望

目前旅游扶贫领域的研究仍较为集中于学者的研究，因此对其分析存在一定的片面性，研究视角具有局限性，不能较为科学全面地反映出目前旅游扶贫领域的根本现状。另外，人工筛选样本存在一定误差，且在统计分析当中可能存在数据遗漏的问题。截至目前研究仅从上述方面对旅游扶贫领域的研究进行梳理分析，今后将会继续关注我国旅游扶贫研究的发展。希望学术界能从时空的角度开展整个旅游扶贫的领域研究，从而得出旅游扶贫在时空层面上的差异化特征。

参考文献

[1] 周歆红．关注旅游扶贫的核心问题[J]．旅游学刊，2002，17（1）：17-21．
[2] 刘开兵，唐德善．我国欠发达地区旅游业发展战略研究综述[J]．安徽农业科学，2009（23）：11259-11261．

[3] 况学东．我国国内旅游扶贫研究综述[J]．重庆三峡学院学报，2014（4）：61-65.
[4] 黄国庆．国内旅游扶贫研究综述[J]．安徽农业科学，013（13）：5821-5824.
[5] 曾本祥．中国旅游扶贫研究综述[J]．旅游学刊，2006（2）：89-94.
[6] 刘进．国外旅游扶贫研究综述[J]．旅游纵览（下半月），2014（10）：26.
[7] 李会琴，侯林春，杨树旺，JR Brent Ritchie．国外旅游扶贫研究进展[J]．人文地理，2015（1）：26-32.
[8] 杨桂华，齐扎拉．滇西北香格里拉生态旅游示范区开发研究[J]．思想战线，2000（5）：82-85.
[9] 李辉霞，全泽源．云南省旅游业开发的扶贫优势分析[J]．生态经济，2003（10）：122-124.
[10] 黄梅芳，于春玉．民族旅游扶贫绩效评价指标体系及其实证研究[J]．桂林理工大学学报，2014（2）：406-410.
[11] 向延平．贫困地区旅游扶贫经济绩效评价研究——以湖南省永顺县为例[J]．湖南文理学院学报：社会科学版，2008（6）：58-60.
[12] 向延平．湘鄂渝黔边区旅游扶贫绩效评价感知调查研究——以德夯苗寨为例[J]．资源开发与市场，2009（7）：655-657.
[13] 向延平．基于 WTP 法的旅游扶贫社会绩效评价研究——以德夯苗寨为例[J]．郑州航空工业管理学院学报，2011（1）：71-73.
[14] 汪秀琼，戴光全，吴小节，彭韵妍．2010—2014 年会展研究计量分析[J]．热带地理，2016，36（2）：303-312.
[15] 郭舒．基于产业链视角的旅游扶贫效应研究方法[J]．旅游学刊，2015（11）：31-39.
[16] 邓小海，曾亮，罗明义．精准扶贫背景下旅游扶贫精准识别研究[J]．生态经济，2015（4）：94-98.
[17] 胡锡茹．云南旅游扶贫的三种模式[J]．经济问题探索，2003（5）：109-111.
[18] 邸明慧，郑凡，徐宁，张伟，王然．河北省环京津贫困县旅游扶贫适宜模式选择[J]．地理与地理信息科学，2015（3）：123-126.
[19] 邓小海，曾亮，罗明义．产业链视域下旅游扶贫问题诊断及对策研究[J]．当代经济管理，2014（11）：56-59.
[20] 罗盛锋，代新洋，黄燕玲．生态旅游扶贫研究动态及展望[J]．桂林理工大学学报，2015（3）：642-648.
[21] 向延平，彭晓燕．旅游扶贫开发的思考与建议[J]．宏观经济管理，2012（4）：66-67.

基于城乡一体的新型城镇化文化发展路径研究*

刘 勇 徐云峰 龙 飞

摘 要：新型城镇化建设是以人为本的、和谐的、有产业集聚和文化支撑的城镇化，同时也是城市文化、乡村文化不断传承、融合发展的过程。文化，凝聚了乡愁乡音，拓展了产业，引领着城市发展方向，塑造了城市发展个性。但目前乡村文化传承出现了断裂，城市文化也存在着诸如升级和活力的需求。基于城乡一体走一条文化融合发展的新型城镇发展路径是新型城镇建设的现实选择。加强新型城镇化建设，重要的是发挥文化的思想纽带和凝聚作用，加强文化传承。同时，以城乡文化融合为支点，推动新型城镇化发展和城乡协同共进。

关键词：城乡一体；新型城镇化；文化融合；乡村文化；城市文化

一、新型城镇化建设中的文化功能及引领作用

（一）新型城镇化内涵

为什么要开展新型城镇化建设？新型城镇化建设到底新在何处？这需要首先搞清楚其内涵。新型城镇化首先是以人为本、统筹城乡的新型城镇化，力求实现“文化生态、环境生态、农村城镇化”的新型城镇化，坚持“信息化、智能化、市场化、社会和谐、城市和农业现代化协调发展、大中小城市和小城镇协调发展”的新型城镇化。这昭示了新型城镇化建设的内涵和路径。

长期以来，我们将城镇化建设的核心放在规模和空间上，城市建起来了，但既没有相应的产业支撑，也没有相应的文化发展，形成了一座座空城。开展新型城镇化建设，就是要以现代产业发展为支撑，以实现人的宜居和均等发展为中心的城镇化，人的城镇化是新型城镇化的核心内涵。在这个城镇化过程中，要合理布局、科学规划；要多元化发展，不同发展阶段、不同特色地域不能整齐划一，要循序渐进，允许一部分地区先发展起来，带动落后地区发展；要注重城镇化后的集聚效应和辐射效应，要

---

* 基金项目：四川革命老区发展研究中心项目“川东革命老区城镇化发展进程与模式研究”（SLQ2015B-07）；国家统计局统计信息技术与数据挖掘重点开放实验室开放项目“四川省经济转型升级的统计测评”（SD201505）的阶段性研究成果。

作者简介：刘勇（1973—），男，四川巴中人，副教授，本科，研究方向：农业经济管理；徐云峰（1967—），男，河北衡水人，高级讲师，主要研究方向为会计学；龙飞（1973—），男，重庆人，硕士，副教授，研究方向：文化经济学。

以现代产业为支撑把城镇做强、做大，同时要通过中心城镇向乡村辐射拓展，走城乡一体化发展之路；城镇化要突出地方和区域特色，要有生机和活力，不能单纯追求形式，搞僵化的城镇化；最核心的是以人的城镇化为核心，以实现人的发展为宗旨，通过创造良好的人本环境和人本气氛，促进人的自由而全面发展。

中国新型城镇化的目标就是最终实现城乡一体化的发展目标，城乡统筹发展。乡村发展和城镇发展互相助力和促进。农村能够为城镇发展提供坚实的物质基础，并提供大量的剩余劳动力来建设城镇；而城镇可以为农村的发展提供丰富的生产生活必需品，并引领农村经济发展，刺激和促进农村消费需求，从而全面促进人与社会和谐发展。

（二）新型城镇化建设中的文化作用及功能

新型城镇化建设涉及多个方面，是个复杂系统。其中文化建设是新型城镇化建设的重要内容。其过程就是一个城市文化和乡土文化不断传承和融合发展的过程，新型城镇化与文化发展密切相关。文化的传承与发展引领新型城镇化发展方向，凝聚乡情乡音，改变人们的生活方式。城市文化与乡村文化在新型城镇化建设中发挥各自不同的功能和作用。第一，城市文化影响着城市的经济、政治和社会环境发展。城市文化提升了城市发展内涵和品质，同时也对科技进步、公众意识提高、产业发展、制度体系完善具有极大的促进作用。在当前信息社会发展背景下，文化的软实力发展作用更加凸显，文化的经济功能也逐渐被认同，文化与政治经济的联系日益密切，文化产业已成为推动新型城镇化发展的第三波产业浪潮，文化经济已成为一种新的经济发展形式。人们越来越认识到文化竞争力在城市竞争中的地位和作用，它在城市持续、快速、健康发展中发挥着越来越重要的作用。

同时，从城镇化建设的社会学意义来看，在城市发展陷入千城一面、重复建设的背景下，塑造城市发展的个性已成为新型城镇化建设的时尚追求，而城市文化就担负着此功能。

新型城镇化建设需要有效的产业支撑，能够刺激和拉动社会消费，它是推动城市转型和发展的重要引擎。而乡村文化是依托农业文明并基于生存伦理和血缘亲情基础上的减少交易成本、防范不确定性、提高生存概率的一种制度安排。把乡村的文化传承好和保护好，也是新型城镇化建设的关键所在。如果能把乡村文化建设起来，那么传统农村就能够得到深刻的文化改造，这对于促进农村经济和社会发展意义重大。要保护好和传承好乡村文化，关键就是要在乡村开展文化重构，即利用优秀的空间和地域精神，利用一些美好的有传承价值和意义的集体记忆进行文化重构。文化重构的实质，就是要用优秀的文化精神教育农民，提高他们的文化素养，进而形成良好的文化自觉。这个过程也是农民市民化的过程，也即费孝通当年讲的“在底层形成文化自觉、形成乡村的文化自觉”。新型城镇化建设就是要走从乡村文化自觉到城市文化自觉的发展路径，以先进文化引领人们思想、引领城市发展。重构乡村文化不是保护落后，而是传承和保护质朴自然、能够引起人们美好回忆的乡音和乡魂。从理论上讲，那些能够值得我们记忆的、有真正传统乡村文化标志的村庄和场景在1949年后并不是特别多。而自然场景和丰富的民俗文化正是具有乡村特色的文化空间。传承和保护好乡村文化的首要任务，就是要让人们具备保护乡村文化的自觉，积极去传承和保护乡村文化，使之形成特有的凝聚乡音乡魂的精神依托，同时还要紧跟现代文化发展脉搏，用先进的城市文化去规约、引领乡村文化发展，这个过程就是实现乡村文化和城市文化自然融合的过程。

依托这样的乡村文化，通过以乡村旅游和休闲服务等方式，将土地功能向多元化方向拓展，不仅可以解放大量的农村剩余劳动力，还可提高土地使用效率和增加乡村土地附加值，从而增加农民收入，同时还不改变土地的所有权结构和依附农业性质。新型城镇化必将走一条城市文化和乡村文化融合发展的路径。文化在新型城镇化建设中的作用主要体现在以下几方面。

第一，文化建设是新型城镇化建设的重要任务。文化在综合国力竞争中具有重要的地位和作用，文化的影响比其他任何影响来得更加深远和持久，文化的凝聚和创造作用也是经济社会发展的重要支撑。因此，一个地区文化建设如何，将决定一个城镇建设整体实力和竞争力的大小与强弱、经济社会发展得快与慢、文化品位品质和文明程度的高与低，以及当地群众精神风貌的好与不好等。文化建设在提高城市整体实力和竞争力、为新型城镇化建设和发展提供强有力的智力支撑、精神动力、思想保证方面的作用不可忽视。

第二，文化不仅是一个民族传承绵延的精神血脉和形成民族归属感、认同感的精神纽带，也是孕育民族气质品格的精神基因，更是一个民族凝聚力和创造力的重要源泉。

文化建设是新型城镇化建设和发展的前提和基础。新型城镇化建设和发展要靠人来实现，而人离不开文化的支撑。这是因为，人是文化的载体、物质的依托，文化是人类发展的产物。人创造了文化，文化也造就了人。哪里有人，哪里就有文化。只要哪里的文化建设好，哪里的经济社会就会繁荣，人气就会旺。特别是在科技进步和知识经济迅速发展的今天，文化在经济、政治、社会活动以及人们的日常生活中的作用无处不在。

第三，新型城镇化建设内在需要加强文化建设。新型城镇化建设的竞争，不仅是经济实力的竞争，更是文化实力的竞争。文化建设具有凝聚力、吸引力、影响力、传播力、渗透力、创造力、发展力，是城镇化建设中最核心的部分，它决定着城镇化建设整体实力和竞争力的大小。因此，城镇化的未来必将以城镇文化论输赢。只有加强文化建设，新型城镇化建设才具有凝聚力、吸引力、影响力、传播力、渗透力、创造力、发展力，才能形成整体实力和竞争力、生命力。

第四，文化建设推动着新型城镇化建设向前发展。文化既是一种服务，也是一种生产力。它是政治经济和社会的综合反映，与经济政治和社会生活密不可分。文化以软实力的形式体现了城市的整体实力和竞争力，而且能直接成为经济生产、社会发展过程不可缺少的重要因素。它能够有效传承、总结和吸纳多种文化元素，提升城镇文化容量，促进城镇经济社会繁荣，增强城镇活力和整体实力。同时，通过对城镇文化环境、氛围、基本公共文化服务、活动、产品和文化风尚等城镇品牌的打造、加工、提升等，可以塑造城镇内外形象，增强新型城镇化建设吸引力、凝聚力、影响力、传播力、渗透力、创造力、发展力、整体实力和竞争力。因此，文化在新型城镇化建设中的功能和作用不可忽视。

第五，文化建设为新型城镇化建设提供精神动力和思想保证。文化是人的思想集合、精神支柱，而思想支配人的行为。因而，文化引领着人的思想和精神。但这种引领作用的实现不是自发的，而是靠人们自觉去实现。在新型城镇化建设中，必须加强文化建设，提高城镇居民文明和思想道德素质，形成共同理想和道德准则，促进人的全面发展；同时，帮助人们树立正确的世界观、人生观和价值观，为建设新型城镇化提供正确的思想保证。

二、新型城镇化建设中的乡村文化传承与文化发展现状

（一）新型城镇化发展过程中乡村文化传承问题

文化是人类为了生存、繁衍而形成的人与自然之间以及人与人之间的物质和非物质形式，其目的就是为了减少未来的不确定性以提高生存能力。由于人们恐惧于未来的无知和行为结果的不确定性，因而需要寻找各种解释以减少无知和行为结果的不确定性。易中天教授指出，文化就是人类生存和发展的方式，而不同民族、不同时代的人有不同的生存和发展方式，包括交际方式等，由此构成了不同的文化。乡村文化寓于乡村居民的院落布局、建筑风格、服饰特征、婚丧嫁娶、风俗礼仪、禁忌和传说、节日娱乐以及人们的日常交往行为规范之中，形成了特有的浓浓乡情，是农村乡音的寄托和凝聚，也是新型城镇化过程中凝聚人们思想的重要法宝。

乡村文化是依托农业文明，基于生存伦理和血缘亲情基础上减少交易成本、防范不确定性、提高生存概率的一种制度安排。但随着新型城镇化的逐步推进，城市文化和功利主义思潮不断侵袭着乡村文化，导致乡村文化逐渐湮没，传统典型意义上的村庄也逐渐消逝。近年来，人们特别重视乡村“硬文化”的建设，但对农民思想理念、乡村“软文化”建设缺乏应有的重视。实际结果就是表现为两个滞后：一是乡村文化发展滞后于农村社会经济发展，二是乡村公共文化滞后于乡村私性文化的发展。中国乡村文化是以宗族为纽带、以迁徙聚集的村落为载体的一种群体文明形式。在生产力水平低、社会发展充满高度不确定性的状态下，必须依靠群体力量减少这种不确定性，因而血缘或乡情维系着人与人之间的关系。在经济发展落后的时代，人与人之间关系简单、自然和融洽。而在计划经济时代，需要大家集体劳作，但由于人的自利行为也会出现出工不出力的“磨洋工”状态。改革开放以后，随着农村劳动力生产积极性的释放，粮食产量大幅增加，生产力提高，为劳动力转移提供了机会和平台。大量农村劳动力外迁并向城市转移使农村空心化现象严重，农村住房和生活方式也逐渐在发生

变化，人与人的关系则由家族和乡规民约变得松散化。农村的生产和生活方式正日益受到城镇文化的冲击，而流传千年的村落文化的影响力和统治力在逐渐下降，对村落文化传承和保护已成为一项艰巨任务。并且，随着大量农村人员的外流，农村中很少再有人去刻意学习或继承那种缺失文字传承的乡村文化。由此，乡村文化传承与保护出现严重断层，这既不利于农村的发展，也不利于新型城镇化以后的社会稳定。但现在承载在村落中的绚烂多彩的建筑风格、民俗礼仪、宗教祭祀、服装式样等乡村文化正随着城镇化的发展和传统村落的消逝而逐步被城镇文化吸纳甚至消失，如何传承日益衰微的乡村文化更显得紧迫。

（二）新型城镇化文化建设需要充实新的内容

当前城市文化存在庸俗化、趣味化倾向，缺乏生机和活力。在新型城镇化建设过程中，由于受乡村文化的冲击，需要不断地和乡村文化进行有效融合，接纳和包容乡村文化，并吸收乡村文化的特色，不断改造乡村文化，使之发展成为一种凝聚乡愁、乡音，凝聚人的灵魂，又能引领新型城镇化发展的先进文化。同时，通过对乡村文化的产业化改造，促进新型城镇化现代化产业的发展。

三、新型城镇化建设的城乡文化融合发展路径

（一）加强城乡文化融合发展的紧迫性

加强新型城镇化建设，重要的就是发挥文化的思想纽带和凝聚作用，加强文化传承。同时，以城乡文化融合为支点，推动新型城镇化发展和城乡协同共进。

目前，我国广大农村地区经济落后、交通闭塞，在这些地区依然保持着相对落后的生活方式和耕作方式。落后的耕作方式占据了农村人口的大量闲暇时间，不利于人口流动，也制约了人们收入的提高。同时，落后的生产耕作方式消耗了大量的自然资源，不利于生产发展和生活环境的改善。低下的收入水平制约了乡村公共基础设施建设和公共服务水平的提高，能提供的公共服务产品极其稀少。而基础设施和公共产品的匮乏又制约人们行动能力的提高。基于历史和文化的原因，城市与农村发展十分不平衡，这在一定程度上加剧了农村人口的贫困，城乡对立的二元结构越来越突出，由此也引发了诸多社会矛盾，严重影响了社会和谐和稳定。农村人口自由迁徙权利以及参与公共政策权利严重弱化，农村人口素质提升被抑制，这不利于人的全面发展，更与新型城镇化建设的宗旨相违背。

新型城镇化的核心就是以人为本。在新型城镇化的发展过程中，要推动生产要素的城乡流动，实施工业和农业、城市和农村的互补，加快农村经济社会发展，推动城乡文化的交流互补，增进城乡之间的了解与合作，减少冲突和矛盾。城乡文化交流发展具有双向关系：一是农村吸纳城市的先进生活观念和生活方式，以及城镇发展的先进经验，加快新型城镇化建设，逐步实现农村生活方式的现代化；二是城镇要了解农

村的生活环境、乡村文化、农民的生产方式和生存状态，改变城市对乡村、市民对农民的歧视性偏见。为了增进城乡之间的了解沟通，这在一些具有独特地域人文特色的地区构建具有城乡文化融合的新型城镇，实现城乡文化的循环流动，相互推进，共同繁荣。

（二）城乡文化融合发展的措施和方法

国家要积极开展文化下乡活动，通过农民喜闻乐见的方式向乡村传递城市文化，提高农民的文化素养和文明意识，让农民真正树立城镇生活观念、生活意识；根据地域和民俗特点开发乡村旅游景点，设立具有农家乐特色的农村服务业。在现代农业的发展过程中，大力开发生态农业、创业农业、观光农业等新农业发展模式，以旅游项目带动乡村文明发展，城镇观光客可以参与农村的农业耕耘，体验农民的生存状态。同时把城市的生活观念以及城市文化向农村传播，实现城乡文化共生共荣。

国家要积极拓展乡村文化的传播渠道，以传播传承和保护乡村文化的发展，同时为城市文化发展增添新的活力。具体可通过以下途径：一是可通过网络媒体积极宣传和推介乡村文化，如央视拍摄的纪录片《记住乡愁》、湖南电视台的《乡村发现》《心得乐》等栏目就很好地介绍了乡村文化，让市民了解农村，同时也传承和保护了乡村文化。二是通过关爱农村贫困儿童以及组织城镇家庭去乡村体验生活，了解农民生活的艰辛。三是通过城市文化部门的精心组织，把独具特色的农村民俗文化搬上舞台，如大型民族服饰舞蹈《新东方霓裳》等就是很好的例子。四是由政府有关部门出资把代代流传的没有文字记载仅以口耳相传的乡村文化进行整理，以现代传媒进行保护和传承，并在经济社会发展的过程中增添具有时代特征的新元素。五是鼓励学者深入乡村搜集整理，利用现代载体多形式多渠道地保护和传承乡村文化，把具有地域特色的乡村文化以影视作品的形式再现，形成一批反映民族文化同时具有鲜明时代特征的经典作品。六是政府部门可以设立专项资金和力量保护和传承乡村文化。在新型城镇化的发展过程中，地方政府规划其地域范围内具有历史沉淀的独特艺术和文化价值的村落，构建城镇区域内的民俗村，同时建设乡村博物馆，在实现城乡文化融合的同时保护和传承乡村文化。同时，政府部门要积极引导乡村文化和城市文化的融合发展，为城乡文化发展提供平台，将文化传播作为发展前提，将文化活动作为文化建设的平台和载体，将文化熏陶作为文化建设的基础，把文化消费作为城市发展的活力，把城市空间作为文化发展的载体。通过这些专门活动，凝聚人心，激发斗志，塑造城市品牌，支撑城市持续发展。

四、结语

新型城镇化建设的核心就是人的城镇化，而文化建设在凝聚乡音、引领城镇化发展方向、提供思想保证等方面发挥着不可替代的作用。同时，文化建设能促进新型城镇产业和经济升级、城市转型。新型城镇化建设一定是城市文化和乡村文化不断传承和融合发展的过程。而保护好乡村文化的传承，同时为城市文化注入新的生命力，是城市文化和乡村文化不断融合发展、推进新型城镇化建设的一条重要实现路径。

参考文献

[1] 新型城镇化的基本内涵[EB/OL]. [92014-01-17][2016-10-28]. http://wenku.baid.com/link?ur>XuQF-s5kJXI_XvUybpwM0JBnC]ZHDMW-IE?c4sJcpDYSzZvdmUeLQB4hpmBW5xT3uVvltbo4s5aQGJE3DmK4-AqYsrXZh9uWvkyu.

[2] 申啸晗. 新型城镇化发展进程中城市文化建设作用分析[J]. 河南社会科学，2014，22（7）：111-113.

[3] 郭艳华. 城乡和谐发展：新型城市化的发展趋势与路径[J]. 管理学刊，2013，（4）：55-58.

[4] 齐骥. 新型城镇化背景下文化发展的维度与路径[J]. 城市发展研究，2014，21（3）：15-20.

[5] 林家彬. 对城镇化问题的几点思考[J]. 中国发展观察，2013（8）：11-15.

[6] 李萌. 我国新型城镇化建设的文化动力机制研究[J]. 改革与战略，2014，30（11）：110-115.

[7] 张鸿雁. 中国新型城镇化战略面临的十大难题及对策创新[J]. 探索与争鸣，2013（1）：11-15.

[8] 单霁翔. 关于城市文化的几点思考[J]. 群言，2007（6）：23-26.

我国生态友好型农业发展水平区域差异分析*

孙根紧　钟秋波　郭　凌

摘　要：发展生态友好型农业不仅是促进农业供给侧结构性改革、转变农业发展方式、推动农业绿色发展的现实需要，也是保障粮食安全、促进农业文化传承、推动农村产业融合的根本途径。本文基于生态友好型农业概念模型设计了一套省域农业发展的生态友好度评价指标体系，对我国各省区的生态友好型农业发展水平进行了评价分析。研究发现，我国省域农业发展的经济生态友好度和政治生态友好度相对差异较大，自然生态友好度和社会生态友好度次之，文化生态友好度最小；东、中、西部地区生态友好型农业发展水平依次降低，且区域东部地区内部差异较大，西部次之，中部最小；省域农业发展的社会生态友好度与生态友好度综合指数的相关系数最大，其次是经济生态友好度和文化生态友好度；各系统层之间的协调度呈现出东、中、西部依次下降的地域分布态势，且协调程度与综合指数之间有较高的相关性。因此，应因地制宜地采取有效措施，从完善管理体制和政府规制、加强规划引导和政策支持、创新技术体系和服务方式，健全多方参与的市场机制等方面推动生态友好型农业发展。

关键词：生态友好型农业；生态友好度；指标体系；区域差异

作为最基本、最古老的物质生产部门，农业不仅是人类社会的衣食之源与生存之本，也是一个国家实现经济发展、社会安定、国家独立的重要基础。2014 年中央一号文件提出，将“促进生态友好型农业发展”作为推动我国农业可持续发展的长效机制之一，为我国农业发展提出了新的时代要求。按照党中央的战略部署，深入探析生态友好型农业的科学内涵，构建合理有效的评价指标体系，对促进我国生态友好型农业发展，尤其是对各省区生态友好型农业发展水平进行科学评价，以及推进我国农业现代化发展都具有重要意义。

---

* 基金项目：本文系国家社会科学基金青年项目“乡村旅游开发与生态友好型农业发展的协同路径研究”（编号：14SCH049）、四川省教育厅人文社科项目“基于游客感知的四川省乡村旅游服务质量研究”（编号：14SB0006）、四川省哲社研究基地——四川革命老区发展研究中心项目“自我发展能力培育视角下四川革命老区旅游扶贫研究”（编号：SLQ2015C-03）的部分成果。

作者简介：孙根紧，男，经济学博士，四川农业大学旅游学院副教授；钟秋波，女，经济学博士，四川师范大学文科学报编辑部编辑；郭凌，女，管理学博士，四川农业大学旅游学院副教授。

一、生态友好型农业的内涵界定

生态友好型农业（Eco-Friendly Agriculture）的概念最早出现在日本农林水产省发布的《日本粮食、农业和农村年度报告（2002）》中，其主旨在于强调在农业生产经营过程中应避免自然生态环境的恶化。[1]在这之后，美国、法国、加拿大、韩国等国家也频繁使用“生态友好型农业”概念，他们大多数强调在农业发展过程中对自然生态环境的保护，以及保障和提升农产品的质量与品质。2008 年，学术界出现了一本直接以“生态友好型农业”命名的国际性农业和环境科学杂志《生态友好型农业》（*Eco-friendly Agriculture Journal*，EFAJ），[2]但目前国际上使用的“生态友好型农业”概念更多的还是“环境友好型农业”概念的延伸或近似替代，并没有更为丰富的内涵。

虽然国内学者早已使用“生态友好型农业”概念，[3]学术界对生态友好型农业的系统研究主要还是在 2013 年中共中央政治局会议将“发展生态友好型农业”确定为战略目标之后。部分学者就“生态友好型农业”的内涵进行了研究，但对其含义的界定还是仁者见仁、智者见智。[4]在国家政策导向下，多数学者对生态友好型农业的研究聚焦在生态友好型农业发展的顶层设计和政策支持，以及基于现实境遇如何推动区域生态友好型农业发展实践的路径选择上。[5]有的文献成果为本研究提供了理论借鉴和逻辑起点，但也存在一些不足之处：其一，现有研究中都将生态友好型农业作为环境友好型农业的替代词语来使用，利用较为新颖的词语来表达相同的发展理念，也就是在农业生产经营过程中避免导致自然生态环境的恶化；其二，有关于生态友好型农业的影响讨论只局限于自然生态环境，忽视了“生态”的丰富内涵和广阔外延，这些问题也正是本研究在对生态友好型农业内涵界定过程中的努力所在；其三，迄今鲜有关于生态友好型农业综合评价指标体系研究的文献发表，理论界和实务部门对生态友好型农业的研究和考察大都局限于如何推动生态友好型农业发展的定性探讨上，对生态友好型农业的量化研究尚未建立一套完整的衡量标准。

自 1935 年海克尔和坦斯利提出“生态”概念以来，人类生态思想的内涵不断扩大，逐渐由自然科学向人文社会科学扩散，“经济生态”“社会生态”“政治生态”“文化生态”等概念被相继提出，并形成了新的学科分支。由此，本文所探讨的生态友好型农业中的“生态”不仅仅指自然生态，也包括经济生态、社会生态、政治生态和文化生态，这正是其与环境友好型农业区别的关键之处。

从产业功能看，农业在国民经济与社会发展中的多功能性孕育了生态友好型农业丰富的内涵和广阔的外延。从生态功能讲，农业在生产经营过程中的自然属性不仅有助于强化自然生态系统对经济社会发展排放物的自净功能，而且有助于减少自然灾害的发生和保持生物多样性。也就是说，生态友好型农业不仅仅能避免自然生态环境恶化，还有助于实现生态改良、生态改建与生态修复。就经济功能而言，农业作为国民经济的基础产业，它不仅为社会提供农副产品以满足人类生存和发展对食物的需要，而且对国民经济协调与可持续发展起着基础性支撑作用。因此，生态友好型农业的发展不仅为了实现经济效益，而且在于追求农业发展对经济生态的“友好”、达到促进经济持续健康发展的作用。就社会功能而言，农业生产状况在一定程度上决定了社会秩序的状况，其原因在于农业生产本身可以吸纳劳动力就业，生产技术进步可以使劳动环境得到优化，这将直接影响农业劳动者的社会福利。更重要的是，农副产品产量多寡、品质优劣和安全性高低将对一个国家或地区民众的身体素质和生活质量有决定性影响，进而影响整个社会生态的稳定和健康发展。由此，生态友好型农业发展就是不断强化就业弹性和就业能力，改善劳动环境，增强社会保障功能，最终有助于维护社会生态的稳定与发展。从政治功能看，农业生产方式在一定程度上决定了社会组织制度的样式，农业发展水平因事关民众切身利益而影响其政治选择。生态友好型农业发展的重要性就体现在，其生产经营过程对农村社会管理中“善治”的不断推进。从文化功能看，农业是记录延续农耕文明、传承保护农业文化的重要载体。生态友好型农业发展不仅有助于延续和传承农业文化资源，保护传统文化的多样性，而且有助于发挥农业在教育、审美和休闲等方面的积极作用，推动文化生态和谐发展。

综上，生态友好型农业是一种基于生态观和协同发展理念的新型农业发展模式，在农业发展中不仅有助于农业多种功能的实现，促进农业综合效益协调推进和整体提高，而且高度强调农业在生产过程中对生态系统的维护和优化，实现农业发展与自然生态、经济生态、社会生态、政治生态和文化生态有机统一、相得益彰、协同发展。

二、生态友好型农业发展水平评价指标体系构建

生态友好型农业是一个有机整体，其发展涉及自然、经济、社会、政治和文化等多个方面，且具有高度系统性，对其发展水平进行评价分析应当基于系统性、全面性、定量性和可操作性等原则展开。但是，鉴于生态友好型农业概念具有丰富的内涵和广阔的外延，其发展水平评价指标体系中不可能穷尽且涵盖其发展所涉及的各个方面，因此，本文构建的评价指标体系只涉及生态友好型农业整体系统中的主要方面和重要内容，是对生态友好型农业发展水平的基本判断。为了方便分析和准确表达研究结果，本文基于生态友好型农业的概念内涵以区域农业发展生态友好度指数为目标层，从自然生态友好度、经济生态友好度、社会生态友好度、政治生态友好度和文化生态友好度等 5 个维度综合考虑，选取 44 个基础指标构建包括“目标层—系统层—指标层—基础指标”的评价指标体系，以测度一个地区的生态友好型农业发展水平（如表 1 所示）。

表 1　区域生态友好型农业发展水平评价指标体系

系统层	指标层	基础指标	计量单位	指标属性
自然生态友好度	生态改建	造林面积增长率	%	正
		草原面积增长率	%	正
		水土流失治理度	%	正
		湿地和自然保护区覆盖率	%	正

续表

系统层	指标层	基础指标	计量单位	指标属性
自然生态友好度	生态修复	农田有效灌溉率	%	正
		农田除涝率	%	正
		森林病虫鼠害防治率	%	正
		单位面积农药施用量	吨/万公顷	逆
		单位面积化肥施用量	吨/万公顷	逆
		单位面积农用塑料薄膜施用量	吨/万公顷	逆
	生态改良	森林覆盖率	%	正
		农地植被覆盖率	%	正
		草原覆盖率	%	正
经济生态友好度	要素投入	万元农业地区生产总值用水量	立方米/万元	逆
		万元农业地区生产总值柴油用量	千克/万元	逆
		万元农业地区生产总值劳动力投入量	人/万元	逆
		户均农业生产性固定资产原值	元/户	正
		农业机械化水平	万千瓦/万公顷	正
	经济产出	农业经营人均纯收入	元	正
		农业增加值	亿元	正
		农业经济贡献率	%	正
	生产效率	土地综合产出率	亿元/万公顷	正
		农业劳动生产率	万元/人	正
社会生态友好度	粮食供给	粮食自给率	-	正
		旱涝保收率	%	正
		受灾面积比率	%	逆
	食品安全	地理标志农产品数量占比	%	正
		绿色农业占比	%	正
		无公害食品数量全国占比	%	正
	就业吸纳	农林牧渔从业人员数/乡村从业人员数	%	正
政治生态友好度	组织化程度	农业经济合作组织发展水平	个	正
		农业组织覆盖率	个	正
	自治水平	万人村民委员会	个	正
	社会保障	新农合补偿受益率	%	正
		千人农村人口医疗机构床位数	张	正
		农村居民最低生活保障率	%	正
		新农合补偿参与率	%	正
		万人农村养老服务机构个数	个	正

续表

系统层	指标层	基础指标	计量单位	指标属性
文化生态友好度	农耕文明传承	农业文化遗产数量	个	正
		中国最美休闲乡村数量	个	正
	农业科学教育	现代农业示范区数量	个	正
		农业示范点数量	个	正
	观光休闲服务	休闲农业星级企业数	个	正
		休闲农业精品线路数	个	正

从自然生态友好度评价指标来看，农业发展对自然生态环境的友好程度体现在生态改建、生态改良和生态修复三个方面。在农业生产经营过程中，农业活动在一定程度上有助于因自然界外部冲击受损的生态系统的改善，且呈现更多人类期望的结构和功能，体现出生态改建功能。基于此，本文选择造林总面积增长率、草原面积增长率、水土流失治理度，以及湿地和自然保护区覆盖率作为生态改建分项指数的基础性指标。同时，可以通过制订科学合理的土地利用计划，将被破坏的土地生产力恢复到初始状态，体现出农业发展的生态修复功能。因此，本文选择农田有效灌溉率、农田除涝率、森林病虫鼠害防治率、单位面积农药施用量、单位面积化肥施用量和单位面积农用塑料薄膜施用量作为生态修复分项指数的基础性指标。另外，在农业生产经营过程中，通过农业发展战略调整和发展模式转变，恢复原有物种的生存或休憩环境，体现出农业发展的生态改良功能。基于此，本文选择森林覆盖率、农地植被覆盖率和草原覆盖率作为生态改良分项指数的基础性指标。

农业作为国民经济基础性产业，其发展对经济生态的影响主要体现在要素投入、经济产出和生产效率三个方面，因此本文从这三个方面选择评价指标来测度农业发展的经济生态友好度。就要素投入而言，本文选择万元农业地区生产总值用水量、万元农业地区生产总值柴油用量、万元农业地区生产总值劳动力投入量、户均农业生产性固定资产原值和农业机械化水平作为基础性指标，以衡量农业发展在能源、资源、劳动力和固定资产等生产要素使用方面体现出来的友好程度。关于经济产出，为避免统计口径不统一影响测度结果，本文选择收入性指标替代产量指标来进行测度，以农业经营人均纯收入、农业增加值和农业经济贡献率作为经济产出分项指数的基础指标。关于农业生产效率，本文选择土地综合产出率和农业劳动生产率作为基础性指标进行测度。

从社会生态友好度评价指标来看，农业发展对社会生态的影响主要表现在粮食供给、保障食品安全和增加就业岗位等方面，因此我们从这三个层面来测度农业发展的社会生态友好度。就粮食供给而言，更多的研究使用粮食自给率指标，但囿于数据可得性，本文选择各个地区人均粮食产量较平均水平偏离程度，以及旱涝保收面积比率作为基础性指标来对粮食供给分项指数进行测度。关于食品安全，本文选择地理标志农产品数量全国占比、绿色农业数量全国占比和无公害食品数量全国占比作为基础性测度指标。另外，利用农林牧渔从业人员数在乡村从业人员数中的占比来测度农业发展的就业吸纳率。

从政治生态友好度评价指标看，农业发展对政治生态的影响体现在农业发展过程中对“善治”功能的推动上，包括农民的组织化程度、自治水平和社会保障程度三个方面。关于农民组织化程度，本文选择全国农民合作社加工示范单位数代表农业经济合作组织发展水平，全国农民合作社示范社数代表农业组织覆盖率作为基础性指标进行测度。关于农民自治水平，本文选择万人村民委员会数作为基础性指标来衡量。就社会保障而言，本文选择新农合覆盖率、千人农村人口医疗机构床位数、农村居民最低生活保障率、新农合补偿参与率和万人农村养老服务机构个数作为城乡均等化服务程度的替代变量作为基础性指标来进行测度。

从文化生态友好度评价指标选择来看，农业发展对文化生态的影响主要体现在农耕文明的传承、农业科学教育以及观光休闲服务三个方面。本文选择农业文化遗产数量和中国最美休闲乡村数量作为基础性指标来测度农耕文明传承分项指数；选择现代农业示范区数量作为农业科学教育分项指数的基础测度指标；选择农业示范点数量、休闲农业星级企业数量和休闲农业精品线路数量三个基础指标来对农业的观光休闲服务水平进行测度。

三、中国生态友好型农业发展水平区域差异分析

（一）数据来源与指标处理

本文所采用的数据均来自《中国统计年鉴（2015）》《中国农村统计年鉴（2015）》以及国家统计局、农业部、中国休闲农业网、中国地理标志产品服务中心网、中国重要农业文化遗产实录网站，以及中国农民合作社网等官方网站的相关数据。

由于各个基础性指标的属性和量纲、量级不同，我们无法对其直接进行合成，因此在进行主成分分析之前，本文首先进行无量纲化变换处理，且对所有逆指标均取倒数形式，使所有指标对生态友好型农业发展水平的作用力方向趋同。

（二）省域农业发展友好度系统层评价分析

本文从自然生态、经济生态、社会生态、政治生态、文化生态等五个层面分别对各省区的农业发展生态友好度进行主成分分析，得出主成分特征、主成分贡献率和累计贡献率。根据累积贡献率大于 80%。的原则，分别选取各系统层的主成分，其中自然生态友好度选取 4 个主成分，经济生态友好度选取 4 个主成分，社会生态友好度选取 3 个主成分，政治生态友好度选取 4 个主成分，文化生态友好度选取 3 个主成分。由各主成分得分矩阵和累积贡献率归化所得指标权重，进行加权求和后分别得到我国各个省区系统层的评价值并进行排名。为了更加直观地考察农业发展生态友好度的省际差异，本文借鉴张欢等（2014）的方法将各个子系统综合评价分值转换成百分制，[6]其结果见表 2。

表2　中国省域农业发展生态友好度系统层评价得分

地区 指标		自然生态友好度		经济生态友好度		社会生态友好度		政治生态友好度		文化生态友好度	
		指数	排名	指数	排名	指数	排名	指数	排名	指数	排名
东部地区	北京	89.48	1	44.53	30	55.08	20	69.42	5	57.00	17
	天津	73.11	4	66.60	8	69.49	4	63.76	12	52.79	4
	河北	62.77	8	76.00	3	65.20	8	60.68	17	61.15	13
	山东	73.03	5	83.78	1	83.75	2	82.48	1	82.87	1
	辽宁	61.33	9	66.85	7	58.52	14	60.74	16	72.08	3
	上海	86.82	2	51.93	24	61.30	11	66.85	6	55.12	24
	江苏	78.05	3	78.58	2	87.14	1	72.58	4	71.37	5
	浙江	58.58	16	71.27	6	61.48	10	74.60	2	77.73	2
	福建	58.63	15	62.55	14	53.30	25	60.26	18	72.03	4
	广东	59.86	12	56.35	18	53.71	24	54.54	24	57.89	16
	海南	61.06	10	63.43	12	49.27	28	44.27	29	51.73	28
中部地区	黑龙江	59.43	13	71.29	5	77.86	3	42.85	30	56.90	18
	山西	55.85	20	48.04	27	56.61	18	66.07	9	55.24	23
	安徽	67.95	7	62.62	13	69.13	5	56.28	22	61.50	12
	江西	58.15	18	54.69	21	57.21	16	56.66	21	64.10	7
	河南	68.30	6	75.01	4	66.68	6	66.09	8	63.40	8
	湖北	60.45	11	66.12	9	66.55	7	63.66	13	62.52	10
	湖南	59.21	14	57.82	16	59.99	12	73.27	3	61.83	11
西部地区	内蒙古	49.48	31	60.24	15	58.92	13	56.23	23	55.67	21
	广西	55.79	22	56.59	17	52.12	27	47.35	27	60.62	14
	重庆	56.97	19	50.85	26	57.06	17	65.18	10	55.66	22
	四川	53.59	26	55.32	20	58.20	15	66.38	7	62.86	9
	贵州	54.18	24	43.78	31	51.23	28	48.64	25	56.87	19
	云南	54.48	23	54.00	22	54.29	23	45.25	28	60.52	15
	西藏	50.66	30	52.92	23	47.76	30	61.47	15	42.87	31
	陕西	55.85	21	51.69	25	52.30	26	63.89	11	54.72	25
	甘肃	54.03	25	47.23	28	54.45	22	48.00	26	52.75	27
	青海	51.19	28	44.91	29	47.14	31	63.26	14	50.97	29
	宁夏	51.17	29	55.78	19	56.02	19	42.48	31	44.09	30
	新疆	52.88	27	63.53	11	54.78	21	59.61	19	68.69	6
全国平均		60.99		60.00		60.00		60.00		60.00	
标准差		9.98		10.46		9.66		9.94		8.84	
变异系数		0.16		0.17		0.16		0.17		0.15	

由表 2 可知，各省区中农业发展的自然生态友好度得分最高的是北京，得分值为 89.48；得分最低的是内蒙古，得分值为 49.48。有 10 个省份得分高于全国平均水平 60.99，占省区总数的 32.25%。，其中有 8 个省在东部地区，有 2 个在中部地区。全国农业发展的经济生态友好度平均得分为 60.00，有 15 个省份高于这个值，占省区总数的 48.39%。，其中有 8 个省在东部地区，有 5 个在中部地区，有 2 个在西部省区。省域经济生态友好度得分最高的是山东，得分值为 83.78；得分最低的是贵州，得分值为 43.78。全国农业发展的社会生态友好度平均得分为 60.00，有 11 个省份高于这个值，占省区总数的 35.48%。，其中有 6 个在东部省区，有 5 个在中部地区。省域社会生态友好度得分最高的是江苏，得分值为 87.14；得分最低的是青海，得分值为 47.14。各省区中农业发展的政治生态友好度得分最高的是山东，得分值为 82.48；得分最低的是宁夏，得分值为 42.48。有 10 个省份得分高于全国平均水平 60.00，占省区总数的 32.25%。，其中 5 个省在东部地区，有 3 个在中部地区，有 2 个在西部省区。全国农业发展的文化生态友好度平均得分为 60.00，有 15 个省高于这个值，占省区总数的 48.39%。，其中 7 个在东部省区，有 5 个在中部地区，有个在西部省区。省域文化生态友好度得分最高的是山东，得分值为 82.87；得分最低的是西藏，得分值为 42.87。在五个子系统层中，省际农业发展的经济生态友好度和政治生态友好度相对差异较大，自然生态友好度和社会生态友好度相对差异次之，相对差异最小的是文化生态友好度。

（三）省域农业发展友好度综合评价分析

运用前述主成分分析方法以及得分值百分制转换方法，得到我国省域农业发展生态友好度的综合指数并进行排名（见表 3）。2014 年我国东、中、西三大区域农业发展生态友好度综合评价平均得分依次是：东部二省区 67.30，中部省区 62.37，西部省区 52.48，三大区域平均得分比差约为 1.28∶1.19∶1。从计算结果可知，全国省域农业发展生态友好度综合指数的变异系数为 0.16，说明从全国层面看，我国生态友好型农业发展水平在三大区域之间存在差异，但相对差异较小。

表 3　2014 年中国省域农业发展生态友好度指数评价

	省区	生态友好度	排名			省区	生态友好度	排名			省区	生态友好度	排名	
			东部	全国				中部	全国				西部	全国
东部地区	山东	87.18	1	1	中部地区	河南	69.92	1	4	西部地区	新疆	59.77	1	16
	江苏	83.17	2	2		安徽	65.40	2	8		四川	58.54	2	17
	浙江	70.61	3	3		湖北	64.85	3	10		重庆	55.77	3	19
	天津	66.58	4	5		黑龙江	63.58	4	12		内蒙古	54.64	4	22
	河北	66.43	5	6		湖南	62.20	5	13		陕西	53.72	5	23
	上海	66.19	6	7		吉林	60.22	6	15		广西	53.63	6	24
	辽宁	65.35	7	9		江西	58.10	7	18		云南	52.88	7	25

续表

	省区	生态友好度	排名			省区	生态友好度	排名			省区	生态友好度	排名	
东部地区	北京	64.52	8	11	中部地区	山西	54.70	8	21	西部地区	甘肃	49.37	8	26
	福建	61.96	9	14							贵州	49.07	9	28
	广东	55.68	10	20							青海	48.04	10	29
	海南	52.62	11	26							宁夏	47.27	11	30
											西藏	47.08	12	31
	均值	67.30				均值	62.37				均值	52.48		
	变异系数	0.15				变异系数	0.07				变异系数	0.08		

省域生态友好型农业发展水平不仅在我国三大区域之间存在差异，而且区域内各省区之间也存在一定程度的差异。为了分析我国三大区域内部省区的生态友好型农业发展水平差异情况，表3列出了省域农业发展生态友好度综合指数在三大区域和全国的排名情况。由表3可知，东部11省的生态友好型农业发展水平除广东和海南位于二十名之后，其他9个省区都属于前十五名，说明东部省区的生态友好型农业具有绝对的优势。但是，在东部地区的11个省区内部，生态友好型农业发展水平也是非均衡的。从数值上看，排名第一的山东的农业发展生态友好度得分是排名最后的海南的1.66倍，变异系数为0.15，可见东部地区生态友好型农业发展水平虽然从总体来说具有绝对的优势，但东部地区内部的差异性较大。中部8省和西部12省的生态友好型农业发展水平差异比东部省区略小，变异系数分别为0.07和0.08，这说明中西部地区生态友好型农业发展水平较东部地区低，但内部差异相对较小。

（四）省域生态友好农业发展基本特征

（1）各个系统层与生态友好度的相关性。以上仅从省域农业发展生态友好度评价的结果和差异性进行了分析，但是，要有效地提升省域生态友好型农业发展水平，就要深刻认识和深入把握影响生态友好度变化的基本特征，从而研究和发现提升省域生态友好型农业发展水平的正确路径、方法和对策。各个系统层与生态文明发展水平的相关性如表4所示。

表4　我国省域农业发展生态友好度与各系统层相关系数

	自然生态友好度	经济生态友好度	社会生态友好度	政治生态友好度	文化生态友好度
农业发展生态友好度	0.6792	0.7891	0.8590	0.6634	0.7593

表4列出了省域农业发展生态友好度综合得分与五个系统层得分相关系数。可以看出，与生态友好型农业发展水平综合指数相关系数最大的是社会生态友好度，相关

系数达到 0.8590，远高于其他几个系统层指标。这种高度拟合的效果说明，农业在社会生态的友好程度是生态友好型农业发展水平最直接的体现。也就是说，各省区应着力提升农业的社会生态友好度，生态友好型农业发展水平也会得到相应的提升。其次是经济生态友好度和文化生态友好度，相关系数分别为 0.7891 和 0.7593。因此，强化农业发展的经济功能和文化传承功能，提高农业发展的经济效率和经济效益，赋予农业发展更多的科普教育与文化传承作用，可以促进省域生态友好型农业发展水平的提高。因此，提高省域农业发展的社会生态功能、经济功能和文化传承功能是提高各省区生态友好型农业发展水平的关键所在。

（2）各系统层协调度分析。为进一步考察省域生态友好型农业发展水平评价中五个系统层之间是否协调，本文利用 C=1-S/M（M 为某一样本的各个子系统得分的平均值，S 为其标准差）进行协调度分析，C 越大，说明各子系统之间协调度越高，配合得越好；反之，则各子系统之间缺乏协调性。若 C＞0.9，称为高度协调；若 0.8＞C＜0.9，称为中度协调；若 C＜0.8 则为低度协调。[7]

通过计算可知，在东部地区，有 5 个省区的协调指数在 0.9 以上，处于高度协调发展状态；有 4 个省区的协调指数在 0.8 ~ 0.9，处于中度协调发展状态；有 2 个省区的协调指数在 0.8 以下，处于低度协调发展状态。在中部地区，有 3 个省区的协调指数在 0.9 以上，处于高度协调发展状态；有 3 个省区的协调指数处于 0.8 ~ 0.9，为中度协调发展状态；有 2 个省区的协调指数在 0.8 以下，处于低度协调发展状态。在西部地区，仅有 3 个省区的协调指数处于 0.8 ~ 0.9，为中度协调发展状态；其他 9 个省区的协调指数均在 0.8 以下，处于低度协调发展状态。

同时，系统层的协调程度与农业发展生态友好度综合指数之间有较高的相关性，相关系数为 0.8532，说明协调发展程度对省域生态友好型农业发展水平有较大的影响，协调度低必然会影响生态友好型农业发展水平的进一步提高，因此高水平的协调是我们追求的发展方向，即生态友好型农业在各个系统层面上协调发展。

四、结论与启示

构建生态友好型农业是时代发展的要求，也是国民经济社会健康发展的显著标志。本文基于生态友好型农业概念模型设计了一套包括 5 个系统指标和 44 个基础指标的省域农业发展生态友好度评价指标体系，对我国各省区的生态友好型农业发展水平进行了评价分析。研究结果发现：在 5 个子系统层中，省际农业发展的经济生态友好度和政治生态友好度的相对差异较大，自然生态友好度和社会生态友好度相对差异次之，相对差异最小的是文化生态友好度；我国生态友好型农业发展水平在总体上呈现出三大区域阶次下降的地域分布态势，东部地区生态友好型农业发展水平最高，但内部差异性也较大，中西部地区生态友好型农业发展水平较东部地区低，但内部差异相对较小；社会生态友好度与总体指数的相关系数较大，其次是经济生态友好度和文化生态友好度；我国生态友好型农业发展水平评价各个系统层次之间的协调度在总体上呈现出东、中、西依次下降的空间分布态势，且协调程度与区域生态友好型农业发展水平综合指数之间有较高的相关性。

针对以上结论，对于如何提高各省区生态友好型农业发展水平有以下几点启示。

其一，提高社会生态功能、经济功能和文化传承功能是提高各省区生态友好型农业发展水平的关键，因此各省区都应该提高农业发展的经济效率和经济效益，赋予农业发展更多的科普教育与文化传承作用，以促进省域生态友好型农业发展水平的提高。

其二，对于生态友好型农业发展水平较高的东部地区来说，减少区域内的发展差异，提高自然生态友好度、经济生态友好度、社会生态友好度、政治生态友好度、文化生态友好度等5个子系统的协调度，是提升整个东部生态友好型农业发展水平的抓手。

其三，中西部地区为了经济发展的需要，依然赋予农业发展更多的经济功能，发展过程中“高消耗、高排放、低效益”现象大量存在，导致生态友好型农业发展水平与东部省区相距甚远。因此，中西部地区，尤其是西部地区应围绕转变农业发展方式，以提高资源利用效率和生态环境保护为核心，大力发展循环农业、生态农业、集约农业等，以节约资源和保护环境的农业形态，促进农业实现可持续发展。

参考文献

[1] AFF. The annual report on food, agriculture, and rural area in Japan[R]. Ministry of Agriculture Forestry and Fisheries, 2002.

[2]《生态友好型农业》是由孟加拉国出刊的农业与环境科学杂志，其英文刊名为Eco-friendly Agriculture Journal（ISNN：1999-7957）.

[3] 李春华，等. 两型社会建设背景下长株潭城市群耕地安全性评价[J]. 中国农学通报，2010（15）；张衍毓，等. 河南省粮食生产核心区建设的战略思考[J]. 中国土地科学，2012（3）.

[4] 张灿强，沈贵银. 体系表征、多维困境与生态友好型农业的可能走向[J]. 改革，2015（5）；李铜山，杨晓露. 生态友好型农业的内涵辨析及发展取向[J]. 南华大学学报：社会科学版，2015（2）.

[5] 李鹭. 探寻农业转型的生态路径——北京发展生态友好型农业的启示[N]. 光明日报，2014-12-25.

[6] 张欢，成金华，等. 中国省域生态文明建设差异分析[J]. 中国人口·资源与环境，2014（6）.

[7] 杨世琦，等. 不同尺度下区域农业系统协调度的评价[J]. 西北农林科技大学学报：自然科学版，2008（5）.

四川革命老区文化资源产业化研究*

——以陈毅元帅故里旧居村为例

廖　华

摘　要：陈毅元帅故居旧居村作为革命老区的历史文化村落，既有丰富的历史文化资源，也蕴含着显著的红色文化元素。以保护和传承旧居村文化资源为出发点和落脚点进行产业化升级，凸显旧居村文化资源自身所具有的历史文化价值、社会价值以及经济价值，对于旧居村的可持续发展有着重要意义。本文深入阐述了旧居村文化资源现状以及自身产业化价值，并对其产业化的具体路径进行初步研究。

关键词：旧居村；文化资源；价值分析；保护和传承产业化

文化活动与人们的生产生活息息相关，文化资源是文化活动进行的前提条件，也是人类长期创造积累的宝贵财富，是精神生活和物质生活的重要源泉。在文化产业迅速发展的今天，更加显著地要求凸显文化资源再加工后所赋予的产品属性和附加值。《国民经济和社会发展第十三个五年规划纲要》也提出，要注重社会效益和经济效益的和谐统一，积极推动文化事业和文化产业的发展，为全体人民提供乐观、健康的精神食粮。由此可见，文化资源与文化产业的结合是时代进步的要求，也是丰富人们精神生活和物质生活的重要途径。

改革开放以来，许多革命老区因资源贫乏、缺乏资金、技术落后、交通通信等基础设施条件差，经济社会发展十分缓慢。为改变这一现状，中共中央办公厅、国务院办公厅在 2016 年印发了《关于加大脱贫力度支持革命老区开发建设的指导意见》（以下简称《指导意见》）。《指导意见》提出，要着力培育壮大特色产业，不断增强造血功能，利用老区丰富的文化资源，振兴传统工艺，发展特色文化产业。陈毅元帅故里既是革命老区，又是极具特色的历史文化村落，对元帅故里的文化资源进行挖掘、保护进而实现其文化资源的产业化转型，既能够传承和发扬红色文化精神，也能够提高老区人民的经济水平，有助于老区人民过上更加幸福美好的生活。

---

* 基金项目：本文系四川省哲学社会科学重点研究基地、四川省教育厅人文社会科学重点研究基地、四川革命老区发展研究中心项目“陈毅元帅故里文化资源与文化产业发展研究”（项目编号：SLQ2016C-16）阶段性研究成果。

作者简介：廖华，女，美学硕士，四川文化产业职业学院副教授，研究方向：审美文化与文化产业发展。

一、陈毅元帅故里旧居村文化资源现状

乐至县城北 17.5 千米的劳动镇是陈毅元帅的故乡，这里山丘连绵起伏，树木郁郁葱葱，是典型的浅丘民居。位于劳动镇上的旧居村更是在 2014 年入选中国传统村落名录，也是劳动场镇的发源地，处于村域东侧，陈毅元帅故居则位于西侧，与羊叉河相连，周围遍布山丘，形成了“有山有水有村”的自然山水格局。旧居村历史发展历程大体可以分为四个阶段。第一阶段，明朝时期，明万历年间源于“薛苞救母”的民间故事，被称为“薛苞古镇”，明末毁于战乱之中；第二阶段，清朝时期，清咸丰三年建场，名为复兴场，村落逐渐得以恢复；第三阶段，新中国成立之前后因袭为乡；第四阶段，1958 年改为人民公社，1959 年公社名冠以“劳动”二字，村落逐步向西南扩展。

旧居村延续至今，包含丰富的历史文化资源，既有明显的红色文化，也是民间传统文化的发源地之一，尤其是由于曾经得名源于“薛苞救母”的故事，其将中华民族传统美德体现得淋漓尽致，故而孝文化浓郁深厚。

（一）旧居村村落文化的内涵

《乐至县志》记载，薛苞古镇建于明代，因是汉代孝子薛苞故里而得名。《东观汉记》载，薛苞，字孟尝，以至孝闻。相传东汉建武年间，薛苞家贫，他与母亲相依为命。一次母亲病重，眼看将亡，薛苞毅然割股奉母，治好了母亲的病。事情被传到朝廷里，遂被封为孝子。

旧居村最重要的文化内涵在于孝文化，作为中华民族的传统美德，孝文化在旧居村传承至今，对当地弘扬传统文化以促进社会和谐新风尚起着十分重要的作用。

（二）旧居村物质文化资源现状

目前，旧居村有全国 4A 级旅游景区、国家级文物保护单位“陈毅旧居”以及位于故居后山的县级文物保护单位陈家“诰命夫人墓”。“陈毅故居”是陈毅元帅诞生和成长的地方。故居兴建于清乾隆初年，是木质结构的三重堂四合院，有些苏杭园林的风味，建筑风格也极具川中民居气息。故居在 1981 年修复之后开始对外开放。2006 年，“陈毅旧居”被国务院、国家文物局列为全国重点文物保护单位；2011 年，中共中央宣传部将其列为全国爱国主义教育示范基地。当地村支部委员和党员利用这一优势开办农家乐，通过示范带动，旧居村目前已经配套乡村旅游农家乐 30 家，年接待 100 万人次。

县级文物保护单位陈家“诰命夫人墓”是合葬墓。陈毅元帅前六代高祖陈禹桂、高祖母邓氏夫妇厚德重孝，教子有方，当朝皇帝为了彰显其德行、示范众人，故赐封陈禹桂、邓氏为太封君、诰命夫人。

此外，旧居村还保存着众多其他传统文化资源，如古街连接新街的“劳动桥”、千年黄葛树、锁口塘、玉湖泉，位于古街内的陈氏老茶铺、乐楼牌坊，位于村域东侧的

老君山道观和北侧的土地庙，还有羊叉河北岸的张安井以及古代筒车遗址。

（三）旧居村非物质文化资源现状

非物质文化资源是非物质形态的、具有艺术价值和历史价值的东西，与“物质文化”相对。作为中国传统村落的旧居村，自然除了历史悠久的文化资源之外，同样有着丰厚的非物质文化资源。

陈毅元帅是中国无产阶级革命家、军事家、外交家，是党和国家的卓越领导人，他毕生为人民的事业建立了不朽的功勋。他的故事在旧居村乃至乐至县都是为人民群众所耳熟能详的。旧居村也因此拥有浓厚的红色文化资源。

在民俗文化方面，旧居村也有众多典型的、历史悠久的民间艺术。耍龙，是旧居村春节期间传统的娱乐活动。农历正月初，各街道“龙灯会”开始扎龙、送贴，观者人山人海，很是壮观；婚嫁，旧居村传统婚嫁礼仪的隆重和场面的铺陈具有浓烈的地方特色。另外还有被乡间妇女口耳相传的哭歌也有着一定的影响力。在传统技艺方面，旧居村的藕粉制作工艺颇有名气，“天池藕粉”也有一定的品牌效应。

二、旧居村文化资源产业化价值

作为传统村落，旧居村所蕴含的文化资源价值是全方位的，不仅具有历史文化价值，而且具有极大的社会价值和经济价值，这些都是其村落文化资源得以不断传承和发展的巨大动力。旧居村传承着中华民族的历史记忆、生产生活的智慧以及文化艺术的结晶，对其进一步传承与开发，不仅维系了中华民族的根，也保护和弘扬了优秀传统文化，还也有利于推动当地的经济建设。

（一）历史文化价值

每一个传统村落都是村落中的先民们以村庄为载体世代繁衍，在天、地、人的和谐共处中自然而然形成和发展逐渐孕育出丰富多彩的文化内涵。可以说，一个传统村落就是一座历史文化博物馆。旧居村也是如此，它历史久远，而且一直以来保护完好，这一点实在难能可贵。并且，绚丽多彩的非物质文化资源在旧居村村落里至今仍然呈现出活态传承，这里以原居民为核心，以传统文化为纽带，代代繁衍，生生不息，并孕育出丰富灿烂的文化，堪称一座动态的川中文化博物馆。

（二）社会价值

每一个传统村落都是社会体系中的基层构成单位，并且是具有独特魅力的乡土社会。著名的古建筑专家罗哲文先生曾经说过：“古村落体量虽小，但五脏俱全，是完完整整的中国社会最基层的形态。”旧居村就是如此，它的风貌是在一代代先辈们的生产生活实践中不断创造和发展出来的，因而文化资源极其丰富，至今保存着完整的红色文化资源。历史环境也保留完好，它以孝文化为内涵，以人文文化为主线，人文景观与自然景观和谐并存。旧居村孝文化资源丰富，对它的挖掘和利用有助于诸如尊老爱幼、睦邻友好的优秀传统道德的进一步传承和弘扬，对基层社会治理以及整个社会的和谐发展具有极大的促进作用。

（三）经济价值

在传统村落，一方面村民们大多掌握着先辈们祖传下来的技艺，从村落走出去，参与到市场经济中，大胆发展和创新技艺，不仅可以传承和发展传统手工艺，还可以为村落、为村民带来经济效益；另一方面，传统村落丰富的历史文化资源也同样为村落的发展带来了新的生机，为村民们的家庭经济乃至地方经济的发展开辟了新的道路。旧居村原本就是依河而建，自然资源极为丰富，“陈毅故里”的红色旅游路线已初具规模，把它进一步建成全国知名的红色旅游精品景区，以及进一步挖掘孝文化资源，突出村落文化内涵，对县域经济有极大的推动作用。

三、旧居村文化资源产业化的具体路径思考

旧居村丰富的文化资源要传承和发展，最根本的途径就是在文化资源深度挖掘的基础上进行产业化升级。随着市场经济的快速发展以及资本触角的无限延伸，在社会经济的各个方面实现产业化已不再新鲜，这是各个区域尤其是文化如何以活态形式传承和发展的重要途径。简而言之，产业化是推进文化遗产保护、传承以及发展的重要有效方式。但是，在旧居村文化资源产业化的过程中也要注意，必须以对旧居村物质文化保护和传承为出发点和落脚点，把握好文化资源产业化的尺度，不能够片面追求经济效益而忽视文化的传承。

（一）旧居村的文化内涵重在孝文化，要着力打造孝文化

孝文化打造是整个旧居村文化资源产业化的重要内容。一方面，在孝文化产业化的过程中，要加大政府人力和财力的投入，确保在保护和传承孝文化的基础上进行产业升级，重点扶持相关品牌建设和运营。“天池藕粉”在整个乐至县已经有一定影响，然而，它仍然是以纯粹的工艺制作品形式存在，对比“孝感麻糖”“孝感米酒”等的宣传和品牌销售形式存在差距。因此，在孝文化产业化升级的过程中，要做到既能够更好地宣传孝文化，又能够真正实现孝文化的产业化，因而必须善于借鉴在孝文化产业升级方面的成功案例，推出属于旧居村的孝文化品牌产品。同时把孝文化与旧居村的民俗文化结合起来，开发民俗体验游，并注重孝文化的传承，真正扩大旧居村孝文化内涵的影响力。在旧居村的民俗文化中，婚嫁以及“哭歌”很有地方代表性，以多种形式再现婚嫁以及“哭歌”场景，并且在情景再现的过程中更多地注重孝文化的展现，可以让游客在观赏民俗文化的同时，深刻领悟的孝文化的内涵。

（二）实现产业升级，打造陈毅故居和与其相关的陈家祠堂、改造后的故居陈列馆

在旧居村物质文化资源的产业升级方面，要体现出旧居村所特有的红色文化资源。陈毅故居是旧居村乃至整个乐至县的重点文化资源，同时又是全国爱国主义教育示范基地，陈毅旧居本身就有科普教育的功能和职责。陈毅旧居邻近的山丘保存着极好的环境，景区内园林景观也相当丰富，元帅诗词碑林随处可见，这使景区有了更多的人文气息以及爱国主义思想教育资源。可依托陈毅故里景区，发展休闲度假、科普教育、体验式消费、节庆竞技、文化展示等项目。同时，在此基础之上对周围农家乐进行打造，不局限于餐饮消费，而是开辟农业观光项目，把休闲度假、科普教育以及文化创意手工等项目结合起来，突出体验式消费，使旅游价值与人文价值更好地融合。

（三）加强对非物质文化资源的保护

政府管理部门一方面要充分认识到抢救和保护非物质文化资源的必要性和重要性，另一方面也要有长远的战略眼光，要在经济活动和文化开发的过程中强化“以保护促开发”的观念；人民群众要充分认识到保护文化资源在产业化升级中的重要性，增强文化保护意识。事实上，以往对于非物质文化的保护更多的是依靠政府，而产业化升级之后应改变在保护工作中政府大包大揽、压力过大的状况，可以吸引社会团体、民间组织等社会力量的参与、合作，并且可以促使“藕粉”“挂面”以及“耍龙”等民间工艺走出原有的父子相传、师徒相传等传统的传承方式，让其走出既有模式，为更多人所熟悉，最终通过产业化手段，既保护了旧居村的非物质文化资源，又促使其走出了地域限制，实现社会价值与经济价值双丰收。

作为兼具红色资源和古建筑文物资源的历史文化村落，旧居村所凝聚的各种文化价值不容忽视，是劳动群众漫长的生产生活实践中探索和创造出来的，是旧居村群众物质文化与精神文明的集中体现。因此，保护和传承旧居村文化资源意义重大。同时，实现对旧居村文化资源的产业化，让它焕发生机，使其在得到在保护和传承的同时走向现代化。

参考文献

[1] 乐至县志编撰委员会．乐至县志[M]．成都：四川人民出版社，1995：18-19.

[2] 李昕．可经营性非物质文化遗产保护产业化运作合理性探讨[J]．广西民族研究，2009（1）.

[3] 杨亚庚，等．论宜产型非物质文化遗产的产业化[J]．河南社会科学，2014（1）.

[4] 冯骥才．传统村落文化遗产困境与出路[N]．人民日报，2012-12-10.

[5] 冯骥才．传统村落的困境与出路——兼谈传统村落是另一类文化遗产[J]．民间文化论坛，2013（1）.

基于产业价值网络视角的四川省红色旅游信息资源整合*

（研究报告）

汤志伟

摘　要：为了促进四川省旅游产业进一步发展，提高红色旅游信息资源利用率，本文从四川省红色旅游产业价值网络的构成主体、构成元素、组织结构、创新发展和独特性五个方面对四川省红色旅游产业价值网络进行重构，采用“自顶向下”的策略构建了包含战略层、内容层和技术层三层的四川省红色旅游信息资源整合模式，并从策略、管理和技术三个角度探讨产业价值网络视角下四川省红色旅游信息资源整合的实现机制，为四川省红色旅游产业的发展提供针对性建议。

关键词：产业价值网络；四川省红色旅游；信息资源整合；网络环境

引　言

2015年6月15日，四川省政府办公厅下发《四川省2015年“互联网+”工作重点方案》，该方案提出“互联网+”旅游应将推进智慧旅游试点示范、构建和完善旅游应急管理体系、推进旅游电子商务发展、建设旅游大数据平台等方面作为工作重心。但由于不同部门、不同系统之间信息资源共享程度较低等问题影响和制约了四川旅游产业的进一步发展，因此，为推动全省旅游产业越好越快发展，需对红色旅游信息资源进行整合。

红色旅游资源是四川省重要的优势旅游资源，形成了“一线两区”的分布格局。但近年来四川省红色旅游信息资源出现了整合度不高、共享程度低、未能形成区域效应或规模效应、基础设施不够完善、发展欠缺后劲等各种问题，推进其整合在产业界和理论界呼声不断。面向产业价值网络对四川省红色旅游信息资源进行整合，能有效提高该区域的旅游竞争力、提高该区域的经济发展水平、促进四川省旅游信息化的发展，从而为旅游者提供更加丰富多彩的旅游产品和服务。因此，本文基于产业价值网

---

* 作者简介：汤志伟，电子科技大学政治与公共管理学院副院长，教授，博士生导师，研究方向为信息产业。

络的视角对四川省红色旅游信息资源整合进行研究，分别从以下几个部分进行阐述。

第一部分介绍了红色旅游信息资源整合的研究现状，阐明了在产业价值网络视角下进行旅游信息资源整合是趋势所向，具有重要的理论意义和实践价值。

第二部分分析了四川省红色旅游资源分布情况，分别从红色旅游业现状、四川省红色旅游资源现状和四川省红色旅游资源存在的问题三个方面对四川省红色旅游资源进行分析。

第三部分重构了网络环境下四川省红色旅游产业价值网络，从四川省红色旅游产业价值网络的构成主体、构成元素、组织结构、创新发展和独特性五个方面对四川省红色旅游产业价值网络进行重构。

第四部分是四川省红色旅游信息资源整合的调查研究部分，通过观察法、访谈法和文献法对部分四川省红色旅游景区进行调查研究，并进行结果分析。

第五部分是产业价值网络视角下四川省红色旅游信息资源整合的推进模式，采用“自顶向下”的策略，从整体出发，结合信息资源整合的需要，制定出了包含战略层、内容层和技术层三层的推进模式。

第六部分是产业价值网络视角下四川省红色旅游信息资源整合的实现机制，依据前文中的推进模式，从策略、管理和技术三个角度探讨产业价值网络视角下的四川省红色旅游信息资源整合的实现机制。

一、红色旅游信息资源整合的研究现状

随着我国经济社会的快速发展，人们的精神文化需求日益增长，推动了我国红色旅游产业的不断壮大。红色旅游主要指以中国共产党领导人民在革命和战争时期建树丰功伟绩所形成的纪念地、标志物为载体，以其所承载的革命历史、革命事迹和革命精神为内涵，组织接待旅游者开展缅怀学习、参观游览的主题性旅游活动。红色旅游作为党和人民群众密切联系的重要渠道，对于加强革命传统教育、弘扬以爱国主义为核心的民族精神、培育和践行社会主义核心价值观、促进革命老区的经济和社会发展都有重要意义。在政府的大力推进下，我国红色旅游人数从 2004 年的 1.4 亿人次增加至 2015 年的 10.27 亿人次。到 2015 年年底，全国红色旅游景区达到 249 个，其中 4A 级以上 173 个，5A 级 26 个，接待人数超过 100 万人次的景区达到 118 个。在纪念馆、博物馆免费开放的前提下，2015 年红色旅游综合收入达到 2611.74 亿元，取得了巨大的社会效益和经济效益。

我国的红色资源极其丰富，地域分布极其广阔。其定义有狭义、广义之分。狭义的红色旅游资源指的是中国共产党成立以后、新中国成立以前，包括红军长征时期、抗日战争时期、解放战争时期等重要的革命纪念地、纪念物及其所承载的革命精神；广义的红色旅游资源是指一切顺应历史潮流、发扬民族精神的革命遗迹和革命精神，包括中华人民共和国成立后在革命建设中留下的革命精神和建筑遗迹，包括建设时期

形成的大庆精神、雷锋精神、“两弹一星”精神等，以及反映这些精神的遗迹、文物、博物馆、纪念馆、展览馆、烈士陵园等实体。[1]这些红色旅游资源不仅有利于加强和改进新时期爱国主义教育、保护和利用革命历史文化遗产，还能带动革命老区经济社会协调发展，培育发展旅游业新的增长点。

如何对红色旅游资源进行有效合理的规划、整合和利用是发展红色旅游产业的关键，许多学者开始围绕红色旅游资源展开研究。秦容（2011）指出旅游资源的整合开发是提高四川革命老区旅游竞争力的有效手段，只有走旅游资源的整合开发之路，才能发挥革命老区的自然旅游资源、人文旅游资源和红色旅游资源完美结合的优势。[2]范力、焦世泰等（2013）在研究左右江革命老区旅游信息资源整合的时候提出旅游产业还没有形成一体化发展格局，进而导致红色旅游资源开发的广度和深度不够，因此，急需确立优势互补、互利共赢的区域红色旅游资源空间整合战略。[3]徐学初等（2006）指出四川红色旅游资源在区域分布上相对集中，对地区内或者相邻区域的红色旅游资源及公共旅游设施进行有机的资源整合可以形成规模化发展。[4]彭敏（2009）在提出中国革命老区旅游发展对策时指出，在单体旅游资源质量不高的情况下，只有将一些旅游资源从时空上进行协调组合，形成一定规模的旅游资源协同结构，才能产生聚集效应、市场效应和经济效应。[5]李婷婷（2011）提出我国革命老区的红色旅游资源丰富，但许多红色景点未能很好地与当地自然资源、风土人情相结合，加之生态环境比较脆弱、开发难度较大，从而削弱了其经济利用价值。[6]王晖、邹冬生等（2012）以区域联合发展模式为落脚点，分别以“湖南长株潭地区”“黄冈市”为例进行实证研究，他们一致认为在进行区域联合发展的过程中，要充分发挥政府和企业的重要作用，通过资源整合、强化监督、提高效率等方式，实现资源共享、互利互赢。[7]黄三生和卢丽刚（2009）对鄱阳湖生态经济区红色旅游资源进行了研究，提出应整合各种要素、资源，实现区域旅游资源共享、信息共用、市场共建、利益共谋。[8]贾芳、申建娜（2013）在分析河西走廊地区红色旅游时提出要逐步打破旅游资源应由所属者、所属地开发的格局，而将旅游资源融入当地旅游业的发展过程中，进行资源整合优化。[9]钟金贵等（2012）将遵义红色旅游作为研究重点，提出将红色旅游和生态旅游相结合的整合策略，进而增强遵义旅游业的竞争力，使遵义旅游业走一条可持续发展的道路。[10]袁忠智（2008）从区域旅游信息资源共享角度探讨了区域旅游信息资源整合的内容。[11]可以看出，对红色旅游资源进行有效整合十分重要，它不仅能为旅游者提供更加丰富多彩的旅游产品和服务，还能使红色旅游产业的各个融合环节联系在一起，使得其效益得到最大限度发挥，促进红色旅游的可持续发展。

旅游业作为一个特殊的产业，以游客的旅游行为为中心，为游客的旅游活动创造便利条件并提供所需商品和服务，涉及与吃、住、行、游、购、娱，网络信息以及旅游金融和保险等多个行业，因此旅游产业价值链就是这些不同行业价值链所交汇成的价值网络。[12]产业价值网络是指由利益相关者之间相互影响而形成的价值生成、分配、转移和使用的关系和网络。目前，学术界对于旅游产业价值链还未有明确统一的定义，学者们大多是从企业价值链的定义出发，考虑旅游产业的特殊性进行界定。如马梅（2004）将旅游产业价值链分成三个层次：基本价值链、可变价值链和延伸价值链。基本价值链是从旅游实体到旅游中介的价值链环节，通过两类旅游企业间的交易关系来衔接；可变价值链是旅游实体之间的价值链连接，包括提供吃、住、行、游、购、娱等产品的所有企业；延伸价值链是旅游产业价值链的外围延伸部分，包括旅游金融、保险、旅游商品等。[13]王起静（2005）认为旅游产业链是指为满足旅游者的旅游需求，以产业中具有竞争力或竞争潜力的企业为链核，与相关产业的企业以产品、技术、资本等为纽带结合起来，通过包价或零售方式将旅游产品间接或直接销售给旅游者，以助其完成客源地与目的地之间的旅行和游览，从而在旅行社、饭店、餐饮、旅游景区、旅游交通、旅游商店等行业之间形成的链条关系。[14]黄继元（2006）指出旅游产业价值链是旅游产业内部的不同企业承担不同的价值创造职能，旅游产业上下游多个企业共同向最终消费者提供服务产品时形成的分工合作关系，包含旅游供给、旅游中间商和消费者三个部分。[15]通过文献梳理，本课题将旅游产业价值链定义为旅游产品从供应到消费所涵盖的食、住、行、游、购、娱等活动过程，由旅游产品供应商、旅游中间商和旅游消费者构成价值链的主要环节。

在产业价值网络视角下对旅游信息资源进行整合是趋势所向，许多学者已经将价值链、价值网、价值网络相关理论应用到旅游产业的资源上。陈实等（2006）利用价值链分析方法探讨了西部旅游产业区域合作化路径，并指出旅游产业价值链中的价值流不但表现在物流上，也表现在信息流和知识流上。[16]刘蔚（2006）认为旅游业价值网络指为了满足旅游者的旅游需求，以旅游业中具有核心能力要素的企业为中心，与相关产业的企业以各种纽带结合起来所形成的企业网络，并基于价值网络理论分析了旅游产业的竞争力。[17]郁广健（2006）基于价值链理论提出陕西大旅游产业的概念，并指出区域旅游的资源整合效应已经显现，可以实现各个体单元在孤立状态难以实现的最佳功能，增强组成网络的各地域单元的对外旅游吸引力。[18]李伟（2009）则通过分析重庆旅游产业价值链，提出了相应的整合思路。[19]杨晞（2007）在三峡库区旅游企业信息化发展战略中指出，三峡库区信息化将最终走向一体化，包括建立以价值网为核心的企业信息系统、基于价值网为核心的电子商务系统交易平台以及基于价值网为核心的商务模式等。[20]李京颐（2007）等通过调查北京旅游企业信息化发展状况，指出按照价值链理论关联旅游上游和下游产业，进行一体化的信息化设计为旅游业的发展创造良好的网络生存环境，是旅游产业信息化发展的基本方向。[21]可以看出，面向产业价值网络对旅游信息资源进行整合，可以充分挖掘和共享信息资源，并对其进行优化配置，满足旅游者、旅游企业以及各级政府管理部门的信息需求，通过提高旅客的满意度、实现旅游企业间的协作、提高科学决策水平，来推动红色旅游产业稳定发展。因此，基于产业价值网络视角整合红色旅游信息资源，具有重要的理论意义和的实践价值。

四川省红色旅游资源（四川革命老区）特指土地革命战争时期，在中国共产党领导下，在四川境内所创建的 9 个革命根据地和游击区。它们不仅在中国新民主主义革命中具有重要的地位，而且在全省形成了大量的重要红色旅游资源。不仅带动了革命老区经济社会协调发展，也为四川旅游业的发展注入了新的动力，推动四川旅游业更快、更强发展。虽然如此，但在信息网络时代，如何推进四川省红色旅游资源进一步发挥其社会意义和经济效益，仍是值得我们重视的问题。结合前文的文献梳理与分析，本课题认为从产业价值网络视角去探讨四川省红色旅游信息资源的整合是未来四川省红色旅游发展的重要方向。

二、四川省红色旅游资源分布分析

（一）红色旅游业现状

1. 良好的发展前景

《2011—2015 年全国红色旅游发展规划纲要》显示，到 2015 年，全国红色旅游年出行人数突破 8 亿人次，年均增长 15%，占国内旅游总人次的比例提高到 25%；综合收入突破 2000 亿元，年均增长 10%；累计新增直接就业 50 万人、间接就业 200 万人。

2. 红色旅游整体增长快，再创新高

结合百个红色旅游经典景区和 18 个红色旅游重点城市 2015 年上半年旅游发展状况，两者在接待游客人次和旅游收入方面均呈现不同程度的增长，其中百个红色旅游经典景区在接待游客人次和旅游收入方面分别同比增长了 7.11%、187.29%；18 个红色旅游重点城市在接待游客人次和旅游收入方面分别同比增长了 21.02%、38.52%。

为了进一步反映红色旅游市场的变动情况，分别对 2014 年、2015 年一月至六月份的游客总人次数据进行线性拟合，发现红色旅游经典景区与重点城市均表现为明显的增长趋势（如图 1）。红色旅游经典景区游客总人次同比增加了 575.67 万人次，增长趋势与去年齐平；红色旅游重点城市游客总人次同比增加了 4018.71 万人次，其变化趋势在去年增长的基础上又有新的突破，可见红色旅游发展势头好、潜力足。

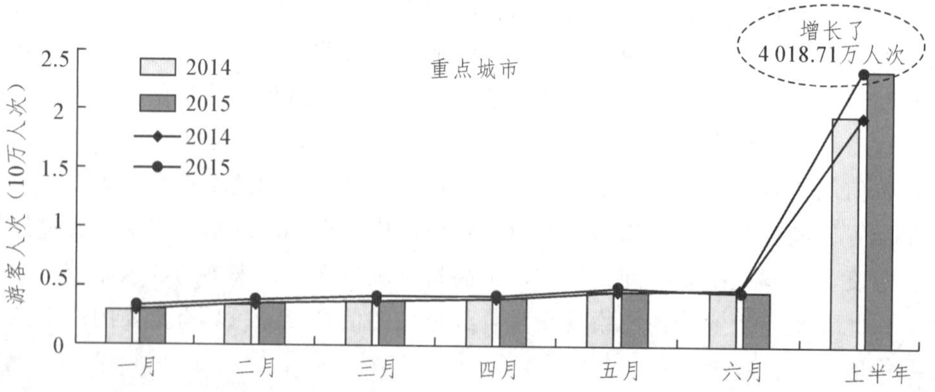

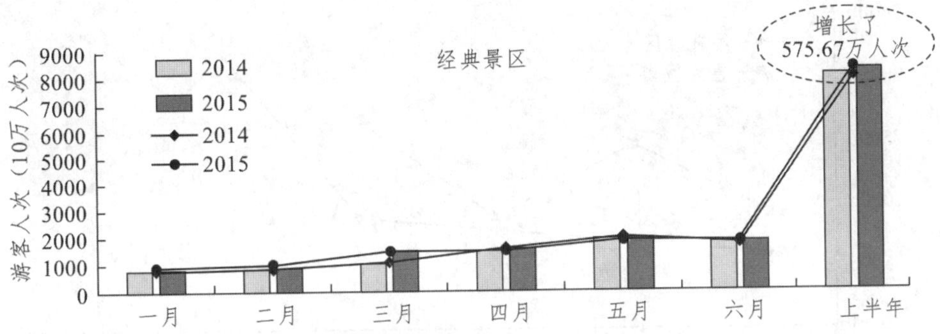

图 1　红色旅游游客人次变化

3. 红色旅游收入结构呈新的变化特点

红色旅游的收入构成主要体现在门票、餐饮、住宿、购物、其他五个方面。图 2 显示了 2015 年各月份及上半年 7 个时间段红色旅游收入变化情况，可看出相对凸起的门票收入与其他收入远远高于餐饮、住宿、购物收入。随着红色旅游景区的不断建设，餐饮、娱乐等设施的不断完善，红色旅游景区餐饮、住宿、购物收入的比重表现出不同程度的增加。

图 3 显示红色旅游经典景区的总收入呈现快速增长趋势，说明红色旅游发展势头良好，可以加大投资建设力度，促进红色旅游的再次飞跃。因此，应结合红色旅游的收入组成及其构成比重的变化，分析其变化特征、原因，为我们日后深入研究影响红色旅游收入的因素及细分红色旅游收入来源指明了方向，最终服务于红色旅游的快速发展，即在增收的同时实现收入的多元化（详见图 2、图 3）。

4. 红色旅游国际化增长有待加强

目前，在红色旅游的游客构成中境外游客所占的比重相对较少。依据全国红色旅游统计报送系统数据分析发现，在 2015 年上半年经典景区和重点城市游客构成中，入境游客比重均比较低，依次为 1.2492%、0.4280%。红色旅游的发展还维持在以国内游客为主，准确地说是以红色旅游资源周边的国内游客为主。[22]

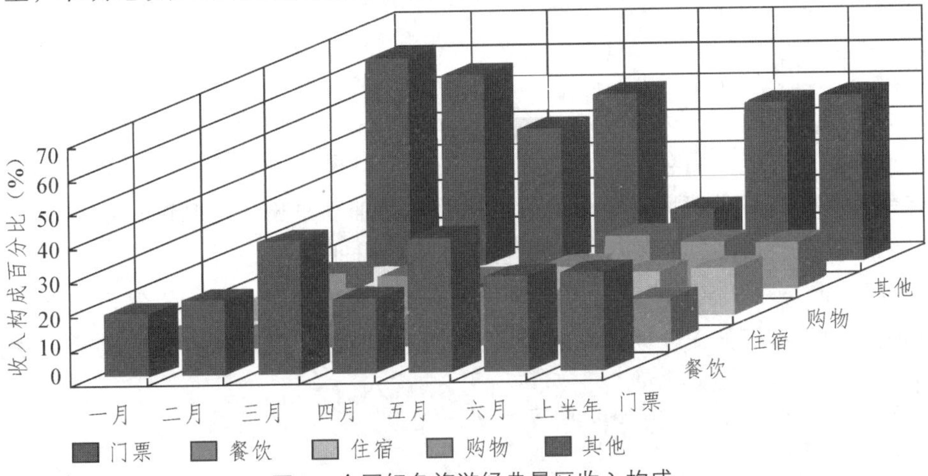

图 2　全国红色旅游经典景区收入构成

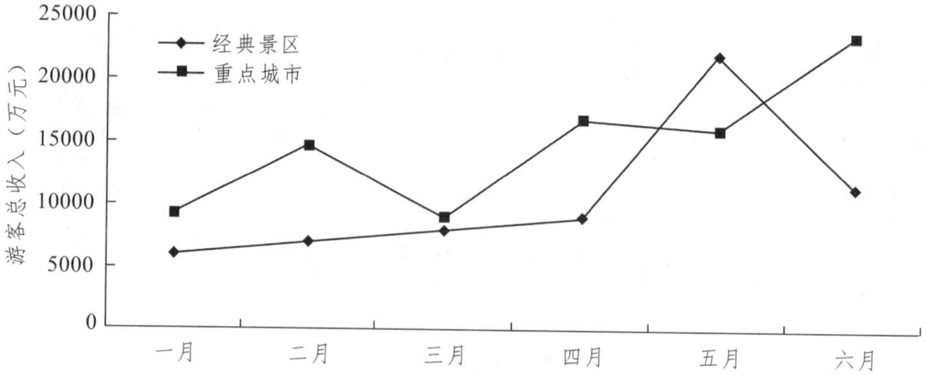

图3　全国红色旅游总收入

（二）四川省红色旅游资源现状

1. 四川省主要景点景区

（1）广安市、华蓥市红色旅游系列景区：邓小平故居和纪念馆，华蓥市华蓥山游击队遗址。

（2）巴中市、达州市、广元市、南充市川陕革命根据地红色旅游系列景区（点）：巴中市通江县红四方面军总指挥部旧址纪念馆，川陕苏区红军烈士陵园，南江县巴山游击队纪念馆，平昌县刘伯坚纪念馆；达州市万源市万源保卫战战史陈列馆；广元市剑阁县红军血战剑门关遗址，苍溪县红军渡纪念地；南充市仪陇县朱德故居纪念馆。

（3）四川红军长征红色旅游系列景区：凉山州会理县皎平渡红军渡江遗址，会理会议遗址，冕宁县彝海结盟遗址、红军长征纪念馆；泸州市古蔺县红军四渡赤水太平渡陈列馆；雅安市宝兴县夹金山红军纪念碑，石棉县红军强渡大渡河纪念地；甘孜州泸定县泸定桥革命文物纪念馆；阿坝州若尔盖县巴西会议旧址，马尔康县卓克基会议旧址，红原县红原瓦切红军长征纪念遗址，小金县两河口会议旧址，松潘县红军长征纪念碑碑园。

2. 分布情况

（1）地理分布。“成都—松潘—若尔盖—迭部—宕昌—岷县—临夏—兰州线”的主要红色旅游景点有：雪山草地，阿坝州松潘县红军碑园，若尔盖县巴西会议会址；甘南州迭部县腊子口战役遗址；陇南地区宕昌县哈达铺红军长征纪念馆；定西市“岷州会议”纪念馆；兰州市战关区八路军驻兰州办事处旧址。

“成都—雅安—石棉—泸定—康定线”的主要红色旅游景点有：雅安市宝兴县夹金山红军纪念碑，石棉县安顺场红军强渡大渡河纪念地；甘孜州泸定县泸定桥革命文物纪念馆。

（2）区域分布。

四川省是红军长征经过的主要地区、川陕革命根据地中心区域和邓小平、朱德等伟人故里。红军二万五千里长征，在四川行程一万五千里，历时一年零八个月，途径70个县，加上川陕和湘鄂川黔革命根据地川属县，共100多个县，占四川60%以上县份。四川省红色旅游资源十分丰富，发展红色旅游的条件得天独厚。根据省红色旅游资源地域分布、资源类型、产品特色及主题构想，红色旅游发展总体布局规划为3个板块、6大片区、8条精品旅游线、36个红色旅游经典景区。

3个板块：长征丰碑、伟人故里、川陕苏区；

6大片区：雪山草地片区、大渡河—甘孜片区、伟人故里片区、金沙江－彝海片区、川陕革命根据地片区、四渡赤水片区；

8条红色旅游精品线路：伟人故里精品旅游线、雪山草地精品旅游线、强渡大渡河精品旅游线、剑门蜀道精品旅游线、嘉陵江精品旅游线、川陕苏区精品旅游线、四渡赤水精品旅游线、甘孜香格里拉精品旅游线；

36个红色旅游经典景区：大九寨红军长征文化中心、古蔺赤水太平渡、金沙江皎平渡、凉山彝海结盟、夹金山等经典景区。

此外，许多红色旅游资源分布在国家及省级风景名胜区、自然保护区、森林公园及历史文化名城（镇）中，如松潘草地、夹金山、甘孜红军会师遗址、巴山游击队纪念馆、空山战役遗址、华蓥山、八台山、花萼山、红军血战剑门关遗址、磨西会议遗址、蒙顶山红军纪念馆、芦山红军遗址、天全红军遗址等。

据有关部门不完全统计，四川省目前共拥有重要红色旅游景区（点）120余处，广泛分布于全省80%以上的市、州，[4]集中分布在川西及川东两个地区，形成了“一线两区”的分布格局。

“一线”指中央红军长征入四川境内的路线，四川是红军停留时间最长、经过区域最广的省份，主要足迹分布于四川西部与南部的广大区域，途经泸州、凉山、甘孜、雅安、阿坝等市州所辖的若干市县，能形成旅游资源的景点（区）主要分布在广安、南充、资阳等地，串联成以小平故里、朱德故居、陈毅故居为核心的“伟人故里”，联合红军强渡大渡河纪念馆、宝兴红军翻越夹金山纪念馆等为簇拥的“一线”格局，呈现出由南向北纵向延伸的分布态势。

“两区”指位于四川东部地区的伟人故里和川陕苏区，位于巴中、广元、达州广大区域，形成以川陕苏区首府所在地——巴中为中心，以达州、广元为两翼的全国第二大苏区。川陕苏区的红色旅游资源比较丰富，分布也比较均匀，当年红四方面军活动的三个主要中心（通江、巴中、旺苍）各地都有遗存，保护也相对完好，专家名之为“红军文物露天博物馆”，仅巴中市内就有红军遗址350余处、红军文物10万余件。川陕苏区将帅碑林更是“中国最大的将帅碑林”，在近代史上占据独特地位。[23]

表 1　四川省红色旅游资源划分情况

区域名称	所含景点	所在行政区	主要特征	所属主题板块
雪山草地片区	海螺沟、红草地、贡嘎山、毛尔盖会议遗址、巴西会议会址、两河口会议会址、红原瓦切塔林、四姑娘山、丹巴甲居藏寨、川主寺红军长征纪念碑碑园、松潘松州古城、九寨沟等	主要在四川雅安市和阿坝州地区	以“雪山草地，英雄会师”为主题形象，依托九寨沟、黄龙、夹金山、四姑娘山、川西北大草原等自然风光和藏羌民族风情，建设成为复合型、体验型的红色旅游目的地	长征丰碑
大渡河—甘孜片区	磨西会议遗址、泸定桥、岚安乡(岚安区苏维埃政府以及金汤县委、游击队总部旧址、红三十二军司令部旧址、红军医院旧址、红军磨坊)	四川省甘孜州大渡河流域	以“激流飞渡，英雄会师”为红色旅游主题形象,有稻城亚丁、香格里拉独特的民族文化和自然风光，以泸定桥镇为服务中心	长征丰碑
伟人故里片区	邓小平、朱德、陈毅、罗瑞卿、张爱萍等伟人	广安、南充、达州、资阳及乐山等地	以革命伟人、将帅的风采及家乡的自然风光和当地的历史文化、民俗风情为主题，走进伟人故里，开展献一次献花、宣一次誓、听一场报告、看一场电影、过一次组织生活的“五个一活动”,踏寻伟人青少年时期活动的足迹，感受改革开放丰硕成果	伟人故里
金沙江－彝海片区	彝海风景名胜区、安宁湖、红色冕宁纪念馆、红军文化广场（长征颂雕塑）、红军长征纪念馆、卫星基地景区；红军长征过会理纪念碑、纪念馆，国家历史文化名城会理等	包括凉山州冕宁、会理及西昌等地区	突出“彝海结盟”和“长征圣地”，以“巧渡金沙江”及彝族风情为配套，结合卫星发射中心旅游开发，以西昌市为支撑，实施与云南省及甘孜州、雅安市的区域联动，规划成主题鲜明、形象突出、功能完善的长征文化旅游、彝族风情及阳光生态度假旅游目的地	长征丰碑
川陕革命根据地片区	川陕革命根据地博物馆、川陕苏区将帅碑林、恩阳红色古镇、刘伯坚烈士纪念馆、红四方面军总指挥部旧址纪念馆、王坪烈士陵园、巴山游击队纪念馆	地理范围涵盖巴中、达州、广元及南充等地	全国30条红色旅游精品线之一，涵盖川渝区域以小平故里和朱德故里为代表的红色旅游经典景区。以川陕苏区革命遗迹、川陕苏区文化为特色，融入大巴山自然风光、巴人文化等内容，感悟红四方面军创建根据地的艰苦，感受大巴山人支持红军的火热情怀，领略大巴山神奇壮美风光和独特巴人文化、巴山民俗	川陕苏区

续表

区域名称	所含景点	所在行政区	主要特征	所属主题板块
四渡赤水片区	泸州起义遗址—龙透关、朱德况场纪念馆、红军四渡赤水纪念馆，红军街、红军医院、红军码头等、二郎滩渡口背水站现场、贵州赤水土城，红军四渡赤水一渡发生地贵州元原渡口，四渡赤水博物馆、红军古街等景点	包括泸州、宜宾及自贡等地区	此线路以中央红军四渡赤水出奇制胜为主题，融入川南自然风光（黄荆老林、赤水河风光）和中国白酒文化等。还可南与贵州、东与重庆等省市红色旅游线路衔接，形成跨省的红色旅游线路，是川黔渝旅游金三角环线的重要组成部分	长征丰碑

3. 主要特征

（1）区域的相对集中，即四川省内目前较为重要的红色旅游资源主要集中地分布在川西北高原和川东、川北等盆周山区，并由此形成了“一线两区”的红色旅游资源分布格局。

（2）区域内红色旅游资源的相对富集。例如，长征红军主要活动于今四川省内的甘孜、阿坝、凉山、雅安等市州，特别是在甘孜、阿坝的雪山草地，党和红军战斗的历史遗址如达维会师桥（红一、四两大方面军会师遗址）和两河口关帝庙中共中央政治局会议（即著名的“两河口会议”）遗址等2处省级文物保护单位和5处州级文物保护单位及许多长征红军战场的遗址。又比如，在红军时期的全国第二大苏区——川陕革命根据地首府巴中市，除拥有馆藏红军文物10619件外（其中国家一级文物13件，二级文物132件，三级文物2826件），还有已经公布的不可移动红军文物保护单位130多处（其中，全国重点文物保护单位1处3点，省级文物保护单位6处，野外红军石刻标语、红军战壕上万余处）。

（3）旅游资源具有极强的脆弱性。四川革命老区的旅游资源具有极强的脆弱性，主要是由该区域的生态环境决定的。四川革命老区主要位于盆地周边、大巴山脉一带，这里地形起伏大、地质结构复杂，水热条件垂直变化明显，土层发育不全，土壤瘠薄，植被稀疏；受人为活动的强烈影响，区域生态退化明显，是我国西南地区的生态脆弱区，被称为“西南山地农牧交错生态脆弱区”。因此，这一地区的旅游资源，不管是自然旅游资源还是人文旅游资源，一旦破坏就将很难修复。

（三）四川省红色旅游资源存在问题

1. 资源相对集中，但缺乏整体规划

“一线两区”的分布格局集中体现了四川省长征丰碑、伟人故里、川陕苏区三大红色旅游品牌，具备较强的发展能力和发展潜力。由于四川省红色地区本位思想严重，缺乏整体层面的统一规划，致使区际行政分割现象较为严重，旅游资源开发条块分割，没有形成以旅游中心城镇为依托，点轴辐射、轴线带动的区域旅游网络化发展体系，区域旅游整体效应难以充分发挥，因而亟须资源整合，加强对跨行政区域重点红色旅游区的规划指导，引导区域内红色旅游资源得到合理有序开发，组织编制四川省全国红色旅游总体建设。

2. 体制陈旧，发展欠缺后劲和活力

红色旅游景区大多数都是财政支持的事业单位，部分存在机制不活、动力不足等问题。必须加大改革力度，按照精简效能的原则，创新景区运行管理体制，引入竞争和绩效考核机制，建立红色旅游景区管理服务综合评价体系。

3. 配套设施建设不够完善

四川省红色旅游资源有相当一部分分布于较为贫困的地区，由于当地的经济发展滞后，没有机场，缺少直达的一、二级公路，并且餐饮住宿业的基础设施相对简陋，使到当地旅游十分不便，制约了当地红色旅游业的发展。

三、网络环境下四川省红色旅游产业价值网络的重构

产业价值链是价值链在产业层面上的延伸，是多个企业价值链的整合，是产业中一个不断转移、创造价值的通道。红色旅游产业价值链主要指从红色旅游资源开发到旅游产品价值实现的一系列接待服务全过程，不单指物质层面的上下游投入产出型的价值链关系，更多的是一种横向协作关系。

随着云计算、物联网、移动互联网的迅猛发展，相关技术和产品在旅游业中的广泛应用，红色旅游产业价值链已经演变成了“多对多”的网络模式：从纵向看，“食、住、行、游、娱、购”等旅游企业共同构成供应商环节，旅游集团、旅游公司、旅行社共同构成了旅游中间商；从横向看，各个旅游企业之间又通过网络平台紧密联系、协调合作，直接面向游客，为其提供产品和服务。为了对四川省红色旅游的价值链在纵向和横向上进行整合，更好地描述价值在产业链中的传递、转移和增值过程，[24]现结合既有研究和四川省红色旅游信息资源的特征，在网络环境下对其产业价值网络进行重构。

（一）四川省红色旅游产业价值网络的构成主体

四川省红色旅游产业价值网络的构成主体包括政府、企业、游客和红色旅游景区（点），见图 4。政府在四川省红色旅游产业发展的过程中起着规划、组织、协调的作用，其不断提高的管理能力和公共服务水平将直接服务于其他主体；企业是产业价值网络中最具活力的主体，随着信息化建设的推进，其不断增强的服务能力和营销能力将成为新的价值增长点；游客正逐渐成为各类旅游业务的最终用户，是四川旅游产业价值网络的利益中心，[25]其旅游体验的满意度将在一定程度上反映出该产业价值网络的效益；红色旅游景区（点）是四川省红色旅游产业发展关注的重点，对其资源进行有效

开发和利用将为四川旅游业的发展注入新的动力，推动四川旅游业更快、更强发展。

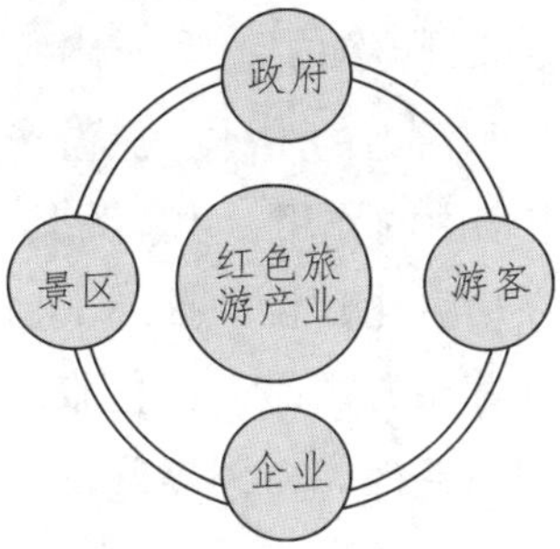

图4 四川省红色旅游产业价值网络的构成主体

1. 政府是红色旅游产业价值网络的调控中心

政府在旅游产业发展中扮演着规划、管理、投资的角色，在旅游规划制定、政策实施、项目扶持、资金保障等不同方面起着重要作用，是红色旅游产业宏观层面的战略规划、顶层设计，中观层面的资源配置、运作管理，以及微观层面的技术应用、教育引导的调控中心。在四川省红色旅游产业发展的过程中，提升政府服务水平和管理能力，转换发展方式和建设理念，将有利于其他主体更好地发挥自身效能。以政府为主导开展四川省红色旅游建设工作的模式，主要表现在以下几方面。

（1）政府科学地对旅游资源进行统一规划和管理，如交通、餐饮、景区（点）、商铺、酒店等。从孤立的景点到成片的旅游资源、整合的红色旅游精品线路都需要进行再设计，加强自然景区和人文景区之间的联系，加强景区内部的联系，加强不同区域和部门之间的联系，加强不同产业和同一产业之间的联系，带动四川省红色旅游产业和相关产业协同发展。

（2）四川省红色旅游产业的发展，离不开交通、信息等基础设施的支持，而这需要政府予以支持、指导和推动。在以“互联网+”为背景大力发展旅游产业的今天，整合旅游信息资源、提升用户旅游体验离不开对物联网、云计算等信息技术的应用，其中基础设施的建设不仅需要企业配合，更需要政府来主导，使之在投资融资、区域合作等方面有所保障和支持。

（3）旅游产品具有公共性、综合性等属性特点，政府有义务在旅游安全、应急管理、旅游公共服务等方面建立机制及提供保障，对旅游资源和相关资源进行优化配置，促进传统旅游产业升级转型，从而最大限度地挖掘四川省红色旅游资源的价值、给游客提供最好的服务。

（4）在四川省红色旅游资源开发的过程中，政府在旅游生态保护问题上起着监管和控制作用。红色旅游资源极其脆弱，通过制度来保护生态资源免遭破坏，实现旅游资源的可持续发展，避免企业或其他组织对资源进行盲目开发，必须由政府来主导。

（5）红色旅游景区（点）被赋予了承载革命历史和爱国精神的使命，是弘扬爱国主义教育和革命精神的重要部分，政府在对青少年或公众进行宣传教育、弘扬民众文化及革命精神的过程中起着主导作用。

2. 企业是红色旅游产业价值网络的创新主体

企业是价值网络中最具创新和活力的主体，旅游产业的发展离不开市场，只有充分激发企业活力，发挥企业在市场中的作用，才能为其他主体的发展创造良好的环境。知名旅游企业和互联网公司，在信息化建设的推动下，有能力更好地利用和挖掘旅游资源，向游客提供旅游信息，推荐旅游产品，优化旅游结构，不断延长旅游产业链。同时，信息技术的发展使企业的服务能力得到提升，营销手段也变得多样化，从而创造更多的价值。

3. 游客是红色旅游产业价值网络的利益中心

游客作为其他主体最终面向和服务的对象，是四川旅游产业价值网络的利益中心。价值创造体系的转型，使得游客不再位于企业价值链的末端，而存在于企业价值链的各个环节，参与到企业价值创造的全过程。[26]在四川省红色产业价值网络中，其他主体以服务游客为导向，以提高游客旅游满意度为目标，从而实现多方利益的最大化，其主要表现以下几方面。

（1）新经济形态下，游客与企业由从前的竞争关系转化为合作关系，二者共同创造并分享价值，已到达共赢的局面。企业设计和开放相应的旅游产品，以使旅客在旅游前、中、后获得优质服务，用户体验得到提升；而游客需求亦将影响到红色旅游的产品和服务，对企业的生产活动起指导作用，游客的信息和其对企业的反馈有利于企业开发新产品、降低成本、提高利润，在市场竞争中获得更多价值。

（2）游客旅游体验的满意度得到提升，有利于更进一步对四川省红色旅游资源进行开发和利用。优质的用户体验意味着好的口碑，来自游客向其他消费者的推荐是对红色旅游景区（点）最好的宣传，更易于培养游客对旅游产品和服务的信任感，也有利于提升当地政府形象，并为相关产业的发展提供契机。

4. 红色旅游景区（点）是红色旅游产业价值网络的资源中心

信息技术的发展使旅游插上了科技的翅膀，科学的手段和方法使旅游本身变得更加智慧。在此背景下，作为资源中的红色旅游景区（点），其建设成为产业发展关注的重点。建设一批高水平、信息化、自动化的红色旅游景区（点），可以发挥红色旅游资源的优势，提高旅游质量，满足游客对基本旅游设施的需求。此外，对红色旅游信息资源进行有效开发和利用，打造红色旅游精品路线，推出创新产品，丰富当地旅游形式，从而吸引到更多的游客，可为四川省旅游产业的发展注入新的活力。

（二）四川省红色旅游产业网络的构成元素

从四川省红色旅游产业网络的构成元素来看，传统的“食、住、行、游、娱、购”旅游六要素随着旅游需求的变化也注入了新元素（图 5）。游客不仅关心传统旅游中所提供的“食、住、行、游、娱、购”六大服务，对信息获取、信息咨询、产品预订支付、线上分享、评价反馈、文化体验等多个方面也提出了新的要求；相关企业和部门根据旅游要素的变化，利用现有资源和技术不断开拓和发展旅游业务功能，为游客提供全新的旅游服务体验，保持其在市场上的竞争优势。

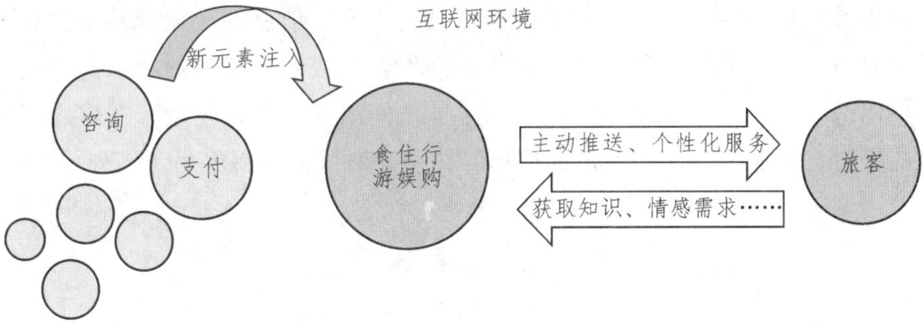

图 5　四川省红色旅游产业网络的构成元素

1. 游客需求呈现出多元化、个性化的特点

游客需求呈现出多元化、个性化的特点，传统标准化、大众化的旅游消费产品和服务已不能满足游客的需求。一方面，游客更加注重旅游的质感，不仅对旅游的形式和效能提出了更高的要求，对旅游中的情感体验也予以更多的关注，传统的“食、住、行、游、娱、购”已不能满足游客不断增长的物质和精神需求，他们渴望在旅游消费中有获取更多的知识，满足自身的情感需求，享受个性化的服务，在生理和心理上得到最大程度的满足。另一方面，游客在旅游过程中，从被动接受旅游产品和服务逐步变为主动参与旅游产品生产的全过程，希望拥有更多的主动权和选择权，在旅游体验中获取更多的价值。

2. 旅游元素的形态发生了变化

传统的“食、住、行、游、娱、购”旅游六要素在“互联网 + ”背景下形态发生了变化。信息技术的发展对旅游产业最重要的表现形式之一在于出现了大量的移动互联网产品，可以帮助游客解决旅行全过程中可能遇到的大多数问题，传统的旅游形式已经发生了翻天覆地的变化。例如，通过旅游出行软件了解景点信息、规划游览线路、选择旅行社、预定车票、挑选酒店、查询交通等，利用“支付宝”或“微信”完成便捷支付，点击餐饮软件订餐，使用打车软件出行；而越来越多的功能服务也被尽可能地集成在同一应用产品上，传统的旅游六要素通过网络整合到一起，使价值在旅游产业中的流动变得更加容易，使游客在整个旅游过程中可以将更多的精力投入旅游本身，游客成为技术发展和产业变革的直接受益者。

3. 旅游需求被不断注入新元素

在传统旅游六要素形态发生变化的同时，旅游需求也不断被注入新元素，旅游内容得到了极大的丰富。信息获取、信息咨询、产品预定、线上分享、评价反馈、文化体验等成为当今旅游的重要组成部分。就红色旅游而言，游客除了希望“游”到自然风光或人文景观外，更希望从中“学”到革命文化、民族精神。

（三）四川省红色旅游产业价值网络的组织结构

从四川省红色旅游产业价值网络的组织结构来看，信息的交流和共享实现了不同主体的互联对接，互联网的思维和手段将不同主体链接起来形成网状结构，从而使得同一主体内部之间的联系变得紧密，不同主体之间的联系变得复杂，主体之间信息传递的方式变得直接、多元，而价值的传递、转移和增值也变得容易（图 6）。

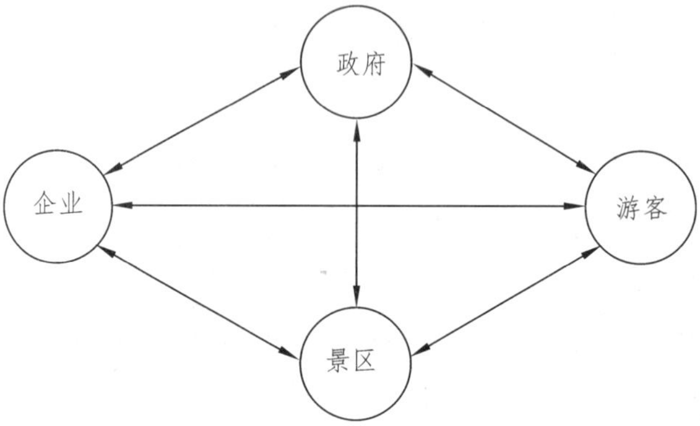

图 6　四川省红色旅游产业价值网络的价值流向

具体来说，主要表现在以下几方面。

（1）信息平台的搭建和信息技术的应用，有利于政府对旅游资源实施有效管理，推进当地政府公共管理创新建设，提高公共服务水平。

（2）企业以信息资源为纽带，通过移动终端等产品解决游客在行前、行中、行后的问题，在资源开发、产品生产、市场营销、接待服务等多个环节实现价值的创造、转移和增值。

（3）信息的汇集和共享，使得游客在旅游过程中有了更多的选择，旅游品质得到提升，价值流向也变得更为灵活。

（4）红色旅游景区（点）不仅可以直接同游客交换信息，为其提供产品和服务，还可以实现红色旅游核心资源与周边零散资源的整合，加强区域之间的合作程度。

（四）四川省红色旅游产业价值网络的创新发展

从四川省红色旅游产业价值网络的创新发展来看，实体产业与虚拟产业相互促进、协调发展、创新融合。[27]一方面，为实现旅游信息一体化，向游客提供个性化服务，提升游客旅游品质，需要将传统旅游产业与信息技术行业进行有机结合，创造出新的旅游发展模式。另一方面，新兴技术在产业中的渗透，使得传统产业价值链的分工被打破，新的价值链被整合到产业价值网络中。因此，传统企业为了保持其在市场上的竞争力，就必须在技术和管理上改造升级。

1. 实体产业与虚拟产业的融合发展

传统旅游业是集餐饮、住宿、交通、游览、娱乐、购物等不同传统服务业的实体产业，信息技术业是基于物联网、云计算、移动终端的虚拟产业，虚拟产业为整合、共享、挖掘旅游信息资源提供便利，实体产业与之进行有机结合，通过新兴技术开发出有别于传统旅游的发展模式，并从质上提升游客旅游品质，提高红色旅游产业的附加价值和整个行业的竞争力。

2. 新的价值链被整合到旅游产业价值网络中

网络化、高效化、一体化逐渐成为各产业的发展趋势，新兴技术在旅游产业中不断进行渗透，改变了相关企业和部门的运作模式。传统旅游产业价值链正在发生改变，企业在价值链中的地位也开始重组，新的价值链被整合到产业价值网络中。

（五）四川省红色旅游产业价值网络的独特性

从四川省红色旅游产业价值网络的独特性来看，红色旅游景区（点）承载着革命的历史和精神，是爱国主义和革命传统教育的重要载体，易与游客在文化、情感等层面上形成良性交互。四川红色旅游资源相对集中，红色旅游品牌优势凸显，人文景观、自然风光和民俗文化的结合，文化教育与旅游产业发展的结合，革命精神与游客体验的结合，有利于发挥红色文化产品优势，实现四川省红色旅游产业的可持续发展。

1. 四川省红色旅游资源丰富

四川省红色旅游资源丰富，资源类型多样，包括但不限于革命历史文化遗迹、革命人士故居、战役遗迹，且全省均有分布，红色旅游品牌凸显，形成“一线两区”的分布格局和“长征丰碑、伟人故里、川陕苏区”三大旅游品牌。

2. 四川省红色旅游资源开发程度低

四川省红色旅游资源丰富，但资源开发程度低，待开发地区点多面广，旅游产品形式单一，并多以展示陈列为主，尚未形成真正的红色旅游产品结构体系，需要进一步将当地人文景观、自然风光和民俗文化结起来，以红色旅游资源为主要产品，带动区域内的自然资源和民俗文化发展，推出更多旅游精品路线。同时，注重弘扬红色文化，将文化教育与旅游产业的发展结合起来，将革命精神与游客体验结合起来，使游客在旅行过程中感受到红色文化的熏陶，从而满足不同游客需求。

四、四川省红色旅游信息资源整合的调查研究

（一）研究思路与方法

1. 研究思路

在四川省红色旅游产业价值网络重构的基础上，针对该产业价值网络中的相应单

元展开调研，完成对旅游信息资源分布、类型、特点和现存问题等方面的调查，分析总结，为制定四川省红色旅游信息资源整合的推进模式和实现机制提供支撑。

2. 研究方法

研究方法主要由观察法、访谈法和文献法组成。其中，以观察法和访谈法为主，通过实地调查，收集客观、准确、全面的第一手资料；以文献法为辅，在实地调查的基础上，进一步获取相关信息丰富研究材料。

（1）观察法。

观察法是一种搜集社会初级信息或原始资料的方法。这种方法是观察者有目的、有计划地运用自己的感觉器官和辅助工具，能动地了解社会客观现象的方法。这种方法通过直接感知和直接记录的方式，获得有研究目的和研究对象所决定的一切有关社会现象和社会行为的情报。[28]

（2）访谈法。

访谈是访谈者为了通过访谈对象了解信息、验证假设而有计划实施的、与访谈对象的角色地位不均等的谈话。访谈法是访谈者通过对访谈对象进行访谈而对社会现象进行调查的方法。[29]

（3）文献法。

文献法是将现有的信息资料进行收集、整理，在此基础上，借助一定的研究方法，对其内容、框架、思路进行分析、总结。目的在于获取有用信息，进而应用于相关课题。[30]

（二）研究方案的实施

四川省红色旅游资源丰富，资源类型多样，但同类旅游资源间存在着较大的相似性，为更好、更全面地了解四川省红色旅游信息资源状况，本研究采用目的抽样法选取样本，即选择具有典型代表性的红色旅游景区作为调查对象。根据四川省红色旅游发展总体布局规划，以6大片区为分类标准，选择海螺沟（雪山草地片区）、泸定桥景区（大渡河—甘孜片区）、邓小平故居（伟人故里片区）、彝海景区（金沙江—彝海片区）、将帅碑林（川陕革命根据地片区）、古蔺县红军长征四渡赤水博物馆（四渡赤水片区）作为调研地。此外，考虑到资源特征的不同，另将建川博物馆（中国最大的民营博物馆聚落）纳入调研范围。

1. 观察法

对重构后的四川省红色旅游产业价值网络中的具体单元进行观察，设计如下半结构式观察表，在实地调研中当场手工记录并对观察资料进行整理。

表2 半结构式观察表

四川省红色旅游景区实地调研·观察表
1. 观察者：
2. 观察地点：
3. 观察日期： 开始时间： 结束时间：
4. 景区基本情况：
（包括地理位置、景区特色、景区布局、周边资源、客流量、门票价格等）
5. 请描述景区的游客：
（请注意游客的年龄段、游览兴趣、表情、出游目的、出游方式、消费情况和移动产品使用情况）
6. 请描述景区的工作人员：
（请注意工作人员的年龄段、工作内容、工作态度和服务水平）
7. 请描述景区的饮食、交通、住宿、景观游览、娱乐项目和旅游商品：
8. 请描述景区的信息技术运用情况：
（请注意景区的基础设施建设和信息平台建设）
9. 请描述景区内部信息资源的整合程度：
（包括景区内不同景点信息的呈现、景点路线的规划、不同部门的协作、旅游元素结合的情况等）
10. 请描述景区与其他景区资源的整合程度：
（包括景区与其他景区的合作项目、不同景区间信息的呈现方式和程度等）
11. 请描述线上产品（网站、手机应用）对景区运营、宣传情况：
12. 请描述景区存在的主要问题：
13. 其他观察内容：

2. 访谈法

（1）访谈对象的选取。

访谈对象的选取要考虑其代表性、可靠性和权威性，本研究主要选取景区工作人员、游客和景区内或景区周边的居民作为访谈对象，其中景区工作人员包括景区管理者或部门负责人、景区导游或讲解员、景区接待服务人员和景区商业工作人员。

（2）访谈提纲的制定。

在四川省红色旅游产业价值网络重构的基础上，分别对景区工作人员、游客和景区内或景区周边的居民设计如下半结构式访谈提纲。

1）针对景区工作人员的访谈提纲。

✧ 受访者的职务和具体工作内容是什么？

✧ 政府对景区的扶持情况如何？

✧ 景区的客流量如何？
✧ 游客主要来源地是哪里？
✧ 来此参观的游客主要是什么群体？
✧ 游客的主要出游方式是什么？
✧ 游客在该景区的平均游览时间如何？
✧ 游客满意度及反馈情况是什么？
✧ 景区承载力如何？
✧ 景区是否有长期、有效的规划？
✧ 景区管理、人才队伍建设和人员编制情况如何？
✧ 景区的主要收入来源如何？
✧ 景区的消费水平如何？
✧ 景区内或周边的餐饮、住宿、交通情况如何？
✧ 景区内或周边的游览、娱乐项目情况如何？
✧ 景区有什么纪念品或特色商品？
✧ 景区基础设施建设情况如何？
✧ 景区信息平台建设和网络文化建设情况如何？
✧ 景区与旅游公司、互联网公司的合作情况如何？
✧ 景区与周边旅游资源的合作或开发情况如何？
✧ 景区在宣传、教育工作上的投入如何？
✧ 景区存在的主要问题是什么？
✧ 有什么途径可以改善以上问题？

2）针对游客的访谈提纲。

✧ 受访者的职业、文化程度、来源地如何？
✧ 出游的方式和停留时间怎样？
✧ 出游目的是什么？
✧ 在该景区的日均消费和主要开销是什么？
✧ 如何评价景区的餐饮、住宿、交通、游览、娱乐和购物情况？
✧ 景区工作人员的工作态度和服务水平如何？
✧ 通过何种途径了解景区信息？
✧ 是否使用旅游软件或网站来获取信息？上面信息的准确性和全面性如何？
✧ 对旅游过程中数据的需求程度如何？（餐饮的种类、特色、价格，餐饮店的数量、位置、评价；路线长度、实时拥堵情况、道路状况、加油站位置等。）
✧ 景区有什么特色和吸引力？
✧ 除景区提供的服务外，还希望享受什么服务？
✧ 除该景区外，是否计划去周边景区游览？
✧ 此次旅游的不足之处或该景区存在的主要问题是什么？

✧ 有什么途径可以改善以上问题?

3)针对居民的访谈提纲。

✧ 受访者及家人的主要工作是什么?

✧ 家庭经济收入状况?是否满意?

✧ 政府对当地的扶持情况如何?

✧ 希望生活如何改善?

✧ 希望得到政府怎样的帮助?

✧ 生活是否收到旅游产业发展的影响?如何看待这样的影响?

✧ 对当地基础设施(交通、网络、住房等)建设情况的评价如何?

(3)访谈记录和资料整理。

访谈现场除了要对访谈提纲的问题进行记录,还要记录所观察到的场景、受访者的表情和对访谈可能产生的影响。访谈过后,应根据访谈结果及时撰写备忘录作为调研资料。

3. 文献法

除对海螺沟、泸定桥景区、邓小平故居、彝海景区、将帅碑林、四渡赤水博物馆和建川博物馆进行实地调研外,本研究还通过收集和整理社会组织文献、大众传播媒介文献和官方文献以进一步丰富研究材料。

(三)结果与分析

1. 调研结果

(1)景区基本情况。

① 海螺沟。

地理位置:海螺沟景区位于贡嘎山主峰东坡,距离泸定城约 50 千米,距离康定城约 76 千米;经 318 国道,从成都到海螺沟约 296 千米;从成都经雅安石棉高速公路到海螺沟景区约 313 千米(高速公路为 273 千米)。

基本介绍:海螺沟拥有世界顶级的旅游资源,是国家级重点风景名胜区、国家级自然保护区、国家地质公园、国家 AAAA 级景区和中国唯一的冰川森林温泉公园。

景区特色:景区可建设面积极大,达 8 平方千米左右,景区辖一镇一乡,21 个行政村,1 个街道居民委员会,人口 12000 余人;辖区为多民族杂散居住区,汉、彝、藏、白、蒙等 13 个民族在此繁衍生息;旅游资源以自然风景为主,少数民族文化与红色景点相结合。

门票信息:门票 80 元/人,温泉费 65 元/人,观光车 60 元/人,索道费 130 元/人(往返)。

建设情况:2012 年,海螺沟景区的项目建设 18 项,共投入资金 36622.64 万元,其中:政府性投资 6 项,资金投入达 826.96 万元,与 2011 年相比增加投入 25.3%;招商引资投资 12 项,共投入资金 35795.68 万元,比 2011 年增加投入 8.8%,到 2015 年底,基本实现 100%的行政村通公路,70%的行政村通水泥路。

游客流量:2015 年 1 月 1 日至 2015 年 8 月 14 日,海螺沟景区累计接待游客已达

55 余万人次。

② 泸定桥景区。

地理位置：泸定桥在四川省甘孜藏族自治州泸定县城西。

基本介绍：泸定桥是国务院首批公布的全国重点文物保护单位。泸定桥景区由泸定桥、红军飞夺泸定桥纪念馆、红军飞夺泸定桥纪念碑等部分组成。泸定桥是全国中小学爱国主义教育基地和爱国主义教育示范基地、四川省革命传统教育基地和青少年爱国主义教育基地，是国家重点培育的“重点红色旅游区”、重点组织规划的“红色旅游精品线路”和重点建设的“红色旅游经典景区”。

景区特色：泸定桥参观浏览点由三部分组成：一是泸定桥。二是泸定桥革命文物博物馆，馆内以照片、资料、实物展出红军强渡大渡河、飞夺泸定桥等情况，以及当时红军领导的题词，著名书法家、画家的书法、名画。三是“红军飞夺泸定桥纪念碑”及其公园，邓小平题写的碑名，聂荣臻撰写的碑文，纪念碑及其公园设计新颖，把纪念意义、地方风情、艺术博览、旅游观光融为一体。

门票信息：10 元/人，全天开放。

建设情况：2014 年 10 月 8 日，泸定县对照国家旅游景区质量等级标准要求，制订了《泸定桥景区创建国家 4A 级景区工作实施方案》，成立创建工作组织机构，进一步明确创建任务；投入 385 万元完成了泸定桥的保护维修，投入 1000 万元启动了河西街基础设施建设和民居风貌改造工程，并完成了泸定桥至纪念碑公园步游道上方滑坡体的治理；投入 3100 余万元开工建设了甘孜红军长征纪念馆暨二郎山川藏公路纪念馆；引进企业投资 1.5 亿元建设了滨河商务街“熙和盛世”，红色文化主题酒店“熙和酒店”的装修设计方案正加快编制。

游客流量：2014 泸定桥景区接待游客 77235 人，对比 2013 年同比增长 66.67%，门票收入 44.53 万元，与 2013 年相比同比增长 65.54%。

③ 邓小平故居。

地理位置：位于广安市协兴镇牌坊村，距广安市区千米。成都至广安高速公路及重庆至广安高速公路可直达。动车已经开通重庆，可直达。

基本介绍：邓小平故里旅游景区包括绿色长廊、邓小平纪念园、佛手山景区、协兴老街、牌坊新村，总面积 3.19 平方千米。按照“保护、发展、美化、繁荣”的方针，景区建成了以邓小平同志故居为核心，占地 830 亩的生态纪念园，是国家 AAAAA 级旅游景区、全国重点文物保护单位、全国红色旅游经典景区、全国爱国主义教育示范基地和革命传统教育基地、国家一级园林。

景区特色：园内绿化率 80%以上，整个园区郁郁葱葱、井然有序、自然亲切，形成了一座令人仰慕的“天然纪念馆”。以“我是中国人民的儿子”为主题，形象生动地展现了邓小平同志为中国革命、建设和改革开放事业不懈奋斗的光辉一生。

门票信息：免费，园区每周二至周日 8：30—17：30 对外开放；非节假日周一闭馆不闭园。

建设情况：2016 年，邓小平故里管理局收入预算总额为 3403.11 万元，其中：当年市本级财政拨款收入 138.13 万元、上级补助收入 3214.98 万元（中央补助地方博物馆纪念馆免费开放专项资金运转经费补助 3169.38 万元，省级专项补助 45.6 万元），上年结转收入 50 万元。支出预算 3403.11 万元，其中：人员支出 1568.11 万元，日常公用支出 756.48 万元，对个人和家庭的补助支出 17.37 万元，项目支出 1061.15 万元（含上年结转项目收入 50 万元）。

游客流量：2015 年年接待人数为 210 万，2015 年国庆黄金周，邓小平故里景区共接待游客 250603 人次，平均每天接待游客 35800 人次。

④ 彝海景区。

地理位置：彝海位于冕宁县城以北 40 千米的羊坪山上，海拔 2280 米。

基本介绍：彝海属高山深水湖泊。海子成元宝形，南北向，面积 233 亩，平均水深 9.8 米，最深处 15 米，常年蓄水 135.3 万立方米。彝海，景色迷人，凉爽幽静。

景区特色：以高山淡水湖自然风景为主，结盟纪念碑、结盟石、结盟取水处与彝族民风民俗结合，突出“彝海结盟”和“长征圣地”两大主题。

门票信息：成人票 160 元/人。

建设情况：彝海设有文物保护管理处，山顶建有瞭望台，湖中备有游船，湖畔有接待室、亭子、卫生间等设施，并划有野炊区。

游客流量：游客流量主要集中在节假日。2015 年国庆期间，全县各旅游景区、景点共接待游客 12.33 万人次，同比增长 31%，其中一日游客 10.98 万人次，同比增长 33.5%。过夜游客 1.35 万人次，同比增长 13.4%。全县实现旅游综合收入 5404.3 万元，同比增长 53.8%。接待自驾车辆 15095 辆，接待旅游团队 13 个。

⑤ 将帅碑林。

地理位置：位于四川省巴中市南郊南龛山顶。

基本介绍：将帅碑林占地 120 多亩，现已建有红四方面军主要将领纪念像园、碑林长廊、红军将士英名纪念碑、红军陵园、楹联长廊、标志碑、观景台、刘伯坚烈士纪念像园、吴瑞林将军纪念碑、将帅碑林纪念馆、红军纪念碑、思源湖共十四大景点，是中国最大的红军碑林。

景区特色：内有 1932 名将士名单碑，他们分布在 29 个省、市、区。其中四川 494 人，北京 338 人等。其中有：元帅 1 人，国家领导 13 人，大将 3 人，上将 24 人，中将 71 人，少将 209 人，省军职 584 人，地师职 1063 人；有女红军 148 人，夫妇红军 108 人，刻入英名纪念碑的 8.5 万人中有省军职 948 人，地师职 2898 人，1927—1937 年牺牲的师团职烈士 1124 人，红军烈士 7.7 万人，知名女红军 138 人，同时编印了《碑林专刊》两期、《碑文集》（上中下）、《红军将士作品选》、《碑林大事记》共计 3 万册。现在，将帅碑林已成为重要爱国主义教育基地，成为中国碑林史上又一宏大景观。

门票信息：无门票。

建设情况：国家林业局把川陕苏区将帅碑林列为全国生态文明教育示范基地，首批投资 120 万元用于生态文明基础设施、标示标牌等建设。

游客流量：年接待游客近 50 万人次，主要有各级党政机关、社会团体、学校师生、军队和全国各地的红军亲属。

⑥ 古蔺县红军长征四渡赤水博物馆。

地理位置：赤水河上游与古蔺河交汇处的泸州古蔺县太平镇。

基本介绍：四渡赤水战役期间，中央红军机关全部驻扎在镇上，因此，所有的古建筑都是红军长征的重要遗迹和遗址。陈列馆由旧址和新建陈列室组成，陈列室呈长形布局，占地 619.2 平方米，建筑面积为 271.26 平方米。陈列室为两楼一底砖木结构，建筑面积 165 平方米；旧址系清光绪年间所建，建筑面积 106.25 平方米。

景区特色：是红军长征四渡赤水最重要的渡口，约 1.5 平方千米，全镇古街道的清代民居建筑保存完整，鳞次栉比，充满了古朴的韵味。镇上建有红军长征四渡赤水陈列馆，馆内有毛泽东同志的故居。在红军四渡赤水太平渡陈列馆 600 多平方米展厅里，陈列着 200 多件当年红军留下的弹药武器和日常生活用具，向不远千里、从四面八方赶来的参观者展示着当年金戈铁马的历史。

门票信息：免费领取门票。每周二、四、六开馆。每天上午 9:00—12:00，下午 14:00—17:00 开放，对未成年人（含学生）10 人以上组团参观的，现役军人、70 岁以上老人、残疾人 5 人以上组团参观的，一律免收导游讲解费。

建设情况：2008 年 9 月投入经费近 2000 万元，建成的新馆占地面积 6000 平方米、展厅面积 1600 平方米。有馆藏文物 300 多件，其中一级文物 2 件、二级文物 29 件、三级文物 31 件。近年来，对博物馆的提升改造主要在两个方面。一是投资 600 元在原陈列馆旧址新建“毛泽东四渡赤水纪念馆”，在长征街社区办公楼旧址新建“战地黄花馆”，以及在中央红军机要室旧址复原当年场景（俗称“三馆”）。该项目于 2013 年 6 月正式完工并开放迎接游客。

游客流量：每日限量接待 1000 人次，从除夕至正月初六平均每天参观四渡赤水纪念馆群和土城古镇人数在 1 万人以上。

⑦ 建川博物馆。

地理位置：四川省成都市大邑县安仁镇。

基本介绍：国家文化产业示范基地、国家 4A 级旅游景区、全国光彩事业重点项目、全国爱国主义教育基地、全国先进社会组织、中国十大民间博物馆、四川省科普教育基地、国防教育基地、廉政文化教育基地、四川民营文化企业综合十强、四川省“十一五”期间旅游工作先进单位和建设成都杰出事件等。

景区特色：建川博物馆将各种业态的配套如酒店、客栈、茶馆、文物商店等各种商业汇集在一起，形成一个集藏品展示、教育研究、旅游休闲、收藏交流、艺术博览、影视拍摄等多项功能为一体的新概念博物馆和中国百年文博旅游及乡村休闲度假旅游目的地。

门票信息：单馆票 20 元，通馆票 100 元，60 ~ 69 周岁老人、学生、现役军人、残疾人凭本人有效证件享受通票 50 元优惠。

建设情况：建川博物馆坐落于四川大邑县安仁镇，总投资 3.5 亿元，占地 500 亩。

游客流量：馆内每年会接纳 100 多万次游客。

（2）政府扶持情况。

① 海螺沟。

由于海螺沟景区面积广阔，内部有多个乡村，基础设施建设关系到当地民生问题，并隶属政府单位，直接由海螺沟管理局管理。在建设初期，政府投资建设项目较多，资金投入较大。2012 年，海螺沟景区的项目建设 18 项，共投入资金 36622.64 万元，其中政府性投资 6 项，资金投入达 826.96 万元；招商引资投资 12 项，共投入资金 35795.68 万元。

② 泸定桥景区。

2014 年 10 月 8 日，泸定县对照国家旅游景区质量等级标准要求，制订了《泸定桥景区创建国家 4A 级景区工作实施方案》，成立创建工作组织机构，明确创建任务；投入 385 万元完成了泸定桥的保护维修，投入 1000 万元启动了河西街基础设施建设和民居风貌改造工程，并完成了泸定桥至纪念碑公园步游道上方滑坡体的治理；投入 3100 余万元开工建设了甘孜红军长征纪念馆暨二郎山川藏公路纪念馆；引进企业投资 1.5 亿元建设了滨河商务街“熙和盛世”，红色文化主题酒店“熙和酒店”的装修设计方案正加快编制。

③ 邓小平故居。

邓小平故居历来受到政府高度支持，其收入来源为财政拨款。2016 年邓小平故里管理局收入预算总额为 3403.11 万元，其中：当年市本级财政拨款收入 138.13 万元、上级补助收入 3214.98 万元（中央补助地方博物馆纪念馆免费开放专项资金运转经费补助 3169.38 万元，省级专项补助 45.6 万元），上年结转收入 50 万元。

④ 彝海景区。

彝海景区作为全国百个红色旅游景区之一，是省级风景名胜区、省级文物保护单位和全国民族团结教育基地，一直受到地方政府扶持。2012 年冕宁县以雅攀高速公路全线贯通为契机，引进龙德集团投资 3 亿元对彝海景区进行整体开发。

⑤ 将帅碑林。

国家林业局把川陕苏区将帅碑林列为全国生态文明教育示范基地，首批投资 120 万元用于生态文明基础设施、标示标牌等建设。2012 年巴中引资 20 多亿建设南龛文化产业园，位于南龛山顶的川陕苏区将帅碑林开始打造新的形象。

⑥ 古蔺县红军长征四渡赤水博物馆。

作为全国爱国主义教育基地，受到地方政府高度重视，多次被政府网站宣传报道，其收入来源为财政拨款。

⑦ 建川博物馆。

作为民营博物馆，资金基本来自私人、企业融资，政府支持力度不足。

（3）企业合作情况（见表 3）。

表3　企业合作企业

景点名称	合作企业
海螺沟景区	亿速科技、迈高旅游公司、成都华侨城公司、甘孜州海螺沟温泉乡村俱乐部有限责任公司、甘孜州江霖实业发展有限公司、甘孜州汗桦实业发展有限公司等
泸定桥景区	四川省中国青年旅行社有限公司
邓小平故居	富盈集团酒店、广安涌泉房地产开发公司、四川旅游网、中国文明网（广安）等
彝海景区	凉山州彝之旅旅行社
将帅碑林	
古蔺县红军长征四渡赤水博物馆	
建川博物馆	成都中韩灵创科技有限公司、成都帆倍科技有限公司等

（4）游客基本信息（见表4）。

表4　游客基本信息

景点名称	游客来源	旅游形式	目的	逗留天数	主要人群
邓小平故居	游客主要来自重庆、成都等地	游客多为散客，旅行社也会组织部分游客来此参观	休闲度假、参观学习、事业单位纪念活动	来邓小平故居核心区的游客平均参观时间为1～1.5小时，在该景区逗留时间约为1天	家庭、中小学生、军队、事业单位等群体
泸定桥景区	除台湾地区外，全国各地均有	自驾游为主流		1～3天	社会各级人员
海螺沟	川内以攀西为主、省外以广东、上海、云南、西安为主	多以旅行社团体为主，自驾游较少		1～3天	社会各级人员
彝海景区	游客主要来自州内各县市，有部分游客来自成都、重庆、云南、攀枝花、雅安等地	自驾游居多		2～3天	社会各级人员
将帅碑林	川内游客与全国各地游客	团体为主	休闲度假、参观学习、事业单位纪念活动	参观时间为1～1.5小时，在该景区逗留时间约为1天	主要有各级党政机关、社会团体、学校师生、军队和全国各地的红军亲属

续表

景点名称	游客来源	旅游形式	目的	逗留天数	主要人群
古蔺县红军长征四渡赤水博物馆	川内游客	以家庭自助游为主		1～1.5 小时	党政机关、社会团体、学校师生
建川博物馆	游客主要来源于川内、北京、上海、台湾等地，其中台湾地区的游客主要是由政府组织	旅行团、家庭自助旅行、个人		1 天	事业单位在职人员群体、学生、军人

（5）游客反馈。

① 海螺沟。

自然风光很独特，冰川地貌壮观，天主教堂、雪景中泡温泉极具特色，配套设施齐全，但质量参差不齐，旅游商业化程度较高，道路情况不好，有时会遇上道路抢修耽搁行程，游客总体评价很高。

② 泸定桥景区。

历史感强，铁索桥的奇、险十分具有特色，游客对 10 元/人着红军军装模仿飞渡的拍照商业活动评价有好有坏，有人说是对历史的亵渎，有人说是切身体会红军飞渡的无畏精神。

③ 邓小平故居。

保留了原始的状态，园区很大，布局有条理，整体规划还是不错的，有展览陈列，绿化比较好，环境优雅舒适，政治气息浓厚。游客反馈有好有坏，问题主要体现在工作人员态度较差。景区有留言簿，但留言较少。

④ 彝海景区。

景色优美，空气清新，当地少数民族文化保存良好，民风淳朴，少数民族小吃十分有特色。游客认为景区路途比较远，限制了行程的规划。

⑤ 将帅碑林。

具有很强的历史情怀，爱国主义教育意义深刻，老年人游客评价较高。

⑥ 古蔺县红军长征四渡赤水博物馆。

太平古镇古香古色，博物馆展品丰富，很值得去，但是路不太好走，免费讲解能使游客得到更加丰富的红色文化旅游体验。

⑦ 建川博物馆。

规模宏大，馆藏丰富，主题多样，形式多样，交通便捷，反应抗战历史比较全面，景区内消费不高，经济实惠，景区内休息娱乐场所较少，而对应于此的服务工作人员也略显不足。

（6）“吃住行娱乐购”基本信息（见表 5）。

表 5 “吃住行娱乐购”基本信息

景点名称	所在地区	机场	火车	以成都为始发地，到达所用时间	附近酒店数量（4 km 内）	餐饮信息	景区活动及周边娱乐	购物
邓小平故居	广安市协兴镇牌坊村	无	广安火车站	3 小时（动车）	88 家	景区内无食宿点，餐饮以景区旁金狮村农家乐为主	主要在纪念日开展大型主题活动，无太多常规性、面向游客的活动	景区外有旅游纪念品店，主要销售有国家伟人像章、塑像、广安特产
泸定桥景区	甘孜藏族自治州泸定县城西	甘孜康定机场	无	3.5～4 小时（大巴）	78 家	沿街摆着的小吃摊点	景区基本无活动，有着红军军装拍照纪念的体验	游客主要购买小摊点上的小吃及水果
海螺沟	距离泸定城约 50 公里，距离康定城约 76 公里	甘孜康定机场	无	6 小时（直达长途大巴）	79 家	集中在沟内和磨西镇两个地点，饭菜较简单	景区活动丰富多样，有雪景温泉、冰川露营项目	景区纪念品店多出售高原特产，价格偏高。
彝海景区	冕宁县城	无	冕宁火车站	11 小时（火车）	5 家	景区内有少数民族农家乐体验民族风味	无	无
将帅碑林	巴中市南郊南龛山	无	巴中火车站	3 小时（长途汽车）	217 家	附近分布有少量农家乐	活动多以祭祀追悼为主	巴中市内有一定数量的特产专卖店
古蔺县红军长征四渡赤水博物馆	泸州古蔺县太平镇	泸州蓝田机场	泸州火车站	6～7.5 小时（长途大巴）	5 家	餐饮主要集中在太平古镇，以小吃为主	不定期有群众纪念活动及主题纪念活动	游客主要在太平古镇购买当地特产
建川博物馆	四川省成都市大邑县安仁镇	无	大邑火车站	1 小时（汽车）	53 家	内部有具有红色文化主题的餐饮	大型活动多是教育活动，其他大型活动少	有具有品牌性质的纪念品专卖店

（7）网络建设（见表6）。

表6 网络建设情况

景点名称	是否有门户网站	是否有微博	是否有微信公众号	是否有手机APP
邓小平故居	http://www.dxpgl.cn/	无	无	无
泸定桥景区	无	无	无	无
海螺沟	http://www.hailuogou.com/	http://weibo.com/sichuanhailuogou	有	无
彝海景区	无	无	无	无
将帅碑林	无	无	无	无
古蔺县红军长征四渡赤水博物馆	http://www.sdcs.gov.cn/index.asp	无	无	无
建川博物馆	http://www.jcmuseum.cn/cn/	http://weibo.com/jcbwg	有	无

（8）其他方面。

△ 大多数景区作为爱国主义教育基地，没有充分发挥红色文化教育功能，虽多有学生和其他社会团体前来参观学习，但覆盖率并不可观。

△大多数景区致力于打造智慧景区，WIFI覆盖景区，但多停留在初步规划阶段。

△ 旅游营销手段都较为单一，没有充分发挥新媒体的重要作用，都对互联网公司少有关注。

△ 景区资源整合不足，无论是周边资源、当地资源还是外地资源，都没有体现规模效益，多为独立发展核心资源，缺少对外合作和交流的机会。

△ 多数景区缺乏特色纪念品，大多纪念品与其他红色旅游景区商品的同质程度高。

△ 中老年群体对旅游数据信息的需求远低于青年群体。

2. 调研分析

（1）红色旅游资源丰富，但缺乏整体规划。

通过对四川省红色旅游景区（点）调研，发现四川省红色旅游资源极为丰富，但景区普遍存在着战略规划不足、信息化基础薄弱、发展不平衡等问题。四川省旅游景区中近四成景区未安装监控系统，近三成未开通无线网络；部分景区（点）宣传推广效果好、知名度高，能够吸引更多的游客，但多数景区宣传方式单一、基础设施不够完善，从而导致游客甚少；很多景区的发展目标不够明确，没有相关的战略指导，存在着“原地踏步”的现象；大部分景区（点）也没有成立信息化职能部门，沿用滞后的管理模式和工作方式。缺乏整体层面的统一规划，致使区际行政分割现象较为严重，旅游资源开发条块分割；为了使景区更好更快发展，充分整合景区内外信息资源，有必要从战略上对四川省红色旅游产业进行规划，加强对跨行政区域重点红色旅游区的规划指导，引导区域内红色旅游资源得到有序开发，组织编制四川省全国红色旅游总体建设。

（2）红色旅游信息资源整合不足。

从旅游资源来看，长征丰碑、伟人故里和川陕苏区三大主题特征的红色旅游资源间并未进行有效的合作交流，政府虽规划了八条精品旅游路线，但仅停留在规划层面，宣传力度小，游览人数不可观，旅行社等旅游企业基本没有提供专门的红色旅游路线服务。就可了解的情况来看，只有中国青年旅行社（成都）提供了具体的红色旅行路线服务。从旅游需求和服务来看，除了传统旅游提供的“食、住、行、游、娱、购”服务外，游客渴望享受到更多样化的服务，但现有信息平台和旅游环境无法很好地将多种服务搭配、整合起来。从旅游信息来看，其发布、搜索和查阅都分散在不同的平台上，给游客造成了极大的不便，削弱了游客对信息的利用率；相关部门或机构对数据的集成、开发和利用，处于不关心、不规划的状态，大大制约了区域间信息资源的整合和共享。可见，从具体内容和执行的角度对四川省红色旅游信息资源整合进行探讨，有利于从根本上推动战略规划的实施。

（3）技术标准和体系不完善，网络建设落后。

四川省红色旅游景区（点）对信息化标准的执行缺乏力度、标准执行不力等共性问题。在已有的近20个标准中，部分标准的技术指标严重滞后，已不能适应当前旅游业快速发展的需要。同时，使用不同的标准对信息交换与共享产生了很大的阻力。不同景区（点）分属不同市（州）和不同职能部门，使用不同的应用系统，不能提供及时、完整的分析数据，不能有效地为管理和决策服务。此外，由于旅游行业缺乏人才认证体系、人力资源市场和人才激励机制，旅游人才匮乏和新一代技术应用少，制约了旅游行业的发展。通过对七个具有代表性的景区（点）调研，发现近五成的景区（点）没有独立的门户网站，少有景区（点）对微博、微信等新兴网络宣传平台进行有效利用，基本没有景区开发自己的 APP。而在已建成的相关网站中存在着大量的“僵尸网站”“休眠栏目”和“死的信息资源库”。具体来讲，雪山草地片区、大渡河—甘孜片区、陈毅故里整体无官方网站，缺乏网络宣传；而对于已经建立相应网站的红色景区，如红军长征纪念馆、川陕革命根据地博物馆、红军四渡赤水纪念馆等，网站建设简单，更新缓慢且缺乏维护，没有起到实际的宣传作用。只有少数景区，如小平故里网络建设较好，与其他政府事业单位及与红色文化相关的 IT 公司有密切合作，其官方网站整合了旅游攻略、周边“吃住行”等实时信息；朱德故里除了在网站建设方面较好，更拓宽了平台，有自己的手机 APP（安卓平台、IOS 平台）。综上所述，从技术角度对四川省红色旅游信息资源的整合进行探讨，有利于集成异构网络、异构数据、异构平台下的信息资源，并为四川省红色旅游网络建设提供有力指导。

五、产业价值网络视角下四川红色旅游信息资源整合的推进模式

从广义上理解，信息资源是人类社会信息活动中所积累的信息以及包括信息生产

者、信息技术、信息资本等因素在内的信息与相关要素的集成。[31]本文认为，红色旅游信息资源是指信息活动中与红色旅游相关的各种活动要素的总称。

信息资源整合是这将某一范围内原本离散的、多元的、异构的、分布的信息资源通过逻辑或物理的方式组织为一个整体，使之有利于管理、利用和服务；或指把分散的资源集中起来，把无序的资源变为有序，使之方便用户查找信息、方便信息服务于用户，包含信息采集、组织、加工以及服务等过程。[32]整合旅游信息资源有助于推动智慧旅游的构建和发展，完善旅游管理体系，增加红色旅游的竞争力和吸引力。将旅游景点信息、旅游企业信息、旅游中介信息、政府部门信息等集合运作，实现资源共享、信息协同，便于孵化新的旅游产品，增强旅游业的可持续发展能力，促进旅游产业的繁荣与发展。

信息资源整合可以选择“自顶向下”的策略，也可以选择“自底向上”的策略。[33]四川省红色旅游信息资源丰富，但核心资源与周边零散资源区域化合作程度低，缺乏整体层面的统一规划，旅游资源开发条块分割，信息利用率低。为解决信息资源丰富而利用率低之间的矛盾，应采用“自顶向下”的策略，从整体出发，建立以数据中心为核心的信息资源整合模式，集成产业价值网络中不同主体之间的信息。

现基于四川省红色旅游产业信息化现状，结合信息资源整合的需要，制定四川省红色旅游信息资源整合的推进模式（图 7）。

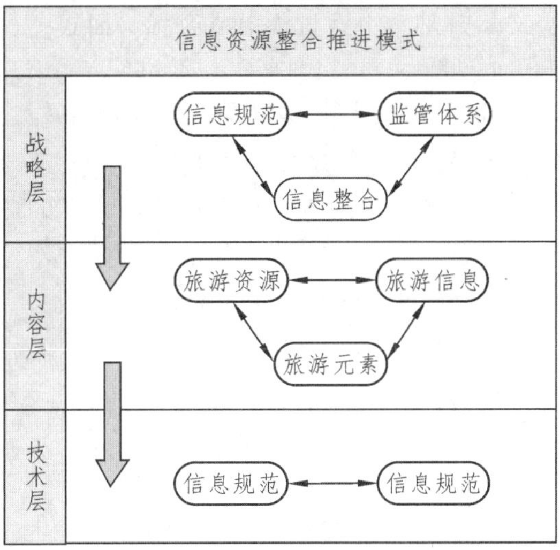

图 7　信息资源整合推进模式

（一）四川省红色旅游信息资源整合战略

1. 建立统一的信息整合规范

规范化是实现信息集成和共享的前提，统一的整合标准可以确保系统内部信息的准确、完整和及时，实现数据、信息的有效累积，实现规范管理。

（1）数据采集及加工的统一。

红色旅游产业中涵盖旅游景点、交通情况、气象、卫生、政务、营销等多个跨行业的数据类目。在数据的收集、整理的过程中，由于不同层级部门与不同行业之间采集方法不同或处理方法各异，得到的数据总集内部容易产生无效的数据、错误的数据、冗余的数据，造成后续数据筛选、清洗困难，以及其他不必要的工作量，影响最终信息的时效性与整合效率。所以，有关部门应从全面理顺和规范红色旅游行业的业务流程，形成科学合理的数据流模型开始，研究红色旅游行业数据库及其原数据的内容和标准，制定红色旅游业数据分级规范和数据编目（分类）规范；在数据层面应当建立统一的采集与加工的标准，规范各行业子系统的数据格式与内容，建设集成各行业规范化信息的数据中心。

（2）信息系统集成标准化。

红色旅游业信息化建设是一项长期的系统工程，信息化的出发点和落脚点是实现信息共享和管理信息化。在数据标准化的基础上，实现卓有成效的数据管理、高效的数据处理，建立起全行业的信息系统。信息系统集成标准化是企业信息化建设的关键性工作，是直接影响信息化成败的重要因素，只有管好信息、用好信息，保证信息的唯一性、完整性、准确性、及时性，才能使系统真正发挥出应有的作用，为信息系统提供硬性基础和软性保障。信息是信息系统的血液，只有实现了信息集成的标准化，才能充分保障信息系统的健康，才能保障行业信息化建设的经济效益，支持红色旅游业的战略发展。

2. 同行业间及不同行业间的合作与信息整合

（1）政府各部门级间横向、纵向的整合（图 8）。

红色旅游资源整合涉及景区所在的彼此相关但职能分离的各级政府部门，红色旅游信息资源在整合过程中需要不同组织层级之间的分布式合作，将零散的、异步的、不同结构、不同内容的相关信息进行整合，优化配置，以凸显产业竞争力与服务水平。所谓“纵向到底，横向到边”，指的是政府各部门横向需整合旅游局、交通局、气象局、卫生局、公安局等与红色旅游产业息息相关的部门；纵向需整合省、市州、县区等各级相关部门，实现决策信息与政务信息的整合，既满足社会公众的信息需求，又可保证政府部门及其成员的基本利益。

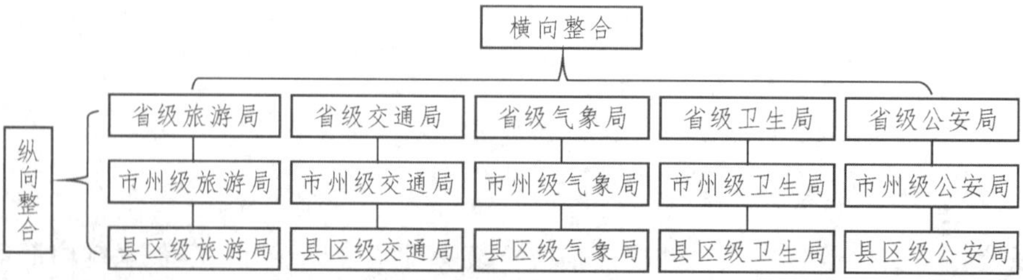

图 8　政府各部门整合

（2）跨行业间的整合（图 9）。

截至 2014 年，全省共有星级饭店 422 家（其中五星级饭店 10 家，列全国第四位），旅行社 642 家，大型旅游购物、餐饮及娱乐服务企业近 1000 家；旅游直接从业人员 36 万人，其中导游 1.4 万人，旅游及其带动的相关从业人员已达 180 多万人。

随着市场经济的高速发展，企业间的市场竞争进一步白热化，只有合作共赢才能发挥各自优势，将资源最大化利用。旅游业、住宿业、餐饮业、运输业、娱乐业、IT 业等参与产业发展共同目标又有不同经济利益的企业，在整合过程中在分享自身的营销及业务信息的同时，应当以旅游资源为重点，紧密围绕 IT 产业，构建自己数据库、信息交流系统、客户服务终端，形成整体效应，达到“1+1>2”的效果。

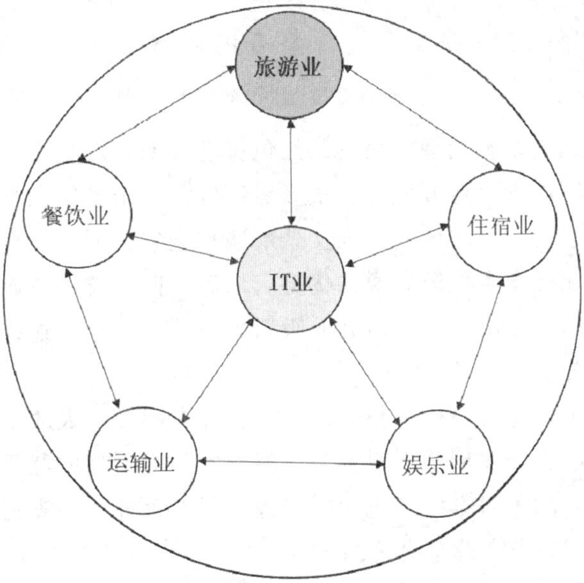

图 9　跨行业间的整合

3. 建立有效的监管体系（图 10）

完善的监管体系是整个模式有效运行的必要控制手段，红色旅游资源的整合内容与形式是复杂多样的，涉及景区所在的彼此相关但职能分离的各级政府部门，参与产业发展共同目标却又有不同经济利益的企业，纵向深度大，横向幅度广，有效的监管能增强这个体系的效率与实际价值。不同的行政单位层级应该与职能范围内的企业层级相对应。首先，民众参与到监管环节中，对政府及企业进行监管；其次，政府与企业内部要分清监管的流程，责任层级明确，由最高负责部门（省级政府或总公司）到最低责任个人（基层干部或业务员），细化到个人，实现组织内部的事务高效；最后企业与政府之间要形成交叉监管，提高信息响应与共享效率，保证系统的真实有效运行，避免形成新的信息孤岛，杜绝建立新的“僵尸网站”“休眠栏目”和“死的信息资源库”。

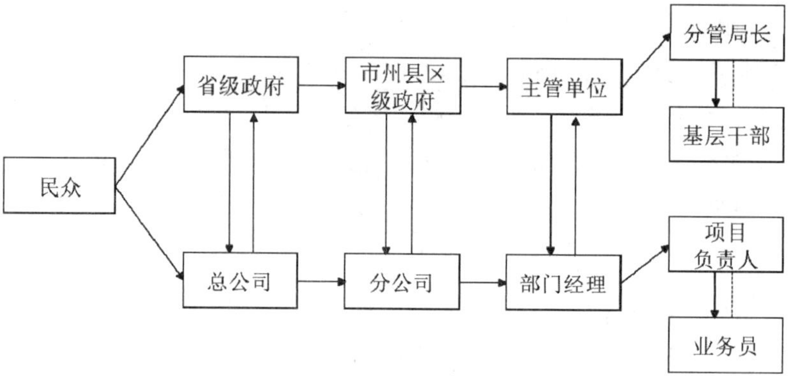

图 10　监管体系

（二）四川省红色旅游信息资源整合的内容

1. 旅游资源整合

从目前四川省红色旅游的现状来看，红色旅游资源相对集中，但缺乏整体规划，除主要红色旅游资源得到一定开发外，很多零散资源还未被纳入整合范围。其次，四川省旅游资源极其丰富，自然风光、人文景观遍布全省，但与红色旅游资源的结合程度不高，没有充分发挥本省旅游资源的优势。最后，四川省红色旅游产品单一，没有鲜明的红色旅游商品，旅游项目对游客的吸引力较弱。综上所述，针对旅游资源的整合应从以下几方面着手。

（1）对红色旅游资源自身进行整合，以“长征丰碑、伟人故里、川陕苏区”三大红色旅游品牌为中心，开发周边零散资源，将开发程度不高的红色景区纳入精品旅游路线，推荐给游客。除了对本省红色旅游资源进行整合外，还需将省外旅游资源纳入整合范围，促进区域旅游资源整合（图 11）。

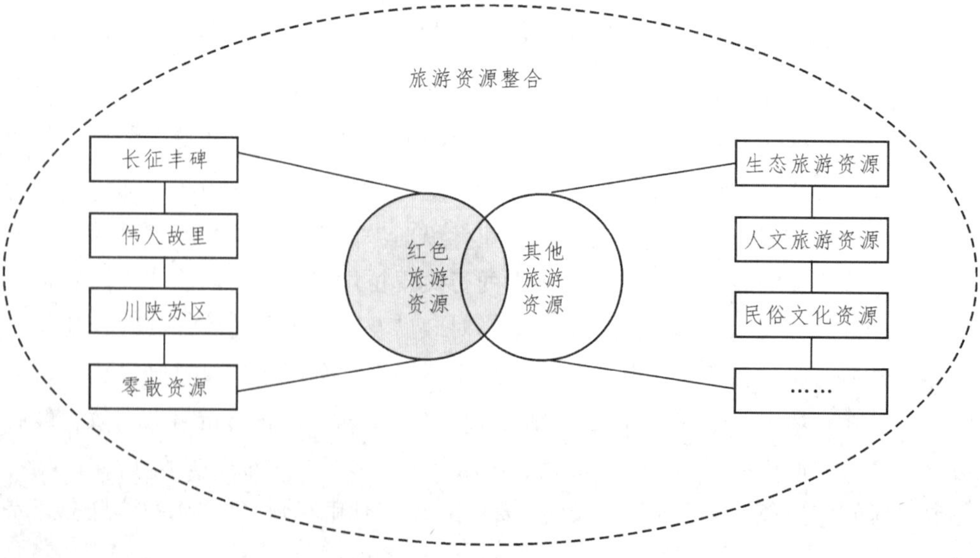

图 11　旅游资源整合模式

（2）四川省红色旅游景区周围拥有大量自然风光和人文景观，吸引了大量游客消费，将四川省的生态旅游资源、人文旅游资源和民俗文化资源与之融合，赋予旅游多种属性，可大大丰富红色旅游产品的内容，并同时开发多种旅游资源。

2. 旅游元素整合

随着信息技术的发展和旅游方式、游客需求的转变，四川省红色旅游产业价值链呈现出网络化的特点，旅游元素之间的联系方式和紧密程度有利于价值的转移和增值。对旅游元素进行整合（图 12），有利于元素间信息的传递，方便政府及企业对信息进行采集。同时，大大提升游客旅游体验的满意度。对旅游元素整合主要体现在以下两个方面。

（1）元素信息的整合，包括对同一元素信息的整合和不同元素间信息的整合。传统旅游元素“食、住、行、游、娱、购”需要众多企业或部门支撑，“信息”“安全”“咨询”“支付”“文化”等新元素的加入使得红色旅游产业中拥有更多以信息技术为代表的互联网企业和一部分以文化教育为目的而存在的组织。为避免形成新的信息孤岛，需要打通元素间信息传递的通道，实现部分资源共享，建立信息标准、统一数据格式、完善信息制度。

（2）元素产品或服务的组合。不同旅游元素协同发展，不同旅游产品或服务间的联系不可分割，旅游元素间的信息交流越来越频繁，创新红色旅游产品组合，搭配后向游客推出，更易于消费。

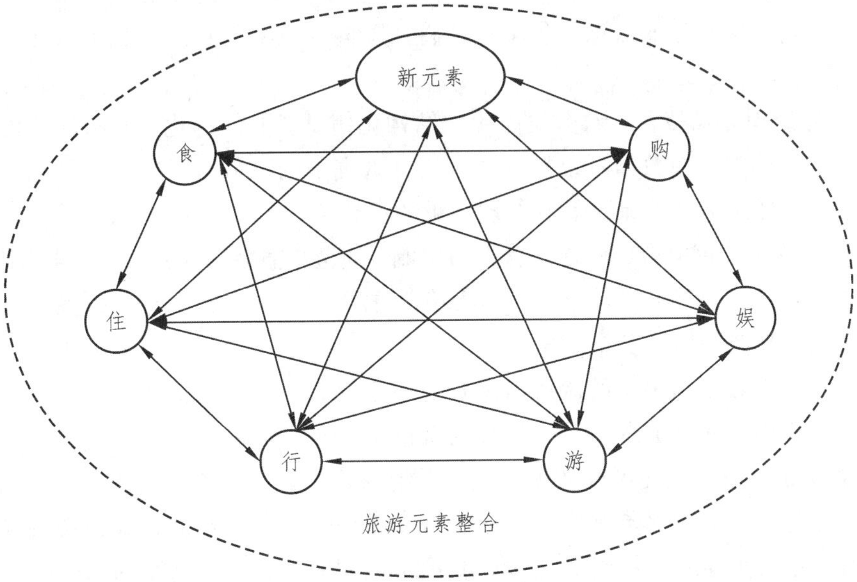

图 12　旅游元素整合模式

3. 旅游信息整合

信息一般需要经历信息采集、信息处理、信息利用等过程，整合四川省红色旅游信息，可从旅游信息流程的角度出发，采用系统分析的方法。此外，通过建设以数据为中心的旅游信息资源整合模式（图 13），搭建统一的旅游信息平台，方便对旅游信息的发布、搜索和查阅，可提高旅游信息资源的使用率。

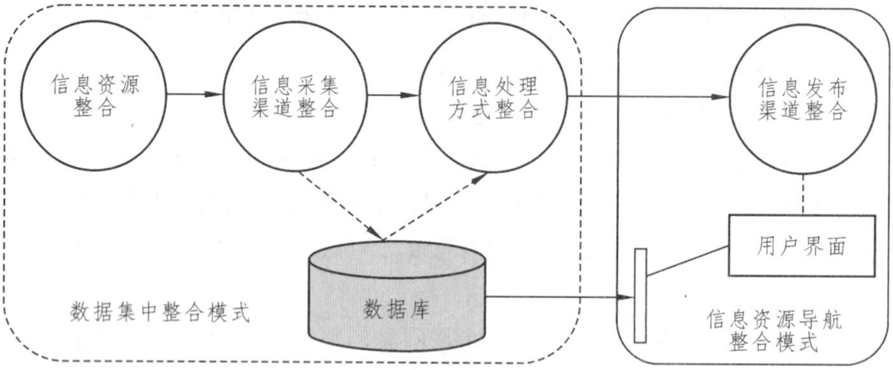

图 13　旅游信息整合模式

（1）从信息流程角度出发，采用系统分析方法，对信息源、信息采集渠道、信息处理方式和信息发布渠道进行整合。[34]

① 旅游信息源整合，明确政府、企业、游客、景区四大信息源中信息的特点和作用，建立合适的信息源整合制度体系，统筹兼顾，形成促进旅游信息资源整合的合力，使得政府、企业或相关旅游组织主动或被动公开内部旅游数据，为信息的来源和质量提供保障。

② 信息采集渠道整合，对不同类别的数据采用不同的信息渠道进行采集，建立标准化、网络化、层次化的信息采集渠道，将从不同渠道采集到的信息汇入旅游信息数据库中。

③ 信息处理方式整合，对数据库中的结构化信息或非结构化信息按统一的标准筛选、分类、归档等，使数据可以被有效利用，数据中的价值可以被充分挖掘。同时，建立信息处理体系标准，保证信息处理结果的一致性。

④ 信息发布渠道整合，完善信息发布机制，规范信息发布渠道，引入新媒体元素，建立生态良好的信息发布环境甚至"一站式"的旅游信息发布平台，以数据、文章、资讯、评论、新闻等形式发布信息。

（2）建立以数据为中心的旅游信息资源整合模式，主要包括数据集中模式和信息资源导航整合模式两个子模式[35]，提高旅游信息资源使用率。

① 数据集中模式是在不改变现有应用系统的前提下，从各应用系统中提取需要共享的旅游信息，建立共享数据中心。此时应用系统以数据同步的方式，通过接口程序向共享数据中心提供共享数据。在该模式下，各应用系统数据的读写操作还是在本地，只有在涉及共享数据访问时才与共享数据中心打交道。当然，各应用系统在使用共享数据中心的数据时，需按照共享数据中心权限管理体系分配的权限访问共享信息资源。此外，该模式根据统一的信息标准，建立数据库，开发应用平台，在统一的框架下重新开发各应用子系统。

②信息资源导航整合模式是对所有信息资源进行初步分析、评价、整理后，以网页链接的形式展示给用户的一种资源列表，即资源索引库，供所有用户共享。该索引库将告诉用户某个数据处于网络的什么位置，同时授权给某些用户，只有授权的用户才可以访问共享资源，未经授权的用户不能访问。

（三）四川省红色旅游信息资源整合的技术

1. 信息资源整合技术

信息资源整合是一个人们用统一接口、统一标准访问在异构网络、异构数据、异构平台下的信息资源，并进行更深层次的开发利用活动。[36]该过程中所涉及的相关技术称为信息资源整合技术。基于产业价值网络视角的四川省红色旅游信息资源整合是一个复杂的系统工程，单纯的某一项技术不能有效地解决其信息资源分散和异构问题。因此，我们使用了包括中间件技术、协同技术、商业智能技术、搜索引擎技术、Web2.0支撑技术等来共同实现对四川省红色旅游信息资源的整合。以下是对几种具体技术的介绍。

中间件技术：中间件是位于平台（硬件和操作系统）和应用之间的通用服务，用以解决分布异构问题。中间件能够屏蔽操作系统和网络协议的差异，为应用程序提供多种通信机制，并提供相应的平台以满足不同领域的需要。针对不同的操作系统和硬件平台，可以有符合接口和协议规范的多种实现途径。因此，我们使用中间件技术为四川省红色旅游信息资源整合提供一个相对稳定的高层应用环境。

搜索引擎技术：搜索引擎是指互联网上专门提供检索服务的一类网站，这些站点的服务器通过网络搜索软件或网络登录等方式，将 Internet 上大量网站的页面信息收集到本地，经过加工处理建立信息数据库和索引数据库，从而对用户提出的各种检索做出响应，提供用户所需的信息或者相关指针。在对红色旅游信息资源整合的过程中，我们使用搜索引擎技术从 Internet 中查询、搜索相应的网站及其信息，为我们的信息资源整合提供数据来源。

Web2.0 支撑技术：在 Web2.0 模式下，不受时间和地域的限制分享各种信息，信息在网络上不断积累存储。而且，平台对于用户来说是开放的，用户可以得到自己需要的信息，也可以发布自己的各种观点等。Web2.0 更加注重交互性，不仅用户在发布内容过程中可以实现与网络服务器之间交互，而且可以实现同一网站不同用户之间的交互，以及不同网站之间的信息交互。Web2.0 为四川省红色旅游信息之间的交互提供了平台，我们要整合 Web2.0 平台上相关信息，进行更深层次的开发利用。

商业智能技术：商业智能是对商业信息的搜集、管理和分析的过程，目的是使企业的各级决策者获得知识或洞察力，促使他们做出对企业更有利的决策。商业智能一般由数据仓库、数据分析、数据挖掘、在线分析、数据备份和恢复等部分组成。通过使用商业智能技术可以搜集、存储、分析、挖掘和备份有关红色旅游信息资源，在此基础上进行下一步的数据处理。

2. 信息资源整合技术框架

各种信息资源整合技术之间相互关联和相互作用，共同推动信息资源整合技术的创新和发展。同时，各种信息资源整合技术之间存在着层次关系，跨越IT架构的不同层次。因此，构建信息资源整合技术框架能够使应用信息资源整合技术解决信息资源整合问题时更加清晰。信息资源整合技术框架按照应用IT架构的层次关系，分为以下层次[37]。

（1）标准和规范层：标准和规范层包含不同信息资源整合技术的相关标准和规范，如数据结构和网络协议等标准问题。标准化和规范化是信息资源整合技术的基础。

（2）基础设施层：基础设施层主要界定在数据采集、网络传输和物理存储方面涉及的信息资源整合技术。

（3）数据管理层：数据管理层主要讨论数据资源的标准化、分布存储管理、挖掘分析，以及跨平台的交换。

（4）整合平台层：整合平台层是为信息资源整合和集成提供普遍解决方式，通过平台整合底层资源实现上层应用的组件化。从整合技术来看，整合平台层分为平台架构技术和平台化应用技术。平台架构技术主要解决跨平台整合的架构技术、理念和标准，而平台化应用技术重点关注应用问题的解决。

（5）整合应用层：整合应用技术是研究在信息资源整合的基础上发挥整合信息资源优势，实现传统意义上应用的延伸和信息综合利用的技术。整合应用层技术可以分为：面向企业、机构和个人通用的，与具体业务关联不大的公共应用层技术；与具体行业的整合应用相关的业务层整合技术，以及在此基础上面向特定决策群体的决策层应用技术（图14）。

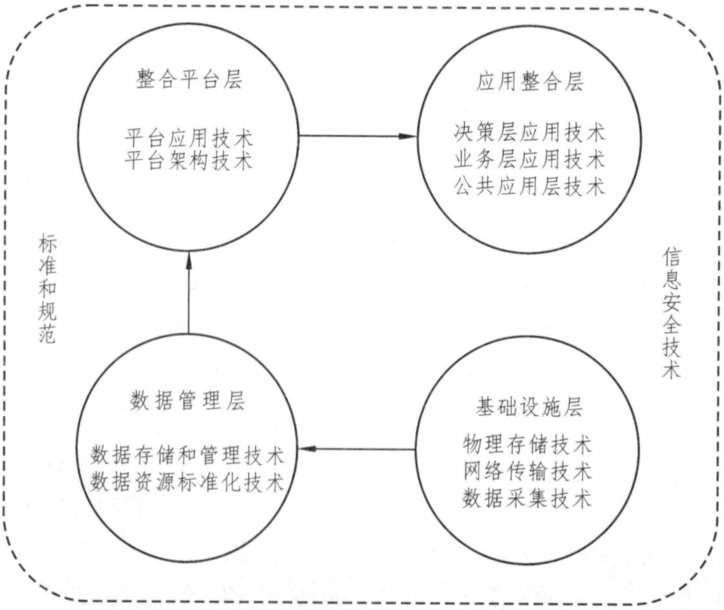

图14 信息资源整合技术的层次架构

六、产业价值网络视角下四川红色旅游信息资源整合的实现机制

根据对四川省红色旅游信息资源整合推进模式的探讨，此处将从策略、管理和技术三个角度探讨产业价值网络视角下四川省红色旅游信息资源整合的实现机制（如图15所示）。其中策略层着重解决信息资源整合的内容问题，管理层重在协调和组织信息资源整合工作的正常运行，技术层则重在处理信息资源整合系统的数据整合、物理层的整合和信息安全等问题。信息资源整合的推进是一个整体的过程，要动态地跟踪各层次的执行情况，随时调整各层次的整合策略。

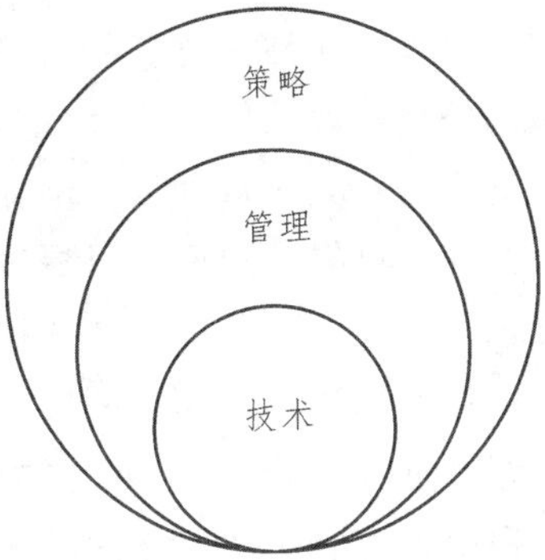

图15　四川省红色旅游信息资源整合的实现

（一）策略层面

四川红色旅游信息资源整合策略以重构产业价值网络为核心，制定四川省红色旅游信息资源整合策略首先需要制定信息资源整合的总体战略，其次配套包括组织与管理机制、基础建设、政策指导和资源开发等四个方面（图16）。

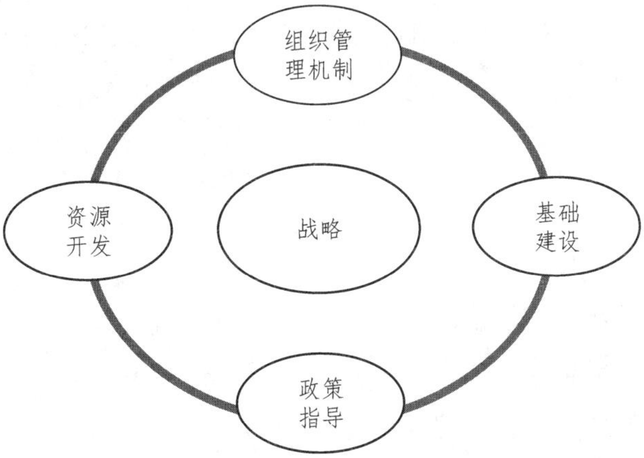

图16　四川省红色旅游信息资源整合策略实施内容

1. 制定红色旅游信息资源整合的总体战略

明确和制定红色旅游信息资源整合的战略目标是进行红色旅游信息资源整合的首

要任务。首先需要明确红色旅游信息资源整合目标；其次需要制定红色旅游信息资源整合的总框架；然后依据总框架有针对性地制定和实施策略，按统一化、标准化、规模化的方向推进；最后信息资源整合必须适应信息环境的多变性和信息需求的多样性要求，依据信息资源整合的战略方向，及时调整信息资源整合的相应过程。

2. 建立红色旅游信息资源整合的组织与管理机制

建立红色旅游信息资源整合的组织与管理机制是进行红色旅游信息资源整合的保障。构建由四川省政府和旅游局牵头，成立专项实施小组，各有关部门共同参与工程的组织与实施，各有关承担单位按要求完成整合任务。首先，建立四川红色旅游业务数据中心，通过文献收集、网络调查、实地考察、问卷调查，掌握大量数据和资料，完成四川省红色旅游产业价值网络重构以及信息资源分布调查，建立调研数据库。同时，成立专门的主管机构和分管机构对其进行管理，确保数据资源建设统一和可持续发展，及时发布或提供全面、准确、可靠的数据，以提供具有质量保证的信息服务。各分管机构应按照建设的总要求维护本部门范围内的数据，并及时向主管机构提供数据。同时，需要配置红色旅游信息资源整合过程中相应的人力资源、技术资源和设备资源等。信息资源整合是一个综合过程，涉及多方面要素，包括人力、技术和各种设备要素等。在信息资源整合过程中，需要协调好彼此间的关系，提高信息资源整合工作的效率，跟踪评估各种要素配置的有效性与效益性并及时地调整和优化。

3. 完善红色旅游信息资源整合的基础建设

完善红色旅游信息资源整合的基础建设是进行红色旅游信息资源整合的基本前提，是确保四川红色旅游产业信息资源畅通无阻的根本所在。红色旅游信息资源整合的基础建设的软件方面主要有红色旅游网站的建立、红色旅游信息资源数据库的完善、移动终端设备平台的应用、旅游信息公共服务平台等；红色旅游信息资源整合的基础建设硬件方面有骨干网及数据中心机房建设、有线网络、无线网络等。

红色旅游网站的分类：依据信息资源分布的不同侧重点，红色旅游网站可划分为红色旅游行政监管部门网站、专业红色旅游网站、企业自建网站、门户网站。从服务功能的角度可划分为红色旅游信息集合网站、红色旅游电子商务、个性化的红色旅游主题网站。

红色旅游信息资源数据库的完善，需要收集多种红色旅游信息资源，主要包含以下几种信息：旅游景点景区信息，旅游交通信息，住宿信息，娱乐休闲信息，餐饮购物信息，旅游服务、管理机构信息，图形信息，其他相关信息。

4. 构建更完善红色旅游信息资源整合的法律和政策体系

构建更完善红色旅游信息资源整合的法律和政策体系是进行红色旅游信息资源整合的推动力。将旅游资源转化为旅游产品，将旅游资源大省转变成旅游经济强省，离不开科学的、高水平的、高层次的法律和政策指导。而科学的法律政策指导必须建立在大量的、准确的、及时的信息资源基础之上。产业价值网络视角下进行信息资源整合，将充分挖掘各类信息资源，进而提高政策指导水平。政府需要编制红色旅游规划方案，为红色旅游发展提供科学的指导。同时，要把红色旅游建设作为四川省的战略支柱产业，充分利用四川省红色旅游资源丰富和旅游业体系逐步完善的两大优势，大力推进红色旅游与服务产业和互联网产业相融合，实现红色旅游建设作为四川省战略支柱产业的目标。最后还要加快建立完善与《中华人民共和国旅游法》配套的制度体系，抓紧制定《旅游安全管理办法》《景区开放办法》等法规规章，不断完善旅游业发展的法制环境；积极协调相关部门，加强政策的制定和完善，并推动实施、完善与旅游业发展相关的各类政策，以形成促进旅游业发展的政策框架体系。

5. 保证红色旅游信息资源的充分开发

保证红色旅游信息资源的充分开发是进行红色旅游信息资源整合的基础。四川省红色旅游资源丰富、特色鲜明，旅游发展条件得天独厚，拥有“长征丰碑、伟人故里、川陕苏区”三大红色旅游资源品牌。四川要打破“本位思想”，转变传统思想观念，积极主动与互联网企业进行合作，推动中小旅游企业发展。利用互联网企业大数据技术为四川红色旅游产业发展提供更多的市场分析，依靠合作企业对用户需求的深刻理解，以海量用户行为分析数据挖掘为基础，通过整合旗下互联网优势平台产品大数据，为四川省红色旅游产业发展和市场精准营销提供数据支持，最终实现红色旅游产业价值网上的信息资源均衡开发、充分开发。例如，某知名互联网公司以大数据挖掘为基础，整合媒体资源，将四川省优势旅游资源创新优化、打包整合，面向全国进行推广。四川的旅游景点将有望通过地理位置服务、街景等功能在平台上的应用，实现网上预订、移动支付、电子票入园、景区地图导航、自助式导游等功能，给予游客高效、优质、个性化服务。与此同时，红色旅游信息资源整合的充分开发也需要国家、政府、相关单位以及旅游从业者等方面的参与和支持才能顺利进行。

首先，红色旅游信息资源整合的充分开发离不开当地政府的扶持与帮助。

（1）加大信息化设施的投入和支持力度，完善基础设施。完善的基础设施是发展旅游业的先决条件，基础设施包括电力、交通、通信、住宿、餐饮等方面，这些都是游人出行、生活所必须要解决的问题。对于红色旅游，除了这些相应基础设施外，还需加快信息化设施的投入，加快红色旅游信息系统建设。完成四川省红色资源的信息普查与评价，详细了解区域内外红色旅游的需求对象。

（2）政策上的扶持和引导。一方面，优越的开发条件和开发环境，会给地区的旅游资源开发带来更多的投入资金和发展机会。旅游资源的价值能够得到更大程度的开发，教育功能也就会更容易发挥。一方面主要是增加地区旅游资源的开发机遇，扩大旅游资源的影响力，进而促进其教育功能的发挥。另一方面，由于红色旅游对人民的政治思想具有教育作用，尤其是红色文化，这关乎于国家的政治主流价值观的建设，所以也需要政府在政策方向进行引导，坚持马克思主义思想的政策精神引领。

其次提高旅游从业者个人素养，有助于保证红色旅游信息资源的充分开发。四川省红色文化资源荟萃，如果从业者本身的文化素质水平过低，那么对这些红色文化的理解水平也就不能达到社会化要求，不能完成在旅游过程中将红色文化精华传输给游客这一重要任务，导致红色旅游教育社会功能不能够发挥。发展旅游业还需要各方面的支持，这就对旅游相关行业的从业人员有了更高的要求，好的服务态度能使游客心情放松，他们对文化和资源的认可度也就会提升。好的服务态度和水准，不仅可以提升旅游地的整体形象，增加游客的归属感，还能够加深游客对旅游地文化和思想的理解，促进旅游资源对游客的各种教育作用的发挥。尤其是在当前旅游智能化发展的初期，会出现各种问题，更加需要从业者提供正面积极的帮助，以实现文化资源的旅游教育功能。

最后还需要相关旅游单位采取积极举措，具体包括以下三个方面。

（1）红色旅游的资源整合。四川省旅游资源种类丰富齐全，地区差异性较大，所以如何在一个区域内联合不同种类的旅游资源来满足游客的各种旅游需求显得十分重要。可以将红色旅游资源根据地区、性质等对其进行整合，形成一种链型的旅游模式，发展综合性旅游产业，以满足不同文化程度、不同社会背景游客的不同旅游需求，增加在同类旅游资源中的竞争力。不同旅游资源具体的教育功能也不同，为了使某一旅游资源的教育功能得到最大化发挥，旅行社可以依据一定的标准，突出某一旅游资源教育功能中最强大的部分，对其进行加工处理。还可以将不同资源所蕴含的教育功能进行融合，形成奇特的更具吸引力的文化，对游客产生影响。

（2）建立红色旅游宣传促销的专业部门，结合四川省实际情况，突出主题，着力打造地方红色旅游品牌形象，形成对外宣传促销的整体合力。如“长征丰碑、伟人故里、川陕苏区”的旅游品牌，通过各种现代信息化媒介，强化宣传效果，突出地方知名度和美誉度。

（3）联合相关行业，提升四川红色旅游优质服务。红色旅游的发展，要求主动感知旅游资源、旅游经济、旅游活动、旅游者等方面的信息并及时发布，让人们能够及时了解这些信息，及时安排和调整旅游计划，从而达到对各类旅游信息的智能感知、方便利用的效果。将餐饮、交通、通信、住宿等行业进行企业联合，以各红色旅游景点为中心，营造与景点主题相符的旅游环境，并不断将最近时段的各类本区域景点及游客信息通过手机、网络、车载电视等发送传播至有需求的旅游者。这样也有利于景点文化的延伸、景区思想影响便捷性的提高和范围的扩大（图 17）。

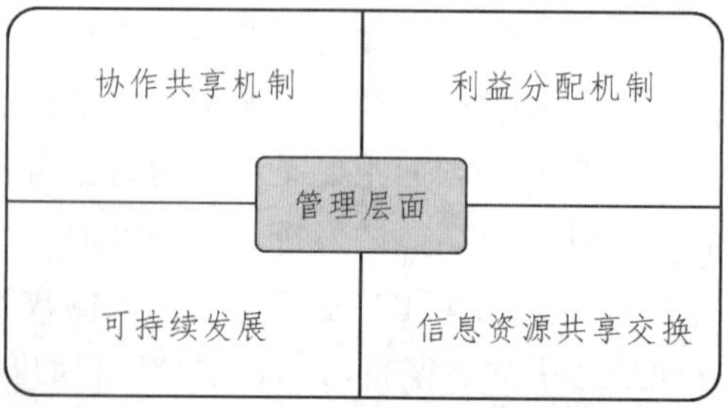

图 17　四川省红色旅游信息资源整合管理内容

（二）管理层面

1. 构建红色旅游产业价值网络的协作共享机制

红色旅游产业价值网络的协作机制主体主要包括政府、旅游企业和景区（点）三者。政府作为红色旅游产业的主导者，旅游企业作为红色旅游产业的支配者，而红色旅游景区（点）则是红色旅游产业的提供者。为了更好地描述价值在产业链中的传递、转移和增值过程[5]，协调政府、旅游企业和景区（点）三者之间的工作安排，需要促进旅游资源与旅游产品开发协作共享机制、客源市场协作共享机制、信息交流协作机制和人力资源共享机制；合理制定政府、旅游企业和景区（点）三者在责、权、利方面的合理配比政策；[38]促进旅游市场建立诚信、公平、有序的市场规则，改革创新景区（点）服务方式和进行旅游产品优化，推进红色旅游景点的项目建设等。

2. 建立红色旅游产业价值网的利益分配机制

红色旅游产业价值网中利益主要来源于游客的“食、住、行、游、娱、购”等环节，而旅游产业价值网的受益者则包括景区（点）、旅游公司、旅行社、景区周边的商家等众多利益去向。根据利益相关者理论，一个行动计划的执行情况的好坏在很大程度上取决于红色旅游产业价值网各利益主体的准备情况如何。[39]因此，为了更好地对红色旅游信息资源整合，应建立好红色旅游产业价值网的利益分配机制。红色旅游产业价值网的受益者必须遵循“局部利益服从整体利益，眼前利益服从长期利益”的原则。四川省政府作为利益分配的主导着，应以公平行为原则，以市场调节为基础，通过建立规范的财政转移支付力度以及调整包括红色旅游协调政策、旅游产业政策在内的宏观政策，来实现整体与局部、局部与局部的利益转移。当局部受益者受到损害时，在不损害整体利益和另一方利益的前提下，进行针对性、合理性的利益补偿，以体现合理和公平，促进四川省红色旅游的整体发展、均衡发展。例如，可以设立一个利益补偿机制来完善红色旅游产业价值网的利益分配机制。

3. 保证红色旅游的可持续发展，推进智慧旅游

红色旅游的可持续发展不仅需要加强红色旅游文物的保护和利用，还需要建设并形成较为完整的旅游教育体系和旅游人才队伍。受生态环境和人为活动的影响，四川红色旅游资源具有极强的脆弱性。因此，加强红色旅游资源的保护和修复，推进红色历史文化资源的数字化，做好红色历史文化资产保护工作对于红色旅游的可持续发展至关重要。同时，完整的旅游教育体系和旅游人才队伍是旅游强省的重要支撑。四川省旅游教育体系逐步成熟，旅游职业教育体系日渐完善，但存在人才平均素质偏低、旅游教育支撑不足以及中高层次人次和经验丰富的管理人才匮乏等问题。建设高素质旅游业人才队伍、优化人才发展环境和旅游教育结构是红色旅游资源可持续发展的保障和动力。要建立完整的旅游教育体系和旅游人才队伍需要着重做好以下三个方面。

（1）要继续推动旅游教育发展，优化旅游教育结构，依托国内重点旅游院校，建

设一批高层次创新型旅游人才培养和科研基地，当前要特别抓住国家职业教育改革的契机，推进旅游职业院校的建设。

（2）要建设高素质旅游业人才队伍。要抓好旅游经营管理人才、旅游行政管理人才、旅游服务人才、旅游开发建设人才的培养。促进人才资源在城乡、区域、行业之间合理流动和科学配置，推动人才结构不断优化，实现人才数量、质量与快速发展的旅游业需求相适应。

（3）要优化人才发展环境。要从法制、制度和政策上，为旅游人才全面发展，包括就业和创业提供保障。

此外，还要积极主动融入互联网时代，用信息化武装红色旅游业，加强红色旅游业中现代信息技术的运用，充分利用物联网、云计算等新一轮信息技术，优化旅游资源的配置，把智慧旅游作为红色旅游业培育现代服务业的重要载体。

4. 促进红色旅游信息资源的共享与交换

在四川省区域经济发展不平衡、经济发展较快的地区，其旅游景区（点）信息化基础较好；相反，在经济发展较慢的地区，其大部分旅游景区（点）仍处于信息化建设的初级阶段。区域发展的不平衡带来的直接影响是，不同区域的旅游景区（点）信息化建设整体规划不足，信息化应用系统各自为政，从而导致数据共享与交换困难。与此同时，红色旅游资源整合涉及景区所在的彼此相关但职能分离的各级政府部门，红色旅游信息资源在整合过程中需要不同组织层级之间的分布式合作，将零散的、异步的、异构的、不同内容的相关信息进行整合，优化配置。因此，要促进政府各部门之间、政府各部门与旅游企业之间、旅游企业相互之间的信息资源共享交换，运用数据交换技术，建立信息数据交换标准，加强与相关行业信息数据的对接，实现旅游业信息数据的交换和处理，消除信息孤岛。

（三）技术层面

1. 设计红色旅游信息资源整合的技术路线

信息资源整合不是简单地把信息聚集起来，而是涉及对信息描述、组织、处理、整序、检索、服务等方方面面。因此，只有在一定的技术支撑下，才能实现信息资源的有效整合。设计红色旅游信息资源的技术路线首先需要建立整体框架，包括功能模型、数据模型和系统结构体系模型等；其次要建立完整的数据标准体系，包括数据元标准、分类代码标准和数据库标准等；最后要依据整体框架和数据标准体系，利用相关技术解决信息资源整合问题。应用于四川省红色旅游信息资源整合的相关技术主要包括：中间件技术、协同技术、商业智能技术、搜索引擎技术、Web2.0 支撑技术等。通过这些技术对四川省红色旅游信息资源进行整合利用，解决其整合度不高、共享程度低等问题，推动四川省红色旅游信息化发展（图 18）。

图 18　四川省红色旅游信息资源整合技术内容

2. 建立红色旅游信息资源整合的标准体系

标准化管理是开发利用信息资源的基本保障。信息资源只有采用统一的格式、标准和规范，才能保证信息表达、存储、检索和利用的顺利进行，突破具体软硬件的限制，避免不必要的转换和重复，真正实现有效的信息资源集成和共享。四川省红色旅游产业价值网络上各节点缺乏统一的规划和标准，使得大量的信息资源不能充分发挥应有的作用。因此，需要建立红色旅游信息资源整合的标准体系，包括元数据格式规范、接口规范、数据规范、数据库规范、应用系统功能规范等。相关的技术包括：数据的组织与转换相关技术、索引技术、数据描述技术、信息自动化处理技术、多媒体技术分析、个性化服务技术以及其他关键技术。

具体操作：建立具备统一数据标准的省级红色旅游信息数据库，对涉及"吃、住、行、游、购、娱"等旅游要素的基础信息数据进行规范化采集、编目、分级，实现红色旅游数据分类归档，推动信息数据按标准进行无缝衔接，逐步减少人工采集的比例，实现数据自动抽取、智能分析，建成科学化、智能化、人性化的旅游信息数据采集系统，提升旅游管理服务水平。

3. 设置红色旅游信息资源整合的信息安全机制

设置红色旅游信息资源整合的信息安全机制包括技术和法律两个层面。技术层面上又包含信息安全技术、信息安全管理和信息安全运维三个方面。信息安全技术要求参照国家信息安全等级保护体系，设计四川省信息安全技术体系。可以用到的关键技术有信息的完整性检验检测技术、唯一性身份识别技术、密钥管理技术、数字签名技术、安全审计跟踪评测技术等。信息安全管理要求参照信息安全等级保护体系、IS027000 标准，建立四川省旅游信息安全管理体系。信息安全运维需要建设覆盖四川省旅游信息化统一运维平台，建立稳妥有效的运行维护体系，建立数据库的本地/异地备份管理，保障数据传输的安全，保证信息存储的安全以及对信息内容进行审计。在法律层面上，信息资源整合的法律保障体系建设是确保信息资源整合合法开展的重要保证。信息资源整合的法律保障体系建设包含信息资源建设问题、用户个人信息保护问题、整合相关标准和规章制度等几个方面。确立信息化领域法规框架，做到有法可依和有法必依。

参考文献

[1] 冉燕．红色旅游的理论及实践研究——以四川红色旅游开发为例[D]．成都：四川大学，2005.
[2] 秦容．四川革命老区的旅游资源整合开发研究[J]．中国商贸，2011（14）：156-157.
[3] 范力，焦世泰，韦复生．左右江革命老区红色旅游资源空间整合战略[J]．中国行政管理，2013（7）：117-119.
[4] 徐学初，张立辉，吴建国．弘扬长征精神 发展红色旅游——四川红色旅游资源发展特征论析[J]．西南民族大学学报（人文社科版），2006（10）：38-41.
[5] 彭敏．浅析中国革命老区红色旅游发展对策[J]．中国西部科技，2009（28）：52-53，60.
[6] 李婷婷．渝东南民族地区红色旅游资源整合开发研究[J]．丝绸之路，2011（4）：47-48.
[7] 王晖，邹冬生．基于循环经济的区域红色旅游联动发展模式探析——以湖南长株潭地区为例[J]．学术论坛，2012（12）：130-133.
[8] 黄三生，卢丽刚．鄱阳湖生态经济区红色旅游资源整合与开发研究[J]．求实，2009（2）：52-54.
[9] 贾芳，申建娜．甘肃河西走廊地区红色旅游资源整合开发的思考[J]．生产力研究，2013（6）：117-119.
[10] 钟金贵，余昊．遵义红色旅游与生态旅游资源整合研究[J]．大舞台，2012（6）：295-296.
[11] 袁中智．区域旅游信息资源整合探讨[J]．商场现代化，2008（21）：248-249.
[12] 吴建辉．基于价值链理论的旅游产业集群发展战略分析——以云南省旅游产业为例[D]．昆明：云南财经大学，2011.
[13] 马梅．e时代旅游产业纵向交易关系研究[D]．上海：复旦大学，2004.
[14] 王起静．转型时期我国旅游产业链的构建[J]．山西财经大学学报，2005，27（5）：63-67.
[15] 黄继元．旅游企业在旅游产业价值链中的竞争与合作[J]．经济问题探索，2006（9）：97-98.
[16] 陈实，李树民，邓敏，张琳琳．基于价值链分析的西部旅游产业区域合作路径研究[J]．西北工业大学学报（社会科学版），2006（3）：1-4，13.
[17] 刘蔚．基于价值链（网络）理论的旅游产业竞争力分析[J]．北方经济，2006（17）：39-40.
[18] 郁广健．陕西旅游业发展的创新路径——基于陕西旅游资源评价的分析[J]．理论导刊，2006（5）：51-52.
[19] 李伟．重庆市旅游产业价值链分析及其整合思路[J]．经济前沿，2006（7）：48-51.

[20] 杨晞．三峡库区旅游企业信息化发展战略研究[J]．重庆三峡学院学报，2007（6）：21-25.
[21] 李京颐，陈文力，宁华．北京地区旅游企业信息化发展状况调查[J]．旅游学刊，2007（5）：46-53.
[22] 窦文章．新机遇推动红色旅游持续升温[N]．中国旅游报，2015-07-24.
[23] 四川红色文化资源开发与利用研究课题组．四川红色文化资源开发与利用研究[M]．成都：四川大学出版社，2010.
[24] 郑大宾，潘娣，汪绘琴．基于价值链的旅游产业资源整合分析[J]．武汉职业技术学院学报，2009（1）：118-120.
[25] 汤志伟，张会平．面向产业价值网络的四川旅游信息资源整合[J]．电子科技大学学报（社科版），2010（1）：40-42.
[26] 李丽娟．旅游体验价值共创研究[D]．北京：北京林业大学，2012.
[27] 凌守兴．智慧旅游产业价值链分析及对策[J]．企业经济，2015（1）：118-122.
[28][30] 李志，潘丽霞．社会科学研究方法导论[M]．重庆：重庆大学出版社，2012：247，320.
[29] 颜玖．访谈法在社会科学研究中的应用[J]．北京市总工会职工大学学报 2002（6）.
[31] 胡昌平．信息资源管理原理[M]．武汉：武汉大学出版社，2008.
[32] 苏新宁，章成志，卫平．论信息资源整合［J］．现代图书情报技术，2005（9）：54-61
[33] 王静，马建萍，刘明华．信息资源整合方法策略对比及案例分析[J]．信息通信，2014（2）：149-150.
[34] 袁中智．区域旅游信息资源整合探讨[J]．商场现代化，2008（21）：248-249.
[35] 袁中智．旅游企业信息资源整合模式及推进探讨[J]．商场现代化，2008（23）：238-239.
[36] 李珺，查先进．基于信息资源整合技术的网络信息资源配置研究——以“信息孤岛”现象为例[A]．武汉大学信息资源研究中心．信息资源配置理论与模型研究——2009信息化与信息资源管理学术研讨会专集[C]．武汉大学信息资源研究中心，2009：4.
[37] 彭洁，赵辉，杨青峰．信息资源整合技术框架构建[J]．江苏科技大学学报（社会科学版），2007（1）：46-48.
[38] 谭静娟，罗伟，张修龙．武汉城市旅游圈区域旅游协作机制探讨[J]．特区经济，2009（12）：195-197.
[39] 邓琼芬，王良健．区域旅游协作的运行模式及利益分配机制研究[J]．桂林旅游高等专科学校学报，2007（1）：33-37.

链接分析视角下我国红色旅游网站的网络结构及影响力研究

摘　要：为推进红色旅游信息化建设，提升景区网站建设水平，本文对我国 95 个红色旅游网站进行研究，以分析网站建设的现状及所存在的问题。在链接分析视角下，本文构建了红色旅游网站的反链网络和 URL 共现网络，同时采用社会网络分析、灰色关联分析等方法对红色旅游网站的网络结构及影响力进行研究。研究发现：（1）我国红色旅游网站建设处于起步阶段；（2）我国红色旅游网站呈现出一定的区域集聚特征，且各区域的红色旅游信息化建设水平存在差异；（3）我国红色旅游网站的影响力普遍较低。从实践层面看，本文对我国红色旅游网站的建设具有一定的指导意义。

关键词：链接分析；红色旅游网站；网络结构；影响力

一、引言

“红色旅游”是指以革命纪念地、纪念物及其所承载的革命精神为吸引物，组织接待旅游者进行参观游览，学习革命历史知识、接受革命传统教育和振奋精神、放松身心、增加阅历的旅游活动。[①]作为爱国主义和革命传统教育的重要载体，红色旅游对政治教育、经济发展、文化传播和社会发展具有重要意义（余凤龙，陆林，2005；许春晓，2014；陈敏，2015）。《中国旅游发展报告 2016》指出，全国红色旅游累计游客超过 50 亿人次，年均增长超过 16%，[②]我国红色旅游产业已进入蓬勃发展阶段，在推进爱国主义和革命传统教育大众化、常态化方面又向前迈进了重要一步。

2016 年 12 月，中共中央办公厅、国务院办公厅印发了《2016—2020 年全国红色旅游发展规划纲要》。该规划确立了景区建设、市场形成、质量提升的路子，提出红色旅游应扩大影响，创新宣传推广方式，并鼓励建设独立网站和网上纪念馆，[③]旨在推动红色旅游+互联网发展。信息化对旅游产业具有积极的推动作用（金鹏，周娟，2016），而网站的建设将进一步推动红色旅游信息化建设，扩大景区影响力和服务水平，从而在一定程度上促进红色旅游产业发展。近年来，国内外对旅游网站的研究主要从旅游网站的评价（Bastida，Huan，2014；贾鸿雁，2015；张敏，等，2016）、用户行为（Chung，

① 国家发展和改革委员会：2004—2010 年全国红色旅游发展规划纲要[Z]. 2005.

② 崔璐，张希：《中国红色旅游蓬勃发展 2020 年接待人数力争破 15 亿人次》[EB/OL]，[2016-12-28]http：//travel.people.com.cn/n1/2016/0519/c41570-28363386.html.

③ 叶玮：以“三期规划”为指引全面推进红色旅游发展[EB/OL]. [2016-12-28]http：//travel.ce.cn/gdtj/201612/19/t20161219_4655074.shtml.

等，2015；Ku，Chen，2015）、空间分布（Zhang，等，2004；程绍文，等，2009）等方面展开；而廉同辉等人（2012）则基于链接分析和社会网络分析法探讨了我国旅游网站的群体特征和网络结构，开始关注旅游网站之间的关系。但就整体而言，相关研究多从个体层面或用户角度进行讨论，少有学者关注旅游网站，特别是红色旅游网站的网络结构及特征。因此，本文以红色旅游网站为研究对象，在链接分析视角下，对其网络结构和特征进行研究，从而为我国红色旅游信息化建设的推进和实施提供建议指导。

二、相关研究综述

（一）红色旅游信息化建设研究

目前，相关研究主要从以下方面展开：从旅游信息化角度出发，结合红色旅游发展现状，讨论红色旅游信息化建设的必要性、主要问题和实现路径，指出应建立专题性的红色旅游网站（李晓敏，原喜云，2005）；从区域协作角度出发，提出构建区域旅游营销网络和旅游电子商务服务平台，促进信息的交流与协作（卢丽刚，2008）；从资源共享角度出发，构建红色旅游专题数据共建共享机制，以服务于产业发展和科研教育工作（许庆勇，等，2014）；从网站评价角度出发，构建网站评价指标体系，对革命老区县域旅游政务网站的营销绩效进行评估（胡海胜，等，2016）；从网站建设角度出发，以红色旅游网站为研究对象，对网站的内容和特征进行分析（李红福，等，2016）。

总体而言，有关红色旅游信息化建设的探讨主要集中在专题性红色旅游网站、区域资源共享网络、红色旅游专题数据库、旅游政务网站和红色旅游景区网站。从研究内容看，相关研究仅关注了网站本身，而没有关注到网站的网络结构和空间分布，未对它们间的关系进行分析；从研究方法看，现有研究多为阐述说明，少有理论支撑，且多为定性描述，少有定量分析，因而其理论贡献和现实意义不大。

（二）基于网站的链接分析研究

链接分析作为网络计量学的主要研究内容之一（Thelwall，等，2012），在 Larson、Rousseau 等学者的推动下，现已演化成为科学计量学和社会科学的常用工具。在网络计量学和评价视角下，链接分析用于评价信息资源质量的有效性就一直被广泛讨论，因而学者也常用其来测评不同类型网站的质量和影响力（赵宇翔，等，2014；Lihitkar，Prabakaran，2015）；在竞争情报视角下，链接分析作为挖掘网络链接隐藏资源的重要手段，受到学者的广泛关注，无论是共链分析还是 URL 共现分析，相关研究都证明了其科学性和合理性（邱均平，余厚强，2014；施国良，等，2015；唐晓琳，等，2016）；在统计物理学和传播学视角下，链接分析则更加关注网络的拓扑结构及其特征，或研究信息在网络中的扩散过程，以更好地理解行为主体在网络中的位置和彼此间的关系（Ortega，Aguillo，2008；Acharya，Park，2016；李东泉，2016）。

综上所述，此类研究的理论方法正不断完善且趋于成熟。其研究对象已从最初的科研学术网站拓展到了商业、旅游、政务等多种类型的网站，而研究内容也涉及网站的特征、评价、环境和管理等多个方面。总之，链接分析现已成为研究网站的重要方法，可在一定程度上总结并揭示出网站建设方面的成果、当前环境下的状态及所存在的问题。

三、研究设计

（一）研究问题

红色旅游产业存在区域发展不平衡、产品结构不合理、旅游路线组织松散等问题（文连阳，许春晓，2014）。分析红色旅游网站的建设情况、研究网站的合作交流情况，对发现红色旅游景区建设中存在的问题、了解红色旅游产业的发展状况具有重要意义。

此外，在推进红色旅游信息化建设的进程中，分析红色旅游网站建设的质量和影响力、研究各网站在网络结构中所处的位置，既可从宏观把握网站建设的整体水平，又可从微观识别不同景区在网络生态中的作用，还可为评价旅游景区信息化建设的成效提供一定参考。

（二）研究对象

《2004—2010 年全国红色旅游发展规划纲要》就发展红色旅游的总体思路提出了重点打造 100 个左右的“红色旅游经典景区”的发展目标；①随后，国家发展和改革委员会、中共中央宣传部、国家旅游局等 13 个部门公布了 30 条“红色旅游精品路线”和 100 个“红色旅游经典景区”。因此，本文以中国红色旅游网提供的“中国一百个红色旅游经典景区”名录②为数据来源进行研究，该名录共涉及两百余个景区（点）（系列景区（点）包含多个旅游景区（点）），除去无独立官方网站的旅游景区（点），并剔除重复网站、死链接和无法查询的网站，最终确定 95 个红色旅游网站为研究对象，省市、景区（点）和 URL 如表 1 所示。

表 1　红色旅游网站（部分）

省市	景区（点）	URL
北京市	中国人民抗日战争纪念馆	http://www.1937china.com
	卢沟桥	http://www.lugouqiao.org.cn
	新文化运动纪念馆	http://www.xwh.org.cn
	中国国家博物馆	http://www.chnmuseum.cn
	顺义区焦庄户地道战遗址纪念馆	http://www.bjjzhdd.com
天津市	周恩来邓颖超纪念馆	http://www.mzhoudeng.com
	平津战役纪念馆	http://www.pjcmm.com

① 国家发展和改革委员会. 2004-2010 年全国红色旅游发展规划纲要[Z]. 2005.
② 全国一百个“红色旅游经典景区”详细名录[EB/OL]. [2017-01-20]. http：//www.crt.com.cn/ybgjq.html.

（三）研究方法

网络计量下的网络分析法是一种用于测量和可视化社会网络中成员位置和网络结构的方法，连接各成员的关系可以表明成员的友谊关系、意见交流和活动参与情况（Xu，等，2016）。红色旅游景区间的广泛联系映射于网络，在一定程度上表现为链接关系。所以通过链接分析，可以直观地考察景区在产业中的竞争合作态势及地位。因此，本文选择反链存在情况和 URL 共现频次分别构建有向链接矩阵和共现矩阵，通过网络密度、社团发现、区域网络比较等方法，研究红色旅游网站的网络结构及特征，并讨论不同网站间的合作交流问题。这主要考虑到以下两点：反链存在情况表示当前网站是否被另一网站链接，如果存在反链，说明两个网站在一定程度上表现出相似性或合作关系，其能够直观地刻画网络环境下网站间的关系；URL 共现频次作为研究相似性的指标，在该情境中，这种相似性可间接表示景区间的交流关系，即两个景区在网络中被共同提及的次数越多，则它们间的联系就越紧密。

在红色旅游网站的影响力分析中，本文将从社会网络分析的视角和基于链接指标评价网站影响力的视角进行研究，前者反映了在所研究的网络结构中节点的重要性，后者则反映了 web 环境下节点的重要性。

（1）从社会网络分析的视角出发，分析反链网络和 URL 共现网络的中心性，选取点度中心度、中间中心度和接近中心度三个网络特征来评价红色旅游网站。一般而言，点度中心度用于衡测量网络中行动者的"权力"，中间中心度用于测量行动者对资源控制的程度，而接近中心度则用于测量行动者"控制"他人行动的能力（朱庆华，李亮，2008）。

（2）从基于链接指标评价网站影响力的视角出发，采用灰色关联分析法对网站进行综合评价。本文基于已有研究成果（邓中华，等，2008；赵宇翔，等，2014），结合实际情况，确定网页数、总链接数、内链接数、外链接数、反向链接数、出站链接数、PR 值、百度权重、网络影响因子和链接效率作为链接分析的评价指标。在对数据进行无量纲化处理后，运用灰色关联分析法（谭学瑞，邓聚龙，1995；赵宇翔，等，2014）对红色旅游网站的链接指标数据进行处理。

（四）研究工具选择及数据获取

本文选择 Google 搜索引擎获取网页数、总链接数、内链接数、外链接数、网络影响因子和链接效率，获取方式如表 2 所示；选择"站长工具"（tool.chinaz.com）采集反链存在情况、反向链接数、出站链接数、PR 值和百度权重；基于 Bing 搜索引擎，并借助 Webmetric Analyst 2.0[①]采集 URL 共现数据。数据搜集时间为 2017 年 2 月 17 日，其中，红色旅游网站各链接指标的统计结果如表 3 所示。

---

① Webometric Analyst 2.0 为 Thelwall 团队基于 Bing API 开发的链接分析工具。

表 2　网站链接数据获取方式（以“中国人民抗日战争纪念馆”为例）

指标	检索式或计算方法
网页数	Site:www.1937china.com
总链接数	“www.1937china.com”
内链接数	“www.1937china.com” site: www.1937china.com
外链接数	总链接数-内链接数
网络影响因子	总链接数/网页数
链接效率	外链接数/总链接数

表 3　红色旅游网站链接指标统计数据（部分）

	网页数	总链接数	内链接数	外链接数	WIF	链接效率	百度权重	PR 值	反向链接数	出站链接数
中国人民抗日战争纪念馆	10100	8390	7000	1390	0.8307	0.1657	1	6	15	34
卢沟桥	423	1170	423	747	2.7660	0.6385	1	0	4	4
新文化运动纪念馆	316	448	317	131	1.4177	0.2924	1	0	2	2
中国国家博物馆	226000	77200	47800	29400	0.3416	0.3808	4	7	325	0
焦庄户地道战遗址纪念馆	57	416	58	358	7.2982	0.8606	1	0	3	0
周恩来邓颖超纪念馆	1250	2630	1250	1380	2.104	0.5247	1	6	13	0
平津战役纪念馆	378	713	377	336	1.8862	0.4712	1	6	3	0
石家庄市华北军区烈士陵园	463	991	463	528	2.1404	0.5328	0	0	0	0
晋冀鲁豫烈士陵园	505	1010	505	505	2	0.5	0	0	0	0
城南庄晋察冀军区司令部旧址	221	412	220	192	1.8643	0.4660	1	5	2	9

四、数据分析

（一）红色旅游网站的链接结构分析

为了清晰、直观地了解我国红色旅游网站的空间拓扑结构，现利用 R 语言将其链接情况可视化为网络图谱（略），其中图 1 由反链存在情况绘制，图 2 由 URL 共现频次绘制。由图可知，我国西北、西南地区的红色旅游网站多为无链状态，在整个链接网络中处于孤立位置，而我国中部、华东和华北地区的红色旅游网站则联系得较为紧密，其关系也表现得比较复杂。为了更好地说明问题，并比较二者的异同，下面对其网络密度和区域合作情况进行分析。

1. 网络密度分析

一个图的密度被定义为图中实际拥有的线数与最多可能拥有的线数之比，它被用来表示一个图中点之间联系的紧密程度，密度越大，说明点间的连线越多，联系也就越紧密。通过计算，反链网络图和 URL 共现网络图的密度分别 0.0103 和 0.1335。可见，红色旅游网站网络的链接结构较为松散，网站之间的联系并不紧密；而反链网络图的密度更接近于 0，说明网站间的合作程度过低，全网合作生态环境尚未形成。

2. 网络社团发现

为深入研究红色旅游网站网络中的模块及其功能，现使用社团发现算法对网络中的各模块进行分析，将联系较为紧密的网站聚集起来。由于反链数据过少，故此处仅对 URL 共现数据进行分析。在比较多种主流算法后，本文以模块度作为社团划分质量的指标（Newman，Girvan，2003），并最终选择模块度最优算法（Brandes，等，2008）对 URL 共现网络进行划分。该算法将网站划分为 43 个社团，由于网络较为稀疏，39 个孤立网站被单独划分到了不同的社团中，其他 4 个社团的划分结果如表 4 所示。由划分结果可知，除社员 3 中的网站分布较广外，社团 1 中的网站主要来自华北地区，社团 2 中的网站主要来自华东地区，社团 4 中的网站主要来自华东和中南地区，可见红色旅游网站呈现出一定的区域集聚特征。

表 4　红色旅游网站主要社团划分结果

社团类别	社团成员
1	中国人民抗日战争纪念馆、卢沟桥、新文化运动纪念馆、中国国家博物馆、顺义区焦庄户地道战遗址纪念馆、乐亭县李大钊故居、台州市解放一江山岛战役纪念地
2	周恩来邓颖超纪念馆、平津战役纪念馆、辽沈战役纪念馆、梅园新村纪念馆、雨花台烈士陵园、侵华日军南京大屠杀遇难同胞纪念馆、盐城市新四军重建纪念馆、渝中区重庆红岩革命纪念馆
3	阜平县城南庄晋察冀军区司令部旧址、唐县白求恩柯棣华纪念馆、武乡县八路军太行纪念馆、“九一八”历史博物馆、丹东市抗美援朝纪念馆、东北抗联博物馆、中国共产党第一次全国代表大会会址纪念馆、宋庆龄陵园、嘉兴市南湖风景名胜区（中共一大旧址）、上杭县古田会议旧址、江西红色旅游网、井冈山革命博物馆、青岛市海军博物馆、湘潭市韶山市毛泽东故居和纪念馆、宁乡县花明楼刘少奇故居和纪念馆、邓小平故居和纪念馆、川陕苏区红军烈士陵园、泸州市古蔺县红军四渡赤水太平渡陈列馆、延安纪念馆

续表

社团类别	社团成员
4	乌兰夫故居和纪念馆、龙华革命烈士陵园、陈云故居暨青浦革命历史纪念馆、福州市福建省革命历史纪念馆、南昌八一起义纪念馆、方志敏纪念馆、萍乡市安源区安源路矿工人运动纪念馆、井冈山旅游网、上饶市上饶集中营革命烈士陵园、新县鄂豫皖苏区首府革命博物馆、武昌区毛泽东旧居及中央农民讲习所旧址纪念馆、岳麓山景区、湘潭市湘潭县彭德怀故居和纪念馆、平江县平江起义旧址、汨罗市任弼时故居、衡阳市衡东县罗荣桓故居、毛泽东同志主办农民运动讲习所旧址、广州起义纪念馆和烈士陵园、开县刘伯承同志纪念馆、江津县聂荣臻元帅陈列馆、八路军西安办事处纪念馆、西安事变纪念馆

3．区域网络比较

由于存在区域集聚现象，因此，为进一步研究红色旅游网站的合作交流情况，分别绘制我国华北、东北、华东、中南、西南和西北地区红色旅游网站的网络图谱，如表 5 所示。链接关系是景区在现实中交互的客观反映。由表 5 可知，我国华北、华东和中南地区的红色旅游网站相互间联系得比较紧密，而西南和西北地区的网站则基本为孤立站点，景区在网络上不表现出交流关系。这从侧面反映出我国红色旅游网站建设在地区上存在差异，其中华北、华东和中南地区的建设情况明显好于其他地区。就从已建成网站来看，多数网站管理不善、维护不佳、结构简单，且相关部门不重视网站链接建设和景区宣传工作，从而导致网络中存在大量孤立站点，这在一定程度上阻碍了我国红色旅游产业发展。

表 5　各地区红色旅游网站 URL 共现网络

华北	东北	华东
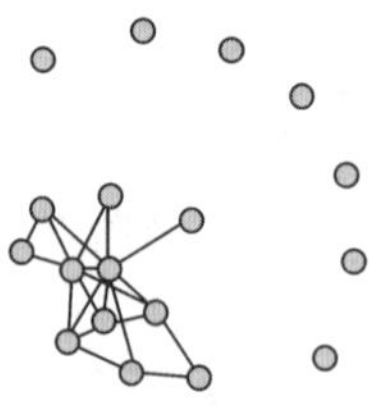	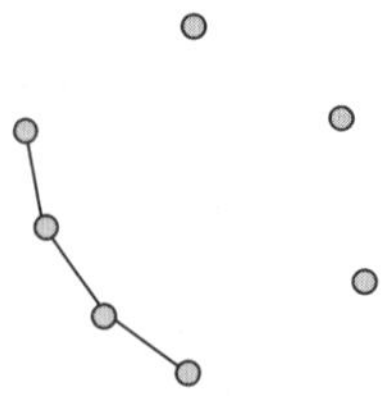	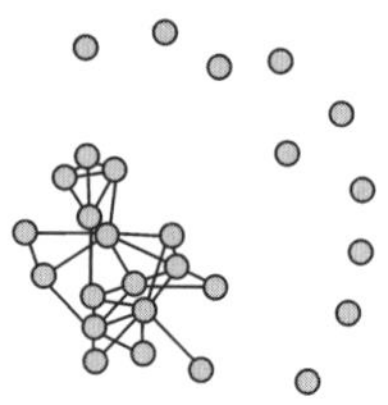
中南	西南	西北
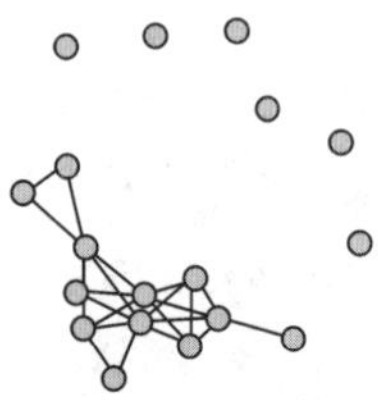	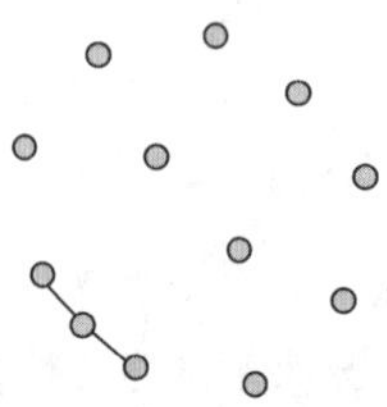	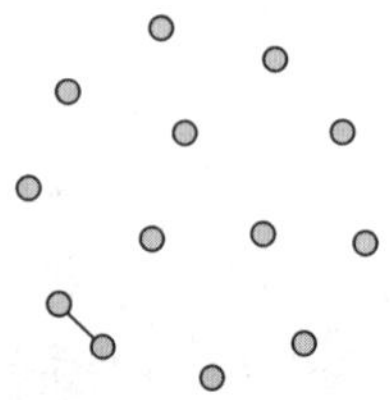

（二）红色旅游网站的影响力分析

1. 社会网络分析的视角

从社会网络分析的视角出发,本文对反链网络和URL共现网络的中心性进行分析,表6列出了红色旅游网站反链网络和URL共现网络的点度中心度、中间中心度和接近中心度。

表6　红色旅游网站中心度指标（部分）

景区（点）	反链网络点度中心度	反链网络中间中心度	反链网络接近中心度	URL共现网络点度中心度	URL共现网络中间中心度	URL共现网络接近中心度
中国人民抗日战争纪念馆	9	122.1722	2.0239e-4	21	117.1517	2.6089e-4
卢沟桥	0	0	1.1198 e-4	3	8.4673	2.5833e-4
新文化运动纪念馆	0	0	1.1198e-4	3	0	2.5681e-4
中国国家博物馆	9	168.8734	2.0235e-4	17	22.7179	2.5887e-4
顺义区焦庄户地道战遗址纪念馆	0	0	1.1198e-4	1	0	2.5374e-4
周恩来邓颖超纪念馆	3	46.15	2.0149e-4	21	8.4333	2.5867e-4
平津战役纪念馆	3	3.5738	2.0169e-4	9	19.8706	2.5994e-4
石家庄市华北军区烈士陵园	0	0	1.1198e-4	0	0	1.1198e-4
晋冀鲁豫烈士陵园	0	0	1.1198e-4	0	0	1.1198e-4
城南庄晋察冀军区司令部旧址	6	57.9553	2.0259e-4	8	44.9809	2.5988e-4

就反链网络而言，其常用于识别组织或个人间的协作或交流模式，更多地反映了网站间的联系程度和合作关系。由结果可知，辽沈战役纪念馆、国家博物馆、中国人民抗日战争纪念馆、八路军太行纪念馆等景区网站的各中心性指标表现良好，说明它们在该网络中的影响较大，对资源的控制能力较强，同时，也更容易控制其他景区之间的交流对话。反链网络中心性指标较好可反映两方面的问题：一是该景区自身的知名度和影响力较大，其网站更易被链接和利用，从而成为广泛合作的对象；二是该景区注重网站自身的建设，或与其他景区交流互动频繁，从而在网络中获得广泛链接。此外，晋察冀军区司令部旧址、陈云故居和抗美援朝纪念馆的接近中心度较高，说明这些网站将对网络的传输产生较大的影响，因而需要关注这些网站的建设。

就URL共现网络而言，其通过共同提及频次来间接反映网站间的联系程度和竞合关系。由结果可知，陈云故居、抗美援朝纪念馆、井冈山革命博物馆、八路军太行纪念馆、中国人民抗日战争纪念馆等景区网站的各中心性表现良好，说明它们在整个网络中处于较核心的位置，具有较大的影响力和控制力。此外，侵华日军南京大屠杀遇难同胞纪念馆、刘少奇故居及纪念馆等景区网站的点度中心度也较高，说明它们常被提及，反映了景区自身的重要意义。而中国国家博物馆等网站在该网络中的各项指标较低，虽然其在反链网络中的评价较好，但在URL共现网络中的表现一般，说明这类景区不易被共同提及，与红色旅游的关联较小。

2. 基于链接指标评价网站影响力的视角

从基于链接指标评价网站影响力的视角出发，采用灰色关联分析法对网站进行综合评价。本文对红色旅游网站的链接指标数据进行灰色关联分析，在计算关联系数$\xi_i(k)$时，分辨系数ξ按最少信息原理取为0.5，按灰色关联度从高到低，将计算结果统计于表7中。

表7　各指标按关联度排序（部分）

排名	名称	关联度
1	中国国家博物馆	0.8122
2	龙岩市红色旅游系列景区（点）：上杭县古田会议旧址	0.5664
3	保定市红色旅游系列景区（点）：唐县白求恩柯棣华纪念馆	0.5581
4	丹东市抗美援朝纪念馆	0.5439
5	南京市红色旅游系列景区（点）：侵华日军南京大屠杀遇难同胞纪念馆	0.5418
6	井冈山市红色旅游系列景区（点）	0.5387
7	延安市延安革命纪念地系列景区（点）：洛川县洛川会议纪念馆	0.5348
8	嘉兴市南湖风景名胜区（中共一大旧址）	0.5319
9	淮海战役总前委旧址	0.5312
10	哈尔滨市区红色旅游系列景区（点）：东北抗联博物馆	0.5296

灰色关联度越高，说明网站的影响力就越大。由计算结果可知，除综合性博物馆——中国国家博物网站的关联度高达0.8122外，其他网站的关联度则在[0.4395，0.5664]范围内，说明我国红色旅游网站的建设处于起步阶段，网站的综合影响力普遍较低。其中，古田会议旧址、白求恩柯棣华纪念馆、抗美援朝纪念馆和侵华日军南京大屠杀遇难同胞纪念馆等景区的网站建设质量较好，在网络环境下的影响力较强。

五、结论与讨论

本文基于中国红色旅游经典景区名录，在链接分析视角下，对红色旅游网站的链接网络结构和网站影响力进行分析，旨在反映我国红色旅游信息化建设的现状，并发现红色旅游网站在建设过程中存在的问题。

（1）我国红色旅游网站建设处于起步阶段。一半以上的景区（点）未建立独立官网或网上纪念馆。就已建成的网站来看，多数网站管理不善、维护不佳、结构简单，导致网络中存在大量孤立站点；网站间的合作交流程度过低，全网合作生态环境尚未形成。

（2）我国红色旅游网站呈现出一定的区域集聚特征，且各区域的红色旅游信息化建设水平存在差异。从网络结构看，同一区域内的红色旅游网站更容易建立联系，且我国华北、华东和中南地区的红色旅游网站联系得较为紧密，相互间的交流程度明显好于其他地区，这从合作层面上反映了我国区域发展不平衡的问题，其中经济发达地区的红色旅游信息化建设水平优于欠发达地区。

（3）我国红色旅游网站的影响力普遍较低。在红色旅游网站生态环境中，中国国家博物馆、中国人民抗日战争纪念馆、八路军太行纪念馆、陈云故居、抗美援朝纪念馆等景区的网站在网络中处于核心的位置，其具有较大的影响力和控制力。在整个网络环境中，中国国家博物馆的网站建设情况远好于其他景区。整体而言，网站的综合影响力普遍较低，整体水平有待进一步提高。

此外，从实践层面看，本文对我国红色旅游信息化建设，尤其是对红色旅游网站的建设具有一定的指导意义：加快经济欠发达地区红色旅游网站建设，扩大景区网站的合作范围，以促进红色景区区域间的合作交流和资源共享；加强红色旅游网站自身建设，完善网站功能，丰富网站内容，优化网站内部链接，以提高网站链接质量、网站影响力和服务水平；注重景区与旅游机构、互联网公司的合作交流，制订网站推广营销方案，扩大网站知名度和公众关注度，从而构建良好的红色旅游生态环境。

附件1:《2011—2015年全国红色旅游发展规划纲要》（节选）

《2011—2015年全国红色旅游发展规划纲要》明确了深入挖掘文化内涵、丰富红色旅游内容，加强基础设施建设、完善红色旅游经典景区体系，转变发展方式、提升红色旅游产业化水平，创新体制机制、增强红色旅游发展的后劲和活力，加强红色旅游队伍建设、提高从业人员综合素质等主要任务。

（略）

四、主要任务

一是深入挖掘文化内涵，丰富红色旅游内容。自鸦片战争以来，大批仁人志士为了国家昌盛和民族复兴，抛头颅，洒热血，前赴后继，艰难求索，留下了许许多多可歌可泣、催人奋进的爱国主义壮丽诗篇。中国共产党成立以来，在革命、建设、改革的各个历史时期，带领全国各族人民浴血奋战、艰苦奋斗、开拓进取，孕育了极其宝贵的精神财富。在革命战争时期，形成了井冈山精神、长征精神、延安精神、太行精神、红岩精神、西柏坡精神等；在社会主义建设时期，形成了“两弹一星”精神、雷锋精神、铁人精神、焦裕禄精神；在改革开放时期，形成了九八抗洪精神、抗震救灾精神、载人航天精神等，共同熔铸出了以改革创新为核心的时代精神。这些精神都是伟大民族精神在新的历史时期的锤炼和升华，是党的光荣传统和优良作风的集中体现，是我们中华民族极其宝贵的精神财富。我们要通过深入研究挖掘精神内涵，改进创新红色旅游宣讲和展陈方式，不断丰富讲解内容，改善经典景区条件，精心创作打造一批富含这些宝贵精神的文艺精品力作，把这些宝贵精神财富充分展现在人民群众面前，使人们从红色旅游活动中汲取精神力量，并转化为建设中国特色社会主义的强大动力。

二是加强基础设施建设，完善红色旅游经典景区体系。以我党领导下的革命战争时期内容为重点，将1840年以来中国大地上发生的以爱国主义和革命传统精神为主题、有代表性的重大事件和重要人物的历史文化遗存纳入红色旅游发展范围，并提出要在进一步充实完善一期规划确立的100余处红色旅游经典景区的基础上，再重点建设130个内涵丰富、品牌突出、特色鲜明、具有一定规模和较高管理服务水准的红色旅游经典景区，形成全面反映 4 个历史时期的红色旅游经典景区体系。各地对纳入国家名录的经典景区，要加强基础设施建设，提升陈列布展和革命历史文物保护水平，改善外部交通条件，加强人员配备，提高旅游接待能力，使之成为发展红色旅游的重要阵地。

三是转变发展方式，提升红色旅游产业化水平。要大力推动红色旅游和观光旅游、文化旅游、乡村旅游、休闲度假旅游等其他旅游产品相结合，形成以红色旅游为主题、形式多样的复合型旅游产品和线路，增强其吸引力和竞争力，实现产业化发展。要大力推动红色旅游发展和革命老区经济发展相结合，充分发动广大革命老区干部群众共同参与红色旅游发展，结合新农村建设，整合利用各方面资源，提供红色旅游餐饮、住宿等经营服务，延长红色旅游产业链，进一步带动革命老区经济社会发展。要大力推动红色旅游发展和红色文化精品创作相结合。红色旅游重点地区要加强和艺术表演院团合作，打造一批反映地方红色文化的舞台艺术精品，通过旅游与文化融合，丰富红色旅游产品，增强感染力、影响力。要大力推动红色旅游和其他旅游市场主体相结合。鼓励旅行社、酒店集团、运输公司等积极拓展与红色旅游相关的经营业务，培育一批以红色旅游为主营业务的旅游企业，加快完善红色旅游产业体系。

四是创新体制机制，增强红色旅游发展的后劲和活力。目前，红色旅游景区大多数都是财政供养的事业单位，部分存在机制不活、动力不足等问题。必须加大改革力度，按照精简效能的原则，创新景区运行管理体制，引入竞争和绩效考核机制，建立红色旅游景区管理服务综合评价体系。对景区内纳入免费开放范围的博物馆、纪念馆，要认真研究和把握运行规律，优化内部组织结构，整合内部资源，完善激励机制，提高运行效率，提升陈展水平和服务质量。

五是加强红色旅游队伍建设，提高从业人员综合素质。要按照二期规划提出的 5 年轮训一遍的要求，制订专项培训计划，重点开展红色旅游管理人员、导游员和讲解员分级分期专门培训。支持革命老区、民族地区和红色旅游资源丰富的地区发展旅游职业教育。有条件的院校要开设与红色旅游相关的课程和专题班。吸收和培养一批红色旅游研究、规划、设计、管理等各方面的专门人才，建立红色旅游专家库。鼓励教师、大学生和离退休干部等参与红色旅游志愿服务。

附件2:《四川省红色旅游发展规划（2007—2015）》

为加快推进我省红色旅游发展，根据《四川省人民政府办公厅关于印发四川省红色旅游发展规划（2007—2015）的通知》（川办函〔2008〕43号），结合我省红色旅游工作实际，制订本年度实施计划。

一、工作目标

紧紧围绕“长征丰碑、伟人故里、川陕苏区”三大主题和品牌，着力抓好6大红色旅游片区、36个重点红色旅游区、8条精品红色旅游线路的建设，形成红色旅游发展的基本框架，力争成为主题鲜明、交通便利、设施完善、服务配套的旅游目的地，使红色旅游成为带动革命老区发展的优势特色产业，显著改善革命老区的生产生活条件，努力提高革命老区人民的生活水平，精心打造和培育抗震救灾旅游产品和品牌。

二、主要任务

（一）组织编制红色旅游规划

加强对跨行政区域重点红色旅游区的规划指导，引导区域内红色旅游资源得到合理有序开发，组织编制四川省全国红色旅游总体建设二期方案、震区“三基地一窗口”红色旅游规划等。各市（州）结合当地城乡规划，组织编制当地红色旅游景区规划、城镇规划、片区和线路规划等。（责任单位：相关市、州人民政府；指导、支持部门：省发展改革委、环境保护厅、住房城乡建设厅、交通运输厅、水利厅、林业厅、文化厅省旅游局）

（二）做好红色旅游配套设施建设

（1）机场建设。推进四川亚丁香格里拉机场的论证及立项工作，尽快完成西昌机场的改造升级。（责任单位：甘孜州、凉山州人民政府；指导、支持部门：省发展改革委、住房城乡建设厅、民航西南管理局）

（2）公路建设。推进邓小平故里西环线、乐至县城—陈毅故里直通线、苍溪红军渡—旺苍红军城、东河口地震遗址公园—唐家河等公路建设。各相关市（州）要认真做好与《“十二五”交通运输发展规划》的对接，积极开展前期工作，多渠道筹集建设资金，做好资金平衡方案，确保资金不留缺口。交通部门要按照《 “十二五”交通运输发展规划》，积极指导项目建设，服务于红色旅游产业发展。（责任单位：相关市、州人民政府；指导、支持部门：省发展改革委、交通运输厅）

（3）信息服务与解说系统建设。积极推进红色旅游信息化建设，逐步建立红色旅游信息网络和优质的红色旅游信息服务体系。（责任单位：各市、州人民政府；指导、

支持部门：省委宣传部、省经济和信息化委、文化厅、省旅游局）

（4）红色旅游商品开发。开发长征文化旅游商品、伟人情结旅游商品、巴山魂旅游商品等。（责任单位：各市、州人民政府；指导、支持部门：省经济和信息化委、商务厅、文化厅、省旅游局）

（三）打造旅游精品

（1）打造红色旅游精品景区。加快建设小平故里—华蓥山旅游区为全国红色旅游精品景区。（责任单位：广安市人民政府；指导、支持部门：省发展改革委、国土资源厅、住房城乡建设厅、交通运输厅、省旅游局）

（2）打造红色旅游精品线路。推进雪山草地红色旅游精品线、大渡河红色旅游精品线、伟人故里红色旅游精品线、剑门蜀道红色旅游精品线、嘉陵江红色旅游精品线、川陕苏区红色旅游精品线、四渡赤水红色旅游精品线、甘孜会师红色旅游精品线、四川省抗震救灾红色旅游精品线、彝海结盟、会理会议遗址红色旅游精品线的打造。（责任单位：相关市、州人民政府；指导、支持部门：省发展改革委、环境保护厅、住房城乡建设厅、交通运输厅、文化厅、省旅游局）

（3）推进红色旅游经典景区项目建设。推进陈毅故居景区、赵一曼纪念馆、红四方面军总指挥部旧址纪念馆、会理会议遗址与蛟平渡战斗遗址、朱德故居纪念馆、万源保卫战战史陈列馆、刘伯坚烈士纪念馆、华蓥山游击队纪念馆、苍溪红军渡纪念地的建设。（责任单位：相关市、州人民政府；指导、支持部门：省发展改革委、环境保护厅、住房城乡建设厅、交通运输厅、文化厅、省旅游局）

三、保障措施

（1）加强宣传推广。结合建党90周年等重大纪念活动及其他重要节假日，组织系列宣传推广活动。举办红色旅游博览会、红歌会，编演红色经典文艺作品等，营造健康浓郁的红色旅游文化氛围。鼓励旅行社积极开展红色旅游经营活动，组织设计红色旅游线路。增加刊播红色旅游公益广告，出版红色旅游系列图书，拍摄一批红色旅游宣传片。加强红色旅游网络资源建设，建立完善红色旅游网上展馆，建设红色旅游综合信息系统和数据库。鼓励利用各类旅游交易平台，办好红色旅游专题展览展示活动。（责任单位：各市、州人民政府；指导、支持部门：省委宣传部、省委党史研究室、文化厅、省旅游局）

（2）加强人才队伍建设。定期对红色旅游导游员、讲解员分级分期进行培训。大力支持革命老区、民族地区和红色旅游资源丰富的地区发展旅游职业教育，提高红色旅游从业人员综合素质；有条件的大专院校要开设与红色旅游相关的课程和专题班；建立有利于红色旅游人才成长的长效机制；鼓励教师、大学生和离退休干部等参与红色旅游志愿服务；加快推进旅游人才信息网络化。（责任单位：各市、州人民政府；指导、支持部门：省委宣传部、教育厅、文化厅、省旅游局）

（3）加强革命文物保护和利用。按照妥善保护、科学利用原则，加强对重要文物、遗址遗迹、纪念地、名人故居、历史文献的修复和保护，推进红色历史文化资源的数字化保护和有效传承。重视革命文物和文献资料的发掘、征集、整理、研究和利用工作，不断拓展和深化红色旅游思想文化内涵。各地要加强资源普查，制订保护方案，落实保护措施，做好各类革命历史文化资产保护工作。（责任单位：各市、州人民政府；指导、支持部门：省委党史研究室、省文物局）

附件3:《四川省“十二五”旅游信息化发展纲要（2012—2015）》（节选）

第二章　现状与分析

第二节　四川省旅游信息化发展现状及问题

四川省是旅游资源大省，旅游资源丰富，旅游业发展迅猛，并逐步成为我省经济发展的六大支柱性经济产业之一。作为西部旅游信息高地，旅游信息化的发展将推动旅游业核心竞争力的创新发展。

“十一五”期间，我省旅游信息化取得了长足发展，旅游产业规模持续扩大，以“创佳、创优、创A”为抓手不断完善旅游目的地体系，旅游产业结构得到进一步的优化，2010年旅游总收入达到1886亿元，旅游综合实力居西部之首。“十一五”期间，通过四川“金旅工程”建设，旅游电子商务稳步推进，网络营销快速发展，以游客为中心的旅游公共信息服务体系不断完善，有力地支撑了信息旅游业在“十一五”期间的大发展。其相当规模的信息化基础平台建设和已初成体系的信息化技术应用，为“十二五”旅游信息化的发展奠定了良好基础。“十一五”期间，我省旅游信息化建设推动了旅游业发展模式的改变，提升了旅游企业的竞争力，延展了旅游产业发展的价值链，为旅游业体制创新、机制创新和市场创新提供了有效保障。

我省旅游信息化建设虽然在“十一五”期间取得了相当的成效，但因整个行业对信息化在旅游业整体发展中所发挥的重要作用和带来的发展、变革模式认知不高，对旅游业发展给全省经济发展带来的重大影响认识不足，对全球旅游业信息化的快速发展感知不够；同时，我省区域经济发展的严重不平衡、游客对旅游信息化需求的快速增长，也暴露出我省旅游信息化在当今“智慧旅游”总体发展目标下所面临的亟须解决的困境。

一、信息化基础需强化

我省旅游管理部门、旅游企业都认知到旅游信息化建设是大势所趋，但对于如何建设、如何发展以及发展目标等不明确；各市（州）旅游管理部门对业务管理的信息化需求强烈，但大部分单位目前仍未成立信息化职能部门；部分单位存在着信息化工作职责不明确、目标任务不清晰、工作内容较单一、工作人员被分流的客观问题；旅游景区中仍有近四成未安装监控系统，近三成未开通无线网络，近两成未建成网站。

二、区域发展需平衡

旅游资源多、景区知名度的单位，经济发展较快的地区，其信息化基础较好，而大部分旅游企业处于信息化基础建设的初级阶段，除了门户网站等基础性的信息化建设之外，无成体系的信息化技术应用。既有信息化建设投入过千万的，也有信息化基础十分薄弱的；既有网上营销开展得有声有色的，也有网络营销推广形式较单一的；既有信息化机构健全的，也存在仍未建成信息化机构的，旅游信息化发展水平严重不平衡。

三、标准体系需健全

在A级景区、星级饭店、星级农家乐/乡村酒店等评定中，其信息化标准的执行缺乏力度，存在着标准执行不力等共性问题；国内的智慧旅游建设刚刚起步，缺乏与之对应的旅游信息化标准和相关信息数据的交换标准；在已有的近20个标准中，部分标准的技术指标已严重滞后；在用标准中最早的制定时间为1995年，已不能适应当前旅游业信息化快速发展的需要。

四、信息孤岛需整合

目前省旅游局使用的信息化应用系统共20余个，分属不同职能部门，建设单位涉及国家、省、市（州）等各级旅游部门，下属旅游主管部门、旅游企业存在数据多头上报、重复上报等问题；大多数旅游企业的信息化建设整体规划不足，信息化应用系统各自为政，信息孤岛现象严重，数据共享与交换困难，不能提供及时、完整的分析数据，不能有效地为管理和决策服务。

第三章　思路与原则

第二节　总体思路

在现有信息化基础上，进一步推进旅游管理部门的信息化建设，不断提升政府管理能力和公共服务的信息化水平；通过信息化相关标准的建立，引导企业加大信息化建设投入，不断增强企业的营销能力和服务能力；积极开展面向游客的“智慧旅游”应用系统建设，让游客全方位、全过程感受到“智慧旅游”带来的全新消费和服务体验，提升旅游的舒适度和满意度。

一、以建立旅游数据中心为基础

以业务需求和实际应用出发，以《四川省旅游基本信息资源规范》为依据，对数据资源进行分级和编目；将分散在各个“信息孤岛”中的有效信息资源，通过信息数据交换标准接口进行数据交换与共享，构建安全可靠、高效实用的全省旅游数据中心，建设统一的数据交换平台。将旅游信息化建设由项目导向转变为数据导向，为全省旅游统一管理、信息共享和分析决策奠定基础。

二、以建立应急指挥平台为重点

搭建一个安全可靠、响应快速、标准统一的全省旅游运行调度及安全应急管理联动指挥平台。通过平台所具备的对突发事件的监测监控、预测预警、信息报告、综合研判、辅助决策、指挥调度等主要功能，实现信息资源共享、应急响应快速、指挥决策高效，有效提高旅游运行管理和应急救援水平。通过应急指挥平台的建设，带动全省各市（州）及重点景区旅游信息化建设的快速发展。

三、以智慧旅游应用系统建设为抓手

建立覆盖全省统一高效、先进成熟、安全可靠的面向游客服务的“智慧旅游”应用系统。通过系统建设，引导旅游企业，面向游客需求，不断开发适应未来旅游发展的“智慧”应用系统，为游客提供体验式旅游消费和咨询服务。通过先进成熟的信息化技术，最大限度地实现公共旅游信息资源的系统整合，不断提升我省旅游信息的总体应用和“智慧”服务水平。

四、以示范项目工程建设为牵引

为了提升政府公共服务能力，推动我省旅游业信息化的快速发展，实施“智慧旅游”重点示范项目工程，引导全省智慧旅游城市、智慧景区、智慧酒店、智慧旅游目的地城镇等示范工程建设；通过分类指导、重点突破、以点带面，显著提升旅游信息化应用的深度和广度，促进新一代高新信息技术在旅游业的全面运用，加快旅游消费方式、旅游管理方式、旅游服务方式、旅游产业形态的转变，提升旅游业的“智慧”应用水平。

五、以信息化标准和评价体系建设为保障

在国家旅游信息化标准的指导下，制定全省旅游业信息化各项标准规范，构建信息数据交换标准体系、游客满意度评价体系、诚信服务评价体系等，逐步实现各项工作的规范化、标准化；制定促进旅游信息化发展的相关政策制度，确立旅游信息化在A级旅游景区、星级饭店、星级农家乐/乡村酒店等评定中的核心标准地位，形成激励旅游信息化发展的政策环境，为推动旅游产业综合竞争力全面提升、实现四川省“十二五”旅游业发展目标提供保障。

第三节　基本原则

一、统筹规划，分步实施

根据《四川省“十二五”旅游业发展规划》的统一部署，按照“整体规划、统筹建设，协调发展”的原则，明确责任，分工负责，避免重复建设，严防信息孤岛；信息化建设是一个系统工程，建设周期长，资金投入大，应按照“纲要指引、突出重点、急用先建、分步实施”的原则，稳步推进，力争实现“十二五”旅游业信息化发展目标。

二、政府引导，市场推动

在旅游信息化建设过程中，强化政府引导作用。既要着眼于行业的可持续发展，制定切实可行的规划、政策和标准，进行机制创新和管理创新，加强引导、规范与控制，又要发挥市场的推动作用，引入竞争机制，采用多种运作模式，吸引社会资金参与建设。通过二者的有机结合，努力实现社会效益、经济效益和环境效益的和谐统一。

三、面向游客，完善服务

旅游信息化建设以游客需求为导向，以人为本，充分利用面向大众的多种现代信息化手段，打造最便捷、最开放、最有效的信息技术应用平台及工具，满足游客在四川旅游的全程需求；在旅游信息整合、旅游咨询体验服务等方面加强部署，以旅游咨询体验中心（站、点）建设为重点，充分运用物联网、云计算、商务智能、新一代移动通信等高新技术，“智慧”地满足游客在出行前、出行中、出行后的多种需求。

四、统一标准，资源共享

加强旅游信息资源的标准化、规范化建设，为信息共享奠定基础；遵循统一的技术标准和接口规范，有机整合各种信息资源，实现旅游信息资源与涉旅游信息资源之间的交换共享，通过信息数据的智能分析、应用整合，推进全省旅游信息资源行业间的标准化、共享化建设。

五、核心引领，探索创新

充分发挥信息化在旅游业中的核心创新引领作用，汲取国内外经验教训，引进成熟的信息化新技术，通过产业信息技术革新，形成适合于四川旅游业发展的核心信息化技术，推动业务流程规范化、分析决策科学、资源利用有效化、系统应用智能化，积极培育新的旅游消费热点，不断探索我省旅游业的核心创新模式。

六、实用先进，稳定可靠

按照安全、实用、高效的原则开展行业应用系统建设，把科学的管理理念金额先进的技术手段紧密结合起来，构建具备智能分析与扩展能力、人性化业务流程处理能力的面向全省的“智慧旅游”应用服务体系，并对成熟技术和产品进行行业认证和产业孵化，以符合国家旅游信息化的总体发展趋势。

附件4：国务院关于促进旅游业改革发展的若干意见（国发〔2014〕31号）

旅游业是现代服务业的重要组成部分，带动作用大。加快旅游业改革发展，是适应人民群众消费升级和产业结构调整的必然要求，对于扩就业、增收入，推动中西部发展和贫困地区脱贫致富，促进经济平稳增长和生态环境改善意义重大，对于提高人民生活质量、培育和践行社会主义核心价值观也具有重要作用。为进一步促进旅游业改革发展，现提出如下意见。

一、树立科学旅游观

（一）创新发展理念

全面贯彻落实党的十八大和十八届二中、三中全会精神，按照建设中国特色社会主义事业“五位一体”总体布局的要求，坚持深化改革、依法兴旅，处理好政府与市场的关系，推动形成政府依法监管、企业守法经营、游客文明旅游的发展格局；坚持融合发展，推动旅游业发展与新型工业化、信息化、城镇化和农业现代化相结合，实现经济效益、社会效益和生态效益相统一；坚持以人为本，积极营造良好的旅游环境，让广大游客游得放心、游得舒心、游得开心，在旅游过程中发现美、享受美、传播美。

（二）加快转变发展方式

以转型升级、提质增效为主线，推动旅游产品向观光、休闲、度假并重转变，满足多样化、多层次的旅游消费需求；推动旅游开发向集约型转变，更加注重资源能源节约和生态环境保护，更加注重文化传承创新，实现可持续发展；推动旅游服务向优质服务转变，实现标准化和个性化服务的有机统一。到2020年，境内旅游总消费额达到5.5万亿元，城乡居民年人均出游4.5次，旅游业增加值占国内生产总值的比重超过5%。

二、增强旅游发展动力

（三）深化旅游改革

加快政府职能转变，进一步简政放权，使市场在资源配置中起决定性作用。加快推进旅游领域政企分开、政事分开，切实发挥各类旅游行业协会作用，鼓励中介组织发展。建立公开透明的市场准入标准和运行规则，打破行业、地区壁垒，推动旅游市场向社会资本全面开放。各地要破除对旅行社跨省设分社、设门市的政策限制，鼓励品牌信誉度高的旅行社和旅游车船公司跨地区连锁经营。积极培育壮大市场主体，扶持特色旅游企业，鼓励发展专业旅游经营机构，推动优势旅游企业实施跨地区、跨行业、跨所有制兼并重组，打造跨界融合的产业集团和产业联盟，支持具有自主知识产权、民族品牌的旅游企业做大做强。稳步推进建立国家公园体制，实现对国家自然和文化遗产地更有效的保护和利用。抓紧建立景区门票预约制度，对景区游客进行最大承载量控制。统一国际国内旅游服务标准。完善旅游统计指标体系和调查方法，建立科学的旅游发展考核评价体系。取消边境旅游项目审批，将旅行社经营边境游资格审批和外商投资旅行社业务许可下放至省级旅游部门。

（四）推动区域旅游一体化

进一步深化对外合资合作，支持有条件的旅游企业“走出去”，积极开拓国际市场。完善国内国际区域旅游合作机制，建立互联互通的旅游交通、信息和服务网络，加强区域性客源互送，构建务实高效、互惠互利的区域旅游合作体。围绕丝绸之路经济带和21世纪海上丝绸之路建设，在东盟—湄公河流域开发合作、大湄公河次区域经济合作、中亚区域经济合作、图们江地区开发合作以及孟中印缅经济走廊、中巴经济走廊等区域次区域合作机制框架下，采取有利于边境旅游的出入境政策，推动中国同东南亚、南亚、中亚、东北亚、中东欧的区域旅游合作。积极推动中非旅游合作。加强旅游双边合作，办好与相关国家的旅游年活动。

（五）大力拓展入境旅游市场

完善国家旅游宣传推广体系，采取政府购买服务等方式，逐步实现国家旅游宣传促销专业化、市场化。建立多语种的国家旅游宣传推广网站，加强国家旅游形象宣传。研究促进外国人入境过境旅游签证便利化措施，推动符合规定条件的对外开放口岸开展外国人签证业务，逐步优化完善外国人72小时过境免签政策，推动外国人72小时过境免签城市数量适当、布局合理。统筹研究部分国家旅游团入境免签政策，优化邮轮出入境政策。为外国旅客提供签证和入出境便利，不断提高签证签发、边防检查等出入境服务水平。

三、拓展旅游发展空间

（六）积极发展休闲度假旅游

在城乡规划中要统筹考虑国民休闲度假需求。加强设施建设，完善服务功能，合理优化布局，营造居民休闲度假空间。积极推动体育旅游，加强竞赛表演、健身休闲与旅游活动的融合发展，支持和引导有条件的体育运动场所面向游客开展体育旅游服务。推进整形整容、内外科等优势医疗资源面向国内外提供医疗旅游服务。发挥中医药优势，形成一批中医药健康旅游服务产品。规范服务流程和服务标准，发展特色医疗、疗养康复、美容保健等医疗旅游。有条件的城市要加快建设慢行绿道。建立旅居全挂车营地和露营地建设标准，完善旅居全挂车上路通行的政策措施，推出具有市场吸引力的铁路旅游产品。积极发展森林旅游、海洋旅游。继续支持邮轮游艇、索道缆车、游乐设施等旅游装备制造国产化，积极发展邮轮游艇旅游、低空飞行旅游。

（七）大力发展乡村旅游

依托当地区位条件、资源特色和市场需求，挖掘文化内涵，发挥生态优势，突出乡村特点，开发一批形式多样、特色鲜明的乡村旅游产品。推动乡村旅游与新型城镇化有机结合，合理利用民族村寨、古村古镇，发展有历史记忆、地域特色、民族特点的旅游小镇，建设一批特色景观旅游名镇名村。加强规划引导，提高组织化程度，规范乡村旅游开发建设，保持传统乡村风貌。加强乡村旅游精准扶贫，扎实推进乡村旅游富民工程，带动贫困地区脱贫致富。统筹利用惠农资金加强卫生、环保、道路等基础设施建设，完善乡村旅游服务体系。加强乡村旅游从业人员培训，鼓励旅游专业毕业生、专业志愿者、艺术和科技工作者驻村帮扶，为乡村旅游发展提供智力支持。

（八）创新文化旅游产品

鼓励专业艺术院团与重点旅游目的地合作，打造特色鲜明、艺术水准高的专场剧目。大力发展红色旅游，加强革命传统教育，大力弘扬以爱国主义为核心的民族精神和以改革创新为核心的时代精神，积极培育和践行社会主义核心价值观。规范整合会展活动，发挥具有地方和民族特色的传统节庆品牌效应，组织开展群众参与性强的文化旅游活动。杜绝低水平的人造景观建设，规范发展主题公园。支持传统戏剧的排练演出场所、传统手工艺的传习场所和传统民俗活动场所建设。在文化旅游产品开发中，反对低俗、庸俗、媚俗内容，抵制封建迷信，严厉打击黄赌毒。

（九）积极开展研学旅行

按照全面实施素质教育的要求，将研学旅行、夏令营、冬令营等作为青少年爱国主义和革命传统教育、国情教育的重要载体，纳入中小学生日常德育、美育、体育教育范畴，增进学生对自然和社会的认识，培养其社会责任感和实践能力。按照教育为本、安全第一的原则，建立小学阶段以乡土乡情研学为主、初中阶段以县情市情研学为主、高中阶段以省情国情研学为主的研学旅行体系。加强对研学旅行的管理，规范中小学生集体出国旅行。支持各地依托自然和文化遗产资源、大型公共设施、知名院校、工矿企业、科研机构，建设一批研学旅行基地，逐步完善接待体系。鼓励对研学旅行给予价格优惠。

（十）大力发展老年旅游

结合养老服务业、健康服务业发展，积极开发多层次、多样化的老年人休闲养生度假产品。规划引导各类景区加强老年旅游服务设施建设，严格执行无障碍环境建设标准，适当配备老年人、残疾人出行辅助器具。鼓励地方和企业针对老年旅游推出经济实惠的旅游产品和优惠措施。抓紧制定老年旅游服务规范，推动形成专业化的老年旅游服务品牌。旅游景区门票针对老年人的优惠措施要打破户籍限制。

（十一）扩大旅游购物消费

实施中国旅游商品品牌建设工程，重视旅游纪念品创意设计，提升文化内涵和附加值，加强知识产权保护，培育体现地方特色的旅游商品品牌。传承和弘扬老字号品牌，加大对老字号纪念品的开发力度。整治规范旅游纪念品市场，大力发展具有地方特色的商业街区，鼓励发展特色餐饮、主题酒店。鼓励各地推出旅游商品推荐名单。在具备条件的口岸可按照规定设立出境免税店，优化商品品种，提高国内精品知名度。研究完善境外旅客购物离境退税政策，将实施范围扩大至全国符合条件的地区。在切实落实进出境游客行李物品监管的前提下，研究新增进境口岸免税店的可行性。鼓励特色商品购物区建设，提供金融、物流等便利服务，发展购物旅游。

四、优化旅游发展环境

（十二）完善旅游交通服务

高速公路、高速铁路和机场建设要统筹考虑旅游发展需要。完善加油站点和高速公路服务区的旅游服务功能，加快推进高速公路电子不停车收费系统（ETC）建设。将通往旅游区的标志纳入道路交通标志范围，完善指引、旅游符号等标志设置。推进旅游交通设施无障碍建设与改造。重点旅游景区要健全交通集散体系。增开旅游目的地与主要客源地之间的列车和旅游专列，完善火车站、高速列车、旅游专列的旅游服务功能，鼓励对旅游团队火车票价实行优惠政策。加强高铁车站与城市、景区的交通衔接。支持重点旅游城市开通和增加与主要客源地之间的航线，支持低成本航空和旅游支线航空发展，鼓励按规定开展国内旅游包机业务。规划引导沿江沿海公共旅游码头建设，增开国际、国内邮轮航线。制定旅游信息化标准，加快智慧景区、智慧旅游企业建设，完善旅游信息服务体系。

（十三）保障旅游安全

加强旅游道路特别是桥梁、隧道等交通安全和食品安全监督检查，对客运索道、大型游乐设施等旅游场所特种设备定期开展安全检测。完善旅游安全服务规范，旅游从业人员上岗前要进行安全风险防范及应急救助技能培训。旅行社、景区要对参与高风险旅游项目的旅游者进行风险提示，并开展安全培训。景区要加强安全防护和消防设施建设。按照属地管理原则，建立健全旅游景区突发事件、高峰期大客流应对处置机制和旅游安全预警信息发布制度，将其纳入当地统一的应急体系。重点景区要配备专业的医疗和救援队伍，有条件的可纳入国家应急救援基地统筹建设。

（十四）加强市场诚信建设

在社会诚信体系建设中，加快完善旅游相关企业和从业人员诚信记录。行业协会要完善行业自律规则和机制，引导会员企业诚信经营。建立严重违法企业“黑名单”制度，加大曝光力度，完善违法信息共享机制。加强旅游市场综合执法，依法严厉打击“黑导游”和诱导、欺骗、强迫游客消费等行为，依法严肃查处串通涨价、哄抬价格和价格欺诈的行为，积极营造诚实守信的消费环境，引导旅游者文明消费。充分发挥旅游者、社会公众及新闻媒体的监督和引导作用，推进旅游服务质量提升。推动景区景点进一步做好文明创建和文明旅游宣传引导工作，加大景区文明旅游执法，杜绝乱刻乱画、随地吐痰、乱丢垃圾等行为。

（十五）规范景区门票价格

利用风景名胜区、自然保护区、文物保护单位等公共资源建设的景区门票以及景区内另行收费的游览场所、交通工具等项目价格要实行政府定价或者政府指导价，体现公益性，严格控制价格上涨。景区应严格按照规定，对未成年人、在校学生、老人、军人、残疾人等实行门票费用减免。所有景区都要在醒目位置公示门票价格、另行收费项目的价格及团体收费价格。要进一步加强价格监管，坚决制止各类变相涨价行为。

五、完善旅游发展政策

（十六）切实落实职工带薪休假制度

强化全社会依法休假理念，将带薪年休假制度落实情况纳入各地政府议事日程，作为劳动监察和职工权益保障的重要内容，推动机关、企事业单位加快落实职工带薪年休假制度。鼓励职工结合个人需要和工作实际分段灵活安排带薪年休假。在教学时间总量不变的情况下，高等学校可结合实际调整寒、暑假时间，中小学可按有关规定安排放春假，为职工落实带薪年休假创造条件。

（十七）加强旅游基础设施建设

加强景区旅游道路、步行道、停车场、厕所、供水供电、应急救援、游客信息服务以及垃圾污水处理、安防消防等基础设施建设，围绕重点旅游区和旅游线路，进一步完善游客咨询、标志标牌等公共服务设施，集中力量开发建设一批新的自然生态环境良好、文化科普教育功能完善、在国内外具有较强吸引力的精品景区和特色旅游目的地。编制全国生态旅游发展规划，加强对国家重点旅游区域的指导，抓好集中连片特困地区旅游资源整体开发，引导生态旅游健康发展。各级政府要重视旅游基础设施建设。中央政府要加大对中西部地区重点景区、乡村旅游、红色旅游、集中连片特困地区生态旅游等旅游基础设施和生态环境保护设施建设的支持力度。

（十八）加大财政金融扶持

抓紧研究新形势下中央财政支持旅游业发展的相关政策，做好国家旅游宣传推广、规划编制、人才培养和旅游公共服务体系建设。国家支持服务业、中小企业、新农村建设、扶贫开发、节能减排等专项资金，要将符合条件的旅游企业和项目纳入支持范围。政府引导，推动设立旅游产业基金。支持符合条件的旅游企业上市，通过企业债、公司债、中小企业私募债、短期融资券、中期票据、中小企业集合票据等债务融资工具，加强债券市场对旅游企业的支持力度，发展旅游项目资产证券化产品。加大对小型微型旅游企业和乡村旅游的信贷支持。

（十九）优化土地利用政策

坚持节约集约用地，按照土地利用总体规划、城乡规划安排旅游用地的规模和布局，严格控制旅游设施建设占用耕地。改革完善旅游用地管理制度，推动土地差别化管理与引导旅游供给结构调整相结合。编制和调整土地利用总体规划、城乡规划和海洋功能区规划时，要充分考虑相关旅游项目、设施的空间布局和建设用地要求，规范用海及海岸线占用。年度土地供应要适当增加旅游业发展用地。进一步细化利用荒地、荒坡、荒滩、垃圾场、废弃矿山、边远海岛和石漠化土地开发旅游项目的支持措施。在符合规划和用途管制的前提下，鼓励农村集体经济组织依法以集体经营性建设用地使用权入股、联营等形式与其他单位、个人共同开办旅游企业，修建旅游设施涉及改变土地用途的，依法办理用地审批手续。

（二十）加强人才队伍建设

实施“人才强旅、科教兴旅”战略，编制全国旅游人才中长期发展规划，优化人才发展的体制机制。加强旅游学科体系建设，优化专业设置，深化专业教学改革，大力发展旅游职业教育。建立完善旅游人才评价制度，培育职业经理人市场。推动导游管理体制改革，建立健全导游评价制度，落实导游薪酬和社会保险制度，逐步建立导游职级、服务质量与报酬相一致的激励机制。加强与高等院校、企业合作，建立一批国家旅游人才教育培训基地，加强导游等旅游从业人员培训，不断提高素质和能力。鼓励专家学者和大学生等积极参加旅游志愿者活动。把符合条件的旅游服务从业人员纳入就业扶持范围，落实好相关扶持政策。支持旅游科研单位和旅游规划单位建设，加强旅游基础理论和应用研究。

《革命老区县域经济可持续发展的长效机制研究》研究报告*

封　伟

摘　要：运用县域经济发展理论、社会主义市场经济理论以及贫困地区的比较优势理论、协调互动理论等为革命老区县域经济的可持续发展、脱贫致富提出可行的动力机制和适用的路径选择等建设性建议，进而为平昌县的县域经济可持续发展赢得机会、用好政策，提供理论思路和决策参考。

关键词：革命老区；县域经济；可持续发展；长效机制；平昌县

一、绪论

（一）问题的提出

2017年党的十九大报告中明确指出，要加大力度支持革命老区、民族地区、边疆地区、贫困地区加快发展，强化举措推进西部大开发形成新格局，建立更加有效的区域协调发展新机制；同时也指出，农业、农村、农民问题是关系国计民生的根本性问题，必须始终把解决好“三农”问题作为全党工作重中之重。要坚持农业农村优先发展，按照产业兴旺、生态宜居、乡风文明、治理有效、生活富裕的总要求，建立健全城乡融合发展体制机制和政策体系，加快推进农业农村现代化。因此，县域经济在国民经济中始终处于最为基础性的地位，其县域经济能否正常地可持续发展下去倍受理论界和实务界的关注。没有县域经济的可持续发展，就不可能有我国国民经济的协调、全面、和谐发展。随着市场经济的纵深推进，一方面，区域差别、城乡差别、贫富差别在县域经济的推进过程中日益凸显；另一方面经济、社会和生态之间的冲突也愈加突出。革命老区大部分属于欠发达区域，经济发展相对滞后，不仅要面对经济增长的压力，还要防范重蹈传统的粗放型经济发展的路径。巴中地区是四川有名的革命老区，特色鲜明的红色文化是该地区经济资源中的一大亮点。而巴中地区的平昌县却是一个典型的农业大县。借助我国大力发展文化产业的大环境的契机，保护红色+绿色的生态资源，使其文化价值、经济价值和生态价值能得到更充分的发挥、利用，进而促进平昌县绿色生态产业经济的发展，就成为平昌县县域经济发展的必由之路。

---

* 作者简介：封伟，四川交通职业技术学院教授，高级经济师，研究方向：经济管理。

本课题就是在党的十九大报告精神的指导下，顺应国家经济发展的形势，以四川巴中平昌县县域经济的可持续化发展为研究领域，以通过实际开发红色文化资源所带来的经济效益、社会效益为依据，成功对接当地绿色生态产业，进而为平昌县县域经济提供一定的经济战略决策依据，以期对中国红色文化事业的发展寻找一种具有引领意义的红色文化资源开发新范式。不过，在开发中仍然存在着制约发展的瓶颈和不足之处。因此，因地制宜，扬长避短，促进革命老区县域经济实现可持续发展，争取早日实现建成小康社会的奋斗目标，是摆在我们面前的一个迫切需要解决的重大课题。

课题的研究有利于我们进一步分析欠发达革命老区经济社会发展的现状与特点，剖析革命老区县域经济发展存在的问题及其原因，提出促进革命老区县域经济可持续发展的思路和对策。将中国革命老区县域作为区域经济研究的对象，是一个具有理论意义和现实意义的选题。

（二）课题研究的理论意义和应用价值

1. 理论意义

课题运用县域经济发展理论、社会主义市场经济理论以及贫困地区的比较优势理论、协调互动理论等为革命老区县域经济的可持续发展、脱贫致富提出可行的动力机制和适用的路径选择等建设性建议，进而为平昌县的县域经济可持续发展赢得机会、用好政策，提供理论思路和决策参考。

2. 应用价值

（1）课题研究可为我国支持老区、贫困地区的经济社会发展提供政策改进性建议。平昌县虽自然资源丰富，农村富余劳动力多，但区位条件差，人才缺乏，经济发展滞后。课题组旨在能通过对平昌县的县域经济可持续发展的动力机制进行研究，为实现革命老区的经济大发展提供新模式、新路径。

（2）课题研究可以认知平昌县域经济发展的基本情况和存在的问题，明晰其发展中所存在的优劣势，进而根据分析提出县域经济发展的动力机制和路径选择，为相关政策制定提供参考借鉴，有利于全面建成小康社会的目标，有较强的现实意义。

（3）由于革命老区受到各种因素的影响，多数老区还处于欠发达状态，面对革命老区的发展实际，通过深入的动力机制分析，提出对策建议，这对于深入贯彻落实科学发展观，构建和谐社会，统筹城乡、区域发展，振兴老区经济都有十分重要的意义。

（三）课题研究的现状

自古以来，县域一直是中国政治、经济、社会系统中最认同、最稳定以及最基本的一个经济单元。我国学者对区域经济可持续发展的初探大概是始于20世纪80年代，当时理论界比较有代表性的理论研究应该是：胡福明的《中国县域经济学》（1986），他在这篇著作中针对当时县域经济的基本结构、基本原理以及运行模式和发展战略等问题进行了深入分析和具体研究，认为县域经济要想获得长足的发展，就需要抓住当时经济改革的机遇，在市场经济的引导下，扩大乡镇私营企业的发展，这样县域经济的经济实力才有可能不断壮大。任新木（1986）等经济学家则认为县域经济应该是中国经济发展中必不可少的一部分，县域经济体制改革是国家经济体制改革的重要组成部分。王长远（1993）等人则认为县域经济是实现农村经济和城镇经济协调发展的关键，是国民经济的建设与发展的基础。张金山（1997）等人则认为县域经济是一种独具中国特色的行政区域经济。李润田（2004）针对县域经济对国民经济产生的作用进行了更深入的研究。总之，国内许多学者和经济学家都分别站在各自不同的角度和领域从理论分析到应用分析对县域经济进行了相应的研究，各有侧重，各有观点，并都取得了不菲的研究成果，这些理论与实践对课题组分析革命老区的县域经济的可持续发展具有重要的影响与借鉴。

县域经济是区域经济中的一种基本类型，也是具有中国特色的一种经济运行形式。古往今来，“郡县治，天下安”。中国的历朝历代对其县域的经济发展都非常重视。2002年，党的十六大报告就曾非常明确地提出：“发展农产品加工业，壮大县域经济。”这是我国中共中央第一次在正式文件中使用“县域经济”这个名词。2003年10月，十六届三中全会再次强调：“大力发展县域经济”。2004年2月，中央文件进一步强调：“壮大县域经济”。从我国政府的这几个时间节点可以看出，我国国家政府非常重视县域经济的发展，并多次用不同的词汇在进行不同程度的强调。

近年来，革命老区的经济文化发展问题也随着国家县域经济的发展而日益受到重视，特别是其中的“红色经济”慢慢映入了学家、学者们的研究视线，但目前这方面的研究大多数还只是简单地集中在发展红色文化旅游经济，聚集革命老区优势资源等层面，还没有纵深挖掘其区域经济的潜力。2010年中国社会科学院蔡翼飞、赵新一发表了《中央扶持革命老区发展政策研究》文章，分析了革命老区经济发展的现状，鼓励社会各界和民间要大力支持老区建设；2011年曾雪玫教授在《革命老区经济可持续发展战略研究》一文中提出要实现革命老区的经济可持续发展道路；针对区内的经济发展模式，刘静静的硕士论文《我国革命老区文化产业发展的问题研究》将文化资源的产业化发展论述要较为全面。除此之外，随着人们对文化生态的逐步认识和觉醒，曾雪玫教授的著作《生态文明框架下革命老区的发展研究》的研究角度也成为前沿层面的理论论述。当然，不同的学者给出的定义因其不同的侧重点也有许多差别，但其研究的核心内涵还是要界定人与自然、经济、社会之间的某种关系。总之，之前的这些研究理论与经验也都不同程度地为四川革命老区县域经济可持续发展的探索提供了重要的理论基础和参考依据。

（四）课题研究的视角、方法及研究路径

1. 课题研究的视角

《革命老区县域经济可持续发展的长效机制研究》的视角主要还是以大巴山地区厚

重的红军文化和绿色产业为开发背景，深度挖掘平昌县域的产业资源，使平昌县的县域经济与红色文化产业、绿色产业更能有机融合与对接，以促进平昌县的县域经济可持续发展。在平昌县的县域经济的发展中，希望更能促进平昌县区位劣势得到进一步的改善，后发优势也将会更进一步释放和发展，并通过县域经济的发展能进一步加快县域经济统筹城乡和加快发展的步伐，并会面临更加难得的发展机遇和发展潜力，希望能通过平昌县域经济的发展来促进地域经济的繁荣昌盛，具体体现在以下几个方面：

（1）宏观政策：党的第十八次代表大会上提出要优先推进西部大开发，要加大对农村和中西部地区扶持力度，支持这些地区加快改革开放，增强发展活力，改善人民生活，加大对革命老区、贫困地区扶持力度，争取川陕革命老区补偿性扶持政策，有利于老区走上可持续的自主良性发展道路。

（2）基础改善：巴达铁路、高速公路穿境而过，S202、S201省道贯穿全境，平昌县正逐步成为我国南上北下和通江达海的重要节点城市，到时也能成功融入成都、重庆和西安的三小时经济圈；全县乡乡通水泥路，村通公路达100%，立体交通体系的形成，为产业发展奠定了坚实基础，平昌县统筹城乡步伐加快，新村建设积极推进，农村生产生活条件正逐步改善，水、电、气等配套设施不断完善，为平昌县加快发展提供了有力支撑。

（3）产业转移：平昌县地处成渝东部城市的腹心地带，地理优势也使平昌县天然成为成渝部经济辐射带动的承接地，将使互补优势、后发优势进一步呈现出广阔前景。同时，目前平昌县域内的星光工业园正在申报省级工业园区，小角楼白酒工业园已完成前期工作，绿色食品加工园、驷马清洁能源园区、五一物流园、两江商贸园的加快推进，为产业转移提供了良好的支撑平台。

（4）资源优势：平昌县目前总人口达108万人，常年在外务工人员达30万人，这为其区域产业经济的发展提供了丰富的人力资源；2016年全年粮食作物总产量达38.93万吨，另有大量的生猪和肉牛等，是产品原料的仓库；平昌县生态优势明显，有镇龙山国家森林公园、江口水乡国家水利风景区和驷马省级自然保护区，具有发展绿色经济的先决条件；平昌县人文历史资源丰富，有刘伯坚烈士纪念馆、江口水乡、佛头山、白衣古镇、巴灵台等具有丰富的文化旅游底蕴，具有发展旅游产业的潜在优势。

课题主要运用社会主义市场经济和县域经济的前沿理论，以及经济增长与扶贫关系的理论观点，结合四川革命老区的实际，通过对平昌县的区位因子、劳动力要素、资产要素、资源要素和经济组织化水平等考察的基础上，分析目前地区贫困根源的所在，提出解决老区实现可持续发展的可能途径，并根据分析和探讨的结果提出有益于老区未来实现可持续发展的政策措施、动力机制和改革路径等对策与建议。

2. 课题研究的方法

本课题共包括三个阶段。

（1）第一阶段为准备阶段，是课题研究的基础部分，主要包括文献综述、访谈和比较分析法，为整个研究奠定理论基础。

① 文献综述法：主要通过文献检索，搜集相关资料，特别是课题组大量地搜集与整理了2012—2016年的平昌县统计局每年发布的国民经济和社会发展统计公报，对平昌县的社会经济数据进行了系统的比较、分析，并对已有的研究成果进行分析和借鉴。用这种研究方法可以为这个课题研究提供出整体的研究思路和理论准备，同时也能从前辈的研究结论中挖掘出更进一步的研究思维。

② 访谈法：组织课题组成员对平昌县的县域经济情况进行深入的实地考察和调研，全面掌握第一手资料，结合地方上的政策资料对发展平昌的绿色生态产业进行理论探讨，了解平昌县的县域经济实际情况，然后有针对性地开展课题研究。

③ 比较分析法：借鉴国内其他革命老区的先进经验，提出合理的县域经济开拓的建议与对策。

（2）第二阶段为研究阶段，是课题研究的核心部分，包括三项实体效应分析研究，即分别对平昌县域经济可持续发展的内涵、特点以及平昌县域经济发展意义进行分析；在系统研究平昌绿色生态产业的基础上，探讨平昌县域经济可持续发展的动力机制；揭示平昌县域经济可持续发展运行机理，为平昌县域经济可持续发展提供借鉴。

（3）第三阶段为讨论部分，是课题研究的结论部分，对研究结果进行归纳总结和理论意义上的提升，同时针对平昌县域经济可持续发展做出一些现实性的思考和总结，旨能进一步探寻能通过绿色生态产业发展过程中提炼并研究出平昌县域经济可持续发展的动力机制。

3. 课题研究的路径

本课题主要是遵循“提出问题——分析问题——解决问题”的思维层次和“课题立意——可行性分析——动力机制——路径选择”的逻辑思路，尽力根据理论探讨与机制分析相结合、文献查阅与实地调研相结合、县域经济可持续发展与绿色生态产业相结合的技术路线进行研究。课题研究具体研究的技术路线如图1所示。

（五）课题研究的目的与创新点

1. 课题研究的目的

课题研究的主要目的是：通过选取其代表性的四川巴中地区革命老区的平昌县的县城、乡镇等经济发展情况作为研究对象，在做好调研的基础上，收集、分析其县域经济发展的相关数据资料，以便更深层次地了解革命老区及贫困地区的形成、演变过程，并对县域经济发展不平衡、可持续发展程度不够的内在因素进行剖析，对落后地区特别是老区、山区、贫困地区的发展要素及刺激发展方式等动力因素进行深层次分析，进而整理和提炼出解决老区、贫困地区转变发展方式，促进经济社会统筹发展的理论观点和政策建议，总结归纳出一些操作性较强的实践方法，进而使研究成果能成为一个有益于促进老区、山区及贫困地区的平衡协调和可持续发展建言献策的案例分析材料或文本载体。

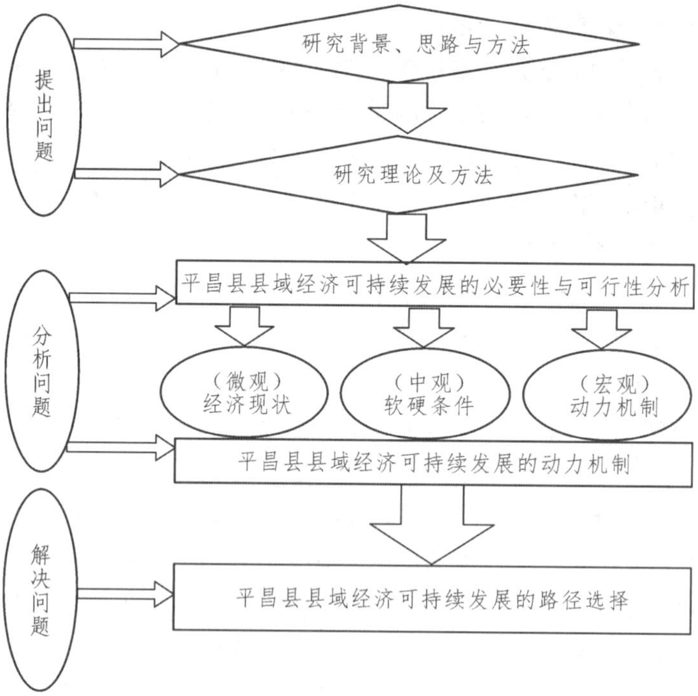

图 1

2. 课题主要创新点

（1）研究理论方面的创新：课题在实地调研的基础上，充分结合产业经济学、历史学和区域生态农学等多学科知识和研究方法，全面系统分析了平昌县的县域经济大发展的现状，并紧密结合区域产业实际，提出了合理化建议对策，具有较强的建设性。

（2）研究视角方面的创新：当前对于县域经济的宏观理论和综合分析研究非常多，但对于贫困地区尤其是四川省革命老区贫困县的县域经济可持续发展研究成果更少。课题主要立足于平昌县这个国家级贫困县的发展实际，提出贫困县域经济发展要立足实际，发展特色，大力发展现代农业和旅游业，通过优化环境，多举措吸引现代生产要素，统筹城乡发展等来发展县域经济。

（3）研究内容方面的创新：课题以四川省平昌县的县域经济可持续发展为切入点，分析县域经济发展现状及造成贫困的原因，并围绕平昌县稳步推进城镇化、农业现代化和区域公共服务均等方面提出相应的对策与政策建议，这对革命老区经济发展的研究有很强的理论支撑和实践指导作用。

（六）课题研究的理论基础

县域经济的可持续发展本身就涉及多个学科理论。课题组主要从产业经济视角研究四川巴中地区平昌县的县域经济的可持续发展状况，涉及理论经济学和应用经济学等多学科领域。课题在此重点分析文化区位经济理论、贫困恶性循环理论、大推动理论、文化产业竞争力和可持续发展理论五种。

1. 区位经济理论

德国经济学家杜能（Von Thunen）是现代区域经济学的鼻祖，他从区域地租出发探索因地价不同而引起的农业分带现象，开创了区位理论的先河。杜能假定了一个“孤立国”，这个“孤立国”中的城市和农村互为工艺品和食品完全唯一供给者，以利润最大化为目标，得出的结论是：为了实现利润最大化的目标，农场生产的品种选择与经营方式的首要决定因素是与城市市场距离的远近，当生产成本一定时，离中心城市越近，运费越低，扩大生产规模的可能性越大。

20世纪初，德国经济学家韦伯（Weber，1909）提出了工业区位论。韦伯将影响工业的因素分为两类：区域性因素和集聚因素。工业在各个区域的布局，受区域性因素影响。而在工业区内，企业集中于此地而非彼地，受集聚因素影响。

1977年获得诺贝尔经济学奖的俄林（Ohlin，B.）研究了生产要素的丰欠如何决定商品的相对价格和贸易格局。他还研究了地理位置、规模经济对贸易的影响，研究了国际贸易理论和布局理论。

总之，经济学家杜能、韦伯和俄林都分别从市场位置、区域布局、地理位置等角度分析研判了区位经济学理论，这为县域经济的可持续发展提供了强力的理论支撑。

2. 贫困恶性循环理论

纳克斯（Nurkse，R.）认为，发展中国家经济落后而又停滞不前是因为存在着两个恶性循环。从资本供给看，国民收入低导致储蓄少，储蓄少导致资本匮乏，资本匮乏导致生产率低，生产率低又导致收入少，这样互为因果形成一个恶性循环；从资本需求看，国民收入低导致购买力低，购买力低对资本投资缺乏诱惑力，缺乏诱惑力又导致投资不足，投资不足导致生产率低，生产率低又导致收入低，这样互为因果形成另一个恶性循环。两个恶性循环相互制约、相互叠加，任何一个循环都无法自行突破而形成良性循环。要打破这两个恶性循环，就必须全面地投资于工业、农业、外贸等国民经济各部门，在各个部门之间谋求平衡增长，形成广大的市场，并对经济增长起决定作用。

总之，经济学家纳克斯的贫困恶性循环理论分别从资本供给和资本需求两个方面评析了贫困地区的生产率与收入两种循环经济效应，这对研究和分析贫困地区的县域经济的可持续发展做了一定的理论铺垫。

3. 大推动理论

大推动理论又称为经济平衡增长理论，是英国著名经济学家罗森斯坦·罗丹（Paul N.Rosenstein-Ro-Dan）于1957年在他的《东欧和东南欧国家工业化问题》论文中提出的。其观点是：经济发展的核心动力是工业化的发展，而资本又是工业化发展的立足点。经济需要克服社会分摊资本、储蓄、市场需求三个方面的不可分性才能实现大的发展，在“大推进”论中是将大量的资本全面注入工业的各个部门，实现工业各个部门的发展，从而产生规模经济效益，形成紧密联系的市场体系，克服社会分摊资本、储蓄、市场需求三方面的不可分性。一个国家或地区的投资必须以一定的速度和规模持续作用于众多产业，从而降低成本，突破市场需求不足等发展瓶颈，推进区域经济全面高速增长，产生“外部经济效果”。因其所需的资本巨大，故罗丹特别强调临界投资规模，即小于此规模，则地区经济不能实现腾飞启动。这一理论为欠发达地区开发吸引外资提供了理论依据。

总之，经济学家森斯坦·罗丹平衡增长理论的基点最终还是落在了资本方面，只有资本才能有效地推动地区的经济增长，这一理论对于分析和研究贫困地区的县域经济的可持续发展还是很有帮助和借鉴的。

4. 文化产业竞争力理论

文化产业是指以文化为核心发展的企业产品和服务，这些产品和服务就成为社会竞争的最终检验结论。伴随社会行业或企业间竞争的日益加剧，文化产业作为增加市场占有率、带来利益的产业逐渐成为中观层次产业竞争力的代表。文化产业不仅是企业竞争优势与企业产品的有效结合，而且是构成社会有机竞争力的重要部分。文化产业作为社会文化的延伸结果，具备竞争的基础优势。同时，文化产业对区域文化的传承和发展也有极大的推动作用。因此，不管是行业市场还是企业市场，文化产业都具有较强的竞争力。文化产业竞争力理论有如下观点。

（1）文化产业竞争力是以社会文化或区域文化为核心通过现代科技转变为产品和服务，最终能为其经济发展做出贡献。

（2）作为竞争实力的一种，文化产业竞争力必须具备基础的生存能力和较好的发展潜力。

（3）文化产业的繁荣发展势必造成文化产业竞争力的增长，这是文化产业竞争力的正方向；反之，文化产业的衰退落后势必造成文化产业竞争力的降低，这是文化产业竞争力的负方向。由此可见，在实际运用中，文化产业竞争力是可衡量的或可预期的。

（4）文化产业竞争力价值不仅体现在它能为社会贡献经济利益，也蕴含着它能带给社会许多非物化价值。文化产业竞争力的物质价值指标主要表现为文化产业带来的价值贡献、文化产业对劳动力素质的提升、文化产业的投资回报率等。而通过文化产业形式转变为创造价值的能力则是文化产业竞争力的非物化价值。当然，文化产业竞争力所带给社会的文化传承和文化传播等价值则是当今社会无法具体衡量的。

（5）对文化产业竞争力的价值评价则必须着眼于文化产业运行系统，具体来说主要有以下三个评价层次：文化产业系统运作能力、文化产业系统因素间的配合能力、文化产业的发展潜力。

（6）文化产业竞争力由于具备物质价值和非物化价值，可以用硬性竞争力和软性竞争力归类文化产业竞争力的各项因子。自然因素和人为因素分别以线性和非线性形态存在于文化产业竞争力中。

（7）文化产业竞争力的终极目标是提高其综合竞争力，因此，文化产业竞争力的创造价值是提高行业地位的重要因素，其比一般产业更具发展潜力和竞争优势。文化产业的繁荣不仅需要具备优秀的文化基础，而且要能适应现代科技，为现代人所接受。在此基础上产生的文化产业竞争力才能切实为其综合竞争力的提高做出贡献。

总而言之，课题组从文化产业竞争力理论中发现，产业之间存在着相互竞争的现象，文化产业竞争力价值不仅体现在它能为社会贡献经济利益，而且能带给社会许多非物化价值，这就为课题组的研究提供了一个很好的分析思路。

5. 可持续发展理论

可持续发展最早是从环境资源角度提出来的。1972 年联合国人类环境大会强调保护人类环境是发展议程中的关键环节。1980 年，“可持续发展”一词最早出现在名为《世界自然保护大纲》的国际文件中。1987 年，世界发展和环境委员会发表了题为《我们共同的未来》的报告，正式提出了可持续发展的概念和模式。其将可持续发展定义为：既满足当代人的需求，又不损害后代人满足其需求的能力。1992 年，在里约热内卢举行的联合国环境与发展大会起草了《21 世纪议程》，给予环境和发展同等的关注。可持续发展具有公平性、持续性和共同性的内涵。其特征包括：可持续发展鼓励经济增长，追求增长质量，要求提供效应，节约能源，建设废物；可持续发展以保护自然为基础，与资源和环境的承载力相协调；可持续发展以改善和提供生活质量为目的。

可持续发展理论当今倍受各行业、各领域的推崇。文化可持续发展理论要求，在社会经济发展的同时，一定要关注自然环境和生态环境的保护；持续发展观的协调性要求也使人们日益重视经济发展的质量和日常生活质量。为了更好地实现经济与环境的协调发展，必须不断提升劳动者素质，为社会发展、经济进步与文化前行奠定坚实的基础。可持续发展是保障人类后代永久发展的根本前提，需要当代人不断优化发展环境，尤其注重文化环境的优化。当代人不仅应根据本地实际情况制定适宜的经济发展战略，还应关注环境保护与文化传承。伴随部分地区生态环境的破坏，我们需要更多地重视单纯经济价值观给社会带来的不良影响，构建生态环境、文化环境与经济共同持续发展的价值理论。因此，对于县域经济而言，可持续观念的应用也是确保县域经济持续健康发展的前提。

可持续发展理论的核心就是要鼓励地区的经济增长，追求增长质量，为贫困地区的县域经济的可持续发展提供动力和基础。

然而，伴随经济水平的提高，科技也发生了日新月异的变化，很多国家的资源和环境遭到了掠夺和破坏。很多国家以经济发展为中心，忽略了人文的发展和环境的保护，长此以往，必然将人类推向毁灭。由此可见，建立生态文明为基础的社会是区域产业经济发展的客观基础。尤其是不可再生资源，若被破坏，人类后代则再无可用资源。可持续发展观念强调“协调共存”，不仅要求人与自然的和谐发展，更要求人与人、人与社会的和谐发展。因此，实现经济发展、社会人类发展与环境发展的和谐共存是可持续发展对社会提出的重要课题。可持续发展具备以下特点。

（1）普遍性。科技、经济、社会的迅猛发展和经济水平的日益提高，各个区域都显现出不同程度的环境问题，自然资源遭受严重破坏。可持续发展战略是改善自然资源压力、建立社会经济与自然资源和谐发展的有效方法，它能有效地解决人口增长与环境保护、经济发展与社会效益的协调统一。

（2）地域性。人类发展经历了不同的文化历史，只有因地制宜、因时制宜地实施可持续发展战略，保证经济发展的同时维护自然环境，才能确保资源的有效利用。

（3）可持续性。社会发展离不开各项资源，有的资源具有不可再生性，人类发展势必陷入极大的危机。科技发展为人类带来快捷高效的生活方式，同时也破坏环境。不能只顾当代人的发展需求，还必须以未来人类发展需求为基础，寻求人类的永久发展。因此，可持续发展战略正是基于该观点提出具体建议，即人类的经济社会发展必须以维护后代可用资源为前提，在保障满足当代人需求的基础上创造发展价值。必须采取措施切实保护生态环境，实现经济效益、社会效益和环境效益的高效统一，确保资源的可持续性。

可持续发展观是指导人们生活各方面的重要理念，对文化发展而言，深入落实和贯彻可持续发展观非常重要。建设可持续发展的、健康的生态文化才能与时俱进，才能符合人类发展绿色道路。文化发展要重视产业结构的建设，以人们日益增长的文化精神需求为核心，创造有利于满足当前人们利益需求和未来社会发展的文化形态。

课题组从可持续发展理论中发现，生态文化是满足符合可持续发展观的文化形态。作为文化的生存方式，人不能否认自然价值的存在。根据现有自然资源创造文化价值，且不破坏未来自然资源是现阶段面临的生态文化建设课题。如今有太多国家和地区过于单一地注重经济的发展，忽略了人类社会生存生产环境，带来了生态的极大破坏，打破了自然和人类的和谐共存状态。伴随可持续发展观在各行业的深入贯彻，生态文化的建设也势在必行。可持续发展理论为课题研究提供了很好的研究思路。

总而言之，我国县域经济发展的问题中有经济增长问题，又有经济差异问题，同时也存在资源与环境问题。县域经济发展可以说是我国国民经济发展的重中之重，是统筹发展的基本选择，是保持生态环境的基本措施。平昌县是国家扶贫开发的重点县，集山区、老区为一体，需要多种理论指导。

二、革命老区县域经济可持续发展的基本概述

一般来说，县域经济的调控主体就是县级地方政府。县域经济就是以市场需求为导向进而优化配置域内各种资源的一种区域经济，具有明显的区域特色和地域功能。从纵向来看，县域经济同样具备城市经济所拥有的基本功能，只是县域经济的发展水平要落后于城市经济；从横向来看，由于地区发展水平的差异，县域经济发展的进程也各不相同。

（一）县域的历史缘由

在我国历史上，县的建制萌芽于西周，发展于战国，成熟于秦朝。秦统一六国后，开始正式实行了“郡县制”，当时在全国设了36个郡，郡下再设1000多个县；秦末时郡增至48个，管辖1000多个县。经过几千年的发展，县在经济、社会、文化方面已形成相对独立的地域实体。此后尽管物换星移，朝代更替，县的建制却一直延续至今。我国20世纪50年代的《宪法》明确规定：“中华人民共和国行政管理体制为省（自治区、直辖市）、县、乡三级。”1959年全国人大常委会通过《特别决定》：直辖市和较大的市可以领导县、自治县，认可了“市管县”模式；1999年中央的二号文件也明确了“市管县”管理体制。到目前，全国共有2862个县级行政区划。

（二）县域经济的主要内涵

县域经济属于区域经济范畴，下面综合一下当前国内学术界的各种观点。

（1）县域经济就是在县级行政区域范围内开放条件下的、多样化的、城乡一体化的、现代经济特征明显的各类经济的总和。

（2）县域经济是在县级行政区划的地域、空间内，统筹安排经济、社会各方面资源而形成的开放且有特色的区域经济。

（3）县域经济是以县级行政区划内的国土为载体，以县城为中心，以集镇为纽带，以农村为腹地，以县级政府为调控主体，在国家宏观经济背景下，优化配置资源，县、乡、村一体，一、二、三产业同时并进，区域经济特色明显，在更大区域的分工协作中获得比较优势的一种经济体系。

（4）县域经济是我国经济社会功能较为完整的基本单元。

（三）县域经济的主要特点

县域经济具有地域性、基础性、独立性、层级性、协调性、枢纽性、发展不均衡性等特点。

（1）地域性。县域是具有一个特定的地理范围、产业规模和地域界限的地域空间，它在一定时期内具有某种相对的稳定性和独立性，在一定空间内又具有相对齐全的功能和一定的决策与调控权限。县域经济的活动必须局限于县域这个特定的范围。因此，由于各个县域的历史沿革、文化背景差异，其县域经济的模式也会表现出明显的地域文化特色。

（2）基础性。“县乃国之基，民乃邦之本”。县域经济是县级财政收支和独立运行的基本建设最为基本的经济单位，是国民经济的基础和基本运行单元。富国安邦，关键在县。社会经济发展的总量指标的大部分必须最终落实在县域这一个基础单位来。县域经济的发展程度直接影响到广大县域人口的就业和生活问题，甚至可以从基础层面制约国民经济发展的规模、速度和质量。

（3）独立性。县域是一个独立的经济综合体，体现了县域中的完备功能、明了清晰的隶属关系、协调融合的部门结构的综合性经济体系，是国民经济的缩影。

（4）层级性。县域经济是一个具有多层次的融合性的经济网络。在县域内，呈现出县域经济、乡镇经济和村级经济三个层次网络，每个层次都各自包含多种经济形式；对县域外，县域又要接受国家和省、市区域经济发展的制约与宏观调控。

（5）协调性。县域经济彼此之间以及城乡之间都是相互关联、相互补充的。每个县域的经济发展都离不开相互交往与协作，彼此在资源开发、商品生产、金融服务、科技教育等诸多领域相互交叉渗透，有着千丝万缕的协作关系。

（6）枢纽性。县域经济在国民经济中具有承上启下的作用，既是协调过渡国家或区域内宏观经济和微观经济中的中观经济，又是联系城乡经济的桥梁纽带。因为国家对地域的所有宏观经济政策、法令、计划需要交由县域经济来完成；而国家对微观经济的管理也必须最终通过地方县域经济来具体落实，县域经济的枢纽性地位决定了它必须发挥县域内经济组织、协调、指导和监督作用。

（7）不均衡性。从县域面积来看，其面积大小不一、规模不定，有的县拥有好几万平方千米，而有的县面积却非常小；从地形类型来看，有高原、山区、丘陵、平原等差别；从地域人口来看，多的县甚至有几十万人，少的才不到万人；从资源禀赋来看，有的县富集石油、天然气、煤炭、金属矿藏等资源，而有的县却地下无矿藏、地上无良田；从产业发展来看，有的县是工业主导，有的是农业主导，有的是旅游和商贸主导；从区域分布来看，东中西部各地县域经济发展不平衡程度不一致，发展最快的是东部沿海地区的县域经济，中国百强县大多集中在这一区域，中部次之，西部再次之。

（四）县域经济发展的主要原则

一个县域经济必须依据一定的原则或原理才有可能得到发展，而县域经济发展通常要考虑以下一些基本原则。

（1）突出特色原则。发展县域经济必须充分利用和发挥自身区位优势或资源优势。县级政府可以根据自身独有的地理位置、资源、文化或政策，因地制宜，发展县域经济。

（2）市场导向原则。发展县域经济必须以市场需求为导向，根据市场决定资源配置的原理，依据县域内独特的地理条件、产业基础和资源优势，合理培育县域内的特色产品和产业，以提升本区域内的核心竞争力。

（3）改革创新原则。改革县域经济发展中的各种政府政策障碍、创新机制以及工作方式，增强县域经济的内在活力和潜力，大力发展当地民营经济，激发群众的创业积极性，同时提高地方政府的执行力和服务水平。

（4）协调发展原则。加快推进农业现代化、农村工业化和农村城镇化，把提高县域农民收入和保证农村社会稳定放在县域经济发展的首要地位，因此县域更具协调职能。

（5）可持续发展原则。在保证经济效益和社会效益的同时，也要注重生态效益，只有三个效益最终达到和谐统一，才有可持续发展的希望。

（五）县域经济发展的基本类型

我国国土面积庞大，各个地区经济历史都比较悠久，各个县的县域经济都由于存在各不相同的区位条件和历史根源等而各有特色。因此，研究县域经济类型对分析研究四川平昌县的县域经济发展具有较为明显的帮助。根据县域经济的发展方向，我国县域经济的发展可以归结为以下四种基本类型。

（1）经济辐射型。该类型主要指县位于中心城市的周边，完全处于城市经济辐射范围内，并主动实现为中心城市服务的功能。例如，二级地域城市周边的卫星区县县域就属于这种以服务中心城市为主的城郊型县域经济发展模式。

（2）典型农业型。该类型主要指县位于远离中心城区的农副业产业区，完成依靠农业为主导的典型农业区域。例如，平昌县就远离巴中和达州等二级城市，属于典型的农业型。

（3）资源开发型。该类型主要指县位于县域内的农业资源和矿产资源密集地区，如煤矿等；然后依靠当地的资源输出来全面带动县域经济的发展。

（4）商贸发展型。该类型主要指县位于国家或地区重要的交通枢纽位置，以商贸发展为主，通过商业贸易带动本区域的商品生产、商品加工和商品物流等多种相关产业的发展，进而促进县域经济的全面发展。

（六）革命老区经济发展的主要特点

革命老区，既是革命政治历史的“高地”，也是县域经济发展的“洼地”。革命老区拥有辉煌的历史，在革命战争时期，老区人民在中国共产党的领导下无私奉献，积极地支持革命，付出了艰辛的努力并做出了巨大的贡献；而在社会主义建设时期，老区人民积极利用地方农业资源大力发展农业生产，为工业发展提供原材料，支持全国的工业化进程。随着我国改革开放进程的逐渐加快，革命老区大量的农村剩余劳动力涌进了城市务工，成为城市产业工人的生力军，大力地支撑了城市经济的发展，并建立了新生产关系，创造了新的生产力。革命老区的经济发展主要有以下几个方面的特点。

（1）县域经济趋缓。革命老区地理位置偏僻，经济落后，发展缓慢。至今许多老区人民的生活仍存在诸多困难，如粮食、交通、吃水、用电、看病、上学、住房等困难，是国家重点的精准扶贫区域。

（2）生存环境恶劣。革命根据地大多处于偏僻的农村或山区，区位劣势明显，山多耕地少，土地贫瘠，生存环境非常恶劣；而且革命老区的交通、邮电、通信、水电等基础设施也给人们的日常生产、生活带来极大不便，导致老区人民生活贫困。

（3）小富即安思想严重。革命老区人民淳朴善良，长期处于艰苦的生活环境中，只要稍稍条件改善，便存有安于现状和小富即安的思想，导致老区人民进取意识不强，县域经济发展的动力不足。

（4）资源匮乏。革命老区地处穷乡僻壤，自然灾害时有发生，财政供给困难，贫困人口多，缺乏支撑经济发展的必要财力，这些使革命老区陷入资源、资金匮乏与县域经济发展落后的恶性循环。

（5）教育滞后。由于区位环境、历史原因和现实条件的影响，老区人民受教育程度非常低，文化素质普遍不高，以至于这个区域的专业人才缺少，待遇也相对较差，这些成为制约老区县域经济发展的最重要因素之一。

三、四川平昌县的县域经济发展现状分析

近几年来，平昌县在大力促进县域经济发展的大背景下，县域的经济总量也在不断增加，其发展质量也有了较为明显的提高，社会事业也出现了较大的进步，人民生活持续改善。从总体上看，处于革命老区范围的平昌县的县域经济在脱贫的空间里已步入了快速发展的新阶段。平昌县的总体县域经济处于上升发展阶段，其可持续发展还是很有潜力的。县委、县政府团结带领全县人民，深入实施省市重大发展战略，着力稳增长、强后劲、促改革、惠民生，经济社会发展取得了重大成就，为“十三五”率先精准脱贫、同步全面小康奠定了坚实的基础。

（一）平昌县已夯实了县域经济可持续发展的良好基础

（1）县域经济的发展速度明显提升。平昌县在县域经济的发展思路方面，一直坚持服务业与工农业协同发展和融合推进的路径，在大力发展主产农业产业的基础上，还具有开拓培育乡村旅游、电子商务、金融保险等新兴县域经济消费热点的基础与潜力。

平昌县县域的生产总值在“十二五”期间年均增长 19.3%；全社会固定资产投资 235.4 亿元，“十二五”期间年均增长 30.5%；社会消费品零售总额 56.6 亿元，“十二五”期间年均增长 14.2%；地方一般公共预算收入 7.13 亿元，“十二五”期间年均增长 37.85%；三次产业结构调整为 16.96∶54.26∶28.78。譬如，“十二五”结束之年，平昌县全年粮食作物总产量 38.93 万吨，比上一年增长 1.4%（图 2）；全年采伐木材 56000 立方米，年末活立木蓄积量 10760247 立方米，比上年增长 2.4%；民营经济实现增加值 78.05 亿元，增长 8.1%，占地区生产总值的比重为 59.4%，比上一年提高 0.7 个百分点；居民消费价格总水平（CPI）比上年上涨 1.7%，农业生产资料零售价格上涨 4.9%。平昌县也在尽量加快做大工业经济规模，主要是从施迈电气、陈氏玻璃等企业发展起步，星光机械制造工业园进入工业园，小角楼白酒工业园也在加快建设，驷马清洁能源工业园、茶叶加工园已在投产营运，秦巴云顶、秦巴茗蘭等加工企业正常投产。“十二五”结束之年，平昌县工业生产平稳增长，全年工业增加值 56.53 亿元，比上年增长 8.8%（图 3）。工业对经济增长的贡献率为 48.2%，拉动经济增长 3.8 个百分点。从“十二五”

期间的平昌县工业经济来看，它基本上还是处于上升通道中，对县域经济的贡献率相对来说还是较大的。

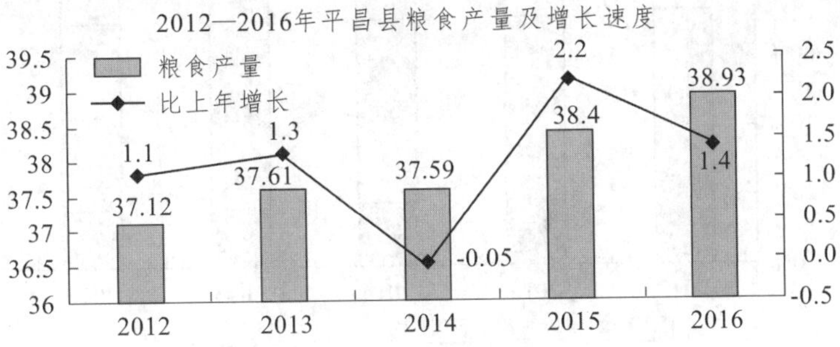

图 2　2012—2016 年平昌县粮食产量及增长速度

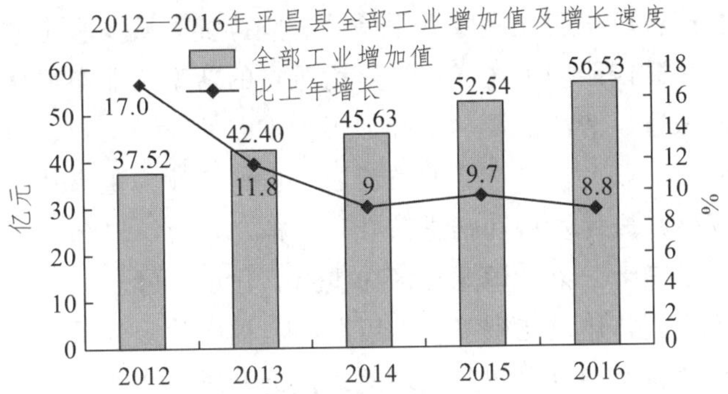

图 3　2012—2016 年平昌全部工业增加值及增长速度

同时，平昌县也一直坚持着金融与县域经济互促共融的发展思路，全年房地产企业开发投资 21.27 亿元，比上年增长了 7.7%；全年国税和地税实现税收收入合计 9.59 亿元，比上年增长了 14.8%；全社会金融机构人民币各项存款余额 206.73 亿元，比上年增长了 28.2%。因此，平昌县的经济总量是呈不断上升趋势的，发展质量也非常明显，老百姓的生活质量也大为改善。

（2）经济实力在三产互动中明显增速。平昌县这么多年都在想法积极培育新型农业经营主体，“十二五”期间全县的农林牧渔业完成总产值 42.4 亿元，比上一年增长 3.8%。2016 年末，平昌县全年农作物总播种面积 108231 公顷，比上一年增加 504 公顷，粮食作物总产量 38.93 万吨，比上一年增长 1.4%。平昌县整治农村土地 10 万亩，实施新一轮退耕还林工程， 全年造林面积 8016.7 公顷，森林覆盖率 50.44%。平昌县在“十二五”结束，其全县实现地区生产总值 131.49 亿元，比上一年增长 7.9%。

平昌县的产业经济在“十二五”期间发展有明显增加，其中，第一产业实现 22.13 亿元，增长 3.9%，对经济增长的贡献率为 8.3%，拉动经济增长 0.75；第二产业实现 71.1 亿元，增长 9.3%，对经济增长的贡献率为 64.0%，拉动经济增长 5.0 个百分点；第三产业实现 38.3 亿元，增长 7.6%；对经济增长的贡献率为 27.7%，拉动经济增长 2.2%。三次产业结构比由 2015 年的 16.96∶54.26∶28.78 改善为 16.83∶54.08∶29.09（图 4）。

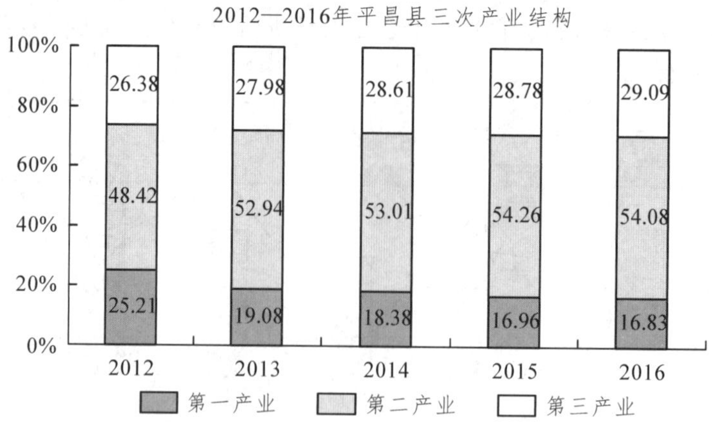

图 4　2012—2016 年平昌县三次产业结构

（3）县域特色产业取得明显实效。平昌县在坚持统筹城乡和全域的基础上积极布局地方产业，以“一区四园四大主导产业”为重点的新型工业布局优化提升，培育了以机械制造、白酒酿造、清洁能源、茶叶加工为重点的新型工业，以畜牧、茶果、巴药为特色的现代农业，以乡村旅游、商贸流通、房地产业为重头戏的现代服务业。突出生态、特色、规模，成片发展和推进茶叶、花椒、核桃、巴药、水产、莲藕六大特色产业全域覆盖，以三十二梁、镇龙片区为重点，建设茶叶基地、巴药基地；以磴子河—皇家山片区为重点，建设花椒基地；以龙岗、福申片区为重点，建设核桃基地；在白衣、泥龙等乡镇建设特色水产养殖基地。推进青凤—鹿鸣—邱家三产互动示范片融合发展，驷马水乡三产互动示范区建设也取得一定成效。建成了星光工业园区，入园企业达 12 家，同凯能源一期建成投产，建成了驷马现代农业科技园和电子商务创业园。“十二五”期间年均增长 9%，工业化率达 39.3%；“十二五”结束之年，全县人均生产总值 15918 元，比上一年增长了 9.9%。特别是平昌县的镇龙山瓦灰鸡被批准为国家地理标志产品，成功创建全省质量强县示范城市、全省有机产品认证示范县。成功创建佛头山、驷马水乡、巴灵台 3 个国家 AAAA 级景区，平昌被评为全国休闲农业与乡村旅游示范县，驷马河湿地公园被评为国家级湿地公园，连续两年承办四川省乡村旅游文化节和环中国国际公路自行车赛。

（4）经济活力在创新中明显释放。平昌县在“十二五”期间着力推行全方位扩大区域开放合作，主动融入长江经济带，与附近的达州、万州、安康等区域合作纵深拓展。平昌县主要以回引创业为抓手，成功回引发展了巴山背二哥季节蔬菜、土兴莲泉水产养殖等，深化与大企业大集团的合作，譬如四川铁投集团、绵实外国语学校、高低压电器元件等重大项目落地建设。

平昌县在“十二五”末的固定资产投资达 273.59 亿元，比上一年的投资增长了 16.2%，其中固定资产投资 271.59 亿元，比上年增长了 16.4%；全年房地产企业开发投资 21.27 亿元，比上年增长了 7.7%（图 5）。政府“有形的手”显得更加灵活有效，市场“无形的手”显得更加富有活力。

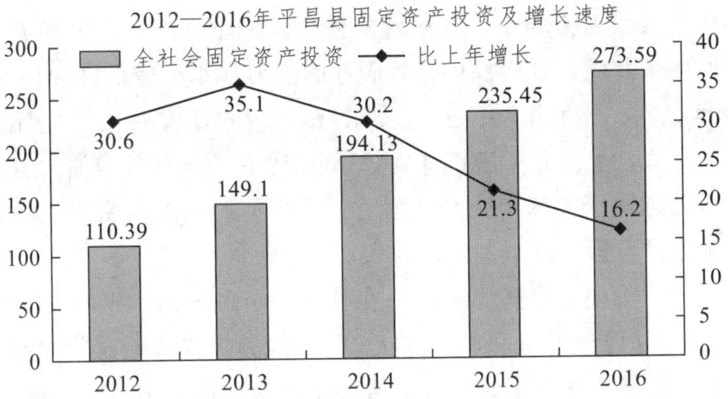

图 5　2012—2016 年平昌县固定资产及增长速度

（5）民生事业在扶贫中明显改善。平昌县在“十二五”期间积极坚持区域连片开发和精准扶贫双轮驱动，突出大交通、大产业、大旅游和大教育扶贫。平昌县的金宝新区框架基本形成，滨江老城改造、龙潭片区城市综合体、东互通城市综合体加快建设，城区面积达 14 平方千米；驷马、白衣入选全国重点镇，元山、得胜、邱家等特色镇建设快速推进。建成中心村 20 个，聚居点 422 个，改造危旧房 7.19 万户；以县城为中心、重点镇为骨干、中心村和产业聚集地为基础的四级城镇体系基本成型。2015 年，城镇人口达 30 万人，城镇化率 34.04%；推进“智慧城市 · 光网平昌”建设，4G 网络实现乡乡覆盖。平昌县深入推进道路交通进新区、进园区、进景区，启动涵水禅林—西兴皇家山道路建设，建成三十二梁—青凤互通快速通道，巴达高速全线通车，巴达铁路全面建成，全面完成 300 公里县道老油路改造，1 条省道升格为国道，5 条县道升格为省道，100%的乡道、95%村道通水泥（油）路，新建乡镇联网路 43 千米、村道水泥路 177 千米；以“一区四园四大主导产业”为重点的新型工业布局优化提升；双桥水库枢纽工程、牛角坑水库渠系配套工程等全面建成，建成农村安全饮水工程 498 处，有效解决 43.4 万人的安全饮水问题；建成张公 220 千伏变电站及 110 千伏以上输变电站 7 座，92%的行政村完成电网升级改造，城乡用电实现同网同价；26 个乡镇通天然气；100%乡镇完成有线电视数字化改造，城乡通信网络覆盖率分别达到 95%、82%。平昌县积极维修改造农村义务教育阶段的薄弱学校，新建了思源实验学校，重建了江口三小，教育信息化建设走在全市前列；坚持文旅融合、农旅结合布局旅游业，旅游业发展较快，元山—得胜、青凤—镇龙旅游环线基本形成，涵水—兰草旅游环线启动建设。就 2016 年平昌县全年旅游经济也比上一年增长了将近 34.1%。在全市率先启动建设地面数字电视工程，不断改善文化基础设施，扎实开展全民健身、全民阅读，不断满足群众精神文化需求。

（二）四川平昌县的县域经济发展中亟待解决的问题与困难

（1）县级财政的支撑力不强。平昌县域是一个典型的农业大县，人口多，农业盘子大，工业底子薄，第三产业不够活跃。从总体上看，平昌县的财力状况还是主要依靠转移支付。由于县级财力弱小，县域基本公共设施建设落后，市场流通、科技创新和信息化等支撑体系薄弱，政府提供公共服务的能力和水平较低。2016 年全县地方公共财政收入 8.03 亿元，比上年增长了 12.5%；全年税收性收入 4.79 亿元，增长 0.4%。地方公共财政支出 48.23 亿元，增长 4.7%。虽然比上一年有所增加，但发展的速度还是远远不够，因此远离了大都市的经济辐射，平昌县的经济发展的关联效应度显得非常弱化，以至于来严重影响县域的财政收入。

（2）金融、人才等要素保障力不强。在县域的金融方面，平昌县积极探索建立了“金融+”扶贫模式，并得到了国家农业银行总行和国务院扶贫办充分肯定。平昌县 2016 年各金融机构在县域获得存款多，全社会金融机构人民币各项存款余额 206.73 亿元，比上年增长了 28.2%。其中，住户储蓄存款余额 158.4 亿元，增长 21.8%。年末银行各项贷款余额 99.78 亿元，比上年增长了 26.8%。其中，住户贷款余额 44.69 亿元，增长 11.5%（图 6）。收入有增加，但金融机构放出贷款少，贷存比远低于大中城市。资金矛盾主要集中在县域基础设施建设、中小企业、新型农村合作组织和种养大户等领域，一些中小企业不容易获取资金，融资成本难以预料。

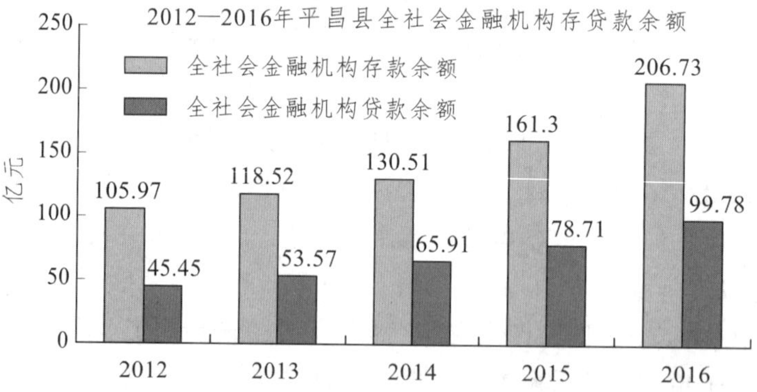

图 6　2012—2016 年平昌县金融机构存贷款余额

在县域的人才方面，平昌县位于四川盆地东北边缘的米仓山南麓，处于四川省的边缘地带，远离大都市的经济圈，经济发展还主要依靠农业经济的发展，速度慢，基点低，而且县域内没有高等院校的庇荫，缺少高素质、高技能人才的支撑，县域劳动力显得整体素质不高，人才流向主要是从农村流向城市，一些县域出现结构性“用工荒”与“招工难”的矛盾现象。这些都会严重影响县域经济的可持续发展。

（3）发展环境还不够强。其一，虽然现在平昌县公路、铁路都方便了，但是其离附近的大都市城市经济圈都还是有一定的距离。平昌县大多是山区和深丘，地势陡峭，山道弯曲，目前交通建设的节奏还相对较慢，对县域经济的发展还存在一定的影响。其二，平昌县山区面积广阔，自然资源丰富，但地区偏僻，管理跟不上，加剧了一些资源的无序开采，一些资源面临枯竭。对资源的过度开发与低效利用，造成水土流失、耕地质量下降、水源污染、土壤板结，生态环境遭到不同程度的破坏。其三，平昌县地偏经济差，对高技术人员的吸引力非常弱，而广阔的自然资源需要用高技术去勘探与开发，这也是一个非常明显的问题。

（4）产业层次的促动性还不够大。平昌县域工业主要还是以资源开采和农牧产品的粗加工为主，缺乏精深加工产品和高科技产品，产品技术含量和附加值低，市场细分度不够，产业经济的规模不大，特色不明，品牌不响。而且，县域的产业聚集度也不算高，有工业布局但不明显，产业的配套也鲜明，没能形成像样的产业集群和产业链条，园区配套水平低，带动作用小，对县域经济的促动机制显得有点弱。

（5）旅游资源的开发性还不足。近几年平昌县虽然始终坚持文旅融合、农旅结合布局旅游业，旅游业发展较快，元山—得胜、青凤—镇龙旅游环线基本形成，涵水—兰草旅游环线启动建设。目前县域内有 AAAA 景区 5 个、文物保护点 562 个、星级饭店 1 个。其中，驷马水乡成功创建国家 AAAA 级景区，驷马河成功申报国家湿地公园，连续两年成功承办环中国国际公路自行车赛、全省乡村文化旅游节，被评为全省乡村旅游强县。这些都是县域旅游经济发展的强大基础。但是从 2016 年平昌县的旅游收入情况看，目前在旅游经济的开发显得动力不足，2016 年平昌县全年旅游总投资 11.23 亿元，实现旅游总收入 31.11 亿元，而且对县域内存量的红色人物和红色景点打造不够，没有充分挖掘县域内的种类红色元素，还需要政府相关部门充分利用革命老区的红色资源+绿色资源+古色资源，大力发展地方旅游产业，用旅游产业拉动县域经济的可持续发展，助力地方产业经济腾飞。

四、基于 SWOT 法的平昌县域经济可持续发展分析

（一）SWOT 分析法

SWOT 分析法也称为态势分析法，20 世纪 80 年代初由美国旧金山大学的管理学教授韦里克提出，在 Mckinsey 公司推出以来，被广泛应用于研究对象战略制定、发展县域分析等场合。

SWOT 分析法常用来分析确定研究对象的发展优势（strength）、发展劣势（weakness）发展中的机会（opportunity）和发展中的威胁（threat）。因此，SWOT 分析实际上是将对研究对象内外部条件各方面内容进行综合和概括，进而分析组织的优劣势、面临的机会和威胁的一种方法。

机会和威胁分析往往将注意力放在外部环境的变化及对研究对象的可能影响上。而优劣势分析主要是着眼于研究对象自身的实力或者与其他相似发展县域的比较。

一般来说，SWOT 分析法中所指的优势和劣势从属于研究对象本身，而机会和威胁则更可能来自外部（包括组织内部环境、社会环境）。

优势：自身出色的方面，或者与其他相似发展县域相比具有优势的方面。

劣势：与其他相似发展县域相比处于落后地位的方面。

机会：有利于职业选择和职业发展的一些机会。

威胁：存在潜在危险的方面。

通过 SWOT 分析，个人或组织就可以清楚自己的优势和劣势，以及自己有哪些发展机会等，运用此方法进行评估时，要尽可能地对面临的各种发展机会进行评估，然后确定发展战略目标，选出最佳发展机会。

（二）平昌县县域经济可持续发展的优势分析

（1）良好的生态环境。四川革命老区由于地广物博、地域偏僻、交通条件较差而远离城市经济的辐射范围，使得县域经济非常滞后。平昌县在四川的省区范围内属于典型的贫困地区，但也正是其偏远僻静和原生态的地域特征恰让这些宝贵的人文环境和自然资源得以原貌留存，使其革命老区的红色文化和绿色资源极为殷实和富庶，成为我国西南地区自然资源尤为集中的区域。平昌县位于四川盆地东北的大巴山系，是一个典型的贫困山区，因县域贫困而更显其环境的生态与原始，其山势雄奇，生态繁茂，物产丰富，风光独具，红色历史文化底蕴深厚，市场开发潜力巨大。特别是这些绿色资源中所蕴含的红色文化更具特色，为革命老区深度挖掘红色文化背景下的绿色产业打下了坚实的基础。充分依靠这些独特的地域条件，不仅有利于生态环境的保护和华夏文明的传承，而且也能为山区旅游扶贫事业的开展创造优质的条件。

（2）丰富的旅游资源。平昌县目前境内有 AAAA 景区 5 个、文物保护点 562 个、星级饭店 1 个。其中，驷马水乡成功创建国家 AAAA 级景区，驷马河成功申报国家湿地公园，连续两年成功承办环中国国际公路自行车赛、全省乡村文化旅游节，被评为全省乡村旅游强县。平昌县人文历史资源丰富，有刘伯坚烈士纪念馆、佛头山、白衣古镇、巴灵台等具有丰富的文化旅游底蕴，具有发展旅游产业的潜在优势。旅游产业链长面广，可将游、娱、行、吃、住、购诸多要素进行融合开发和综合利用。而这些要素综合开发的依附性大，开发成本低，可塑性强，投资小而见效快，依靠老区的自然资源、生态文明和民俗文化很容易打造出独具特色和推广优势的系列文化旅游产品，产生出强劲的感召力与吸引力。这种旅游开发在乡村的示范效应也非常明显，以点成线或以线带面也极易调动起当地群众的参与热情，激活县域经济的发展活力，进而帮助贫困人口及早脱贫，让四川革命老区更能突显出红色文化的生命力。便捷的开发条件可以为其旅游扶贫奠定坚实的开发基础。

（3）丰富的自然资源。课题组整理平昌县统计局 2016 年国民经济和社会发展统计公报的数据资料发现，平昌县生态优势明显，具有发展绿色经济的先决条件，目前四川平昌县有茶叶、花椒、核桃、巴药、水产、莲藕六大特色经济作物。平昌县境内存有野生动物兽类 22 种、禽类 49 种、水族及两栖爬行类 43 种、昆虫类共 60 余类数千种。县境内森林植被主要属大巴山马尾松常绿阔叶林带，有乔、灌木 50 科 160 余种。四川平昌县境内从响滩至元沱一线探测出有石油构造，响滩与立山接壤一代探测出有天然气储量，尖山乡内探测出有出露的石英砂储量，笔山、千秋探测出有稀有金属矿等。

（4）发达的交通设施。从交通区位看，平昌位于成、渝、西经济三角区腹心地带，地处巴中南大门，平昌县正逐步成为我国南上北下和通江达海的重要节点城市，到时也能成功融入成都、重庆和西安的三小时经济圈，具有承启东西、牵引南北的独特区位优势。巴达高速、巴达铁路贯穿全境，镇广渝高速公路正在进行规划设计，营山—平昌—万源高速将纳入国家或省高速路网规划并启动建设，境内将有三条高速、一条铁路，省道由 2 条增加到 6 条，县域交通网络与巴达、巴广、巴南铁路互融互通。同时，巴广渝高速正在加快建设，达渝城际铁路、汉巴渝铁路列入国家规划，“十三五”期间将启动建设，五年内在平昌周边将形成一个纵横交错的综合交通网络，成为名副其实的川陕渝枢纽连接地，区位条件的历史性巨变将前所未有地提升要素吸附力和资源集聚力，加快区位优势向经济优势的裂变，使平昌真正驶入跨越发展的快车道，为平昌县加快发展提供有力支撑。

（5）悠久的农耕种植。四川平昌县地貌属四川盆地外围的山地区，地处大巴山山地。山脉整体呈西北至东南走向，略呈向西南方向凸出的弧形，山顶有平坦顶面，农耕地大约 62.32 万亩，地表形态为长条形深丘地貌。县内河网密度大，流域面积 50 平方千米以上的河流有 21 条，河流在洪水期猛涨猛降，落差大，水能蕴藏量丰富。四季分明，气候温和，雨量充沛，云雾多发，风速小，空气湿润，多年日平均气温为 16.8 °C，非常适宜农业生产。

（6）充盈的人力资源。“十二五”期末，平昌县户籍总人口约为 108 万人，全县常住人口 84.15 万人，而农业人口就达 80.29 万人，农业人口中常年在外务工人员达 30 万人。平昌县是一个典型的农业大县，为产业发展提供了丰富的人力资源。

（三）平昌县县域经济可持续发展的劣势分析

（1）交通运输不便，经济基础薄弱。地处革命老区的平昌县远离达州和巴中等中心城市，地处偏僻，交通不便。离四川省会成都市最短公路里程达 398 千米。从西晋开始，各朝各代对平昌县的管辖划分辗转反复，归属不一，这对平昌县域内的风土人情、生活习惯等文化沉淀存在一定的影响。平昌县是一个欠发达的革命老区，县域经济的基础薄弱。2016 年平昌县全年国税和地税实现税收收入合计 9.59 亿元，全县地方公共财政收入 8.03 亿元，而地方公共财政支出 48.23 亿元。由于与中心城市相隔远，因此运输、通信等基础设施成本高。与发达地区的先发优势对应，欠发达地区的后发劣势导致在经济、文化、社会各方面与其他地方存在差距，也不可避免地带来了各种劣势，使得产业集聚的效应发挥有一定的困难。

（2）农业产业层次低，结构单一。平昌县是一个以种植粮食作物为主的自给自足的农业县。一方面，粮食种植结构单一，农业种植的目的是自给自足。千百年来都是以水稻、小麦和玉米种植为主，如 2016 年全年粮食作物总产量 38.93 万吨中，稻谷产量 14.56 万吨，小麦产量 5.55 万吨，玉米产量 11.89 万吨。另一方面，全年除了产量 3.75 万吨油菜籽油料作物外，县域几乎没有其他经济作物，更没法形成具有规模效应的种植产业。经济作物方面，也极少有以商品生产为目的的。作为一个传统的农业县，农业产业的层次如此之低，从另外一个侧面旁证了该县经济基础的薄弱。

（3）工业产业层次低，创新能力弱。平昌县是一个传统的山区农业县，工业基础异常薄弱，支柱企业和优势产业不明显，仅仅依靠廉价劳动力和农产品等自然资源。2016年全县工业增加值56.53亿元，有一定规模的工业企业也仅有53户，实现主营业务收入198.74亿元，实现利税总额12.9亿元。全县2016年对第二产业完成投资43.03亿元，资金数量非常有限，启动资金难以适应现代工业发展的基础需求。另外，平昌县的技术创新发展水平低，2016年全县实施重点省级重点科技项目20项，财政专项资金910万，县本级实施科技项目18项，财政专项资金100万。2016年推广应用科技成果17项，开发新产品26个。全年申请发明专利90件，实用新型专利45件，外观设计专利30件。总的来看，其创新的动能还是不足。企业发展的动力在于其投资获得收益。当今占主导地位的是知识经济。平昌县由于缺乏创新能力，在产业结构选择、竞争力提高等方面就会受到限制，在技术创新方面也将失去许多竞争优势。

（4）人力资源欠缺，后续竞争弱。平昌县因地处偏僻的大巴山区，而在政治、经济和文化方面都没法占据优势，使得其在人力资本的积累上略显劣势。一方面，由于老区经济、区位、交通、信息等方面劣势地位的限制，平昌县既留不住分配来的科技人员，也不能有效营造能吸引高素质、高技能的管理人才和科技人才的良好氛围，即便是每年从平昌县域考出去的重点大学毕业生，也极少有再回到平昌本土就业创业的范例。例如，平昌县2016年共拥有各类专业技术人员12601人，其中高级职称只有1587人，而中级职称占5501人，初级职称占5513人。也就是说，平昌县域内的高职称人员比例还非常小，绝大部分都还是初级或中级人才。而且，平昌县大量具有初、高中学历的优良劳动力以打工的形式陆续输出到了沿海地区，留在平昌本地从业的大都是留守妇女和老人。

（四）平昌县县域经济可持续发展的机会分析

（1）国家宏观政策的强力支持。我国党和政府一直非常重视革命老区的建设和发展，并将其放在非常重要的战略地位。特别是2017年党的十九大报告明确指出，要加大力度支持革命老区、民族地区、边疆地区、贫困地区加快发展，强化举措推进西部大开发形成新格局，建立更加有效的区域协调发展新机制；同时也指出，农业、农村、农民问题是关系国计民生的根本性问题，必须始终把解决好“三农”问题作为全党工作重中之重。要坚持农业农村优先发展，按照产业兴旺、生态宜居、乡风文明、治理有效、生活富裕的总要求，建立健全城乡融合发展体制机制和政策体系，加快推进农业农村现代化。这些政策在一定程度上有利于老区走上可持续的自主良性发展道路。另外，由于平昌的农业人口特别多，国家扶贫工作把平昌县列为重点扶贫县。平昌是秦巴山区连片的特困县，是川陕苏区革命老区县，也是四川省首批扩权强县的试点县和百万人口大县，还是国家司法部、省发改委和省路桥集团的定点帮扶县。因此，适应新常态、把握新常态、引领新常态是今后一个时期的基本趋势，发展方式的转变、经济结构的调整、发展动力的蓄积，都将有利于我们保持较快的增长速度；同时经过

“十二五”的发展积累，一批重大项目相继开工，特色产业渐成规模，基础设施瓶颈逐步打破，统筹城乡格局加快形成，新的增长动能不断释放，只要我们主动作为、高点起步，充分发挥优势，完全有基础、有条件、有潜力保持中高速增长，实现后发赶超。这些促进政策都为平昌发展县域经济提供了契机。

（2）产业转移引来的商机。平昌县地处成渝东部城市地带，这使平昌县天然成为成渝部经济辐射带动的承接地，将使互补优势、后发优势进一步呈现出广阔前景。同时，目前平昌县域内的星光工业园正在申报省级工业园区，小角楼白酒工业园已完成前期工作，绿色食品加工园、驷马清洁能源园区、五一物流园、两江商贸园在加快推进，这些园区建设无疑为产业转移提供了良好的支撑平台，给平昌县域提供了承接转移的难得机遇。

（3）推进红色旅游带来的机遇。随着人民群众生活条件的日益改善，大家开始把生活目标转向追求更丰富、更高质量的精神文化领域，当今交通运输的便捷更为人们外出旅游提供了良好条件。所以，旅游业将是当今经济发展中增速最快的产业之一，它对各国乃至区域旅游经济的发展都是一个非常难得的机遇。平昌县目前的旅游业还只是处于起步阶段，资源优势还没有转化为经济优势和效益。发展红色旅游经济、打造红色旅游品牌将成为拉动平昌经济和社会发展的乘数效应，既能安置农村剩余劳动力，也能让农业走规模化经济之路，还能高效地打造弘扬民族精神的教育基地。

（4）生态农业迎来的契机。走生态农业的道路，是当今世界农业发展的新趋势。发展生态农业有利于农业结构的优化调整，提高农产品的附加值，带动农村服务业发展并促进经济持续、快速、健康发展。平昌县生态环境优势明显，水质洁净，土壤良好，空气清新，光照充足，雨量适中，农业资源丰富，具有发展现代生态农业的独特优势。平昌县可以充分合理地利用自然资源，提高农业生产力，而且能维护生态平衡、保护环境、净化污染、提高生物能的利用效率和物质循环利用的效率，从而创建一个优美、舒适、文明和高功能的生存环境。当前人类的需求既包括对农产品、工业品和服务产品的需求，也包括对清新空气、清洁水源、宜人气候等生态产品的需求。随着经济社会快速发展、人民生活水平不断提高，生活理念和消费心理都发生了明显变化，特别是低碳生活意识增强，一种回归自然、向往生态、追求绿色的健康生态享受型生活方式正在成为潮流。因此，生态农业的发展趋势为平昌县域经济的发展带来了开发生态旅游、发展休闲生态农业的机会。

（5）脱贫攻坚提供动力。从发展机遇看，国家实施脱贫攻坚工程，省委推进“四大片区”扶贫攻坚，未来五年将打出一套扶贫开发的政策组合拳。中央扶贫开发工作会议明确提出，中央财政一般性转移支付、各类涉及民生的专项转移支付，要进一步向贫困地区倾斜，这是我们面临的最大政策机遇。国家实施区域发展总体战略，推进“一带一路”和长江经济带建设。平昌位于长江经济带的节点，尤其是距离长江上游区域中心城市万州仅 200 千米，具有快速融入长江经济带的先天优势，只要主动作为就能够分享区域合作带来的巨大红利。党的十八届五中全会明确提出大力发展特色县域经济，特别是在农产品精深加工和农村服务业发展方面给予重点支持。平昌作为百万人口大县，将迎来新的重大机遇。

（五）平昌县县域经济可持续发展的威胁分析

平昌县县域经济可持续发展可能面临的各种威胁，主要包括成本因素、人力因素、教育因素和竞争因素等方面。作为革命老区的平昌县处于县域经济的欠发达地区，存在诸多方面的经济制约因素或不利影响。

（1）成本因素。平昌县处于四川东部的革命老区，地域偏僻，第一产业相对活跃，而第二产业和第三产业相对落后，在产业经济的运行中往往缺乏熟练劳动力，以致县域产业经济的生产效率较低，而且企业的物流成本相对较高。因此，平昌县在发展县域经济可持续发展的过程中不具备成本方面的比较优势。

（2）劳动力因素。平昌县是我国中西部地区传统劳务输出较多的区域，平昌县 2016 年有 12601 个专业技术人员，具有初、高中职称的劳动力就有 11014 人，而且有超过 70%的青壮年劳动力都陆续选择到沿海发达地区务工，留在平昌本地从业的大都是留守妇女、老人和儿童，这使得平昌本地非常缺乏具备一定文化知识和劳动技能的优质劳动力，这在不同程度上影响了平昌县县域经济的可持续发展。

（3）教育与技术因素。平昌县域内目前设有各级各类学校 112 所，其中普高 10 所、职业高中 3 所、中等职业学校 2 所、进修校 1 所、特殊教育学校 1 所。全县各类专任教师共有 8370 人。本区域内目前没有普通高校和科研机构。当前平昌县至多只能采取各种措施发展县域内的基础教育，也只能靠拉升当地的基础教育来促进平昌县域经济的发展。正如上边所分析的那样，每年从平昌县域本土考出去的重点大学毕业生，也极少有人再回到平昌本土就业创业或发展。

（4）竞争力因素。平昌县域偏僻，地处山区，没有教育与技术的强力支撑，产业缺乏必要的先进技术和管理经验，加上革命老区的经济基础弱，工业化底子薄，与周边的中心城区距离较远，远离中心城市经济的辐射范围，竞争力相对就会弱化，这些都不利于提高当地县域经济的劳动生产率和创新能力。

（5）投资环境因素。平昌县也在思考抓住全国县域经济大发展的契机，主动融入长江经济带，与达州、万州、安康等区域纵深拓展。革命老区的区位条件、产业发展环境等因素处于劣势，只能以回引创业为抓手发展巴山背二哥季节蔬菜、土兴莲泉水产养殖等，深化与四川铁投集团、绵实外国语学校、高低压电器元件等大企业大集团的合作。2016 年平昌县的全社会固定资产投资 273.59 亿元，比上年增长了 16.2%。但就一个农业大县来说，这类投资还是略显单薄。

总之，平昌仍处于大有可为的重要战略期。我们具备加快发展的有利条件，也面对追赶跨越的难得机遇，后发优势明显，发展潜力巨大，发展前景可期。因此，必须着眼于县域经济的发展而积极引领新常态，深刻把握未来发展趋势，抢抓发展机遇，坚持新型城镇化建设和产业发展提升并举，扩大经济总量和促进基本公共服务均等化同步推进，不断攻坚克难、追赶跨越，确保决战贫困和全面小康同步实现。

五、平昌县域经济可持续发展的长效机制构建研究

县域是因县级行政区划而人为分割成的某种空间区域，它往往由众多乡镇级甚至村社级单位构成。而县域经济通常是以县城为县域经济发展的核心，以村社为县域经济发展的腹地，再以乡镇为连接县城与农村经济的桥梁或纽带，县城经济、乡镇经济和村社经济三者互兼互融，共同形成了一个地域特色突出和功能分区明显的地方区域性产业经济。而县域经济竞争力则是指县域因合理配置或优化利用经济资源而获得某种竞争优势的驱动力。四川革命老区的地域条件相对较差，要解决革命老区平昌县县域经济可持续发展的长效机制，必须设法提升四川革命老区县域经济的核心竞争力。为此，课题组经过详细考察与精心商虑，结合四川平昌县产业经济发展的基本进程和自身资源的开发情况，认为必须着力体现革命老区绿色产业的创造价值。我们应重点从运行机制和保障机制两个方面着手进行建设。

（一）平昌县域经济可持续发展的运行机制构建分析

1. 构建目标：发展特色产业，提升经济的核心竞争力

平昌县县域经济发展的最终目标就是要从根本上彻底解决老区人民的“三农”问题。因此，要解决革命老区平昌县县域经济可持续发展的长效机制，必须设法提升四川革命老区县域经济的核心竞争力，即依据比较优势理论实现老区的农业现代化、工业化和城镇化经营，彻底解放老区的落后生产力，提高农业经济的增加值。结合老区县域资源调整产业结构，也能为农村富余劳动力提供更多的就业机会，增加农民收入；同时，通过县域农业经济附加值与工业产值的挖掘，也能促使农村人口逐渐向城镇流动，推动城镇经济的繁荣，加速城镇化建设的步伐和社会服务业的进程，进而激活城镇第三产业的迅速发展，还能反向再次刺激农业现代化和工业化的发展，形成第一、二、三产业的循环。

2. 构建理念：弘扬老区精神，夯实县域经济可持续发展的思想基础

四川革命老区的红色历史文化底蕴深厚，处于老区的平昌人更要秉承革命先辈的光荣传统，用勤奋、踏实、进取的革命精神努力拼搏，夯实县域经济可持续发展的思想基础。

（1）要传承和弘扬老区人坚韧不拔的革命精神。收集整理老区县域的红色历史文化，用先辈事迹来教育、熏陶县域的各级干部群众，激发老区人民树立坚持不懈和顽强拼搏的老区意识，用锐意进取的苏区精神来建设发展老区的县域经济。

（2）要教育老区干部群众切实转变发展观念。国家政府在政策、资金和项目等方面虽然已给予四川革命老区大力的扶贫支持，但我们更应该发扬老区人艰苦创业、自

力更生和长期奋战的精神，树立自我进取意识，不能一味等着“输血”或躺在国家的扶持上来建设老区，而要想办法增强自我“造血”功能，在国家帮扶下奋起直追。

（3）平昌县域要充分发挥自身的资源禀赋和特有的区位优势，找准自己的比较优势和特色点，扬长避短，再依据比较优势理论制定出适合本区域经济发展的重要目标和经营战略，通过市场机制引导企业进行生态补偿，[8]有效促进区域间的产业经济协同发展。

3. 构建缘由：基点弱，竞争力不强

课题组在前面已分别从交通运输不便、经济基础薄弱，农业产业层次低、结构单一，工业产业层次低、创新能力弱，人力资源欠缺、后续竞争弱等几个方面重点剖析了影响县域经济可持续发展的劣势与不足，接下来要进一步把握影响四川平昌县县域经济可持续发展运行机制构建的几个基本动因。

（1）基础条件较差，竞争基点弱化。四川革命老区在市场竞争力方面远远不如我国东部沿海或四川腹地的平原县域，其硬环境建设和软环境支撑都显得非常滞后。首先，依经济增长极理论和点轴开发理论，平昌县地处偏远，经济底子薄，贫困人口数量多，远离附近大中城市经济的辐射范围，其辐射带动能力越来越小，失去了中心城市的带动功能和区位优势，毫无竞争力可言，从根本上延缓了城镇经济向农村经济的延伸和城乡一体化建设的节奏。其次，平昌的地域条件较差。平昌的生产条件和生活条件较艰难，主要靠人畜劳动种植，资源开发利用程度低、节奏慢，再加上农畜产品的生产周期长，易受自然生产条件的影响，如遇旱涝虫灾还可能颗粒无收，容易造成老区县域经济呈波动发展。最后，平昌县的地方财政较困难，县域工业经济起点低，公共服务设施不完善，基础设施建设也远远没跟上城镇化建设的步伐。按照经济梯度推移理论，四川革命老区的工业化建设已处于由中心城市向幅员农村逐渐推进的末端，这大大弱化了平昌县域经济发展的竞争力。

（2）经济水平低，竞争动力不足。首先，由于平昌的民营企业在企业中占比相对较大，它对地方县域经济的促进作用也非常有限。因为民营企业规模小，盈利能力低，资金、技术和人才等资源相对匮乏，难以形成市场占有率高和科技含量高的优势产品，导致县域工业化进程缓慢，在竞争中与国有企业无力抗衡。其次，平昌县的组织化程度较低，家庭式的小农生产收入没有保障。因为老区县域的市场信息闭塞，难以提供质优价高和适销对路的农副产品，农产品丰收未必能让农民增收，如遇种子、化肥等生产资料价格上涨，则会增加农民的生产成本，可能连基本投入都难以回收。这种低端的经济水平根本无法形成市场经济竞争的强大动力。

（3）融资困难重重，竞争起点低劣。首先，平昌县域的投资环境和生活环境都较差，交通条件不便利，信息闭塞，对技术人员和外来投资者也毫无吸引力，再加上人们重视资本金的逐利性和增值的倾向性，大量农村资金逐渐流向大中城市，平昌县域的中小企业和广大农民难以融到基本的支农资金，就连获取小额贷款也困难重重，这使得老区县域经济的竞争起点非常低。其次，平昌县的基础设施落后，投资软环境较差，有些县域招商引资理念有偏差，吸引的外资总量较小，逐利色彩也较浓厚。一些引入的资金没有投向城镇化急需的工业建设和基础设施建设，而是投向逐利空间较大的小冶炼厂、小砖厂或小煤窑等资源富集区，甚至有的还对县域矿产、森林和土地资源进行大肆开采与开发。这些对县域经济的整体发展不仅没有推动力，反而还会严重破坏县域的自然生态和生活环境，违背了县域经济可持续发展的初衷。

（4）特色经济不显，竞争力缺乏。首先，平昌县的城镇化水平较低，经济实力较弱，工业布局分散，加之农副产品的经济附加值低，虽然县级城镇也有一些零星工业分布，但缺乏科技含量，受市场经济的冲击较明显，没法形成产业集群，更难以形成企业的特色经济、规模效应和竞争实力。其次，平昌县域农业经济虽有一定的比较优势，农业基础相对较好，农副产品深加工也有一定的潜力，但一些县域的行政官员只重视发展能引领城镇经济的“工业”，却不愿在农业产业链方面下功夫。当然，也有的县域虽选准了本区域的主导产业，但仍受制于资金和区位瓶颈，难以做大做强。最后，平昌县域经济虽能依托农业和农产品初加工大力挖掘县域经济的潜力，但产业链条短，产品技术低端，难以形成较高的经济效益增长点，不具备品牌优势，也同样支撑不了县域经济的可持续发展。

（5）产业结构滞后，竞争合力不强。首先，平昌县目前所面临最突出的问题应该是继续调整其经济结构，平昌县产业结构调整节奏趋缓，产品结构缺乏深度调研或战略升级。在平昌县域经济构成中，目前比重最大的仍是第一产业中的传统种植业和养殖业，而生态农业和优质高效农业虽有发展，但占比非常小。总体来说，老区多为大众型的简单加工产品，缺少名牌效应的精加工产品，市场活力明显不足，更谈不上县域经济的竞争合力。其次，虽然平昌的森林资源和农副产品非常丰富，但分别受国家的林业政策和市场开放价格的冲击，林木不能进行大规模砍伐，农副产品售卖达不到目标利润点，也就难以形成规模的经济效益。最后，平昌县的第三产业随着近年来城镇化进程的推进虽有所发展，经济比重也有所提升，但受老区工农业发展水平的限制，仍主要集中在传统服务业方面，与工农业配套的现代信息系统和物流技术尚未形成，与现代商业经济的发展不匹配，所以毫无竞争力可言。因此，二、三产业落后是老区县域经济竞争合力不强的根源，产业结构不合理是其难以持续发展的关键。

（6）劳动力素质低，缺乏竞争的人力支撑。首先，由于平昌县的地理位置处于偏僻的山区，是一个典型的贫困区域，县域财政资金捉襟见肘，缺口较大，教育投入也就深受影响，投资于基础教育的社会资金也非常少，以至于老区基础教育的硬件设施简陋，软件设施不全，教学水平难以保障，不仅吸引不到外来资金和高职称人才，甚至连本地人才也难以留住。其次，许多农村家庭由于受长期传统观念的影响往往只追逐农业生产的一般体力劳动需求，以至于众多适龄学生学习动力不足或中途辍学，这种观念和现象代代相承，导致老区县域的人力资源开发受阻，农村人口素质明显低于全国平均水平，进而严重制约了县域经济的增长和产业结构的调整。最后，老区农村人口的劳动力素质也会直接影响他们自身的收入水平和生活质量，从而限制了农村消费市场的拓展和县域经济的可持续发展。因此，劳动力低素质会阻碍县域经济发展的进程，而落后的县域经济又会制约地方教育的财政投入，而教育投入不力又会严重影响人力素质的提升，形成恶性循环。

4. 构建主体：政府主导，市场运作

处于四川革命老区的平昌县，地理位置偏僻，经济基础比较薄弱，基础设施建设相对落后，综合竞争力水平较低，如果只依靠市场运作，则显然已无法充分发挥其农业“资源禀赋”的实际效果。因而在目前平昌县域经济可持续发展的运行机制构建过程中，应选择“政府主导，市场运作”的发展路径，充分依托其丰富的特色资源，开拓其市场正常运行的机制，消除阻碍平昌县域经济可持续发展的运行机制构建的各种不利条件。市场在平昌县域经济可持续发展过程中始终扮演着核心角色，政府出台的一系列政策将起到扶持作用。当市场环境比较完善时，政府就可以只起到宏观指导和调控的作用。当然，这种角色安排不是一成不变的，应随着平昌县域经济可持续发展的进程而逐步减少政府外在驱动力，让市场内生动力更多地发挥作用。

5. 构建方式：调整产业结构，提升平昌县域经济竞争力

（1）强化基础设施建设，牢实平昌县域经济可持续发展的基础保障。平昌县域地广物博，资源丰富，劳动力非常充足，已形成了独特的自然环境和特有的区域优势，但还是必须破解其四川革命老区地域偏僻和投资不足等难题，尽力平衡发展城乡经济。首先，要解决制约平昌县域经济发展的交通运输问题。老区平昌县必须加快城乡交通建设，逐步形成高效通畅的交通运输网络，实现城乡道路“无缝对接”，打通老区物流产业发展的“高速路”。只有突破了交通运输的“瓶颈”，才有可能真正降低物流成本。其次，要合理规划平昌县的城镇建设，增加城市的辐射功能。提高平昌县城市建设品位和风格，不断壮大平昌的县域经济。平昌的重点城镇规划数量不宜过多，要优先发展县城周围或沿交通干线两侧或基础较好、发展潜力较大的建制镇，重点打造 2 ~ 3 个“全县高层次、全市上档次、全省有名次”的川东老区物流贸易重镇，发挥这些重镇对发展平昌县域经济的辐射带动功能，进而将平昌县域建设成环境优良、格调优美和布局优化的宜居宜游宜业的现代化新农村。所以，要推进老区平昌县域经济的可持续发展，就必须夯实平昌县的基础设施建设。

（2）挖掘红色文化资源，用旅游业带动平昌县域经济的可持续发展。红色旅游作为精神之旅，旨在弘扬红色精神。四川东部革命老区位于四川盆地东北的大巴山系，山势雄奇，生态繁茂，物产丰富，风光独具，历史文化底蕴深厚，市场开发潜力巨大。特别是这些绿色资源中所蕴含的红色文化更是独具特色，是全国 30 条红色旅游精品线路之一，曾被誉为中国的第二大苏区，这些为老区深度挖掘红色文化背景下的绿色产业打下了坚实的基础。因此，平昌县的老区建设应以当地丰富的绿色资源为依托，以其红色文化为背景，以城乡旅游景点为轴心，加大平昌县域内旅游资源开发的力度，

把四川东部的红色之旅打造成为中国川东的旅游品牌，促使老区的红色旅游产业成为县域经济增长的新亮点。同时，也要着力打造平昌县特色化的乡村风景，围绕提升平昌县的生活品质、集聚人气、带动商机的县域经济发展思路，尽量延伸其产业链，规划出“城区有主调，乡镇有主题，村社有特色”的农村小镇建筑风格，将城市人口慢慢吸引去感受的农村。这样既能把一、二、三产业串起来联动发展，也能实现“红”“绿”“古”资源的整体开发利用，用旅游业及现代服务业带动县域经济发展，形成连锁经济效益和聚银效应。

（3）统筹城乡产业布局，用优势产业集群支撑平昌县域经济的可持续发展。四川革命老区作为相对落后的农业区和边缘区，其平昌县的工业技术水平偏低，对县域经济效率的提升也有强烈的需求。首先，要优化平昌县的产业空间布局，提升集聚经济效应。依产业经济学理论，良好的空间布局能降低交易成本，产生集聚经济效应。平昌就应以优势资源为重心，依托交通干线和重点城镇优化产业空间布局，促进产业集聚，利用产业集聚的积极效应，带动整个区域的经济发展，为优势产业的发展提供强力支撑。这样不仅能保护生态环境，形成具有老区特色的平昌县经济格局，而且还能提升产业竞争力。其次，平昌可依托省界的边缘优势，引进邻省大中城市先进企业的生产技术，特别要推广应用适合于老区特色农产品种植、养殖、加工和食品制造等现代工艺，加快产业的转型升级，调整产业结构，引进竹木工艺品生产技术和生物制药技术，提升产业发展的技术支撑能力。最后，要解决老区工业经济基础薄弱问题。平昌县的农业结构主要还是以传统种植业或畜牧业为主，必须依平昌县的生态环境优势，在农牧产品上下功夫，突破小农式的家庭生产格局，大力开发木制家具、藤编和竹纤维制品等产业，增加农产品的科技成分和附加值，提高平昌县域工业的机械化程度和集约化水平，促进区域产业协同发展，实现平昌县农牧产品的产业化、规模化效益。

（4）推进三产融合互动，提升平昌县域经济可持续发展的经济基础。坚持产业兴县，推进平昌县的“三产互动”，依托平昌县的资源优势和产业基础，抢抓新一轮产业革命和产业转移机遇，科学布局产业发展，拓展产业发展空间，构建以“一区四园四大主导产业”为重点的新型工业，以六大产业为特色的现代生态农业，以乡村旅游、电子商务、商贸服务和森林康养为重头戏的现代服务业发展体系。首先，可在县域内充分利用县域经济优势，优化省级经济开发区建设。加快基础设施及功能配套建设，大幅提升园区承载水平；深入实施星光工业园“智慧园区”建设，加快提档升级步伐，争取将星光工业园创建成为省级经开区，加快引进一批投资额度大、产业链条长、带动能力强的企业入园，实现扩园增效，促进园区工业集群集约发展。加快推进信息技术在经济社会各领域的广泛运用，建立完善商务活动、管理活动和消费活动的电子商务体系；实施电子商务“个十百千万”工程，推动电子商务进农村，加快农村电商发展。其次，依托县域农业经济，建设种植产业集中区。围绕建设川东北茶叶产业和花椒产业强县的目标，依托现有基地、龙头企业和品牌，以推进茶业现代化建设和种植产业升级为主线，以增强市场竞争力为核心，坚持内挖潜力，外拓空间，建设茶叶和花椒产业集中区，打造一批富有平昌地域特色的茶叶和花椒品牌，培育集规模种植、冷冻保鲜、精深加工、品牌营销、旅游观光为一体的知名龙头企业，延伸花椒产、加、销产业链条，逐步形成资源充足、利用率高、产出效益显著的产业发展新格局。最后，建设康养旅游度假区。巩固全国休闲农业与乡村旅游示范县发展成果，激发乡村旅游环线活力，以旅游带动脱贫奔康。加强巴灵台、佛头山、驷马景区经营管理，加快培育旅游新业态，提升品位，打造乡村旅游品牌。坚持产旅融合、文旅融合，实现产业园区与旅游景区同步建设，可以思考以三十二梁为核心，建成以“休闲养生、旅游度假、健康养老”为主题的三十二梁、镇龙山、皇家山康养中心。

（5）挖掘劳动力资源，提升平昌县域经济可持续发展的人力支持。第一，要建立服务老区县域经济可持续发展的人才保障机制。人才仍是平昌经济发展的根本动力。平昌县要积极依托高校及科研机构定向培养专业技术人员和管理人员，完善平昌县域的人才选拔、流动和分配激励制度，在尽量留住本土人才的同时，吸引更多的优秀大学生到老区农村支农、支教和扶贫，形成一批数量和结构相对稳定的人才队伍，这样才能潜移默化地带动提升老区人民的科技文化水平。第二，要抓实基础教育和职业技术教育，增大教育投入来开发平昌县的人力资源。用职业教育、成人学历教育和证书培训等方式加大对平昌县劳动者得现代农业技能、法律知识、管理理论、营销技术等系统知识培训，优先对老区农村困难家庭子女实行技能培训，用新技术、新知识的短训造就一批有文化、懂技术、会经营的老区新型劳动者。第三，要充分利用平昌县留守妇女的劳动力资源，弥补劳动力之不足。平昌县男性劳动力已大量外出务工，可安排留守妇女到技术含量低、技能要求不高的劳动密集型产业链上从事玩具、服装或制鞋等岗位工作，有效利用农村闲散劳动力资源。第四，要加快平昌县城乡一体化建设的节奏，提升平昌县的城镇化水平。改革户籍制度，加快农村人口向城市流动的步伐，鼓励农村居民走出山区，去城镇创业，完善社会保障体系，这样才能构筑起平昌县域经济可持续发展的人力保障。

（6）重视文化精神帮扶，为县域经济发展塑造文明新风。物质致贫的根源是文化致贫，而文化致贫必然引起物质致贫。无论是物质贫困还是精神贫困，都貌似因经济问题致贫，实际上它背后却隐藏着更为深远的文化根源。一是要理顺平昌县文化建设与县域经济发展相匹配的管理机制。尽量创造条件健全县、乡、村三级文化建设组织机构，也可在中心城区和重要乡镇率先试点设立文化站馆或图书馆等，并理顺这些组织的运行制度，充分发挥其育人功能，基层文化建设经费实行财政保障，并适当添置基本的设施配备，不能轻易放手推向市场。二是要健全平昌县政府投资农村文化建设工作的补偿机制。各级部门要一手抓经济建设，一手抓文化发展，加大对地方文化事业的保障，对古民居、民俗文化资源、非物质文化遗产实行财政补贴，加大对农村文化产业和文化事业的扶持力度。三是要形成文化化人的引导机制。充分利用平昌当地文化资源开展深受群众喜爱的、体验性较强的节庆、演艺和赛事等活动，占领县域的主流文化和社会主义核心价值观主阵地，改造贫困地区的不良社会风气和落后习俗，为扶贫工程的有效开展奠定坚实的社会基础。四是要形成农村非物质文化的创意保护机制。收集或整理民间乐舞、传统工艺、杂技民俗等非物质文化，进行创意策划和深度挖掘，营造农村健康文明的文化生活环境和农民爱美求乐的精神文化氛围，为平昌民众的职业素养提供强力支撑。

（7）推动文化产业升级，为发展县域经济提供强劲动力。平昌县必须着力建立符合县情、覆盖城乡的县域文化产业体系，加大城乡公共服务基础设施投入力度，推进资源整合和设施共建共享，有序扩大基本公共服务供给范围，提高基本公共服务共建能力和共享水平。特别是平昌文化产业，其开发过程实际就是县域经济的发展过程。文化产品可以通过市场得到流通并获得相应的价值补偿，从而实现文化产业经济效益与社会效益的有机统一。四川东部革命老区历史文化底蕴深厚，市场开发潜力巨大。地方文化市场也是县域经济体系的一个重要组成部分，是连接农村文化产业与消费者的重要纽带，文化市场的发育程度直接影响农村文化资源开发的营利空间，城市文化市场也是老区县域经济发展的强大驱动力。第一，要进一步拓宽平昌县农村文化市场投融资的主体渠道。在平昌县的文化资源开发领域要塑造农村文化市场的多元化投融资主体，政府要逐渐让位于市场主体，慢慢从文化投融资的主体地位中退出来，再想法鼓励民间资本逐渐融入广大的农村文化市场中，给这些资金注入者以土地、税费或人才等方面的大力支持。第二，要提高平昌县农村文化投融资的市场化程度。例如，可以针对平昌县农村文化资源的开发发行公司性质的地方文化债券或文化产业开发基金等，弥补地方文化建设资金缺口。第三，要组建平昌县专门从事农村文化产品推广策划和市场运作的风险评估担保等文化中介机构，创造条件鼓励城市文化企业深入农村，纵深挖掘平昌县当地的特色文化资源，降低文化企业投资平昌县农村文化资源开发的利率水平，形成以平昌县文化产业带动老区县域经济迅速发展的新格局。

（二）平昌县域经济可持续发展的保障机制分析

1. 政策保障

（1）国家近年出台的扶贫政策给贫困地区的产业发展带来了希望。2017 年党的十九大报告明确指出，要满足人民过上美好生活的新期待，必须提供丰富的精神食粮；要深化文化体制改革，完善文化管理体制，加快构建把社会效益放在首位、社会效益和经济效益相统一的体制机制，要完善公共文化服务体系，深入实施文化惠民工程，丰富群众性文化活动；要加强文物保护利用和文化遗产保护传承；要健全现代文化产业体系和市场体系，创新生产经营机制，完善文化经济政策，培育新型文化业态。同时，也指出要加大力度支持革命老区、民族地区、边疆地区、贫困地区加快发展，强化举措推进西部大开发形成新格局，建立更加有效的区域协调发展新机制。十九大报告指明了国家对贫困地区产业发展助推的方向和目标，也为革命老区县域经济的发展提供了强力的政策支撑。

（2）组建平昌县经济发展的专门领导或协调机构。平昌县政府相关部门可以考虑针对县域经济发展工作组建一个专门的领导机构或行业协会，用于宏观指导和协调管理本县域经济可持续发展工作；或者考虑实行由县委或县府牵头，由发改委、中小企业局、工商局、旅游局、财政厅、税务局等相关部门参与的“县域产业经济发展联席会议制度”，有关县域产业经济发展中的重大问题都可以通过联席会议来共同磋商、协调和解决，最终为县域经济的投资改善及政策环境奠定基础。地方政府还可以提倡有关部门建立县域产业经济协会，使之作为联系各个产业界的桥梁，促进企业、行业协会与政府部门之间的良性互动，最终推动县域经济可持续发展。

（3）平昌地方政府各相关职能部门必须具备保护资源的长远意识。平昌政府部门不仅要抓地方产业经济，也要弘扬红色革命文化，将资源保护与利用、产业开发和区域经济发展一并纳入地方政府相关部门及管理干部的考评机制，从管理理念上提升地方政府对资源利用保护与产业经济共同开发和同步增长的意识，用绿色产业经济去映衬地方区域发展，用县域产业去支撑区域经济的发展，所以必须进一步加大力度促进平昌县域经济的融合与发展。

（4）地方政府要出台相应的政策给予县域产业发展相应的支持。重点培育县域内的骨干企业，对获得国家或地方认可的项目或企业，要给予财税政策优惠或相应的奖励；要鼓励科技创新，对有发明专利的企业进行奖励。同时，要加强政府相关部门对产业市场的监管，规范市场秩序，对产业市场要进行重点监管。

2. 立法保障

平昌县域经济的可持续发展特别需要良好的立法作支撑。要想实现县域经济的可持续发展，就需要搭建起与社会主义市场经济体系相适应的经济立法保障体系。知识产权保护是县域产业经济发展的关键。虽然我国制定了《知识产权法》等相关法律，但是与国外相比还具有明显差距，目前我国知识产权保护领域还处于初级阶段。因此，要让贫困地区的县域经济可持续发展，就必须为企业塑造健康、公平的市场环境，加强市场监管，运用知识产权法保护创新者的积极性和投资者的利益，使产业创新获得持续的活力。首先，经济管理的相关部门要根据平昌县的实际情况，认真做好相关的文化与产业方面的市场调研工作，制定明确恰当的产业发展制度。建议平昌县政府或相关立法机构制定针对县域经济产业的专项法规，尽量从市场监管、知识产权保护、风险评估、金融支持等方面，明确政府、企业、消费者等主体的法律责任和权力，为平昌县域经济的可持续发展扫除障碍，并营造一个良好的制度环境。其次，要对县域经济的可持续发展进行市场化、法律化的监管。一方面要从根本上把文化产业方面的法律法规提高到一个较高的层次；另一方面，要将市场管理与市场实际应用有机地结合起来。最后，提高平昌县各部门依法履行职责的能力和水平，加强宣传产业经济发展的各项法律普及工作，让相关的法律知识融入企业经济的发展中。

3. 人力保障

（1）跟进人才管理。要想让平昌县的县域经济能够可持续发展，必须重视对各类管理人才和技能人才的挖掘、引进和培养。加大各类人才培养力度，最大限度释放人才红利，为经济社会加快转型升级提供人才保证。建立适应经济社会发展需求的人才队伍，加强党政人才、企业经营管理人才、专业技术人才、社会工作人才、农村实用人才等各类人才队伍建设；加大重点领域急需紧缺的研发人才、管理人才、技术人才开发力度，注重复合型人才培养。大规模开展重点领域专门人才知识更新培训，注重在一线培养实用型、技能型人才，着力培养一批产业领军型、经营管理型、农村实用型和行政管理型高素质人才；营造良好的人才发展环境，完善人才培养开发、流动配置、评价发现、激励保障机制；实施更加积极的创新人才引进政策，健全人才向基层流动、向偏远地区和岗位流动、在一线创业的激励机制，促进人才资源有效配置。建立科学的人才评价机制，完善全员绩效考核办法，建立科学的干部考核评价体系。加强对人才创新创业的政策支持力度。落实事业单位人事制度改革政策。

（2）重点培育旅游专业人才。平昌县要重点挖掘和发展地方旅游产业，其中旅游人才是发展的关键。平昌县旅游业起步相对较晚，尤其是最近几年红色旅游才得到政府重视，文化资源挖掘不充分，利用不彻底，与其深厚、丰富的红色旅游资源不相匹配，“红”“绿”两种资源没有真正融合对接起来；旅游专业人才比较匮乏，尤其是缺乏高级旅游管理人才，缺乏具备旅游专业背景的政府领导、缺乏红色旅游专业人才，这些将会给巴中地区的红色旅游产业发展带来很大的阻碍。首先，平昌县可以大量引进大专院校旅游专业的毕业学生到旅游企业就业，同时加大旅游培训和旅游教育扶持的力度。根据平昌实际情况认真做好区域的人力资源规划，着重培养一批旅游高级管理人才、旅游经营人才和专业的红色旅游服务人员，建立一支政治过硬、业务精良、服务水平较高的红色旅游从业队伍。我们省内本专科院校开设旅游专业的学校较多，政府可选择不同层次的部分院校进行一定的资金支持和教育技术指导，如可联合巴中职业技术学校对当地红色旅游专业人才进行培养，让大专院校成为平昌县红色旅游服务人才的主要供给单位，让企业成为大专院校人才培养的实践基地，互利互补，建立一套切实可行的人才培养机制。同时，加强对在职红色旅游服务人员的定期培训，不断提升旅游从业人员的整体业务水平。其次，平昌县应坚持“人本”管理理念，实行人性化管理。可以由平昌县政府出面组建导游协会、旅行社协会等行业协会组织，充分发挥其协调、管理和监督职能。建立平昌县旅游企业人才信息库，强调旅游专业人员实行持证上岗，按岗设酬，提高人才信息管理效率，维护旅游市场秩序，建立和完善各种岗位培训、资格与级别认证、岗位与技能考核等相关制度。对平昌县旅游专业人才建立短期和长期相配套的人力资源规划，实行弹性管理，提高从业员工对地域产业经济发展的忠诚度与自豪感。

（3）强化就业与技能培训。首先，加强公共就业和人力资源市场建设，强化劳务输出，保持就业局势稳定。全面实施劳动合同制度，建立企业集体协商和集体合同制度，完善劳动关系三方协调机制，劳动争议案件得到及时有效处理，监察执法机制更加完善，基本实现劳动关系调整市场化、法制化。其次，大力推进就业和社会保障服务设施建设，增强公共就业服务、农民工服务、职业技能培训、人力资源服务、社会保险经办、劳动关系协调、劳动人事争议调解仲裁、劳动保障监察等服务功能，提升服务覆盖率和服务水平。最后， 建立健全职业培训机构，提高培训层次，形成面向市场、运行有序、管理高效、覆盖城乡的职业培训和技能人才评价制度，基本建立起专业齐全、梯次合理的技能劳动者队伍。

4. 资金保障

随着全国城镇化建设和县域经济的快速发展，金融支持能为贫困地区县域经济的可持续发展提供强大的动力，国家层面实际已非常重视县域经济可持续发展的金融支持。促进县域经济可持续发展与金融合作主要应从以下两个方面着手思考金融支持。一方面，完善县域经济的投融资机制。县域经济的投融资机制是否完善是影响县域经济可持续发展的重要因素。目前，很多企业尤其是中小企业都面临着融资的困境，平昌县有必要根据实际情况建立起有效的多元化、社会化、公共化投资、融资体系，以促进贫困地区县域经济的可持续发展。特别是平昌县政府应发挥公共财政的主导作用，加大政府投入和扶持力度，引导金融机构加大对县域企业的资金支持力度，形成政府投入与社会投入相结合的多渠道、多元化投融资机制。其县域经济发展的资金来源的民营化和社会化，鼓励和支持民营资本和社会资本进入产业发展领域。通过设立进行市场化运作的产业投资基金，并引导各类产业投资基金、创业风险投资基金投向产业。此外，平昌县政府也可以鼓励企业发行股票和债券，直接从资本市场融资，以此增加平昌县域各类企业所需的发展资金。

5. 保险保障

要使贫困地区县域经济能健康有序发展，还必须完善企业的保险制度。成熟的企业保险体系的参与者不仅包括投保人和保险公司，还包括第三方评估机构、保险经纪人等配套服务机构。课题组主要从企业、保险公司以及政府和保险管理机构三个保险参与主体进行分析。

（1）从企业角度。保险公司在决定是否承保企业某项风险时，重点考虑因素之一便是企业是否建立起了风险管理基本框架。平昌县的各类企业尤其是规模较小的企业，要改变融资困境必须建立包括目标设定、风险识别、风险评估、风险应对、风险控制以及风险监控等的风险管理框架。此外，平昌县的各类企业还应积极探索建立起完善的现代企业制度，完善公司治理机制和财务会计制度，提高企业信息透明度。

（2）从保险公司角度。首先，平昌县要尽力完善地方各类产业和企业的保险服务体系。保险公司作为产业或企业保险的直接提供者，保险产品的完善程度对企业的购买意愿起着重要的作用。建议平昌县的地方保险公司应针对其企业和保险标的规模和性质设计出具有实际效用的保险产品。其次，平昌县也要加大市场调研力度，完善产业或企业的各类风险监控，详细掌握产业或企业的具体操作流程和风险，并针对产业的各个具体流程或环节建立起专门的风险评估标准，这样才能对承保标的不同阶段的风险进行有效的监控和保障；同时还应考虑建立产业或企业的保险风险数据库，以便合理确定保险费率，有效实施保险管理。

（3）从政府和保险管理机构角度。① 加强平昌县的各类企业与保险业之间的相互信任，提高企业参与投保的积极性。要推动企业或产品的保险发展，仅靠保险公司的努力还远远不够，企业也有必要提高保险意识。平昌县政府的各个职能部门作为独立于保险合同的中间人也要对企业加强宣传，要意识到企业或产品保险对平昌县县域经济可持续发展的重要性。一方面，通过专家讲座形式使企业了解保险，或组织企业和保险公司及相关部门一起会谈，及时发现并解决产业保险推广过程中可能存在的问题；另一方面，构建网络信息共享平台，在网络平台上公开企业的各类保险案例、相关保险知识等，向有潜在需求的企业提供相关保险内容。② 平昌县可以思考针对县域经济的实际情况积极培育专业的第三方企业经济发展的评估机构，助推当地企业保险事业的有效发展。另外，平昌县政府还要注意培育对保险公司和企业信誉和风险管理能力的评级机构，主要基于保护投保人的利益，组织独立的专业评级机构对保险公司的赔偿支付能力进行评级。③ 设立企业专项风险补偿基金或企业保险补贴资金。一方面设立企业专项风险补偿基金，从项目筛选平台和风险保障方面建立一整套专项风险补偿基金机制，吸引多方共同支持企业参保；另一方面设立企业保险补贴资金，主要用于补贴企业的保费，减轻企业资金压力，以便更有力地促进企业产品开发和知识产权保护。

6. 财税保障

. 四川东部革命老区的经济基础本来就比较薄弱，县域经济发展的相关基础设施和交通设施都还相对落后，这对平昌县域经济的可持续发展存在非常大的影响。平昌县政府部门应尽力制定出针对县域经济发展的各种“倾斜性”产业政策，在财政与税收方面尽量对县域内的各类企业进行有效扶持。

平昌县地方政府也可以考虑设立县域经济可持续发展的专项资金，在努力争取国家财政资金投入的同时，要加大对产业的项目支持和投资预算，然后再制定产业发展的专项资金管理办法，用于加强对投入资金和项目的监督管理，以提高财政资金的使用效益。例如，可以考虑对新成立的企业在一定期限内免征部分企业所得税；对于重大项目政府的财政投入比例也要适当加大，并帮助企业争取国家产业专项资金投入；对从事科技研发的企业要考虑减免一定的税收；对于经营困难的中小企业也要考虑进行适当的税收减免等。

总之，四川革命老区的资源种类繁多，涵盖了红色文化、绿色资源和人文古镇几大主类，兼具自然资源的属性和厚重文化的底蕴，筑就了四川平昌县各类资源产业化的红色、绿色和古色三大基本色调。所以，平昌县必须牢实基础设施建设，调整产业结构，充分实现红色文化产业与绿色产业的融合对接，才能真正实现红色文化资源的追忆、感恩和升华，显现出平昌县县域经济的主流特征和核心竞争力，用浑重厚实的资源促进平昌县域经济的有序竞争和良性发展。

六、课题研究结论与展望

革命老区的经济建设是一个经济问题，也是一个政治问题。革命老区经济发展滞后，有历史的、自然的原因，也有国家政策方面的原因。要让革命老区的经济社会发展尽早赶上东部地区，让老区人民共享改革开放发展成果，实现平昌县域经济可持续发展就成为必然选择。

（一）课题研究结论

课题结合四川东部革命老区和平昌县的实际情况，在深入调查的基础上，通过分析、研判与探讨，对平昌县域经济的可持续发展研究得出如下结论。

（1）平昌县域经济可持续发展的关键环节就是要调整县域的产业布局，综合运用法律、经济、行政等手段，充分发挥政府的宏观调控功能，进一步提升县域的核心竞争力。

（2）地方政府及职能部门要有弘博而宽裕的县域经济可持续发展意识，要尽量将经济发展与产业发展融合对接起来，把产业经济发展中的创意与品牌建设结合起来，用专业化的产业开拓思绪去思考和开掘县域经济，用科学发展观去规划和描绘文化的建设蓝图。

（3）四川平昌县积极依靠自己得天独厚的资源优势，探索县域经济的发展，产业经济的综合开发不仅是可行的，而且是必要的，平昌县的各级政府也非常重视本区域的资源的利用与保护。研究革命老区县域经济可持续发展的长效机制，是平昌县域经济发展的必然选择。

（4）将平昌县域内的各种资源从时空上进行协调整合，形成一定规模的资源协同结构，才有可能产生出聚集效应、市场效应和经济效应。所以，在资源的开发与利用过程中，可适当考虑横向和纵向的整合来提升区域的产业经济效应。

（5）平昌县域经济的发展不但需要区域内刚性经济的实力支撑，而且需要区域品牌经济的打造和城市形象的塑造等诸多经济元素的强力辅助，其中挖掘和利用红色文化潜力就是一条行之有效的根本途径。尤其对于红色文化资源丰富的区域，如果能合理有效地整合这些资源，实现红色文化的产业化，那将对提升县域经济软实力产生不可估量的促进作用。

（6）四川平昌县拥有许多文化元素，但大多还是零散的、分散化和多样化的。为了结合产业经济的进程进一步突出其文化的内涵或实质，必须着力加强资源的整合与集中，充分整合和盘活专业的文化资源库，完善区域内各种文化史料的收集、文化资源的整合和保护。

（7）四川平昌县的文化资源丰富，拥有绿色、文化、科技、餐饮和民俗等资源，其中以通江为代表的红军文化资源和以巴中恩阳区为代表的古镇文化资源是红色文化的龙头，文化资源的开发在很大程度上能拉动其他产业的发展，具有很强的辐射与带动作用，从而形成一个以红色文化为龙头、集众多产业类型为一体的复合性文化资源开发系统。

（8）革命老区的红色旅游属于文化内涵极佳和技术支撑极强的第三产业，具有无污染、高附加值的生态型特点。随着我国当前经济结构的战略调整，积极开拓平昌县域经济中的旅游产业，能更有利于支撑县域经济的可持续化发展。

（9）平昌县在综合性立体开发的基础上，课题组对革命老区县域经济可持续发展的长效机制构建进行一些创新性思考，主要是从运行机制与保障机制两方面提出了建设性意见，希望对平昌县的县域经济可持续发展有所借鉴。当然，对革命老区其他县域的产业经济发展也具有一定的参考价值。

（二）课题研究领域的几点方向性思考

当前，革命老区的平昌县属于全国比较明显的一个贫困县，随着土地、资源、劳动力、精准扶贫政策的大幅度推动，平昌县域经济必须改革传统发展理念与模式，充分利用当前一系列的政策红利和契机加快平昌县域经济的可持续发展。课题组的调研资料显示，平昌县在“十三五”期间就提出县域经济要以科学发展为主题，以结构调整、科技创新、节能环保、民生改善为着力点。课题组经过仔细研判，认为要加快平昌县县域经济的可持续发展，应该从以下几个方面进行思考。

1. 突出县域的特色经济和主导产业

县域经济的发展类型主要有工业主导型、农业基地型、矿产资源型、商贸流通型、旅游开发型、生态保护型和复合型等。平昌县委县政府要根据县情选准发展方向，因地制宜，宜工则工、宜农则农、宜商则商、宜旅游则旅游，把特色资源做成特色产业，使特色产业成为拉动县域经济发展的支柱。平昌县应该要把重心放在重点支持其工业园区建设上来，做到资源要素向园区集中、企业向园区集中、招商项目向园区集中。加快引进一批投入产出比率大、技术支撑强、财税增长快的项目，不断提升项目建设水平。在农业生产条件好的地方，重点支持其发展现代农业，推广现代农业示范园区、示范基地建设经验，努力做到用工业化的理念指导农业、用现代农业示范区的标杆引领农业、用城乡一体化的机制推进农业，从而推动传统农业向现代农业转型升级。同时，加强农村综合改革，进一步激发农村发展活力。支持各地加强农村服务体系建设，积极推进城乡一体化发展。

2. 破解财力、融资、土地与人才的制约瓶颈

（1）财力方面：在保民生和保运转的前提下，尽可能增加支持县域经济可持续发展的财力；加大财政转移支付力度，完善转移支付制度，减轻县市财政政策性配套压力。

（2）融资方面：引导各级金融机构加大对县域的支持力度，扩大对“三农”的信贷投资规模，在继续争取银行扩大信贷规模的同时，积极走市场化融资道路。

（3）用地方面：适当扩大用地支持，尽可能利用荒山、荒坡、荒地、荒水、荒滩建设工业园区，加大土地整理、新造耕地和复垦耕地工作力度。对优势产业、优势项目予以重点倾斜。根据项目投资强度确定用地规模，努力提高工业用地的产出率；鼓励建设多层标准厂房，向空中要土地，不断提高土地使用效益。

（4）人才建设方面：加强对县域干部的培养、选拔与任用工作，加大县域干部与省、市直交流任职和挂职、跟班学习的力度，改善基层干部工作和生活条件。同时，大力发展职业教育，重点建设一批特色职业教育院校，满足县域产业发展对技能人才的需求。切实加强农村实用技术培训，尽量把一些有经验或有技能的农民工转变成技能型的产业工人。

3. 夯实城乡基础设施

（1）交通建设方面：提升重点产业区、小城镇居民区、风景区的交通基础设施标准；加强农村公路建设、管理和养护，配合全县的“村村通”工程，不留死角。

（2）水利建设方面：加大粮食主产区农田水利基础设施建设投入，增强农业减灾防灾能力；提高城镇防洪保障能力，推进水生态保护和水环境治理；加强中小河流治理，保障城乡居民饮水安全；加大病险水库、山塘、河坝的维修改造，增强抗旱保收能力。

（3）电网改造与信息化建设方面：加大县域电力建设力度，提高清洁能源生产能力，完成农村电网改造；发展电子商务和电子政务，加快“数字化”进程，全面提升信息化水平。

（4）城镇建设方面：加强县城与中心城镇的扩容提质，积极推进“区域同步规划、环境同步整治、产业同步发展、设施同步建设、文明同步创建”，提高村民集中居住的规划和建设水平，扩大“镇村同治、连片示范”规模，推动城市公共设施和公共服务不断向农村延伸。

4. 打造红色旅游品牌

（1）旅游资源方面：老区建设应以当地丰富的绿色资源为依托，以独特的红色文化为背景，以城乡旅游景点为轴心，加大县域内旅游资源开发的力度，把四川平昌县配合巴中的红色之旅打造成中国川东的旅游品牌，促使革命老区的红色旅游产业成为县域经济增长的亮点。

（2）旅游开发方面：要将县域内的“红色+绿色+古色”旅游资源，即红色文化旅游、绿色生态旅游和古文化旅游相结合，充分发挥“红色”“绿色”旅游资源互补优势，依托古巴人文化，深度挖掘独具特色的民俗文化遗迹，形成集群效应和规模效应，把文化旅游产业培育成巴中地区的战略性支柱产业，促进巴中地区县域经济再上新台阶。

（三）课题研究领域的展望

（1）革命老区县域经济可持续发展的长效机制构建研究，其中往往会涉及大量的政治、经济、社会和文化功能，这必将引起社会更多更广泛的关注。然而，平昌县的县域经济可持续发展是一项复杂而庞大的系统工程，但由于受时间、资料可得性及课题组能力的限制，课题研究的系统性和全面性就相对缺乏，尤其是综合开发的路径尚不够深入，有待今后进一步深入研究和探讨。

（2）课题通过对革命老区县域经济可持续发展的长效机制构建研究，旨在能够对县域经济的基本理论和产业经济的实务延伸的构建提供一些浅显的见解。但由于客观条件和知识水平所限，课题中的大部分资料和数据均来源于间接文献，深入实际获得的第一手资料和数据相对较少。

（3）课题主要还是以一般的文献研究方法为主，实证研究相对缺乏，这些都是本课题的不足之处，希望能在以后的研究中不断深入和完善，这也是本课题将来需要进一步深入研究的方向。

（4）平昌县处于四川东部的革命老区，深入挖掘当地文化资源，并将产业发展与文化资源融合对接起来，使其融为一体；深化文化的基本理论，使之形成一套体系，并为其他地区文化产业的发展提供指导，从而提高全国文化产业发展的整体水平。这是目前面临的难点，也是需要我们好好思考的问题。

总之，革命老区县域经济可持续发展的长效机制构建研究中最为突出的产业结构调整与地域文化建设，对平昌县的经济扶贫和文化扶贫都应该具有较为明显的促进作用。发展县域经济是文化扶贫的基础，而文化扶贫是发展县域经济的延伸。两者相互依存，相互促进。平昌县的文化扶贫与县域经济的契合发展，就是要通过文化扶贫帮助老区民众革新陈旧的思想观念，改造贫困文化结构，打破“经济贫困—文化贫困—经济贫困”的恶性循环，用现代的文化理念传播新思想，用先进的价值观念革新陈旧思维，用县域内的文化力助推当地的经济发展，真正实现平昌县人民的脱贫致富。

参考文献

[1] 赵先立. 金融支持陕甘宁革命老区经济可持续发展的长效机制研究[J]. 甘肃金融，2016（12）.

[2] 蒲小梅. 川东革命老区经济发展动力及路径研究[J]. 四川文理学院学报，2013（1）.

[3] 赵芳媛. 特色文化在新型城镇化进程中的支撑作用研究[D]. 昆明：云南大学硕士学位，2015（5）.

[4][8] 陈瑾. 文化产业与旅游业融合发展机理及政策选择[J]. 企业经济，2014（5）.

[5] 赵梁钰. 基于新型城镇化背景的城镇形象力研究[D]. 北京：北京邮电大学硕士学位，2015（1）.

[6] 傅忠贤. 川陕苏区自我发展能力培育与提升研究[J]. 四川文理学院学报，2014（4）.

[7] 孙晓燕. 娄烦县县域经济发展研究[D]. 太原：山西农业大学硕士学位，2015.

[9] 何雄伟. 文化产业与旅游业融合发展问题分析[J]. 企业经济，2013（12）.
[10] 甘乐平. 革命老区县域经济可持续发展研究[D]. 南昌：江西农业大学硕士学位，2011.
[11] 张绍春，魏荣. 平昌县竹木资源现状与产业发展优势[J]. 中国西部科技进步与经济社会发展专家论坛专辑（十）.
[12] 张洁. 中国文化创意产业的空间分布和地区绩效分析[J]. 商业经济与管理，2011（2）：64-70.
[13] 丛海彬，高长春. 城市创意产业支撑环境评价研究[J]. 城市发展研究，2011（4）.
[14] 欧朝敏，王瑞，李景保. 湖南省文化产业发展的产业链解析[J]. 经济地理，2010（9）：1507-1510.
[15] 张湘涛. "文化+"：产业融合发展的新形态[N]. 光明日报. 2015-12-25.
[16] 尹凝华. 延边文化产业发展对策研究[D]. 延吉：延边大学. 2013.
[17] 陈求发，袁新华，陈社招，等. 关于郴州6县（市）县域经济发展的调研和思考[N]. 湘声报，2015-3-1（2）.

关于革命老区县域经济可持续发展的长效机制的调查问卷表

您好！

课题组为进一步了解掌握目前革命老区县域经济可持续发展的长效机制运行的基本现状和巴中地区平昌县人们的思想意识和行为方式，从而探究其县域经济可持续发展的长效机制。我们课题组特选择平昌县域内部分公众开展此项调查，调查的结果将为课题的研究提供重要参考。您的回答对我们非常重要，因此烦请您认真如实填写。在此衷心感谢您对我们工作的大力支持！

《革命老区县域经济可持续发展的长效机制研究》课题调研组

二〇一七年七月

---

1. 您的性别是（　　）

A. 男　　B. 女

2. 您的年龄在（　　）

A. 17岁以下　　B. 18~24岁　　C. 25~34岁

D. 45~54岁　　E. 55~64岁　　F. 65岁以上

3. 您的职业是（　　）

A. 学生　　B. 商业人士　　C. 公务员

D. 科技人员　　E. 旅游工作者　　F. 教师

G. 公司职员　　H. 工人　　I. 离退休人员

J. 个体经营者　　K. 其他

4. 您所受到的教育程度是（　　）

A. 小学及以下　B. 初中　C. 高中　D. 大专

E. 本科　F. 硕士　G. 博士及以上

5. 您在巴中平昌县生活的年限至今是（　　）

A. 3 年以下　B. 3 ~ 5 年　C. 6 ~ 8 年

D. 9 ~ 10 年　E. 11 年及其以上

6. 您对目前平昌县的经济发展所持的态度是（　　）

A. 发展较快　B. 发展一般化，还行

C. 有点点变化　D. 几乎没有变化

7. 您对平昌县域经济可持续发展最关注的问题是（　　）

A. 能源节约　B. 生态环境保护

C. 农业产量　D. 科技创新

8. 对于目前的城市生活状态，您最不满意的一方面是（　　）

A. 工作环境　B. 交通环境　C. 住宿环境

D. 公共安全环境　E. 自然环境

9. 您主要通过什么方式获得关于平昌县域经济可持续发展的知识（　　）（可多选）：

A. 报纸　B. 杂志　C. 广告　D. 电视

E. 网络　F. 朋友/家人　G. 其他

10. 您对平昌县域经济的第一印象是（　　）

A. 优雅的环境　B. 农业优质高产

C. 扶贫举措得力　D. 副产丰富　E. 其他

11. 您理想中的县域经济状况应该是（　　）

A. 绿色生产　B. 农技提升

C. 贴近生活，以人为本　D. 促进农业升级发展

12. 您认为以下哪些与平昌县域经济的可持续发展最相关（　　）（最多可选 3 项）

A. 农业生产　B. 医疗健康与保健　C. 食品

D. 民生工程　E. 娱乐业　F. 乡镇企业

G. 其他

13. 您对平昌县域经济的可持续发展了解的程度是（　　）

A. 完全不了解　B. 听说过但不清楚

C. 有一定的了解　D. 非常了解

14. 您对平昌县域经济可持续发展了解的途径是（　　）

A. 媒体宣传　B. 书籍杂志

C. 专题讲座　D. 其他

15. 您觉得平昌县域经济目前有变化趋势是（　　）

A. 正在好转　B. 相对稳定

C. 继续恶化　　D. 其他

16. 您对平昌县域经济发展与环境保护的态度是（　　）

A. 先搞好经济再搞好环境　　B. 先搞好环境再搞好经济

C. 齐头并进　　D. 顺其自然

17. 在日常生活中，您有意识保护环境和节约资源（　　）

A. 经常　　B. 偶尔

C. 很少　　D. 从不

18. 您觉得哪些对平昌县域经济发展比较重要（　　）（可多选）

A. 政策支持　　B. 社会监督　　C. 公民参与

D. 管理配套完善　　E. 奖惩制度

19. 您认为平昌县域经济的发展首要问题是抓（　　）

A. 农业生产　　B. 文化旅游　　C. 乡村旅游

D. 生态旅游　　E. 工业经济

20. 您觉得发展平昌县域经济的必要性是（　　）

A. 是由我国基本国情决定的

B. 是构建社会主义和谐社会的内在需要

C. 是解决我国目前经济增长诸多问题的需要

D. 是社会主义文明建设体系的需要

21. 您认为平昌县的县域经济的责任主要是（　　）

A. 居民或农民　　B. 企业

C. 政府　　D. 媒体

22. 您觉得平昌县发展经济最重要的项目是（　　）

A. 粮产　　B. 旅游　　C. 副业

D. 交通　　E. 其他

23. 您认为平昌县域经济发展的重要性是（　　）

A. 可以促进经济的发展

B. 使得人与自然和谐相处

C. 可以建立资源节约型和环境保护型社会

D. 有利于坚持可持续发展的道路

感谢您参与此次问卷调查，祝您生活愉快！

附件：革命老区县域经济可持续发展的长效机制的调研报告

课题组运用文献综述法和访谈等方式，搜集了平昌县的相关经济发展资料，特别是课题组按照课题研究的进度安排于 2017 年 7～12 月大量搜集与整理了 2012—2016 年平昌县统计局每年发布的国民经济和社会发展统计公报，对平昌县五年的社会经济数据进行了系统的比较、分析，这也是对革命老区平昌县已有研究成果进行的分析和借鉴，为课题研究提供整体思路和理论准备。现将平昌县近年来县域经济发展的基本状况进行简要报告如下。

一、四川平昌县的县域状况

1. 平昌县的区位优势情况

四川平昌县现隶属于四川省巴中市，属于革命老区，位于四川盆地东北边缘的米仓山南麓，东接万源市、宣汉县，南抵达州市、渠县，西邻营山县、仪陇县，北连通江县、巴州区，自古以来就是达州通往通江、南江、巴州三区县的咽喉。地处两江之口的江口镇，素有“川北重镇”之称。平昌县总面积达 2229 平方千米，下辖 43 个乡镇（21 个镇、22 个乡）、3 个管委会、1 个街道办事处，550 个村（居）委会（村 507 个、居委会 43 个）。

课题组通过整理分析平昌县统计局近几年国民经济和社会发展统计公报的数据资料发现，“十二五”规划期末，平昌县户籍总人口约为 108 万人，全县常住人口 84.15 万人，而农业人口就达 80.29 万人。平昌县是一个典型的农业大县。平昌县境内的主要民族为汉族，少数民族有回族、藏族、彝族、壮族等。

由于平昌的农业人口特别多，平昌县是国家扶贫工作的重点县，是秦巴山区连片的特困县，是川陕苏区革命老区县，也是四川省首批扩权强县的试点县和百万人口大县，同时也是我国司法部、省发改委和省路桥集团的定点帮扶县。因此，四川平昌县必须采取一定措施发展县域经济并尽早脱贫。

2. 平昌县的历史文化沉淀情况

早在 280 年的西晋时期，统治者就在今江口镇龙潭村设置了平州县，先后隶属巴西郡、大谷郡、遂宁郡。564 年，北周时更名“同昌县”，属遂宁郡。589 年，隋朝时又更名为“归仁县”，隶属仍旧。618 年，唐朝时开始隶属巴州，次年改属万州。966 年，北宋时废归仁县并入曾口县。1245 年，南宋时在今平昌的江口镇杨柳村和笔山乡境分别建立小宁、新德州，隶属利州路，至1283年元朝时并入阆中县。1729年，清雍正时设置江口分州，隶属巴州。1913年民国时期，巴州更名巴中县，江口分州随之更名为江口分县。1933年6月，川陕苏维埃在此设置江口县。1935年红军撤离后，境地恢复旧制，属巴中县。1946年成立平昌设治局，“平昌”主要取“平州”“同昌”首尾各一字而命的名。1948年升为平昌县，属四川省第15行政督察区。1949年12月，县境解放，属川北区达县专区。1953年9月，成立平昌县人民政府，隶属四川省达县地区。1993年10月至今隶属于四川省巴中地区（今巴中市）。

3. 平昌县的交通情况

平昌县地处山区，深入实施交通先行战略，境内有巴达高速公路贯穿，另有542国道和省道S201线穿越。其中：国道1条（G542广元—万州公路），73.231千米；省道公路1条（S201线通宣路），20.078千米。另外，巴达铁路途径平昌，并在该县境内设有平昌火车站，镇广渝高速完成方案设计，通江达海能力进一步提升。同时，平昌县深入推进道路交通进新区、进园区、进景区，启动涵水禅林—西兴皇家山道路建设，建成三十二梁—青凤互通快速通道，新建乡镇联网路43千米、村道水泥路177千米。

4. 平昌县的地貌、水文、气候情况

四川平昌县属于四川东部的山区，地貌属四川盆地外围的山地区，地处大巴山山地。山脉整体呈西北至东南走向，略呈向西南方向凸出的弧形，山顶有平坦顶面，农耕地大约62.32万亩，地表形态为长条形深丘地貌。

四川平昌县境内属于渠江水系，河网密度每平方千米0.33千米。河流总长度747千米，流域面积50平方千米以上，河流21条，河流在洪水期猛涨猛降，落差大，水能蕴藏量丰富。其中，巴河主要源于南江县玉泉乡分水岭，流经平昌县境的澌岸乡木连溪，经雷山、兰草、白衣等地至元石乡的黄梅溪出境，进入达县江陵乡，县境内的主河道长79.3千米。另外还有一条叫通河，主要源于陕西省汉中市广家店乡长梁，流经平昌县的云台、元山、江口镇等地，最后汇入巴河，县境内的河道长43.8千米。

四川平昌县属中亚热带湿润季风气候区，四季分明，气候温和，雨量充沛，云雾多发，风速小，空气湿润，多年日平均气温为16.8℃。县境降水主要源于太平洋暖气流夹带的大量水汽，在大巴山的阻滞和抬升作用下形成地形雨；年降水夏多冬少，常出现冬春偏旱、夏秋偏涝现象。

四川平昌县的地貌、水文和气候有独有的特征，有利于地方政府对症下药，采取措施发展适合于自身地貌和气候的农牧畜产业，确保县域经济的快速发展。

5. 平昌县的自然资源状况

（1）生物资源。目前据不完全统计，四川平昌县境内存有野生动物兽类22种，禽类49种，水族及两栖爬行类43种，昆虫类共60余类数千种。县境内森林植被主要属大巴山马尾松常绿阔叶林带，有乔、灌木50科160余种。

（2）水能资源。根据课题组分析的四川平昌县的水文特征，目前平昌县境内通、巴河天然落差大约 33 米，水能理论蕴藏量大约 3.32 万千瓦。平昌县境内的理论蕴藏总量大约 13.51 万千瓦，可开发量大约 6.3 万千瓦，占蕴藏量的 47%。

（3）矿产资源。四川平昌县境内从响滩至元沱一线探测出有石油构造，响滩与立山接壤一代探测出有天然气的储量，尖山乡内探测出有出露的石英砂储量，笔山、千秋探测出有稀有金属矿的情况。

二、四川平昌县的县域经济发展基本状况

（一）四川平昌县的产业经济发展状况

课题组通过整理平昌县统计局“十二五”规划期末国民经济和社会发展统计公报的数据资料发现，全县域的产业格局基本形成。平昌县在坚持统筹城乡和全域的基础上积极布局地方产业，以“一区四园四大主导产业”为重点的新型工业布局优化提升，突出生态、特色、规模，成片发展和推进茶叶、花椒、核桃、巴药、水产、莲藕六大特色产业全域覆盖，以三十二梁、镇龙片区为重点，建设茶叶基地、巴药基地；以磴子河—皇家山片区为重点，建设花椒基地；以龙岗、福申片区为重点，建设核桃基地；在白衣、泥龙等乡镇建设特色水产养殖基地。推进青凤—鹿鸣—邱家三产互动示范片融合发展，驷马水乡三产互动示范区建设也初见成效。平昌县“十二五”规划期末全县实现地区生产总值 131.49 亿元，比上一年增长 7.9%（图 1）。

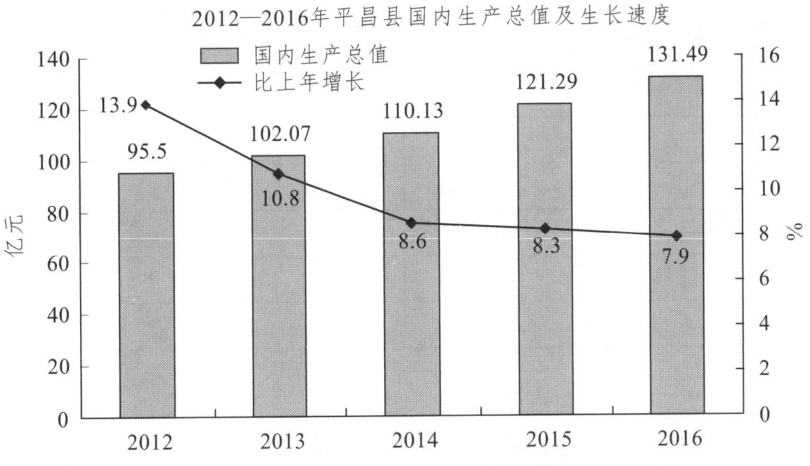

图 1　2012—2016 年平昌县国内生产总值及增长速度

其中，第一产业实现 22.13 亿元，增长 3.9%，对经济增长的贡献率为 8.3%，拉动经济增长 0.7 个百分点；第二产业实现 71.1 亿元，增长 9.3%，对经济增长的贡献率为 64.0%，拉动经济增长 5.0 个百分点；第三产业实现 38.3 亿元，增长 7.6%；对经济增长的贡献率为 27.7%，拉动经济增长 2.2 个百分点。三次产业结构比由 2015 年的 16.96∶54.26∶28.78 改善为 16.83∶54.08∶29.09。“十二五”规划期末全县人均国内生

产总值 15 918 元，比上一年增长了 9.9%（图 2）。

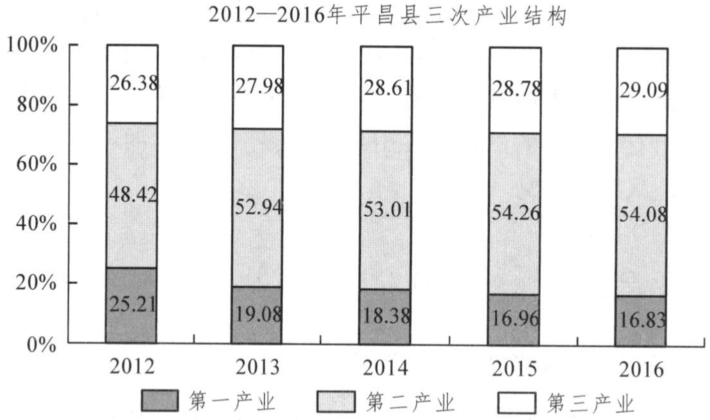

图 2　2012—2016 年平昌县三次产业结构

“十二五”规划期末平昌县全年民营经济实现增加值 78.05 亿元，增长 8.1%，占地区生产总值的比重为 59.4%，比上一年提高 0.7 个百分点；民营经济对经济增长的贡献率为 60.1%，比上一年下降 5.6 个百分点。

“十二五”规划期末平昌县全年居民消费价格总水平（CPI）比上年上涨 1.7%，其中食品烟酒价格上涨 4.6%。商品零售价格上涨 1.5%。农业生产资料零售价格上涨 4.9%（表 1）。

图 1　十二五规划期末平昌县居民消费价格比上年涨跌幅度

指　标	全县（%）
居民消费价格	1.7
其中：食品烟酒	4.6
衣着	3.6
居住	-0.6
生活用品及服务	-0.4
交通和通信	-2.8
教育文化和娱乐	2.7

1. 平昌县的第一产业发展状况

“十二五”规划期末，平昌县积极培育新型农业经营主体，全县农林牧渔业完成总产值 42.4 亿元，比上一年增长 3.8%。其中，农业、林业、畜牧业、渔业、农林牧渔服务业分别完成产值 17.12、0.8、20.59、3.04、0.82 亿元，分别比上一年增长 4.7%、5.6%、2.5%、6.0%、5.9%。全县农林牧渔业实现增加值 22.64 亿元，比上一年增长 3.9%。

（1）平昌县的农业经济。“十二五”规划期末平昌县全年农作物总播种面积 108231 公顷，比上一年增加 504 公顷，其中粮食作物播种面积 73473 公顷，经济作物种植面积 34758 公顷。“十二五”规划期末全年粮食作物总产量 38.93 万吨，比上一年增长 1.4%。

其中，稻谷产量 14.56 万吨，增产 0.13 万吨；小麦产量 5.55 万吨，增产 0.043 万吨；玉米产量 11.89 万吨，增产 0.26 万吨。全年油料作物油菜籽产量 3.75 万吨，增产 0.072 万吨（图 3）。

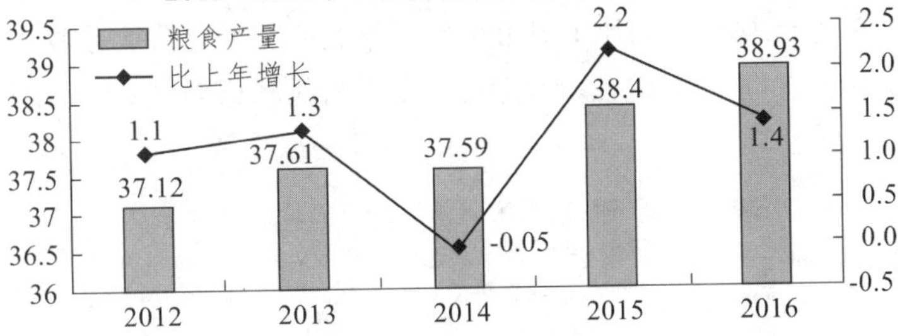

图 3　2012—2016 年平昌县粮食产量及增长速度

（2）平昌县的林业经济。平昌县整治农村土地 10 万亩，实施新一轮退耕还林工程。“十二五”规划期末，平昌县全年造林面积 8016.7 公顷，森林覆盖率 50.24%。常年管护国有林 875.87 公顷，管护集体公益林 31328.27 公顷。全年采伐木材 56000 立方米，年末活立木蓄积量 10760247 立方米，比上年增长 2.4%。平昌盛产茈竹、水竹，2008 年平昌县就开始将竹木产业发展确定为促进县域经济发展的主要产业之一。民间手工艺人利用这一优势，自清朝开始大量地进行竹编作业，主要生产夹背、遮阳、背篼、撮箕、簸箕、栏盘、竹席、烘笼等生产生活用品。

（3）平昌县的畜牧业经济。平昌县的镇龙山瓦灰鸡被批准为国家地理标志产品，成功创建全省质量强县示范城市、全省有机产品认证示范县。“十二五”规划期末，平昌县全年出栏生猪 86.6 万头，同比下降 4.3%；牛 6.35 万头，增长 4.3%；羊 4.46 万只，增长 5.2%；家禽 276.51 万只，增长 5.9%。禽蛋产量 1.07 万吨，增长 3.2%。肉类总产量 7.37 万吨，同比下降 2.9%。猪肉、牛肉、羊肉、禽肉、兔肉产量分别为 61048 吨、7606 吨、650 吨、4167 吨、158 吨，通过与上一年的数据资料对比，其中猪肉下降 4.3%，牛、羊、禽肉口分别增长 4.3%、5.2%、5.9%，兔肉同比持平。为此，可看出人们已逐渐注重低脂高蛋白的畜牧食品了。

（4）平昌县的渔业经济。“十二五”规划期末，平昌县全年水产品养殖面积 8.2 万亩，通过与上一年的数据资料对比，增加了 1 万亩，水产品总产量 2.8 万吨，增加 0.6 万吨，其中，养殖水产品产量 2 万吨，增加 0.7 万吨；捕捞水产品产量 0.8 万吨，增加 0.1 万吨。

2. 平昌县的第二产业发展状况

（1）工业。课题组通过整理平昌县统计局“十二五”规划期末国民经济和社会发展统计公报的数据资料发现，平昌县也在尽量加快做大工业经济规模，主要是从施迈电气、陈氏玻璃等企业发展起步，星光机械制造工业园进入工业园，小角楼白酒工业园也在加快建设，驷马清洁能源工业园、茶叶加工园已在投产营运，秦巴云顶、秦巴茗蘭等加工企业正常投产。“十二五”规划期末平昌县工业生产平稳增长，全年工业增加值 56.53 亿元，比上年增长 8.8%。工业对经济增长的贡献率为 48.2%，拉动经济增长 3.8 个百分点。“十二五”规划期末年末，平昌县有一定规模的工业企业 53 户，实现总产值 210 亿元，增长 10.2%；工业增加值增速 10.9%；实现销售产值 203.6 亿元，增长 10.5%；产销率达到 97%，同比上升 0.4 个百分点；实现主营业务收入 198.74 亿元，增长 12%；实现利税总额 12.9 亿元，增长 9.9%；实现利润总额 3.3 亿元，同比下降 0.9%（图 4）。

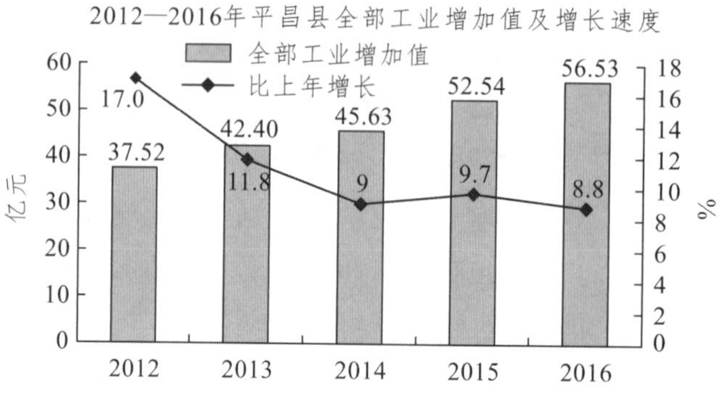

图 4　2012—2016 年平昌县全部工业增加值及增长速度

（2）建筑业。平昌县持续深化巴山新居建设，建筑业稳步增长，建成中心村 5 个、聚居点 87 个，改造农村土坯房 1.46 万户，建成农村廉租房 672 套。邱家—鹿鸣—石垭—板庙—青凤新村示范片加快建设。“十二五”规划期末平昌县全年全社会建筑业增加值 14.6 亿元，增长 11.4%。建筑施工企业房屋施工面积 351.72 万平方米，增长 10.4%；房屋竣工面积 223.73 万平方米，增长 4.8%，其中住宅 175.19 万平方米，同比下降 0.2%。

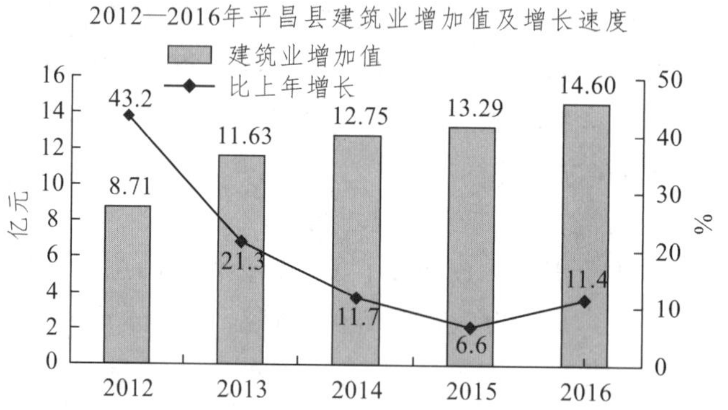

图 5　2012—2016 年平昌县建筑业增加值及增长速度

3. 平昌县的第三产业发展状况

（1）商贸业。“十二五”规划期末，平昌县的市场销售出现平稳增长。全县新培育的商贸企业有 13 家，累计 98 家。全年实现社会消费品零售总额 63.98 亿元，比上一年增长了 13%（图 6）。

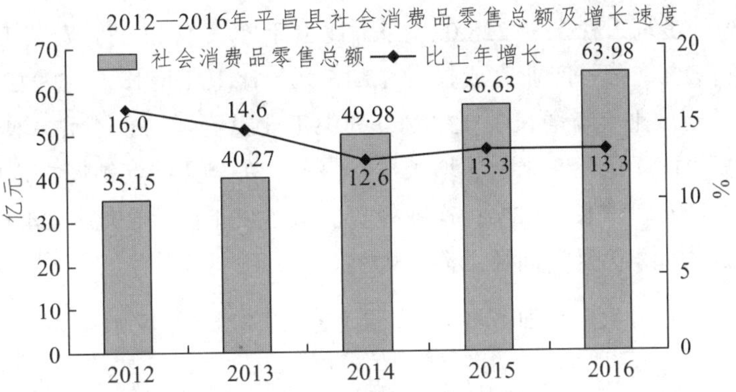

图 6　2012—2016 年平昌县社会消费品零售总额及增长速度

从平昌县第三产业的经营情况看，平昌县“十二五”规划期末全年的城镇零售额达 50.34 亿元，增长 13.2%；乡村零售额 13.64 万元，增长 12.2%。再从行业经营情况来看，平昌县“十二五”规划期末全年的批发业完成 14.55 亿元，增长 9.9%；零售业完成 40.07 亿元，增长 14.2%；住宿业完成 2.88 亿元，增长 15.0%；餐饮业完成 6.49 亿元，增长 11.9%。

（2）交通运输业。“十二五”规划期末，平昌县全县拥有机动车 58635 辆，非机动车 793 台。在机动车中，营运客车 1010 辆。有公交车 67 辆，出租车 171 辆。全县总通航里程 291.8 千米，有各类码头 84 处，有各类船舶 1299 艘。其中，营运船舶 311 艘，公务专用船舶 21 艘，渔业捕捞、乡镇用船舶 673 艘。

“十二五”规划期末平昌县全县客运量达 135.4 万人次，比上年增长了 5.1%。其中，公路客运量 129.6 万人次、水路客运量 5.8 万人次。全年客运周转量 93362 万人千米，比上年增长了 3.7%，其中公路客运周转量 92985 万人千米、水路客运周转量 377 万人公里。货运量 12955 万吨，比上年增长了 6.2%，其中公路货运量 12801 万吨、水路货运量 154 万吨。新增公路里程 793 千米，总里程已达 5000 千米。

（3）邮电通信。“十二五”规划期末，平昌县全县邮电邮政业务总量 7432 万元，比上年增长了 19.5%，完成邮政函件业务 10.72 件，包裹业务 0.19 万件，快递业务量 55.83 万件，实现收入 1473.22 万元。全县有移动电话 46.4 万户，同比下降 0.55%，其中移动 34.7 万户、联通 3.8 万户、电信 7.9 万户；有宽带用户 11.43 万户，比上年增长了 19.95%，其中，移动 2.4 万户、联通 2.4 万户、电信 4.57 万户，广电 2.06 万户。

（4）投资业。“十二五”规划期末，平昌县投资规模继续扩大。平昌县全方位扩大区域开放合作，主动融入长江经济带，与达州、万州、安康等区域合作进一步向纵深拓展。以回引创业为抓手，坚持“七大片区”精准出击，成功开展广州、重庆、成都专题招商活动，回引发展了巴山背二哥季节蔬菜、土兴莲泉水产养殖等。深化与大企业大集团的合作，如四川铁投集团、绵实外国语学校、高低压电器元件等重大项目落地建设。全社会固定资产投资 273.59 亿元，比上年增长了 16.2%，其中固定资产投资（不含农户）271.59 亿元，比上年增长了 16.4%。“十二五”规划期末，平昌县在全社会固定资产投资中，建筑工程投资 228.02 亿元，比上年增长了 13.3%；安装工程投资 14.09 亿元，同比下降 2%。第一产业完成投资 15.16 元，比上年增长了 52.2%。第二产业完成投资 43.03 亿元，比上年增长了 13.8%，其中工业投资 42.91 亿元，增长 13.9%。第三产业完成投资 215.4 亿元，比上年增长了 14.8%。在全县重点领域投资中，基础设施投资完成 135.2 亿元，增长 34.8%；产业投资完成 53.34 亿元，增长 24.4%；民生及社会事业投资完成 57.48 亿元，同比下降 15.2%。

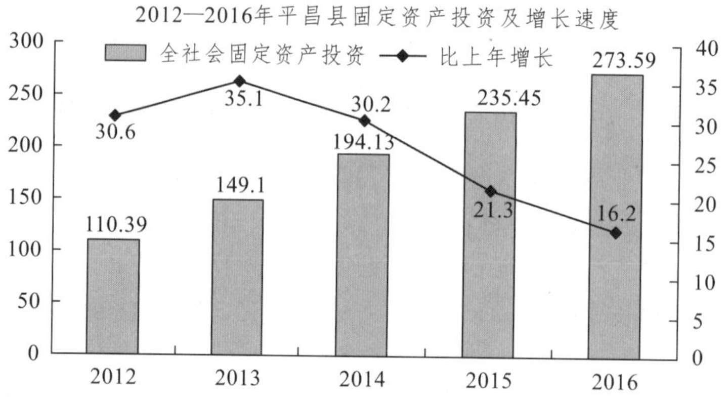

图 7　2012—2016 年平昌县固定资产投资及增长速度

“十二五”规划期末，平昌县全年房地产企业开发投资 21.27 亿元，比上年增长了 7.7%。商品房施工面积 176.4 万平方米，增长 19.6%；商品房竣工面积 25.4 万平方米，增长 508.5%；商品房销售面积 45.8 万平方米，增长 14.1%，商品房销售额 15.36 亿元，增长 12.3%。见表 2。

表 2　“十二五”规划期末分行业固定资产投资及增长速度

行业	投资额（万元）	比上年增长（%）
总计	2735901	16.2
农、林、牧、渔业	151610	42.1
制造业	388833	18
电力、热力、燃气及水的生产和供应业	40233	-14.8
建筑业	1205	-4.4
批发和零售业	13690	-68.7
交通运输、仓储和邮政业	688101	66.2
住宿和餐饮业	2954	25.5
信息传输、软件和信息技术服务业	2043	-48
房地产业（包括房地产开发）	525171	-5.7
租赁和商务服务业	27042	21.6
水利、环境和公共设施管理业	630697	13.6

续表

行业	投资额（万元）	比上年增长（%）
居民服务和其他服务业	5130	-80.9
教育	110317	8.5
卫生和社会工作	85588	0.1
文化、体育和娱乐业	29499	-18.7

（二）四川平昌县的财税金融发展状况

1. 财税状况

“十二五”规划期末，平昌县全年国税和地税实现税收收入合计 9.59 亿元，比上年增长了 14.8%。其中，国税收入实现 2.96 亿元，增长 54.5%；地税收入实现 6.63 亿元，增长 2.9%。“十二五”规划期末，全县地方公共财政收入 8.03 亿元，比上年增长了 12.5%。其中，税收性收入 4.79 亿元，增长 0.4%。地方公共财政支出 48.23 亿元，增长 4.7%（图 8，表 3）。

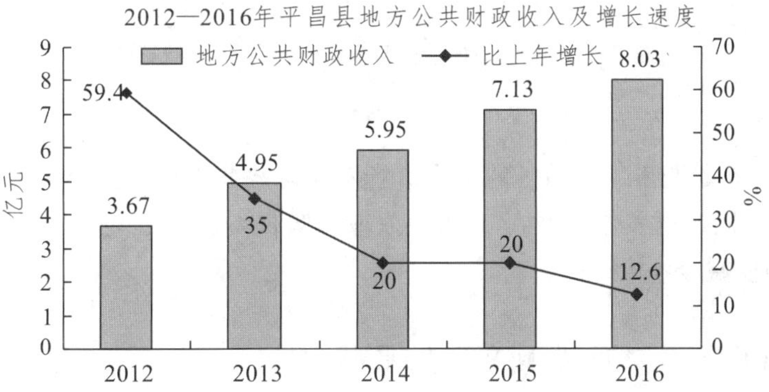

图 8　2012—2016 年平昌县地方公共财产收入及增长速度

表 3　“十二五”规划期末平昌县地方公共财政支出结构表

项　目	全年累计数（万元）	增长（%）	公共财政支出中的占比（%）
地方公共财政支出	482318	4.69	100
一般公共服务	37626	8.25	7.8
公共安全	13912	31.94	2.9
教育	114931	15.68	23.8
科学技术	2241	12.61	0.5
文化体育与传媒	5170	-12.25	1.1
社会保障和就业	81428	-4.47	16.9
医疗卫生与计划生育	31399	-3.16	6.5
农林水事务	90197	15.39	18.7
交通运输	29115	63.02	6.0
住房保障支出	37832	-39.14	7.8

2. 银行经营状况

平昌县积极探索建立了“金融+”扶贫模式，并得到了国家农业银行总行和国务院扶贫办充分肯定。平昌县“十二五”规划期末年末全社会金融机构人民币各项存款余额 206.73 亿元，比上年增长了 28.2%。其中，住户储蓄存款余额 158.4 亿元，增长 21.8%。年末银行各项贷款余额 99.78 亿元，比上年增长了 26.8%。其中，住户贷款余额 44.69 亿元，增长 11.5%（图 9）。

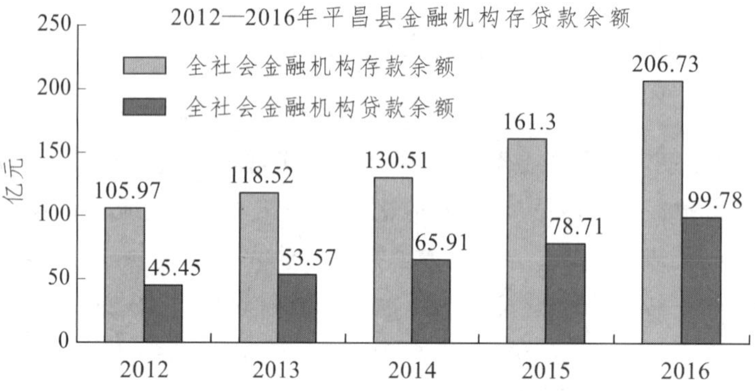

图 9　2012—2016 年平昌县金融机构存贷款余额

3. 保险经营状况

“十二五”规划期末，平昌县的保险市场发展态势非常良好。全年保险业实现保费收入 4.6 亿元，同比增长 18.63%。政策性农业保险保费收入 0.32 亿元。各项保赔支出 0.73 亿元，同比减少 24.74%。

（三）四川平昌县的教科文卫发展状况

1. 平昌县的文化艺术发展状况

平昌县在全市率先启动建设地面数字电视工程，不断改善文化基础设施。全县已建成广播电视传输干线 1636 千米，拥有有线电视用户 9.7 万户，其中农村 5.9 万户。有县级广播电视台 1 个，乡镇广播（电视）站 43 个，通有线电视的村（居）368 个，通广播的村（居）391 个。广播综合覆盖率 99.25%，电视综合覆盖率 99.85%。同时，平昌县也积极推进“智慧城市·光网平昌”建设，4G 网络实现乡乡覆盖。

“十二五”规划期末，平昌县拥有县级公共图书馆 1 个，总藏书 10 万册。拥有国家级非物质文化遗产 1 个，省级非物质文化遗产 1 个，文物藏品 3012 件。拥有县级文化馆 1 个，乡镇综合文化站 43 个，开展文化下基层服务活动 82 次，服务群众近 9 余万人次。

2. 平昌县的科学技术发展状况

平昌县加强科技工作，建成省级现代农业、茶业等科技示范园。实施人才兴县战略，引进各类专业人才 241 名。“十二五”规划期末，平昌县拥有各类专业技术人员 12601

人，其中，高级职称 1587 人，中级职称 5501 人，初级职称 5513 人。科技管理不断加强，科技项目工作取得创新发展，全年实施重点省级重点科技项目 20 项，财政专项资金 910 万，县本级实施科技项目 18 项，财政专项资金 100 万。推广应用科技成果 17 项，开发新产品 26 个。全年申请专利共 165 件，其中发明专利 90 件、实用新型专利 45 件、外观设计专利 30 件。

3. 平昌县的教育事业发展状况

平昌县重视县域内的基础教育工程，实施由教育促进县域经济的快速发展，因此平昌县积极维修改造农村义务教育阶段的薄弱学校，新建了思源实验学校，重建了江口三小，教育信息化建设走在全市前列。到目前平昌全县设有各级各类学校 112 所，其中普高 10 所、职业高中 3 所、中等职业学校 2 所、进修校 1 所、特殊教育学校 1 所。全县各类专任教师共有 8370 人（图 10）。

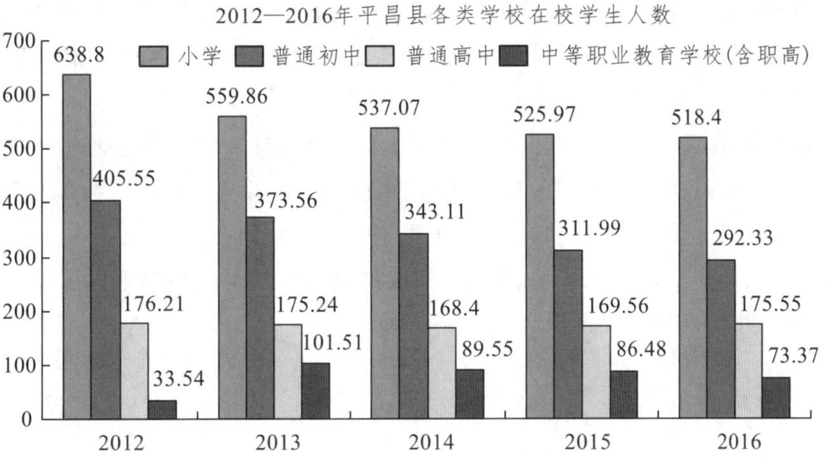

图 10　2012—2016 年平昌县各类学校在校学生人数

4. 平昌县的体育事业发展状况

平昌县扎实开展全民健身，不断满足群众精神文化需求。到目前平昌县建有体育场馆 2 个，全年举办各级各类体育运动会 12 次，比上年增加了 4 次。有体育专职专职人员 289 人，其中教练人员 5 人。组队参加省级体育赛事活动 3 次，在运动会获得 9 金 3 银 11 铜。全年体育彩票销售 1460 万元，比上年增长 0.89%。有篮球协会、乒乓球协会、羽毛球协会各 11 个，农民体育健身场地 3 个，农民体育健身工程 249 个。

5. 平昌县的医疗卫生发展状况

平昌县积极改扩建乡镇卫生院 9 个，城乡居民签约服务巩固提升。“十二五”规划期末，全县拥有卫生机构 695 个，其中县级医院 5 个、基层医疗卫生机构 624 个、乡镇卫生院 60 个、其他非医疗卫生机构 6 个。全县拥有卫生技术人员 3754 人。全县拥有医院病床位 4662 张，其中县级医院 1934 张、基层医疗卫生机构 1806 张（图 11）。

图 11　2012—2016 年平昌县卫生技术人员

6. 平昌县的社会保障发展状况

平昌县为了使城乡最低生活保障更加精准，社会保险覆盖面进一步扩大，社会救助体系更加完善，积极推进了社会化养老服务，建成了 2 个健康养老服务中心、7 个城乡社区日间照料中心。到目前平昌县设有养老院 18 个，床位 3000 多张。全年累计低保保障人口约 67 万人，累计医疗救助人口约 9 万人。

全县参加城镇职工基本养老保险 10.5 万人；全县参加机关事业基本养老保险 2.3 万人；参加城乡居民社会养老保险 19 万人；参加城镇职工基本医疗保险的单位 551 个，参保职工 3.9 万人，参保率 99.8%；城乡居民基本医疗保险参保 97.2 万人，覆盖率 97% 以上；参加失业保险 1.6 万人；参加工伤保险的有 4.8 万人；参加生育保险的有 3.3 万人。这些都说明人们的保险意识在越来越增强。

（四）平昌县的社会文化发展状况

1. 民间文艺

四川平昌县境内的民间文艺主要有翻山铰子、耍龙灯、皮影剧等。

（1）翻山铰子。翻山铰子是源于川东北平昌县西兴、龙岗一带，流传于大巴山区达州市、巴中市、南充市所辖部分县（市、区）的一种传统民间舞蹈，是一种挥舞和击打铰子（铜质小镲）的男子舞蹈，2008 年入选为国家级非物质文化遗产。

（2）舞龙。舞龙，平昌民间称之为“耍龙灯”，主要在从正月初一至十五日举行。龙的类型有彩龙、火龙、水龙、板凳龙、草龙等五种，其中火龙最有特色。耍火龙时要“烧花儿”，其花儿通常有纸花、竹筒花、牛欠花、生铁水花等。

（3）皮影。平昌县皮影剧起源于清朝末年的平昌粉壁乡，民国期间由该乡红光村民间艺人谯春林先生把雕刻师和表演艺人请到家中雕刻影子和传授表演技艺，随后组建了皮影表演队，先后到宣汉、万源、达县、邻水、大竹等地演出。2013 年粉壁场镇成功上演了《桃山救母》《五台会兄》两个皮影剧本。

2. 生活习俗

平昌县域内老百姓的生活习俗较多，有的生活习俗有别于其他县域，其中较为突出的是老百姓家的婚俗和建房。

（1）婚俗。现在平昌民间还仍然保留着一些由介绍人牵线搭桥的男女婚姻，男方要履行“六礼”迎亲习俗：一是男家请媒人（介绍人）到女家提亲，谓之“纳采”；二是男家请媒人向女家提“八字”，谓之“问名”；三是男家合八字后并决定缔结婚姻，并送去礼情，此谓“纳吉”；四是男家给女家送去聘礼务办嫁妆，谓之“纳徵”；五是男家择出吉日并备礼告女家求得同意结婚日期，谓之“请期”；六是正式结婚之日组织迎亲接人，谓之“新迎”，只是现在多用车辆替代了过去的花轿迎亲。整个婚俗程序复杂、烦琐，但又是农村最为热闹和庄重的习俗。

（2）建房。平昌县的老百姓非常重视建房的习俗，他们认为建房是平昌居民人生大事，平昌人大多深悟“宅为人之本，人以宅为家”的理念。为此，在建新房的一系列工程中，都要举行庄重严肃、种类繁多的习俗庆典活动，以万物有灵为依据，以自然崇拜为主要内容的一系列民俗仪式：首先是请风水先生相宅、石匠进山选石、开山取石、破土下基；其次是请土匠架板筑墙、安过墙、提垛子、开梁口、下墙板、封梁口；最后是请木匠进山寻梁、做梁、祭梁、做大门、安大门等。各种与建房有关的诸如祭大门、开大门（开财门）、立神龛、开龙眼（开龙门）、扫院坝、祭祀新房、乔迁新房等都要选择良辰吉日举行。而且举行建房的民俗仪式，还要根据房主的贫富选择相应习俗的规模，一般最贫困者也必须要选择建房相宅或上梁办房酒之俗，这也是农村人最为看重、较为热闹之俗。

（五）四川平昌县的旅游资源状况

近几年平昌县坚持文旅融合、农旅结合布局旅游业，旅游业发展较快，元山—得胜、青凤—镇龙旅游环线基本形成，涵水—兰草旅游环线启动建设。目前境内有 AAAA 景区 5 个，文物保护点 562 个，星级饭店 1 个。其中，千佛山—洞滩湖、磴子河—皇家山景区和白衣古镇加快建设，驷马水乡成功创建国家 AAAA 级景区，驷马河成功申报国家湿地公园，连续两年成功承办环中国国际公路自行车赛、全省乡村文化旅游节，被评为全省乡村旅游强县。“十二五”规划期末，平昌县全年旅游总投资 11.23 亿元；实现旅游总收入 31.11 亿元，比上一年增长了 34.1%。

1. 旅游景区

（1）佛头山森林公园。佛头山森林公园位于平昌县城所在的地江口镇北侧，在通河、巴河的交汇处。面积有 293 公顷，海拔 400 ~ 723 米，森林覆盖率达 90%。佛头山森林公园是镇龙山国家森林公园的主要景区，属省级森林公园。

（2）刘伯坚烈士纪念馆。刘伯坚烈士纪念馆坐落在平昌县城北 AA 级风景区佛头山森林公园内，背靠华严，左控通河，右扼佛头寨，与金宝观、南台山、老鹰寨隔河相望。该馆由刘伯坚烈士纪念碑、刘伯坚生平事迹陈列馆、川陕苏区平昌县革命文物陈列馆、江阳碑林等组成。

（3）驷马水乡。驷马水乡位于巴达高速公路旁，涉及当先、创举等 6 个村，目前建成面积 3.2 平方千米，主要由现代农业园、商旅服务园和新型工业园三大园区构成。2015 年成功创建为国家 AAAA 级旅游景区。

（4）镇龙山国家森林公园。镇龙山国家森林公园位于大巴山南麓，面积 2553 公顷，其中林业面积 2133 公顷，森林覆盖率 83.5%，有各类景点 74 个。

（5）得胜古镇。得胜古镇位于平昌县北部的得胜镇，是过去米仓古道的一个重要驿站集镇，也是巴中市乡村旅游环线与平昌县乡村旅游环线叠合的一个重要节点，它主要以古镇、古寺、奇树和红军遗址为特色。

2. 红色人物

（1）赵兰田。赵兰田，四川省平昌县人，原沈阳军区空军政治委员开国将军，1933 年参加红军，在土地革命战争时期，先后任红四军十一师三十二团排长、宣传干事，第三十一团政治处组织股股长，第二十八团宣传干事，红四军侦察连政治指导员、军教导团司令部参谋、第二十八团干部教员。其参加了“宣（汉）达（县）战役”、反“六路围攻”和红四方面军长征。抗日战争时期，他率部先后参加过夜袭阳明堡、响堂铺伏击战、长乐村战斗、反“九路围攻”、反“六路围攻”和百团大战等战役。1938 年，他随陈锡联参与创建了晋东南抗日革命根据地。解放战争时期，他率部参加过上党、邯郸、平汉、陇海、定陶、羊山、宿县、淮海、渡江、进军大西南等战役。1955 年他被授予少将军衔，1988 年获一级红星勋章。

（2）姜钟。姜钟，原名姜心登，四川省平昌县人，曾参加过长征。土地革命战争时期，他任红四方面军第三十军政治部宣传队宣传员、抗日战争时期，任军委二局科员、股长、副科长、一处助理员、三科科长；解放战争时期，任军委二局一处副处长、华北革命大学第四部主任；中华人民共和国成立后，任中央军委工程学校（即今西安电子科技大学）二部主任、教育长，军委技术部干部学校副校长，西南二局局长，中国人民解放军原总参谋部三部业务指导局局长、副部长、第一副部长、部长；1961 年晋升为少将军衔。

（3）朱兆林。朱兆林，四川省平昌县板庙乡人，土地革命战争时期，参加过川陕革命根据地反“六路围攻”和红四方面军长征。抗日战争时期，他参加过响堂铺伏击战和反“扫荡”斗争。解放战争时期，他任中原野战军第四纵队政治部组织部副部长、部长，第二野战军十三军三十九师副政治委员，第二野战军供给部副政治委员，参加过上党、淮海、渡江战役。在上党战役桃川追击战中，他荣立一等功。1964 年，他晋升为少将军衔，曾荣获二级八一勋章、二级独立勋章、二级解放勋章和中国人民解放军一级红星功勋荣誉章。

（4）胥光义。胥光义，原名许光翊，别名许鑫、胥明，四川省平昌县长垭乡白马村人，1932 年参加中国工农红军第四方面军。土地革命战争时期，他参加过川陕革命根据地反“三路围攻”、反“六路围攻”和红四方面军长征。抗日战争时期，他参加过反“扫荡”斗争。解放战争时期，他任冀南军区政治部副主任、中共阳泉县委书记、中共南京市第 7 区党委书记兼区长、第二野战军三兵团后勤部部长兼政治委员，参加过挺进大别山、淮海、渡江战役和进军西南战役。

（5）何云峰。何云峰，四川省平昌县人，中国人民解放军少将，土地革命时期，参加过川陕苏区达县、强渡嘉陵江、反敌人“六路围攻”等战斗，也参加过红军长征。抗日战争时期，他率部参加过百团大战、太行太岳地区历次反“扫荡”等战役战斗；解放战争时期，先后参加过上党、闻夏、同浦、临浮、吕梁、汾孝、晋南、潼关、豫西、洛阳、宛西、淮海、渡江等战役战斗。

（6）李勃。李勃，四川省平昌县人，参加过红军长征，解放战争时期，先后担任过热辽纵队第二十七旅政治部主任、冀察热辽第十八军分区政治部主任、东北民主联军第八纵队二十四师副政委兼政治部主任、东北野战军第十一纵队政治部副主任。1955 年他被授予少将军衔，获三级八一勋章、二级独立自由勋章、一级解放勋章。

3. 名优食品

（1）火烤饼。火烤饼原名叫“擀酥”，因用柴火烤制而成，人们习惯称之为“火烤饼”。火烤饼的前身是民国初期“茨巴门”建场开始的“芝麻壳”。

（2）活水豆腐。活水豆腐系黄豆（大豆）制品，具有细嫩、绵软、香甜等特点。可生食，也可做成多样化豆腐制品。

三、四川平昌县的县域经济发展现状的几点结论

近几年来，在大力促进县域经济发展的大背景下，平昌县的经济总量不断增加，发展质量明显提高，社会事业不断进步，人民生活持续改善。总的结论是，平昌县的县域经济已步入转型发展的新阶段。

平昌县已夯实了县域经济发展的良好基础。

（1）县域经济的发展速度明显提升。平昌县在县域经济的发展思路上，始终坚持服务业与工农业协同发展和融合推进的路径，在大力发展主产农业产业的基础上，积极开拓培育乡村旅游、电子商务、金融保险等新兴县域经济的消费热点。“十二五”规划期末，平昌县全年粮食作物总产量 38.93 万吨，比上一年增长 1.4%；全年采伐木材 56 000 立方米，年末活立木蓄积量 10 760 247 立方米，比上年增长 2.4%；民营经济实现增加值 78.05 亿元，增长 8.1%，占地区生产总值的比重为 59.4%，比上一年提高 0.7 个百分点；居民消费价格总水平（CPI）比上年上涨 1.7%，农业生产资料零售价格上涨 4.9%。平昌县也在尽量加快做大工业经济规模，主要是从施迈电气、陈氏玻璃等企业发展起步，星光机械制造工业园进入工业园，小角楼白酒工业园也在加快建设，驷马清洁能源工业园、茶叶加工园已在投产营运，秦巴云顶、秦巴茗蘭等加工企业正常投产。“十二五”规划期末，平昌县工业生产平稳增长，全年工业增加值 56.53 亿元，

比上年增长 8.8%。工业对经济增长的贡献率为 48.2%，拉动经济增长 3.8 个百分点。坚持金融与县域经济互促共融，全年房地产企业开发投资 21.27 亿元，比上年增长了 7.7%；全年国税和地税实现税收收入合计 9.59 亿元，比上年增长了 14.8%；全社会金融机构人民币各项存款余额 206.73 亿元，比上年增长了 28.2%。因此，平昌县的经济总量是呈不断上升趋势的，发展质量也非常明显，老百姓的生活质量也大为改善。

（2）经济实力在三产互动中明显增速。平昌县积极培育新型农业经营主体，全县农林牧渔业完成总产值 42.4 亿元，比上一年增长 3.8%。"十二五"规划期末，平昌县全年农作物总播种面积 108 231 公顷，比上一年增加 504 公顷，粮食作物总产量 38.93 万吨，比上一年增长 1.4%。平昌县整治农村土地 10 万亩，实施新一轮退耕还林工程，全年造林面积 8016.7 公顷，森林覆盖率 50.24%。平昌县"十二五"规划期末全县实现地区生产总值 131.49 亿元，比上一年增长 7.9%。其中，第一产业实现 22.13 亿元，增长 3.9%，对经济增长的贡献率为 8.3%，拉动经济增长 0.75；第二产业实现 71.1 亿元，增长 9.3%，对经济增长的贡献率为 64.0%，拉动经济增长 5.0 个百分点；第三产业实现 38.3 亿元，增长 7.6%；对经济增长的贡献率为 27.7%，拉动经济增长 2.2%。三次产业结构比由 2015 年的 16.96∶54.26∶28.78 改善为 16.83∶54.08∶29.09。

（3）县域特色产业取得明显实效。平昌县在坚持统筹城乡和全域的基础上积极布局地方产业，以"一区四园四大主导产业"为重点的新型工业布局优化提升，突出生态、特色、规模，成片发展和推进茶叶、花椒、核桃、巴药、水产、莲藕六大特色产业全域覆盖，以三十二梁、镇龙片区为重点，建设茶叶基地、巴药基地；以磴子河—皇家山片区为重点，建设花椒基地；以龙岗、福申片区为重点，建设核桃基地；在白衣、泥龙等乡镇建设特色水产养殖基地。推进青凤—鹿鸣—邱家三产互动示范片融合发展，驷马水乡三产互动示范区建设也取得一定成效。特别是平昌县的镇龙山瓦灰鸡被批准为国家地理标志产品，成功创建全省质量强县示范城市、全省有机产品认证示范县。"十二五"规划期末，全县人均国内生产总值 15918 元，比上一年增长了 9.9%。

（4）经济活力在创新中明显释放。平昌县推行全方位扩大区域开放合作，主动融入长江经济带，与达州、万州、安康等区域合作进一步向纵深拓展。以回引创业为抓手，成功回引发展了巴山背二哥季节蔬菜、土兴莲泉水产养殖等，深化与大企业大集团的合作，如四川铁投集团、绵实外国语学校、高低压电器元件等重大项目落地建设。全社会固定资产投资 273.59 亿元，比上年增长了 16.2%，其中固定资产投资 271.59 亿元，比上年增长了 16.4%；全年房地产企业开发投资 21.27 亿元，比上年增长了 7.7%。政府"有形的手"显得更加灵活有效，市场"无形的手"显得更加富有活力。

（5）民生事业在扶贫中明显改善。平昌县积极坚持区域连片开发和精准扶贫双轮驱动，突出大交通、大产业、大旅游和大教育扶贫。推进"智慧城市·光网平昌"建设，4G 网络实现乡乡覆盖。平昌县深入推进道路交通进新区、进园区、进景区，启动涵水禅林—西兴皇家山道路建设，建成三十二梁—青凤互通快速通道，新建乡镇联网路 43 千米、村道水泥路 177 千米；以"一区四园四大主导产业"为重点的新型工业布局优化提升；积极维修改造农村义务教育阶段的薄弱学校，新建了思源实验学校，重建了江口三小，教育信息化建设走在全市前列；坚持文旅融合、农旅结合布局旅游业，旅游业发展较快，元山—得胜、青凤—镇龙旅游环线基本形成，涵水—兰草旅游环线启动建设。“十二五”规划期末平，昌县全年旅游总投资 11.23 亿元；实现旅游总收入 31.11 亿元，比上一年增长了 34.1%。在全市率先启动建设地面数字电视工程，不断改善文化基础设施，扎实开展全民健身、全民阅读，不断满足群众精神文化需求。

四、四川平昌县的县域经济发展中亟待解决的问题与困难

1. 县级财政的支撑力不强

平昌县域是一个典型的农业大县，人口多，农业盘子大，工业底子薄，第三产业不够活跃。从总体上看，平昌县的财力状况还是主要依靠转移支付。由于县级财力弱小，县域基本公共设施建设落后，市场流通、科技创新和信息化等支撑体系薄弱，政府提供公共服务的能力和水平较低。“十二五”规划期末，全县地方公共财政收入 8.03 亿元，比上年增长了 12.5%；全年税收性收入 4.79 亿元，增长 0.4%。地方公共财政支出 48.23 亿元，增长 4.7%。虽然比上一年有所增加，但发展的速度还是远远不够，再加上远离大都市的经济辐射，平昌县经济发展的关联效应度显得非常弱化，以至于严重影响县域的财政收入。

2. 金融、人才等要素保障力不强

在县域的金融方面，平昌县积极探索建立了“金融+”扶贫模式，并得到了国家农业银行总行和国务院扶贫办充分肯定。平昌县“十二五”规划期末各金融机构在县域获得存款多，全社会金融机构人民币各项存款余额 206.73 亿元，比上年增长了 28.2%。其中，住户储蓄存款余额 158.4 亿元，增长 21.8%。年末银行各项贷款余额 99.78 亿元，比上年增长了 26.8%。其中，住户贷款余额 44.69 亿元，增长 11.5%。收入有增加，但金融机构放出贷款少，贷存比远低于大中城市。资金矛盾主要集中在县域基础设施建设、中小企业、新型农村合作组织和种养大户等领域，一些中小企业不容易获取资金，融资成本难以预料。

在县域的人才方面，平昌县位于四川盆地东北边缘的米仓山南麓，处于四川省的边缘地带，远离大都市的经济圈，经济发展还是主要依靠农业经济的发展，速度慢，基点低。而且，县域内没有高等院校的庇荫，缺少高素质、高技能人才的支撑，县域劳动力显得整体素质不高，人才流向主要是从农村流向城市，一些县域出现结构性“用工荒”与“招工难”的矛盾现象。这些都会严重影响县域经济的可持续发展。

3. 发展环境还不够强

其一，虽然现在平昌县公路、铁路都方便了，但是平昌离附近的大都市城市经济圈都还有一定的距离。平昌县大多是山区和深丘，地势陡峭，山道弯曲，目前交通建

设的节奏还是相对较慢，对县域经济的发展还是存在一定影响。其二，平昌县山区面积广阔，自然资源丰富，但地区偏僻，管理跟不上，就会加剧一些资源的无序开采，也会使一些资源面临枯竭。对资源的过度开发与低效利用，造成水土流失、耕地质量下降、水源污染、土壤板结现象，生态环境受到不同程度的破坏。其三，平昌县地偏经济差，对高技术人员的吸引力非常弱，而广阔的自然资源需要用高技术去勘探与开发，这也是一个非常明显的问题。

4. 产业层次的促动性还不够大

平昌县域工业主要还是以资源开采和农牧产品的粗加工为主，缺乏精深加工产品和高科技产品，产品技术含量和附加值低，市场细分度不够，产业经济的规模不大，特色不明，品牌不响。而且，县域的产业聚集度也不算高，有工业布局但不明显，产业的配套也不鲜明，没能形成像样的产业集群和产业链条，园区配套水平低，带动作用小，对县域经济的促动机制显得有点弱。

五、对加快平昌县县域经济可持续发展的几点思考

当前，平昌县属于全国比较明显的一个贫困县，随着土地、资源、劳动力、精准扶贫政策的大幅度推动，平昌县域经济必须改革传统发展理念与模式，充分利用当前一系列的政策红利和契机加快平昌县域经济的可持续发展。课题组的调研资料发现，平昌县在“十三五”期间就提出要以科学发展为主题，以结构调整、科技创新、节能环保、民生改善为着力点。课题组经过仔细研判，认为要加快平昌县县域经济的可持续发展，应该从以下几个方面进行思考。

1. 突出县域的特色经济和主导产业

县域经济的发展类型主要有工业主导型、农业基地型、矿产资源型、商贸流通型、旅游开发型、生态保护型和复合型等，平昌县委县府要根据县情选准发展方向，因地制宜，宜工则工、宜农则农、宜商则商、宜旅游则旅游，把特色资源做成特色产业，使特色产业成为拉动县域经济发展的支柱。平昌县应该把重心放在重点支持其工业园区建设上来，做到资源要素向园区集中、企业向园区集中、招商项目向园区集中。加快引进一批投入产出比率大、技术支撑强、财税增长快的项目，不断提升项目建设水平。在农业生产条件好的地方，重点支持其发展现代农业，推广现代农业示范园区、示范基地建设经验，努力做到用工业化的理念指导农业、用现代农业示范区的标杆引领农业、用城乡一体化的机制推进农业，从而推动传统农业向现代农业转型升级。同时，加强农村综合改革，进一步激发农村发展活力。支持各地加强农村服务体系建设，积极推进城乡一体化发展。

2. 破解财力、融资、土地与人才的制约瓶颈

（1）财力方面：在保民生和保运转的前提下，尽可能增加支持县域经济可持续发展

的财力；加大财政转移支付力度，完善转移支付制度，减轻县市财政政策性配套压力。

（2）融资方面：引导各级金融机构加大对县域的支持力度，扩大对“三农”的信贷投资规模，在继续争取银行扩大信贷规模的同时，积极走市场化融资道路。

（3）用地方面：适当扩大用地支持，尽可能利用荒山、荒坡、荒地、荒水、荒滩建设工业园区，加大土地整理、新造耕地和复垦耕地工作力度。对优势产业、优势项目予以重点倾斜。根据项目投资强度确定用地规模，努力提高工业用地的产出率；鼓励建设多层标准厂房，向空中要土地，不断提高土地使用效益。

（4）人才建设方面：加强对县域干部的培养、选拔与任用工作，加大县域干部与省、市直交流任职和挂职、跟班学习的力度，改善基层干部工作和生活条件。同时，大力发展职业教育，重点建设一批特色职业教育院校，满足县域产业发展对技能人才的需求。切实加强农村实用技术培训，尽量把一些有经验或有技能的农民工转变成技能型的产业工人。

3. 夯实城乡基础设施

（1）交通建设方面：提升重点产业区、小城镇居民区、风景区的交通基础设施标准；加强农村公路建设、管理和养护，配合全县的“村村通”工程，不留死角。

（2）水利建设方面：加大粮食主产区农田水利基础设施建设投入，增强农业减灾防灾能力；提高城镇防洪保障能力，推进水生态保护和水环境治理；加强中小河流治理，保障城乡居民饮水安全；加大病险水库、山塘、河坝的维修改造，增强抗旱保收能力。

（3）电网改造与信息化建设方面：加大县域电力建设力度，提高清洁能源生产能力，完成农村电网改造；发展电子商务和电子政务，加快“数字化”进程，全面提升信息化水平。

（4）城镇建设方面：加强县城与中心城镇的扩容提质，积极推进“区域同步规划、环境同步整治、产业同步发展、设施同步建设、文明同步创建”，提高村民集中居住的规划和建设水平，扩大“镇村同治、连片示范”规模，推动城市公共设施和公共服务不断向农村延伸。

4. 打造红色旅游品牌

（1）旅游资源方面：平昌县位于四川盆地东北的大巴山系，是一个典型的贫困山区，山势雄奇，生态繁茂，物产丰富，风光独具，红色历史文化底蕴深厚，市场开发潜力巨大。特别是这些绿色资源中所蕴含的红色文化独具特色，为革命老区深度挖掘红色文化背景下的绿色产业打下了坚实的基础。

（2）旅游品牌方面：老区建设应以当地丰富的绿色资源为依托，以独特的红色文化为背景，以城乡旅游景点为轴心，加大县域内旅游资源开发的力度，把四川平昌县配合巴中的红色之旅打造成中国川东的旅游品牌，促使革命老区的红色旅游产业成为县域经济增长的亮点。

（3）旅游开发方面：要将县域内的“红色+绿色+古色”旅游资源即把红色文化旅游、绿色生态旅游和古文化旅游相结合，充分发挥“红色”“绿色”旅游资源互补优势以及依托古巴人文化，深度挖掘独具特色的民俗文化遗迹，形成集群效应和规模效应，把文化旅游产业培育成巴中地区的战略性支柱产业,促进巴中地区县域经济再上新台阶。

总之，四川平昌县的资源种类繁多，涵盖了红色文化、绿色资源和人文古镇几大主类，兼具自然资源的属性和厚重文化的底蕴，这些筑就了平昌县域资源产业化的红色、绿色和古色三大基本色调。平昌县浑重厚实的文化资源、绿色资源和古色资源可以为四川平昌县的县域经济可持续发展创造出良好的契机。

“革命老区县域经济可持续发展的长效机制研究”课题组

二〇一七年十二月三日

新常态下革命老区县产业转型发展路径研究*
——以宣汉县为例

李愈强　陈继红　乔邦学

摘　要:“十二五”以来，革命老区宣汉县产业结构调整取得了较大进展，有两次重大飞跃：第一次是2012年，第二产业占比超过50%，第二产业在三次产业中主导作用进一步凸显和加强。第二次是2013年，第三产业占比首次超过第一产业。但与全国、全省、全市比较，革命老区宣汉县产业结构还存在不少问题：第一产业占比偏高，第三产业严重滞后，第二产业中资源依赖度很高，工业结构单一，“一气（企）独大”特征明显，县属工业薄弱，内生发展动力不足。工业以重工业和资源开发为主，轻工业发展缓慢，可持续发展能力较弱，转方式、调结构任重道远。“十三五”期间，革命老区宣汉县产业结构升级的战略方向：以追求更高增长质量和效益为核心，由要素驱动向创新驱动转换，由高度依赖资源向可持续发展调整，由价格竞争向质量技术品牌服务竞争转变，由高碳模式向低碳模式转型，推动产业由价值链低端向中高端跃升，实现创新发展、高效发展、绿色发展。

关键词：新常态 革命老区 产业转型 宣汉县

一、导言

改革开放以来，我国经济得到长足发展，但发展中的矛盾和问题也逐步显现。十六届六中全会提出要调整优化农村经济结构。十七大指出要加快转变经济发展方式，推动产业结构优化升级。十八大再次指出，发展中不平衡、不协调、不可持续的问题依然突出，科技创新能力不强，产业结构不合理。推进经济结构战略性调整，改善需求结构、优化产业结构、着力解决制约经济持续健康发展的重大结构性问题。随着经济逐步适应新常态，革命老区宣汉县结构性矛盾逐渐凸显，转型发展势在必行。

（一）研究现状

1. 省外研究现状

白小虎（2010）从生态工业理论、循环经济理论两个方面阐述了产业生态化转型

---

* 课题负责人：李愈强，中共宣汉县委党校科研室主任，经济学硕士；陈继红，中共宣汉党校讲师；乔邦学，中共宣汉党校讲师。

的理论基础和实践模式，分析了生态化转型的制度障碍。[1]王倩雅（2013）认为应该加强对资源型企业产业生态化转型的组织和规划，提高转型的成功率和增强与区域产业发展的协同。[2]申鹏等（2015）提出，在经济发展新常态背景下，要想实现产业转型和农村劳动力区域流动的高效联动，最根本、最现实的手段是包容和生态的宏观政策。[3]郎萍萍（2015）从产业链的角度研究贵州茶产业转型问题，认为茶产业转型需要走复合模式道路。[4]韩永辉等（2015）借鉴国际经验，结合国情实际，进而提出统筹区域产业协同生态化转型，注重自主创新和技术进步。[5]白云蛟（2015）以京津冀为例，围绕京津冀跨省区域分工与合作的体制机制等深层次矛盾和问题，着力研究政府与市场调节相结合的新机制。[6]叶强强（2015）以陕北为例，提出了资源密集型地区经济可持续发展的两种模式：一是主动规避资源枯竭带来的经济陷阱；另一种是实现资源密集型地区产业转型与升级，走上可持续发展道路。[7]

2. 省内研究现状

赵文欣（2009）认为应增加投入、多给人才政策、资源开发多给优惠政策促进老区转型发展。[8]刘世庆（2011）调研了巴中、广元、达州三市经济发展后，提出了“六大重点、两大突破、三大动力、四大基础、三大产业增长点和两个融入”的战略创新模式和八个方面的政策探索。[9]蒲小梅（2013）认为政策因素、资源因素、人才因素、需求因素是川陕革命老区经济发展的四大动力，加大基础设施投入、做好人才工作、发展特色经济是老区经济发展的路径。[10]刘桓屹（2015）从可持续发展的视角对攀枝花产业转型进行研究，提出了符合攀枝花实际的产业转型方案。[11]邵平桢（2016）认为要着力破解老区基础设施瓶颈，推动精准扶贫、精准脱贫，实施创新驱动。[12]

总的来看，省内外对转型发展和革命老区发展研究主要以定性分析为主，定量分析较少。因此，从产业结构及其产业内部构成进行分析与评价，并在此基础上对革命老区县不同阶段的产业结构转型问题进行研究，探索解决老区产业转型的路径，提出老区县产业转型措施对策，对促进革命老区县产业转型意义重大。

（二）研究意义

随着经济发展逐步进入新常态，经济增速从两位数增长换挡为 7%～8%中高速增长。川陕革命老区宣汉县由于经济发展长期以来过度依赖资源开发，发展方式较粗放，带来了产业规模较小、产业结构不合理、产业质量较低、资源不断耗竭、生态环境逐渐恶化等一系列问题。由此导致革命老区县经济质量不高、水平低，可持续发展受到挑战，长期保留在国家级贫困县的名单之中。经济进入新常态后，革命老区县经济增长速度已明显放缓，产业结构的不合理对经济的影响逐渐加大。一方面，本课题在经济新常态背景下，以革命老区县、国家扶贫工作重点县宣汉县为研究对象，探索新常态下革命老区县产业转型的动力机制和实施路径，对丰富和发展产业经济理论、新常态理论具有一定的理论意义。另一方面以革命老区县宣汉为例，分析宣汉县产业发展状况，探索提出宣汉县产业转型路径和实施对策，对宣汉县乃至革命老区县实现产业转型、脱贫攻坚有一定实践意义和政策参考价值。

（三）研究思路

课题从新常态视角下，以川陕革命老区宣汉县为例，描述性分析革命老区宣汉县经济发展状况，分析三次产业结构演进和三次产业结构内部构成情况，探索新常态下革命老区县产业转型发展的路径，根据研究结论提出产业转型发展的对策措施及政策建议。

（四）创新及价值

1. 创新之处

本课题研究对象宣汉县具有革命老区县、国家贫困县、资源县三个特征，从革命老区发展、脱贫攻坚、资源县可持续发展三个维度分析思考，探索提出老区宣汉县在新常态下产业转型发展的路径。综合老区县三大特征进行研究，是本课题创新之处。

2. 价值

（1）理论价值。本课题在经济新常态背景下，以革命老区、国家扶贫工作重点县宣汉县为研究对象，探索新常态下革命老区县产业转型的动力机制和实施路径，对丰富和发展产业经济理论、新常态理论具有一定的理论意义。

（2）应用价值。本课题以革命老区县宣汉为例，分析宣汉县产业转型的影响因素、探索提出宣汉县产业转型路径和实施对策，对宣汉县乃至其他革命老区县的产业转型、脱贫攻坚都具有一定实践意义和政策参考价值。另外，课题从革命老区、脱贫攻坚、可持续发展三个维度分析产业转型，对一般国扶贫困县、资源县产业转型也有一定应用、参考价值。

二、革命老区宣汉县概况

宣汉县位于四川东北边缘大巴山南麓，地处川渝鄂陕结合部，置县始于东汉和帝八年（公元96年），距今逾1900年；面积4271平方千米，耕地面积90.23万亩，其中稻田56.09万亩，旱地34.14万亩。辖54个乡镇、491个村、77个社区，总人口132.3万人，其中农业人口98.7万人。全县各乡镇均有革命先烈为争取中国解放而遗留下来的生产、生活、战斗遗迹。宣汉县是新一轮国家扶贫开发工作重点县、全国革命老区县、秦巴连片特困地区、全省扩权强县试点县、全国生态文明示范工程试点县和少数民族地区待遇县，素有“巴国故都、红军之乡、气都之心”之美誉。宣汉是巴国故都，远古巴人血性阳刚、重情重义。罗家坝遗址是全国重点文物保护单位，是全国面积最大、保存最完好的先秦巴人文化遗址，被誉为“巴国三星堆”，有土家族乡4个，人口近 7 万，是全省土家族人口最多并唯一建有土家族乡的县。宣汉是红军之乡，革命先辈智勇坚定、不胜不休。80 多年前，45 万人口的宣汉有 10 万人参加川陕苏区革命斗争，3.4 万人牺牲，孕育了老一辈无产阶级革命家王维舟和新中国 10 位将军。毛泽东高度赞誉王维舟“忠心耿耿、为党为国”。宣汉是“气都”之心，资源经济提速奔跑、牛气冲天。天然气储量 1.5 万亿方，普光气田是全国最大的海相整装气田，是中石油、中石化在川开发的主战场和川气东送首站，年拥有 150 亿立方的天然气产能和 285 万吨的硫黄产量。历经 33 年成功培育的蜀宣花牛，是中国第 6 个、南方第 1 个乳肉兼用型培育牛新品种，可年繁育推广 10 万头。此外，宣汉的煤炭、富钾卤水、水能资源丰富。“十三五”时期是革命老区宣汉县全面建成小康社会的关键时期，革命老区县要全面深化改革，大力实施“三大战略”，强力推进“双核双区”，加快转变经济发展方式，优化调整产业结构，促进产业转型升级发展，如期全面建成小康社会，如期建成繁荣美丽新宣汉。

三、革命老区宣汉县经济发展状况分析

“十二五”期间，在四川省委、省政府，达州市委、市政府的坚强领导下，宣汉县委、县政府紧紧围绕建成繁荣美丽新宣汉的奋斗目标，深入实施“兴工强县、开发扶贫、全域旅游”三大发展战略，坚持“好中求快、追赶跨越”的工作基调，县域经济得到长足发展。

（一）止滑提速效果明显

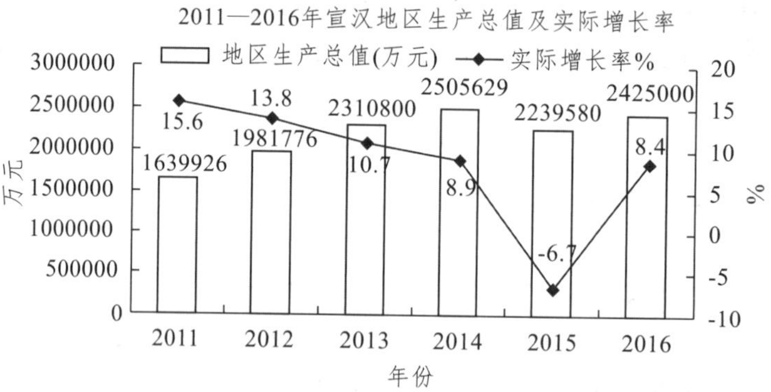

图 1　宣汉县地区生产总值及实际增长速度趋势图

如图 1 所示，“十二五”期间宣汉县地区生产总值年均增长 8.1%。由于国家战略调整，发展速度有所放缓，经济发展逐步适应新常态。2015 年，中石油、中石化天然气减产，经济增速下滑较大，首次出现负增长，增速为-6.7%，但地区生产总值突破 200 亿元，达到 223.9 亿元，是 2010 年的 1.8 倍。“十三五”开局良好，2016 年实现地区生产总值 242.5 亿元，同比增长 8.4%，止滑提速效果明显。

（二）城镇化进程快速推进

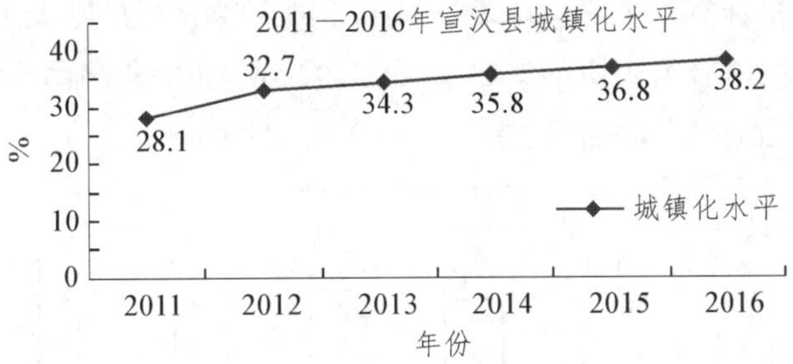

图 2　宣汉县城镇化进程趋势图

从图 2 可以看出，“十二五”期间宣汉县城镇化进程快速推进。2012 年宣汉县城镇化率为 32.7%，比上年提高 4.6 个百分点；2013 年城镇化率为 34.3%，比上年提高 1.6 个百分点。2014 年城镇化率为 35.8%，比上年提高 1.5 个百分点。2015 年城镇化率为 36.8%，比上年提高 1 个百分点。进入“十三五”，城镇化步伐继续加快，2016 年城镇化率为 38.2%，比上年提高 1.4 个百分点。

（三）财政收入逐年增加

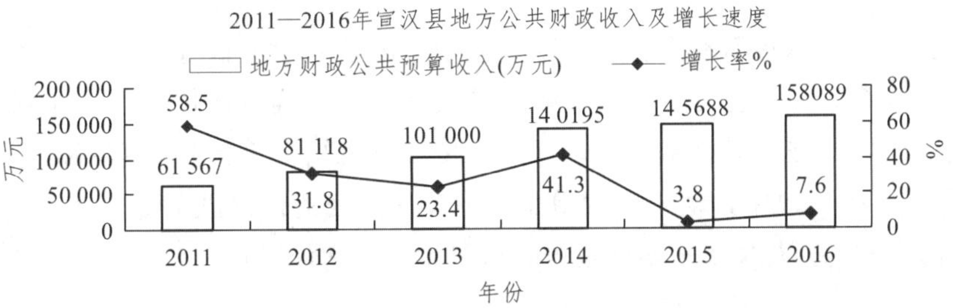

图 3　宣汉县地方公共财政收入及增长速度趋势图

图 3 显示，“十二五”期间，宣汉县地方公共财政收入大幅提升，年均增长 26.6%。进入“十三五”，受经济下滑影响，增长幅度大幅回落，2016 年宣汉县地方公共财政收入为 158089 万元，增速 7.6%，但总量仍居全市第一。

（四）居民收入快速提高

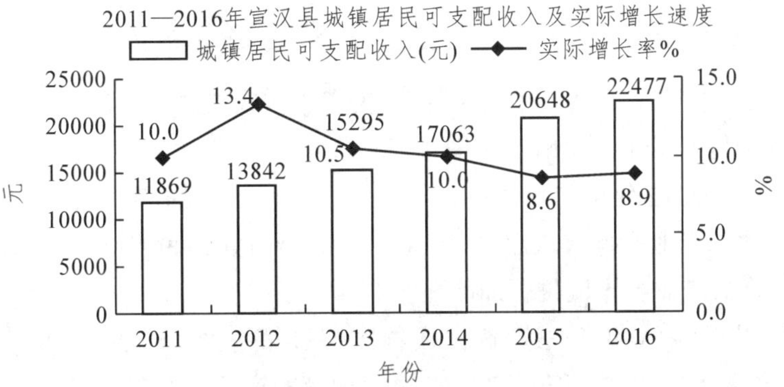

图 4　宣汉县城镇居民可支配收入及增长速度趋势图

如图 4 所示，“十二五”时期，宣汉县城镇居民人均可支配收入快速增加，扣除价格因素，按不变价格计算，实际年均增长 10%。进入“十三五”，城镇居民收入继续提高，2016 年，全年城镇居民人均可支配收入 22477 元，扣除价格因素，实际增长 8.9%。

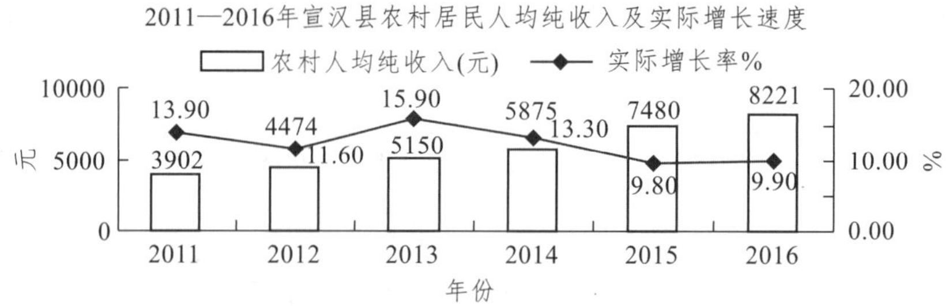

图 5　宣汉县农村居民可支配收入及增长速度趋势图

如图 5 所示，“十二五”时期，宣汉县农民人均纯收入快速增加，扣除价格因素，按不变价格计算，实际年均增长 13%。进入“十三五”，农民人均纯收入增速加快，2016 年，全年农民人均纯收入 8221 元，实际增长 9.9%，增速全市第一。

（五）公共服务体系不断完善

基本公共服务体系不断完善，教育均衡快速发展，公共医疗卫生服务体系基本形成，文化、体育事业蓬勃发展。就业规模持续扩大，社会保障体系逐步完善，新农合基本实现全覆盖，城乡居民基本养老保险制度实现并轨。开发扶贫纵深推进，精准脱贫全面覆盖，“七大攻坚行动”成效明显，精准扶贫云平台建设全省首创，实现 55 个贫困村退出、39792 人脱贫，累计减少农村贫困人口 14.46 万人。

四、革命老区宣汉县产业结构状况分析

发达国家的研究表明，随着工业化演进和经济的不断发展，第一产业所占的比重不断趋于下降；第二产业比重在工业化进程的不同阶段呈现出快速上升、缓慢上升、不变和逐渐下降趋势；第三产业比重趋于不断上升中。

（一）产业结构向“三二一”新格局演进趋势明显

图 6 显示了“十二五”以来老区宣汉县三次产业构成的变动情况。从 2011 年到 2015 年，三次产业结构经历了二次跃升（图中↑所示）。

第一次跃升：2012 年第二产业占比首次超过 50%。2009 年到 2012 年，在短短四年的发展中，第二产业占比首次超过 50%，第二产业从 2009 年的 37.5%上升到 2012 年的 53.4%，第二产业主导地位更加凸显。

第二次跃升：2013 年第三产业占比首次超过第一产业。2013 年第三产业占比 22.1%，第一产业占比 22%，第三产业首次超过第一产业，“二三一”产业发展格局初

步形成。

进入“十三五”，第二产业占比开始下降，从 2015 年的 46.2%下降到 2016 年的 42.5%，第三产业占比继续上升，从 2015 年的 29.1%上升到 2016 年的 33.2%，产业结构释放了向“三二一”新格局迈进的强烈信号。

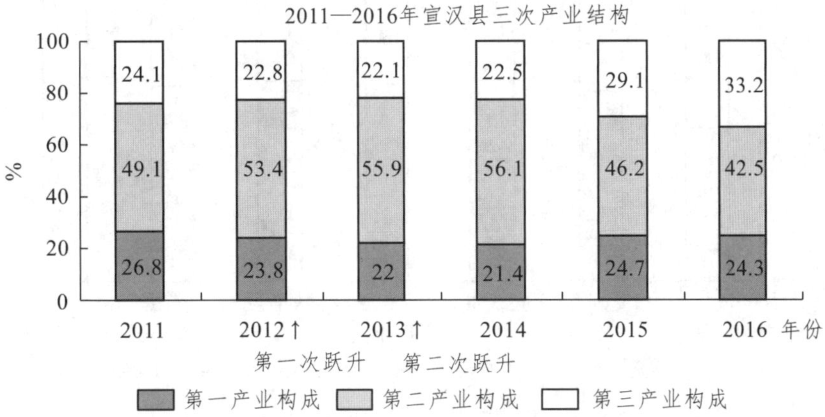

图 6　宣汉县三次产业结构演进趋势图

总的来看，宣汉县三次产业结构总体趋势是第一产业占地区生产总值的比例逐步下降，第二产业占地区生产总值的比例快速上升，近两年第三产业发展较快，进入“十三五”，向“三二一”新格局发展趋势明显。

（二）产业发展中结构性矛盾依然十分突出

1. 三次产业构成比例不合理

英国经济学家克拉克、美国经济学家库兹涅茨等学者的研究成果表明，一国或地区的产业结构通常是从“一二三”结构向“三二一”结构转化，即从第一产业增加值比重最大、就业人数最多，第二产业相应次之，最后是第三产业的经济发展阶段，向第三产业增加值、就业人数比重最大，第二产业稍次，第一产业最小的经济发展阶段方向转化。

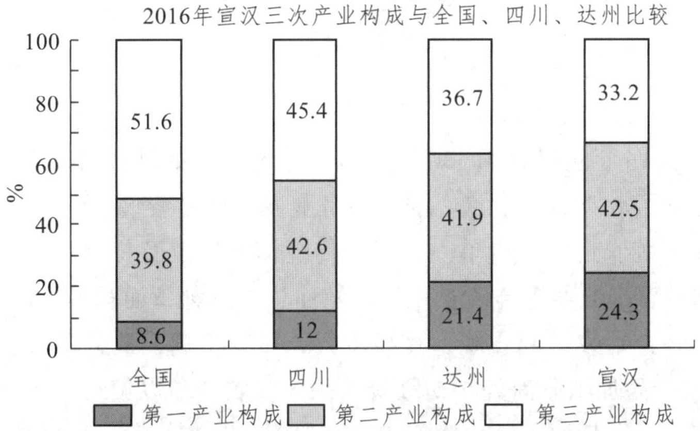

图 7　2016 年宣汉县三次产业构成与全国、四川、达州比较

从图 7 可以清楚地看到，2016 年，宣汉县第一产业比重（24.3%）分别高于全国、全省、全市 15.8、12.3、2.9 个百分点，第三产业比重（33.2%）分别低于全国、全省、全市 18.4、12.2、3.5 个百分点。

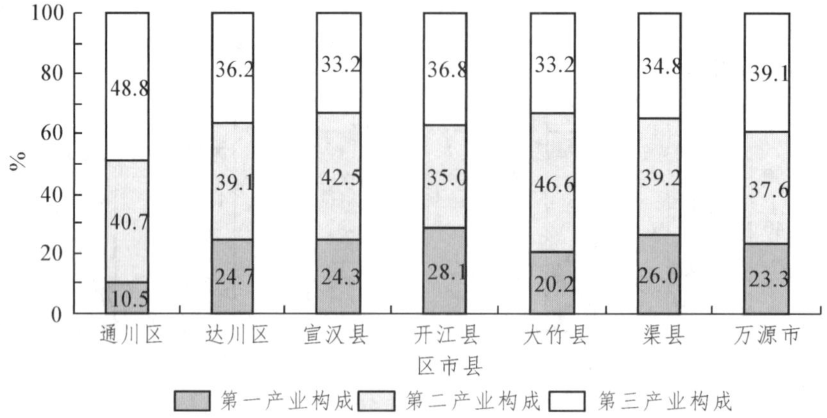

图 8　2016 年宣汉县三次产业构成与达州市区市县比较

从图 8 可以看出，2016 年宣汉县三次产业结构与达州市区市县比较，第一产业比重仍较大，第二产业相对具有优势，第三产业发展严重滞后。

总的来看，宣汉县三次产业结构比例不太合理，第一产业比重较大，第三产业比重太小，发展严重滞后，对第一、第二产业的制约作用也相对较大。

2. 第一产业以传统农业为主，内部结构有待优化

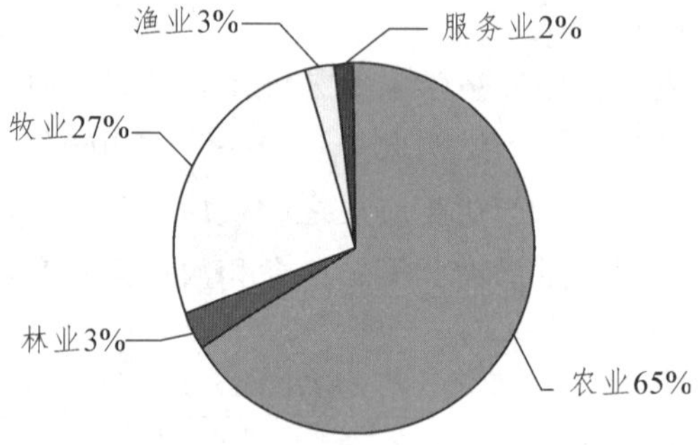

图 9　2016 年宣汉县第一产业情况

图 9 显示了 2016 年宣汉县第一产业内部构成情况。可以看出，第一产业中农业比重偏高，占比达到了 65%，林、渔、农、服务业发展非常缓慢。

农业偏重于传统农业，结构单一。一是传统作物种植面积比重较大。目前，全县玉米、水稻、马铃薯、油菜等传统农作物种植面积占总种植面积的 88%。茶、果、菌、菜、烟、药等特色产业发展起步晚，规模不大，品牌不响，效益不强，占种植业面积的 12%。二是农产品加工业尚处在初级阶段。大多农产品以销售初级产品为主，有特色品牌产品不多，农产品加工转化增值不高。保鲜、包装、贮运、销售体系发展滞后，

初级产品与加工品比例不协调。发达国家的农产品加工业产值与农业产值之比大都在2∶1以上，而老区宣汉县不到0.2∶1。三是观光休闲型农业发展速度不快，规模小、功能不全，难以吸引市民消费。

3. 第二产业发展不协调，结构性矛盾突出

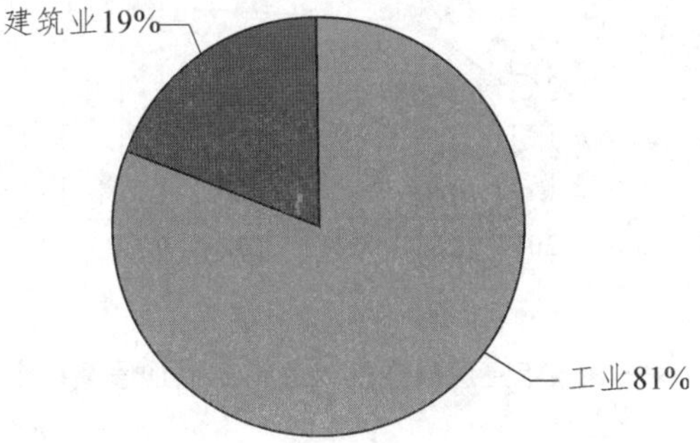

图10　2016年宣汉县第二产业内部结构

从图10可以看出，在第二产业增加值中，建筑业占19%，工业占81%，工业在第二产业中处于主导地位。

（1）工业以重工业为主，轻工业发展缓慢。

2016年全县规上工业实现增加值57.3亿元，按轻重划分，轻工业增加值0.9亿元，占比为2%；重工业增加值56.4亿元，占比98%。工业发展以重工业为主，轻工业发展缓慢（图11）。

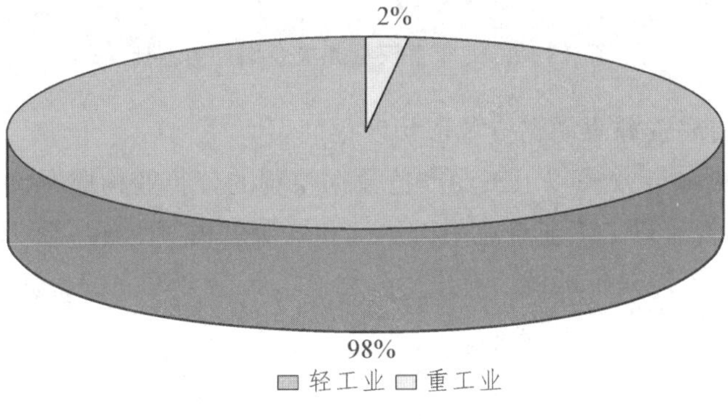

图11　2016年宣汉县规模以上工业轻重占比

（2）工业主要由央企推动，县属工业薄弱。

图12清楚地显示了普光分公司对宣汉地区生产总值的拉动。2010年以前，规模以上工业企业都是本土县属企业，增加值都是小幅稳定增长，自从2010年普光公司投产运营后，规模以上工业企业增加值猛增，且呈递增趋势。

2016年全县规模以上工业企业35个，其中县属34个，央企1个。规模以上工业全年实现增加值572 991万元，其中县属增加值43 994万元，占规模以上工业增加值

的 8%，央企增加值 528 997，占规模以上工业增加值的 92%，“一企（气）独大”特征明显，县属工业薄弱，内生发展能力不足（图 13）。

图 12　2008—2016 年宣汉县规模以上工业增加值及央企产值占比

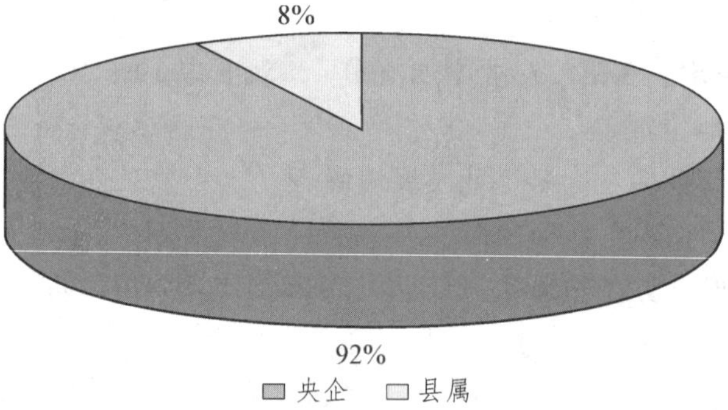

图 13　2016 年宣汉县属工业增加值占比

（3）工业主要靠资源驱动，资源依赖度很高。

图 14 是按 2016 年规模以上工业产值数据绘制的分行业构成图，天然气占 83%，煤炭行业占 5%，规模以上工业企业中天然气和煤炭就占了 88%，资源依赖度很高，资源驱动特征明显。资源是稀缺的、有限的，终有一天会开发完的，资源枯竭后果堪忧，转型发展刻不容缓。

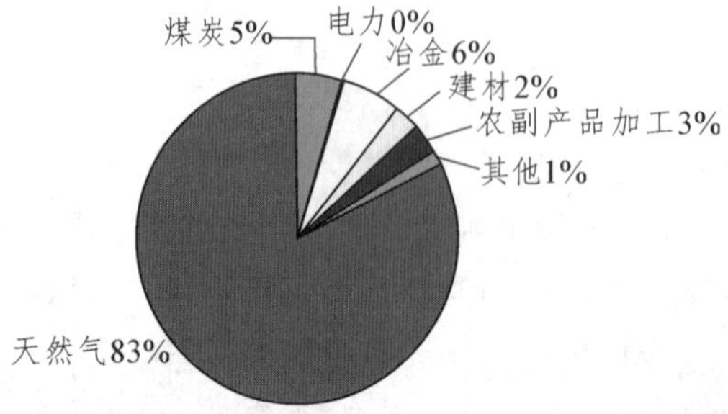

图 14　宣汉县 2016 年规模以上工业产值构成

4. 第三产业严重滞后，现代服务业发展缓慢

表 1　2016 年宣汉县三次产业构成的国际比较（%）

	第一产业	第二产业	第三产业
低收入国家	24.8	25.1	50.2
中下收入国家	12	40.3	47.7
中上收入国家	7.9	32	61
高收入国家	2	28.5	69.5
中国	8.6	39.8	51.6
四川	12	42.6	45.4
达州	21.4	41.9	36.7
宣汉	24.3	42.5	33.2

改革开放以来，我国第三产业增长非常快，但存在总量偏小和行业结构不合理问题，发展水平滞后。从总量来看，第三产业增加值在地区生产总值中所占比重明显偏低（见表 1）。目前，绝大部分发达国家的第三产业比重在 70%左右，大部分发展中国家在 50%左右，而我国的第三产业比重长期徘徊在 30%～40%，2016 年为 51.6%。

2016 年四川省第三产业占比是 45.4%，达州市是 36.7%，宣汉县仅为 33.2%。

宣汉县第三产业发展严重滞后，无论从国际比较还是与全国、全省、全市平均水平比较，都很低。按照世界经济发展的一般规律，当人均地区生产总值达到 3000 美元之后，产业结构和消费结构都将发生重大变化，第三产业将成为经济增长的重要支柱。2016 年宣汉县人均生产总值为 23531 元，按 2016 年平均汇率（1∶6.6423）折算，约合 3453 美元，第三产业加快发展的氛围还没有完全形成。

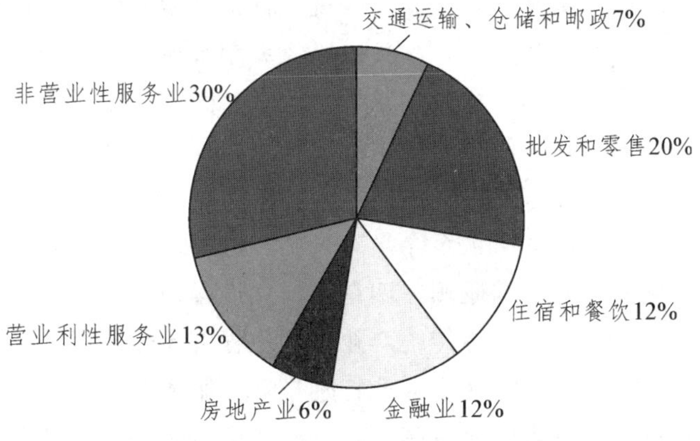

图 15　2016 年宣汉县第三产业内部结构

从第三产业内部结构看，发达国家主要以信息、咨询、科技、金融等新兴产业为主，而老区宣汉县的批发零售、邮电通信、餐饮住宿、交通运输、房地产开发等传统

产业比重较大，占 45%以上（见图 15）；金融、物流、电子商务、养老服务、科技服务、信息咨询旅游、新闻出版、广播电视等新型服务业态处于起步阶段，发育仍然不足；商贸、旅游等传统服务业缺乏高端产品，不能满足消费群体的多元化需求。服务业中党政管理、文教卫生等非营利性服务比重大，占 30%，市场化营利性服务业发展缓慢，仅占 13%。此外，革命老区宣汉县服务业产品创新不足，服务品质和技术水平不高，在组织规模、管理水平与营销技术上与国内外服务业都存在相当大的差距，难以满足经济社会发展的需求。

第三产业主要以服务业为主。近年来，老区宣汉县服务业发展较快，产业规模逐年扩大，服务业增加值和税收收入持续攀升，传统产业发展层次明显提升，金融保险、房地产、旅游业等新兴服务业日益壮大，投资力度不断加强，服务功能不断提升，产业结构逐步优化。但与产业转型升级、优化产业结构、提升产业层次、提高产业竞争力的新要求和周边地区服务业异军突起的新形势比较，还存在很大差距。一是产业结构有待优化。对服务业的投入主要偏重于基础设施建设和引进大型商贸企业，促进了宣汉批发零售、交通运输、住宿餐饮等传统生活性服务业的发展，社区养老、会展、中介等服务领域发展比较缓慢；现代物流、商务服务、信息服务等现代生产性服务业投入不足，发展缓慢，文化产业发展滞后，生产性服务、社会化服务体系还不够完善。生产性服务业没有与先进制造业有效融合，内部结构亟须进一步调整优化。制造业企业大量服务资源尚未向社会开放，工业企业主辅分离远远不够，仍局限于运输、营销等领域，产前的研发、经营管理、会计服务、信息服务水平，以及产后的物流、通信、仓储等服务水平均不高，在一定程度上影响了服务业整体水平的提高，制约了经济的转型升级。二是产业层次尚需提高。商贸流通、住宿餐饮等传统服务业企业多数规模偏小，层次偏低。由于现代经营理念和意识的淡薄，不少具有较大规模的个体经营户不愿意升格为企业，为了少负担一些赋税，仅仅满足于现有经营状况，开拓意识不强。缺少特色大市场、综合大商场，电子商务等现代营销发展滞后。城区规划中缺乏对城区商圈的布局引导，到目前为止，宣汉县虽已经编制了城区商贸网点布局规划，但还未及时更新修编。物流业尚处于仓储运输传统业态，为工业企业提供原材料采购和产品销售一条龙服务的第三方物流企业尚未形成。三是配套功能急需完善。全县服务业发展势头良好，城区的十几家超市、电器经营、家居建材，缺少冷链、仓储、配送一体的综合型企业和平台；活禽宰杀至今没有选到合适的地方。配套功能不完善，已成为宣汉县服务业优化发展的制约瓶颈。四是市场化进程需要加快。目前除批发零售、住宿餐饮、居民服务、公路运输等传统产业市场化程度比较高以外，服务业的其他众多领域市场化程度都比较低。一些服务业特别是现代服务业领域，如银行、保险、教育、医疗、电信等行业，进入门槛较高，在一定程度上制约了服务业企业经营效率和创新能力的提高。

5. 产业配套发展能力差，产业竞争力不强

在世界制造业向中国转移的浪潮中，外商投资青睐东部的一个很关键的原因，就

是东部的配套条件好，配套成本低。发展产业集群是东部提高产业配套能力的成功经验。近年来，东部的劳动力、土地、能源、水资源等要素成本不断上升，而许多东部企业仍然不愿意从东部迁往西部，主要是因为西部运输成本高，缺少产业配套条件。较强的产业配套能大幅度降低生产成本。是否具有较强的产业配套能力，已成为一个地区吸引外资大规模进入、承接产业转移最重要的条件之一。产业集群具有专业化程度高、原材料和零部件采购半径小、物流成本低、社会化服务体系完善等特点，因而发展产业集群有利于节约成本、发挥规模效益。较强的产业配套是决定一个地区产业竞争力的重要因素。一旦做好了，一个地区承接产业转移就会具有突出持久的优势，没有来的产业可以来，来了的产业可以留得住；而且地区间的竞争是一种错位、差异化的竞争。老区宣汉县产业体系不完备，产业集中度不高，产业集群正处于起步阶段，产业规模偏小，集群内各企业协作关系不够紧密，企业间配套分工体系尚未形成，存在产业链缺位现象。有的产业集群内部关联度不高，核心竞争力不强，科技创新能力滞后，基本上是以劳动密集型的传统产业为主，集群的专业化、特色化水平不高，公共服务体系不健全，制约产业集群发展的因素比较突出。

五、宣汉革命老区产业转型的思路、目标和战略方向

（一）基本思路

深入贯彻落实党的十八大、十九大精神，以及2017年中央经济工作会议及省委第十一次党代会精神，坚持“转型发展，高位求进”的工作基调，在主动适应经济发展新常态中抓住机遇，全面实施“三大战略”和“双核双区”的发展布局，奋力建成“繁荣美丽新宣汉”。坚持四个全面，坚持“创新、协调、绿色、开放、共享”五大发展理念，坚持可持续发展，大力推进产业结构调整，加快经济发展方式转变，促进信息化与工业化深度融合，推进服务业与制造业融合发展，新型工业化、新型城镇化和农业现代化良性互动，努力实现三次产业在更高层次、更高水平上协调发展。深入实施《全国资源型城市可持续发展规划（2013—2020年）》，大力发展接续替代产业，逐步摆脱资源依赖陷阱，着力构建布局合理、结构优化、功能齐备、技术先进、特色鲜明、低碳环保、生态安全、极具市场竞争力的现代产业体系。

（二）发展目标

到2020年，全县三次产业结构更趋优化，整体进入工业化中期向工业化后期过渡阶段，农业产业化、规模化、现代化程度明显提高，第三产业成为推动全县经济社会发展的主导力量，以天然气石油化工、煤电冶、特色农产品加工和现代服务业为四大支撑的具有宣汉特色和区域比较优势的现代产业体系更趋完善。

——产业结构更趋优化。三次产业在更高水平上实现协调发展，农业现代化水平明

显提高，优势特色产业和新兴产业的比重和发展水平进一步提升，第三产业在三次产业中的比重显著提高。

——可持续发展能力显著提升。研究和实施国家资源型城市可持续发展规划，争取国家、省、市大力支持，大力发展接续替代产业，注重生态环境保护和修复，布局合理、机构合理、绿色低碳的现代产业新体系基本建成，可持续发展能力显著提升。

——创新驱动能力明显增强。以技术占领市场、以技术吸引客户的理念得到加强；新产品研发投入大幅加大，产品的科技含量和附加值大幅提高；粗放型经济发展方式向集约型发展方式成功转变；劳动力成本低的竞争优势到技术竞争优势顺利转型，自主创新体系更为完善，科技成果转化率进一步提高，能耗、物耗水平明显降低。

（三）战略方向

新常态下革命老区宣汉县产业转型发展的战略方向：以追求更高增长质量和效益为核心，由要素驱动向创新驱动转换，由高度依赖资源向可持续发展调整，由价格竞争向质量技术品牌服务竞争提升，由高碳模式向低碳模式转型，推动宣汉县产业由价值链低端向中高端跃升，实现创新发展、高效发展、绿色发展。

产业结构调整优化的基本形态特征是经济服务化、工业新型化、发展低碳化，方式可持续。实现途径是通过深入实施《全国资源型城市可持续发展规划（2013—2020年）》[13]，大力发展新兴接续替代产业，构建可持续产业发展新体系，打造公平竞争环境，培育新的比较优势和体制机制创新，主攻研发、设计、营销、品牌培育、专门化分工等制约产业结构转型升级的产业链、价值链关键环节，着力推动宣汉县产业由价值链低端向中高端跃升。

六、革命老区宣汉县产业转型发展的路径

一个国家（或地区）摆脱贫困落后状态，走向经济和社会生活现代化的过程即称为经济发展。经济发展并非对原有经济简单的按比例放大，而是产业结构的优化升级。合理的产业结构是一个国家或地区经济良好发展的重要保障，是推动经济发展的内生动力。[14]

老区宣汉县要以大力发展接续替代产业，重新构建功能完备、结构合理、可持续能力强的现代产业体系为核心，县域资源和政策扶持两大优势为关键，推进“双核双区”建设为载体，加快转变经济发展方式，促进产业结构优化升级。

（一）从体制机制上“破冰”，破解转型发展瓶颈

能否成功破解资源型地区的发展难题，关键在于体制机制创新，制度层面的变革比重大工程项目更具有标志性意义。体制改革进入“深水区”，如果没有体制机制的创新，转型发展就很难取得实质性进展。转型发展的最大瓶颈制约是有效制度供给不足，

必须从制度设计上打破“资源依赖”的地域文化。资源地区发展的症结不在于资源优势本身，而在于与资源开发有关的体制机制矛盾。必须直面资源型经济存在的深层次矛盾和问题，从体制机制上“破冰”，破解转型发展的制度瓶颈。

要充分利用四川省作为“全面创新改革试验区”和达州市列入《全国资源型城市可持续发展规划（2013—2020年）》的契机，认真落实中共四川省委《关于全面深化改革的决定》《关于全面创新改革驱动转型发展的决定》《四川省系统推进全面创新改革试验方案》和《川陕革命老区振兴发展规划》，加快全面创新改革步伐，破解体制与机制性矛盾，破解转型发展瓶颈。

1.“环境倒逼”促产业转型

资源型地区面临的生态环境问题日益突出，大规模、高强度的能源、资源开发必须以保护生态环境为前提，把“绿化宣汉、美化宣汉、净化宣汉、健康宣汉”有机融入生态文明建设中。生态环境质量状况是转型发展成功与否的重要标准，要加强环境容量管理，充分发挥环境倒逼机制的作用。一是构建环境容量监督管理机制。建立能效“领跑者”制度①，构建节能降耗指标体系、监测体系和考核体系，加强环境容量管理。二是构建开发秩序约束机制。建立资源开发与城市可持续发展协调评价制度，进行可持续发展预警与调控，促进资源开发和城市发展相协调。三是构建资源价格形成机制。科学制定资源性产品成本的财务核算办法，把矿业权取得、资源开采、环境治理、生态修复、安全生产投入、基础设施建设等费用列入资源性产品成本构成，探索建立反映市场供求关系、资源稀缺程度和环境损害成本的资源价格形成机制，发挥市场对经济结构调整、节能减排和保护环境的杠杆作用。四是构建资源开发补偿机制。按照“谁开发、谁保护，谁受益、谁补偿，谁污染、谁治理，谁破坏、谁修复”的原则，出台资源开发补偿的具体办法，监督资源开发主体承担资源补偿、生态建设和环境整治等方面的责任和义务，将企业生态环境恢复治理成本内部化。

2. 收益共享消除“荷兰病”②

资源收益分配不合理是资源型地区普遍遭受“荷兰病”困扰的深层次原因，完善资源收益分配机制是产业转型的“突破口”。目前在生产地和消费地间的能源开发利益分配不合理，导致财富由资源产地向资源消费地转移，造成不同地区之间的收入差距扩大。现有资源型地区“红利”的分享体制不公平，是生态破坏型的，资源收益要补偿生态破坏对居民造成的环境伤害。必须从根本上理顺政府和企业、中央和地方之间的资源收益分配关系，让资源开采地区更多地分享资源开采红利，为转型发展创造持久可靠的收入来源。一是构建利益分配共享机制。合理调整矿产资源有偿使用收入中中央、省、市、县的分配比例关系，推进资源税改革，完善计征方式，促进资源开发

① 能效“领跑者”，是指同类可比范围内能源利用效率最高的产品、企业或单位。实施能效“领跑者”制度对增强全社会节能减排动力、推动节能环保产业发展、节约能源资源、保护环境具有重要意义。

② “荷兰病”，指自然资源的丰富反而拖累经济发展的一种经济现象。经济学家们则常常以此来警示经济和发展对某种相对丰富的资源过分依赖的危险性。

收益向资源型城市倾斜。二是完善财政支持机制。争取省财政加大对资源型城市的支持力度，建立财政转移支付同资源型城市转型挂钩机制，通过财政转移支付承担资源型城市的部分社会保障和生态治理成本，允许资源型城市以政府信用为基础筹集债券资金。

3. 两篇文章都做好

老区宣汉县产业转型要注重产业协同发展，既要做好天然气的文章，也要做好非天然气的文章。一是利用天然气资源优势发展资源型产业。资源型产业要通过有效开发、循环利用、精深加工、产业链延伸，促进效益最大化。以中石化、中石油天然气净化厂为依托，加大对其配套产业及以其产品为原料或燃料的下游产业的引进，比如天然气化工应用设备项目、硫黄加工项目等。依托天然气资源丰富、价格优惠、供应充足等优势，以微玻纤为核心，坚持产业关联布局和产业补链招商，引进玻璃球生产项目。二是抓住机遇发展非资源新兴产业。在资源配置方向上，要形成有利于非资源型产业的要素配置方式。发展高端制造业、现代服务业等非气产业，要在行政管制、税收差别、收益分享等方面进行创新，拓展新型产业发展空间。学习借鉴重庆引进惠普的做法，通过整体引进产业链，将国际上的纵向产业分工转变成区域内的横向产业分工。三是建立接续替代产业扶持机制。接续替代产业是产业转型的重中之重，认真研究国务院《资源型城市可持续发展规划（2013—2020 年）》，支持宣汉先行先试省级试点工作，争取国家和省上的重大产业项目布局适当向资源型城市倾斜，对符合条件的接续替代产业龙头企业、集群在项目审核、土地利用、贷款融资、技术开发等方面给予支持，引导资源型城市因地制宜探索各具特色的产业发展模式，引导和鼓励各类生产要素向接续替代产业集聚。

4. 用机制聚集“稀缺要素”

摆脱传统要素依赖，建立新要素聚集机制，对资源型地区转型具有重要的战略价值和现实意义。资源型地区亟须建立稀缺要素，特别是人力资本的培育、吸引和聚集机制。在资源型经济转型所需的新要素中，最短缺的是人力资本。人力资本是资源地区的最大短板，无论现有产业的价值链升级，还是新产业的发展都需要人力资本的集聚。资源性地区未来经济增长的可持续性，取决于资源枯竭的速度与人力资本积累速度之间的竞赛。要依托带动转型的重大项目、重点工程，引进高端创新人才、新兴产业领军人才。坚持“不求所有，但求所用”的原则，探索短期服务、合作研究、技术入股、人才租赁等灵活多样的人才柔性流动政策。激发人才活力，挖掘人力资本潜力，在更广的范围和更高的领域发挥人力资本的能动作用。要建立向优秀人才和关键岗位倾斜的分配激励机制，加强人才公共服务体系建设，促进优秀人才脱颖而出。一是构建科技创新机制。扶持一批科技创新型企业，实施一批重大科技专项，兴建一批科技创新园区；二是建立人力资本培育和聚集机制。抓好科技、人才、教育和公共服务平台建设，依靠科技创新、体制创新和管理创新，建立有利于资源型地区转型发展的人力资本培育和聚集机制。三是强化人才支撑机制。出台特殊的优惠政策，建立明确的支持资源型城市发展的人才机制，加快人才的引进和培养，提升资源型城市创新能力。政府对到资源型城市工作的优秀人才给予补贴和奖励，鼓励支持大学、科研院所和企业技术中心以产学研联合开发、技术转让和技术入股等方式参与资源型城市产业经济转型发展。

加快体制机制创新，从体制层面“破冰”，设计合理得当的转型机制，使综合经济效益最大化，就会是资源地区的“资源诅咒”①就会转化为“资源福音”，“资源陷阱”就会变成“发展高地”。

（二）构建多元产业体系，逐步摆脱资源依赖陷阱

根据宣汉县资源禀赋和产业现状，充分挖掘优势资源潜力，利用好优势资源，大力优化传统产业，提升传统产业质量与规模，积极培训新兴产业，构建新兴产业基地的思路，改变资源型城市经济发展中过度依赖资源，经济结构中工业比重过高，工业中资源型产业比重过高的局面。延续资源产业链与发展接续替代产业，构建科学合理可持续的多元化产业发展体系，促使产业结构优化调整，逐步摆脱资源依赖陷阱，把宣汉县建成四川省清洁能源化工基地、新兴产业发展基地和特色农产品生产基地。

（1）挖掘拓展资源型工业。充分利用现有资源优势，挖掘资源潜力，延伸资源产业链，使现有资源发挥最大经济效益。彻底改变天然气、页岩气资源开发处于起步阶段，硫黄、盐卤、煤炭等资源开发处于低级阶段的现状。加快发展天然气化工、硫化工、盐卤化工和煤化工产业，着力发展以天然气为燃料、以煤炭附属产品为原料的相关产业。

（2）改造提升传统工业。以环保和市场需求为导向，存优汰劣，采用结构调整、技术进步和企业重组等方式加快煤、电、冶、建等高耗能行业转型升级，支持建材、机械加工、合金产业的骨干优势企业加大产业升级改造力度，加快淘汰落后产能，关停并转落后与污染企业，不断提升产业整体实力。

（3）培育发展新兴工业。充分挖掘利用富含硫化氢的天然气资源，将天然气中所含的碳、氢、硫等以精细化工的方式，生产出相关医用或高分子材料所需要的高附加值化学原材料。围绕玻璃纤维、药业、节能环保等骨干优势企业，加大技术和产品开发力度，积极培育新材料、生物医药、节能环保等新兴产业，形成新的经济增长点。

（4）夯实现代生态农业。稳定传统粮油产业，确保粮食供给安全，把宣汉建成四川粮油生产大县；优先发展具有资源禀赋优势的牛、药、果、茶、菌、油牡丹等优势特色产业，形成产业基地，促进一二三产业发展，夯实特色生态农业基础，确保助农增收；大力发展观光、休闲农业产业，确保农业功能拓展和延伸，实现农旅融合；充

---

① 资源诅咒，指丰裕的资源对一些国家的经济增长并不是充分的有利条件，反而是一种限制。目前，国外大多数研究都支持这样一个观点：自然资源如果对其他要素产生挤出效应，就会对经济增长产生负面影响，这被称为“资源诅咒”的传导机制。

分利用森林资源优势，大力发展林下产业和森林观光、实现林旅融合；延伸农业产业链，积极引导农产品加工企业进驻农产品加工园区，实现农产品就地加工和农工结合。夯实宣汉县农业大县地位，构建四川现代畜牧业重点示范县，确保农业产业基础地位不动摇。

（5）加快发展文化旅游业。以打造巴山大峡谷为契机，加强重点景区景点建设，深入挖掘巴文化、土家族文化、红色文化，确保文旅融合，提升旅游文化内涵；整合全县文化旅游资源，开发新的旅游项目，与周边地区加强旅游合作，跳出县域视野，共同打造区域全域旅游格局，把宣汉县建成秦巴地区首要旅游度假地和全国旅游目的地和巴文化高地。

（6）有重点的发展特色文化产业。文化产业注重产、事一体功能，有重点地打造几个集参观、体验、学习等于一体的文化产业园，避免进入静态文化、展览文化的误区，实现做活做精；有选择地利用文化资源打造一到两台固定的大型文艺演出、一到两部电影或电视剧、两到三个固定的大型文化节庆活动，实现文化概念到文化产品的跨越。

（7）积极发展商贸物流业。以宣汉县商贸物流园建设为核心，五大场镇物流节点为支撑，构建便捷的物流网络，构成达州市秦巴物流中心的支撑；大力发展电子商务，构建工农业产品电子商务销售平台，争创川东北电子商务第一县；大力培育核心商圈，着力打造区域商业中心。

（三）构建现代农业新体系，促进农业转型升级

以科学发展观为指导，以市场为导向，以资源配置为依托，以深化改革、新型经营主体培育、科技创新为手段，以增加农民收入为基本目标，以安全、优质、绿色、生态、休闲为发展方向，全面构建粮油为基础，特色产业为支撑，新兴产业为先导的盆周山区现代农业发展体系。一是选准农业发展新方向。按“稳粮（稻、玉、芋、油）、优特（茶、果、菌、菜、药）、兴旅（观光休闲农旅型农业）”的总体要求，稳定传统粮油产业，确保粮食供给安全；优先发展资源禀赋的茶、果、菌、菜、药等优势特色产业，确保助农增收；兴建观光、休闲农旅结合型、农商结合型新兴农业产业，确保农业功能拓展和延伸。二是构建农业发展新格局。按照资源禀赋、产业基础、发展前景以及区域相对集中、产业集中连片、品种多元并举的思路，总体布局为“三区四带五基地”。“三区”即建立以东乡镇、南坝镇为核心的城郊经济型、景观型农业示范园区；建立以明月、方斗、洋烈、庙安、下八等乡镇为核心的近郊田园观光、旅游休闲型农业示范园区；建立以峰城、老君等乡镇为核心的绿色、生态型农业示范园区。“四带”即建立以漆碑为核心的东北部茶产业示范带；以方斗为核心的东南部食用菌产业示范带；以庙安为核心的西南部脆李产业示范带；以胡家为核心的西北部粮油产业示范带。“五基地”即建设以峰城玉米、胡家水稻为核心的现代粮油产业示范基地；以黄金、老君、君塘、天生为核心的现代食用菌产业示范基地；以漆碑、柳池茅岭巴国茶

博园为核心的现代茶产业示范基地；以庙安、南坝为核心的现代脆李产业示范基地；以双河、明月、下八为核心的现代蔬菜产业示范基地。

（四）加快“一区三园”建设，夯实工业转型支撑

工业园区是工业经济发展的载体，也是推进工业化与城镇化的结合点。强化园区，集聚各种生产要素，在一定范围内加强企业协作分工，搞好产销紧密衔接，变单个企业优势为企业群体优势，是提高县域工业聚集水平、培育新的经济增长点、促进工业经济转型升级，实现集约发展的有效途径。

达州普光经济开发区，其发展规划 2008 年 8 月经省发改委批复，属县级经济开发区。开发区由微玻纤产业园、柳池工业园、南坝工业园三个园区组成，规划面积 29.84 平方千米，已有中石油、中石化、正原微玻纤、宏盛电化等 61 家企业入驻，拟投资总额超 280 亿元，其中建成投产企业 38 家，投资上亿元企业 18 家。围绕“一区三园”功能定位，切实增强园区承载力和吸附力，到 2020 年，园区建成面积达 20 平方千米，建成标准厂房 15 万平方米，新增工业企业超 80 户，累计投资 500 亿元；竣工工业企业累计达 60 家，营业收入超 500 亿元。

一是完善园区基础设施。根据全县总体规划和产业布局，高起点、高标准做好供电、污水处理、物流、道路等基础设施建设，搭建企业公共服务平台。到 2020 年，普光经济开发区水（自来水、污水处理）、电、气、路、通信等基础设施建设完备，生产、生活性服务设施齐全。

二是明晰产业定位。① 微玻纤产业园：重点发展天然气净化、玻纤及其制品、不溶性硫黄、钾盐开发等延链产业，力争“十三五”末主营业务收入达 300 亿元。② 柳池工业园：重点发展合金、建材、机械、物流和方斗食品加工园，力争“十三五”末主营业务收入达 120 亿元。③ 南坝工业园：重点发展天然气净化、精细化工、制造服务业、物流和农副产品、旅游产品加工，力争“十三五”末主营业务收入达 80 亿元。根据产业定位，加大“一区三园”项目建设和招商引资力度，争取到 2020 年，普光经济开发区新建成投资上亿元项目 10 个以上，规模以上企业达到 100 户以上，园区主营业务收入达到 500 亿元以上，建成省级经济开发区。

三是大力强化要素保障。加强与中石化、中石油的沟通合作力度，保持天然气指标和价格优势；大力发展地方电力和电网建设，保持电力比较优势；加大土地指标向上争取力度，节约、集约用地，确保项目建设的用地需求。

（五）加快发展微玻纤新材料产业，发挥转型示范效应

纤维新材料产业园是推进宣汉经济转型发展的新引擎。加大招商引资力度，依托骨干项目，大力开展招商引资活动，引进关联企业入园，进一步壮大天然气、新材料等产业集群；加强与南京玻璃纤维研究设计院的合作，推动普光工业园区玻璃纤维产业园建设；围绕宣汉正原微玻纤公司开展延链招商，大力实施保温隔热新材料、VIP

芯材等项目；加快推进年产10万吨高性能玻璃纤维棉及其制品生产线等重点项目建设，重点发展以微玻纤为基础的高性能电池隔板、真空绝热板芯材、深冷绝热材料芯材、保温棉材料、建筑网布、防火布，空气过滤材料、液体过滤材料、高效微玻纤滤纸，喷涂材料、增强用基材等微玻纤制品，打造全国最大的微玻纤产业特色基地，建成全国拥有完整产业链条同时具有区别于国内同类玻纤产业聚集区的国内首个微玻纤产业园，对全县产业转型发展发挥良好的带动示范效应。

（六）加快创建国家全域旅游示范区，促进旅游业转型发展

全域旅游是以旅游业带动和促进经济社会全面发展的新模式。国家全域旅游示范区享受优先纳入中央和地方预算内投资支持对象、优先纳入旅游投资优选项目名录等“八优先”和诸多优惠政策。老区宣汉县2016年列入第二批国家全域旅游示范区名录，要抓住机遇，加快推进国家全域旅游示范区创建工作，促进旅游业转型升级发展。

一是更新发展理念，引领宣汉旅游供给侧改革。树立全域旅游理念，实现全时、全境、全产业链上的均衡发展。转变旅游发展思路，变革旅游发展模式，创新旅游发展战略，加快旅游发展阶段演进，推动老区宣汉县旅游从“景点旅游”向“全域旅游”转变，以新的理念引领宣汉旅游供给侧改革。构建新型旅游发展格局。

二是完善公共设施，夯实旅游发展基础。首先，构建全域畅通的交通网络。加快完成巴山大峡谷和达宣两条快速通道，规划并启动建设柏树与达万高速公路、东乡镇与达陕高速公路连接的快速通道建设，规划建设宣汉至达州机场的快速通道；对全县域内景区，尤其是3A级以上景区、旅游城镇、省级乡村旅游示范村的公路实施道路加宽升级改造；加快县城集散中心建设，开通该中心至各大景区、旅游区的专线客运线路，设立直通重点景区的公交车线路，形成快速便捷的旅游交通网络。其次，通过产权入股分红、专合带动等方式，鼓励景区周边群众参与旅游发展，着力培育发展省级三星级以上农家乐、乡村酒店、民宿。最后，完善提升AAAA级景区应急指挥平台、监控系统和智慧语音导视系统，创建集微信、微博、电商于一体的宣汉智慧旅游信息平台，为游客提供手机导游、导览等信息服务，实现景区智能化服务和管理。

三是转变发展方式，构建全新的休闲旅游新模式。传统旅游模式以景区景点为依托，分布相对分散，内容特质不集中，游客疲于奔波，旅游成为游客的一大生理负担；而全域旅游弱化景区概念，强调休闲品质，有效地将生态休闲和文化享受融为一体。休闲度假旅游是全域旅游的核心。宣汉要发挥部门、行业和社会优势，凝聚资本、土地、劳动力等产业要素合力，优先发展城镇休闲旅游，重点扶持发展乡村休闲度假旅游，特色发展山地度假旅游，引导发展文化休闲度假旅游，构建城镇休闲引领、乡村休闲度假主体、山地度假特色、文化休闲度假创新的互联互动、网络全域的休闲度假新模式。

四是纵深推进全域旅游，构建“一区多点”的旅游新格局。以巴山大峡谷为核心，全力打造渡口风情小镇、桑树坪次入口、桃溪谷和罗盘顶等景点，初步形成接待能力；

完善提升洋烈水乡、峨城山景区基础配套，突出抓好马渡关石林创AAAA级景区，米岩花海、川东莲乡创AAA级旅游景区工作。启动“国家全域旅游示范区”创建工作，纵深推进全域旅游，加速构建“一区多点”的全域旅游格局。

（七）大力发展现代服务业，形成“三二一”产业新格局

经济转型和产业升级的进程中，加快实现传统服务业向现代服务业转变，大力发展生产性服务业，是老区宣汉县“转型发展，高位求进”的重要保证，是转变经济发展方式、优化产业结构的有效载体，是培育新的经济增长点、提升发展层次和水平的有效途径。近年来，在县委、县政府的强力推动下，宣汉县服务业得到长足发展，但与全国、全省、全市比较，服务业发展还相对滞后，结构单一、层次较低是宣汉经济协调发展的短板和主要瓶颈。经济新常态下，老区宣汉县要抓住信息化、新型工业化、新型城镇化和农业现代化契机，大力发展服务业，尤其是生产性服务业，积极培育新的增长点，着力构建现代服务业新体系，形成“三二一”产业发展新格局。

一是加快基础设施和公共服务平台建设。对已完成规划的集聚区和物流园区，加快水、电、气、路等基础设施和投融资、培训等公共服务平台建设，完善各项配套服务功能，大力提升要素资源吸附能力和产业支撑能力。

二是加快传统服务业改造升级和信息化步伐。首先，提升发展传统商贸业。依托现有商贸流通业发展基础，引进如苏宁、国美、新世纪百货、仁和春天等大型连锁名店入驻宣汉，带动、壮大一批本地商业企业。积极引导本地商业企业扩大经营规模，不断提高品牌知名度，提升本地商业企业竞争力。其次，加大特色餐饮宣传。加大对地方名菜、名点、名饮的宣传和开发力度，提升知名度和美誉度。再次，加强人员培训。加强餐饮业从业人员培训和职业资格证认定工作，切实提高从业人员素质，提升餐饮业经营、管理、服务水平。将主城区打造成以商业为中心，金融、餐饮、休闲、娱乐相结合，形成功能完善、配套设施齐全的综合性商业圈和生活服务区。最后，加快商贸服务信息化建设步伐。积极引进大型卖场、网上营销、便利店、仓储店、折扣店、专卖店等新型业态，鼓励和引导企业运用连锁经营、物流配送、电子商务等现代技术手段和流通方式改造传统零售、餐饮服务业，提高商贸企业的规模化和现代化水平。

三是加快现代服务业集聚发展进程。重点规划建设城区现代服务业集聚区、洋烈亲水休闲度假区、国家级旅游森林公园、柳池工业物流园、宣汉县商贸物流园（西区综合市场）等现代服务业集聚区。城区现代服务业集聚区要在现有市场规模的基础上，按照“差异互补、集约发展、扩大辐射”的原则，加大市场的改造和整合力度，引导州河欣城、世纪金城、聚城峰华、万象广场、巴人广场、龙城一号等市场群改善结构、扩大规模、提高档次，避免同质化竞争。

四是依托资源优势发展特色服务业。积极依托“二园四区”和地方名特食品、化工、旅游等知名特色产业、产品，大力发展现代物流、旅游、健康养老业、信息服务、住宿和餐饮、广告营销及金融保险等服务业，打造全省乃至全国特色产业、产品服务

业基地；依托宣汉县现有旅游资源特色和优势，深入挖掘“巴人文化、红军文化、乡土文化”资源，打造集休闲娱乐、度假观光于一体的文化旅游品牌；立足老区宣汉县重点工业企业现状，引导鼓励有条件的工业企业发展分工深化细化所产生的研发、设计、营销、咨询、供应链管理等生产性服务业；对不具备条件的工业企业，引导其将生产经营过程中的各类服务环节外包给社会化服务业企业。首先，加强公共信息平台建设，加快推进物流、金融、培训、检验检测等信息平台建设，积极推进现代经营方式转变。其次，鼓励兴办电子商务企业。加大电子商务企业的招商引资工作，吸引本土资金和各界力量兴办电子商务，推动服务业信息化的发展。最后，加快发展贸易和营销信息化。通过先进的计算机电子交易平台和网络信息平台，组织生产企业、加工企业以及贸易企业进行网上现货交易，并提供交易结算、实物交收、代购代销、仓储物流、贸易融资、信息咨询和人才培训等配套服务。

（八）加大财政扶持力度，解决产业转型资金瓶颈

企业转型升级需要大量资金，老区宣汉县不少企业都面临资金压力。创新投融资体制机制，解决企业融资困难。设立转型专项资金，专门扶持企业转型升级。凡在宣汉县范围内工商管理部门登记注册、具有独立法人资格、财务会计制度健全、依法纳税的工业企业，以及依法成立的研发机构，符合国家产业政策与导向的工业技术改造投资项目及产品、技术、管理创新和企业信息化项目，特别是行业和区域块状经济的龙头企业技术改造项目，均可申请转型升级专项资金贴息或补助。

参考文献

[1] 白小虎．生态文明建设的产业基础：产业生态化转型[J]．中共浙江省委党校学报，2010（5）：36-40.
[2] 王倩雅．生态文明建设与资源型企业产业生态化转型研究[J]．学术论坛，2013（4）：128-136.
[3] 申鹏，陈澡．产业转型视角的农村劳动力区域流动研究[J]．农村经济，2015（5）：108-112.
[4] 郎萍萍．竞争优势视域下贵州茶产业转型研究[D]．贵阳：贵州大学，2015.
[5] 韩永辉，钟伟声．产业生态化转型的国别经验和战略启示[J]．城市环境治理研究，2015（2）：17-26.
[6] 白云蛟．环境约束下京津冀产业转型协同发展研究[D]．石家庄：河北大学，2015.
[7] 叶强强．资源密集型地区产业转型与升级研究——以陕北为例[D]．延安：延安大学，2015.

[8] 赵文欣. 川陕革命老区亟待加快开发和建设——巴中、广元、达州、南充四市的调查[J]. 决策咨询通讯，2009（2）：63-66.

[9] 刘世庆. 川陕革命老区创新发展模式研究[J]. 西部开发，2011（6）：44-47.

[10] 蒲小梅、李谦. 川东革命老区经济发展动力及路径研究[J]. 四川文理学院学报，2013（1）：140-143.

[11] 刘桓屹. 可持续发展视角的攀枝花产业转型对策研究与分析[D]. 成都：西南交通大学，2015.

[12] 邵平桢. 川陕革命老区供给侧结构性改革与精准脱贫研究[J]. 农村经济，2016（11）：57-60.

[13] 国务院. 全国资源型城市可持续发展规划（2013—2020 年）[EB/OL]. http：//www.gov.cn/zhengce/content/2013-12/02/content_4549.htm2013-12-02/2017-8-03.

[14] 王晓文，李树超. 青岛市产业结构优化调整对策研究[J]. 安徽农业科学，2013.41（3）：1362-1364.

老区农村集体经济培育路径研究*
——以万源市4个村集体经济为例

钟　琳

摘　要：以万源市的四个村作为样本，通过分析不同资源禀赋条件下乡村培育集体经济的可行举措及面临的困境，为贫困老区发展壮大集体经济提供一些可资借鉴的经验。

关键词：老区农村；集体经济；培育路径；万源市

从包产到户算起，经过四十年的时间，现在农村的经济发展到了一定的水平，随着城镇化的不断推进、城乡人口流动的加快、农业劳动力人口的不断减少，过去那种单家独户的家庭联产承包责任制已经显露出不适应农业发展的端倪。尤其是在脱贫攻坚和社会主义新农村建设中，没有雄厚的集体经济作保障，公益事业和基础设施建设都会受到很大影响。本课题以万源市的四个村作为样本，拟通过分析不同资源禀赋条件下乡村培育集体经济的可行举措及面临的困境，为贫困老区发展壮大集体经济提供一些借鉴，为打赢脱贫攻坚战、全面建成小康社会贡献力量。

一、调研样本概述

近年来，国家高度重视农村集体经济的发展，将发展壮大农村集体经济作为打赢脱贫攻坚战的重要手段之一，大力推进。据统计，秦巴山片区内 7 个市，2017 年拟退出贫困村 1720 个，集体经济收入已达标的仅 512 个，不足 1/3；今年 8 个拟退出贫困县中，共有 444 个贫困村，集体经济收入已达标的 104 个，占比仅 1/5 多一点。这次调研我们选择了万源市作为调研点，选取 4 个村来分析不同类型村庄发展集体经济的路径。

（一）茶垭乡 · 老洼坪村——“村集体+土地流转”的“反租倒包”方式

茶垭乡老洼坪村，国家级贫困村、万源市 170 个建档立卡贫困村之一。面积 9.8 平方千米的老洼坪村，共有耕地 1005 亩，因其境内山高坡陡、常年缺水、土地贫瘠，

* 作者单位：《调查与决策》编辑部。

种植洋芋和苞谷一度是村里百姓唯一能够依靠的收入来源。在全村345户1296人中，2014年年底被认定为精准扶贫的对象为81户240人。

实践中，老洼坪村以“村集体+土地流转”的“反租倒包”方式，将农民闲置的集中连片土地以每亩300元的价格统一流转到村委会名下，再由村委会出面将集中的土地对外招租，所获收益扣除支付给农民的租金后，余额即作为集体经济收入。目前，四川国储农业开发有限公司已从村上流转了1000亩土地建立茶叶基地，按照约定每年向村上固定分红3.8万元，并承诺逐年增长1000元。同时，基地还为村里群众提供不定期的务工岗位，帮助村民实现务工收入。

（二）大沙乡·青山村——“农民+村集体+专合社+公司”方式

大沙乡青山村面积6.91平方千米，是典型的高山贫困村，自然条件差，交通闭塞、经济基础薄弱，村民以传统农业为主要经济来源，整体发展滞后。2016年7月统计，全村人口315户992人，其中建档立卡贫困户71户、182人。

在实践中，青山村采取“农民+村集体+专合社+公司”的方式，在“政府引导、村集体主体、因地制宜、发展见效快可持续特色产业”的发展思路指导下，整合财政扶持产业周转金发展特色产业，实现集体经济收入稳定增长。村整合9.3万元村集体产业周转金，和19户贫困户的5.7万元产业扶持周转金，建立起一个2000平方米的生态蜂场，作为集体和贫困户共有资产，引进外来公司发展中蜂养殖。公司按约定红利向村集体和贫困户分红，可为村集体每年增加收入1.05万元，贫困户人均增收500元。据测算，该项目2017年年底可实现产值12.5万元，公司可盈利4万元，实现了集体经济发展、贫困户增收、企业盈利的多赢格局。

（三）庙坡乡·大坪溪村——“村集体+产业”和“村集体+电商”的方式

庙坡乡大坪溪村是万源市极为偏远村之一，典型的高山边远村，群众居住分散，基础设施相对落后。全村面积17平方千米，有耕地2556亩，辖6个村民小组221户、881人。截至2016年年底，精准识别贫困户54户、183人。

大坪溪村结合自身地理资源优势，按照产销一体的思路，采取“村集体+产业”和“村集体+电商”的方式，大力发展生态特色产业，积极创办经济实体，实现了村集体经济的可持续发展。一是探索“村集体+产业”方式。村集体成立“万源市大河坝富硒蔬菜专业合作社”，由村支部书记兼任合作社理事长，合作社每年对外承接企业农业订单，根据承接的企业订单组织本村农户发展产业，村集体按照订单总额的10%提取服务费。目前，该村与万源市宝莱特农业开发有限公司签订50亩的辣椒产业订单，预计收入15万元，计划为村集体经济增加收入1.5万元。二是探索“村集体+电商”方式。充分利用实体和网购相结合的方式，在淘宝网上开设淘宝店，采取“线下体验、线上订购”的“互联网+集体经济发展”方式，将本村贫困户生产的蜂蜜、干洋芋片、土鸡蛋等庭院经济农副产品，由村集体按市场价统一收购，再按略高于市场的价格销售给帮扶单位、企业和餐馆，同时经过简单包装后在淘宝网上进行销售，进一步拓宽本村农产品的销售渠道。该村通过线上线下销售蜂蜜，从2016年下半年到2018年4月份，已累计增加集体经营性收入9080元。三是探索盘活“三资”。大坪溪村对全村资产、资源、资金进行了普查，对可利用的“三资”通过出租、流转的方式为村集体创收。目前，村集体通过多种方式已累计增加集体经济经营性收入1.24万元。

（四）太平镇·牛卯坪村——集体经济入股企业联合经营方式

太平镇牛卯坪村山高路陡，交通不便，信息闭塞，基础设施建设缓慢，经济发展相对滞后，属万源市建档立卡的170个特困村之一。村内面积15平方千米，辖6个社，实际在村居住人口121人350户，其中有近30人身有残疾或患有重病；2014年全村人均纯收入3700元，贫困户84户、181人。牛卯坪村境内有当年万源保卫战著名的玄祖殿战斗遗址。

牛卯坪村将集体山林、土地、道路、山坪塘等集体资源入股企业，引进红宝山农业开发有限公司合伙开发乡村旅游。项目计划投资2.2亿元，分六年实施建设生态农业观光示范园，目前已投资3600余万元流转土地900余亩，建成玫瑰、紫薇等花卉观赏林和油桃、枇杷等经果林，1000平方米的接待中心正在建设，解决来当地240余位村民的就业，土地流转及村民务工收入达100余万元。公司下一步将流转500余亩土地用于发展中药材和有机蔬菜基地，新建20亩农业科技种植示范园，恢复红四方面战斗遗址发展红色旅游业。按照约定，2016—2018年，作为项目建设期，企业每年向集体支付2万元租金；从2019年开始，将每年营业额的2%作为集体收入。同时，企业对易地搬迁的聚居点民宿体验屋进行统一装修、统一定价、统一管理、统一经营，所得旅游接待收益农户、公司、村集体三方分成。

二、样本总结与分析

从四个村发展集体经济的成效和举措上看，通过多方努力，农村集体经济得到了发展和壮大。一是农民得到了实惠。牛卯坪村通过发展旅游业，农民增收效果明显。仅土地流转一项，一次性收入近20万元；从2015年年底至今，农民参与开发建设，从事除草、建筑等务工，每人每天可收益70元，累积收入近80万元，有效地增加了农民群众的非农收入，丰富了群众的收入结构。二是集体经济恢复已经起步。四个村的集体经济都摆脱了“空壳村”的帽子，基本实现了稳定收益。老洼坪村茶叶基地的第一次分红8000元已于2017年6月兑现，第二次分红的3万元在10月兑现。三是集体经济收入的充实，有利于农村发展。因为实现了集体收入，2016年大坪溪村化解了部分往年修建村社道路的占地赔偿、自建社道路补助等历史遗留问题，促进了农村基层的稳定和发展。

集体经济在得到发展的同时，也存在一些问题。一是集体经济收入来源单一。村集体经济发展基本上是入股和分红，四个样本中三个都是参股来实现集体经济收入。二是抵抗风险的能力不足。四个村很大一部分集体经济产品都是在地域特色上下功夫的传统鲜活农产品，缺乏后续加工能力，受市场波动影响很大。同时，村集体在项目的经营中发挥作用不明显，四个村发展集体经济，都对企业运作具有较强的依赖，集体经济与合作企业之间相互约束薄弱，双方违约风险都较大。三是财政帮扶资金分散形成合力不够。目前财政帮扶资金分散且量小，一些政策需要地方配套，但是贫困地区发展资金少、地方配套困难，导致集体经济发展后劲不足。比如，青山村财政扶持产业周转金 9.3 万元，按目前发展一个产业需要的资金来讲，只能是杯水车薪。

上述问题的存在，从深层次看，主要是由以下几个原因导致的。

第一，从发展动力上看，基层的主动性缺失。各级各地层层下压脱贫指标的背景下，“发展集体经济”成为一大抓手，集体经济收入作为一项硬指标，各级层层加压，考核一票否决，导致大多数村发展集体经济的思路及长远打算不清晰。普遍存在跟风和“听上面的”。一方面，在上项目时，盲目上一些“吹糠见米”的项目，跟风追风严重，缺乏整体规划和市场分析，造成同质化严重；在招商引资时，“抓到碗里都是肉”，缺乏对投资公司的考核筛选。另一方面，部分干部发展集体经济能力欠缺，认识不足，发展意志薄弱，实践中缺乏有效的激励机制，难以激发基层发展集体经济的内生动力。

第二，从对集体资产的监管来看，监管机制发挥效果不佳。虽然“四议两公开”已在基层搞了多年，并形成了制度，但是实际操作中不切实际“走过场”重于“看名堂”。一是议事员议事能力有限，且对公共事务的关注度并不高且从自身利益出发多，对村发展、扶危济困方面考虑较少的情况。二是民风较差、发展滞后的村，吃“大锅饭”思想严重。

第三，从人力和人才资源上看，智力和劳力不足。一是基层组织建设不足。村干部队伍不稳定，收入低发展压力大。一方面，能出任村两委干部的，基本是留在农村人群中比较优秀的人员，自身也有为群众富裕出力的热情。另一方面，日益复杂的发展压力和层层加码的考核压力，往往令村“两委”干部不堪重负，加之收入与外出务工的巨大差距，基层治理团队的老龄化和不稳定问题日益突显。二是目前农村优秀的青年大多外出务工，在家的主要是老人、妇女、小孩，他们接受知识的广度和深度都难以满足集体经济运营的需要。

第四，从集体经济发展运营资金的使用上看，制度规定与实际情况存在差距。现有用于贫困村集体经济发展的运营资金，因是财政资金，政策性较强，可用范围比较窄，且动用手续烦琐，缺乏操作性。另外，由于资金的风险和责任人的风险联系，基层求稳求安的心态致使现在资金躺在账上较多，没有入市增值。

三、思考与建议

（一）进一步强化发展集体经济责任

发展集体经济必须增强人的主动性和责任感。首先要压紧压实各级党委、政府发展集体经济的责任，提高党委、政府对发展集经济的认识，坚持把发展集体经济成效作为考核党委政府工作的重要依据。其次要选好发展集体经济的引路人，要选好“村两委”干部、驻村干部和“第一书记”，对在扶贫工作中的优秀干部要优先提拔任用。再次要加强对群众的教育和引导，增强群众主体性。要利用夜校、村民大会、宣传栏等渠道，向村民讲清楚为什么发展集体经济，从思想上剔除小农经济的残余，帮助农民建立现代意识。要在发展中让村民得到实惠，保证农民从发展集体经济中获得收益，激励村民的积极性。建立和完善村民监督管理集体经济的机制，发挥好村议事会、村民代表会的作用，让群众参与到发展集体经济的各项工作中，切实当家做主。

（二）实策保障农村集体经济可持续发展

加强集体经济管理是发展集体经济工作中的重中之重。首先强化“三资”管理。对集体经济收益分配，在革命老区的欠发达地区，要将公益扶助性摆在效率激励之上，突出对贫困人口的帮扶、对生产生活环境的改善。对集体经济收益管理，要制定适合农村群众能力和乡村实际的农村集体资产管理办法和相关制度。对农村集体资源，要加强发包管理和对合作对象的审核，防止资源破坏和不可持续性开发。特别要做到经营性收入有据可查，加强合同协议的合规性审查，做到账实相符。其次要强化能力培训。要加大对村集体经济组织的指导，各层级各部门在帮助村上找准选好适宜本地实际的集体经济发展路径的同时，要把对实操人员的培训和指导作为重要的工作内容，大力发挥农民夜校的作用，开展菜单式教学，方便群众根据本地实际进行学习，提高群众生产技能和参与集体经济生产经营的能力。要整合“第一书记”、包村干部、大学生志愿者等人群的力量，注重吸引返乡农民工、高校毕业生、职业农民中的优秀人才到农村集体经济组织中任职，带动群众看到希望，找到路子，学到本领。

（三）推广“集体资产经营管理公司”的做法

为实现政企分开，防止行政干预集体经济组织发展，应建立专业化的集体经济合法市场主体和有效经营平台。通过建立规范的股东会、董事会、监事会等机构，完善运营机制，对管理人员薪酬加以考核，并用好村社“三资”管理平台，建立资产负债、经营利润、现金流量“三本账”，并对村集体公司主要负责人进行第三方机构经济责任审计，确保村集体经济收入管得住、不流失。按照市场机制合理确认集体资产经营权转让价格和利益分配机制，建立合理而安全的风险防控体系，以应对集体资产经营不善带来的债权债务问题。

（四）整合资源，做大做强集体经济

目前，扶持农业发展的资金大多分散在各部门和细小的项目之中，细碎而分散，难以发挥整体效应。首先，要发挥好财政资金的引领作用。将每个县每年 5 亿 ~ 10 亿元，每个市州几十亿甚至上百亿元的涉农资金，通过市场化运作，用于支持集体经济发展。其次，做好产业发展规划。建立区域性的品牌并统一运作，避免相邻乡镇的产品同质化竞争，争取更大的市场份额，博弈更多的收益。最后，鼓励和规范民营经济参与农村产业发展。支持工商资本做大做强农业产业链，建立和完善“龙头企业+村集体+村民”的利益分配、风险管控机制，切实防止工商资本下乡带来的市场风险和道德风险。

文化创意视域下达州博物馆发展路径研究*

王　盟

摘　要：博物馆收藏的是社会性文化资源，达州市政府应制定把博物馆收藏用于支持文化与创意产业的相关政策和办法。引导鼓励博物馆将收藏向文化与创意产业开放，鼓励博物馆利用馆藏文化资源培训提高文化与创意产业从业者的研发能力。

关键词：文化创意；达州博物馆；发展路径

在21世纪的今天，博物馆已不仅仅被定义为收藏、保护、研究、展示文化遗产的机构，还逐渐被拓展为一个服务人的全面发展、面向未来的文化服务和教育机构，并成为塑造自身所在城市文化的重要组成部分。

在“国际博物馆高级别论坛”上，业内人士普遍认为，未来的博物馆应更加关注和推进自身变革，主动融入现代科技和当代生活，同时更加注重保护和展现多元文明，突出开放性与国际合作，在当代社会发展中扮演更加重要的作用。

“献给每一个人”这句话，正是公共博物馆最初在欧洲出现的目的——让每个人都享有知识。在互联网普及的今天，借助互联网移动终端的多样化和便捷化，把知识献给每个人的美好愿望，在很大程度上已经能够实现了。信息化不仅改变了我们的生活，而且给博物馆业带来了很大改变，这不仅表现在硬件设备的快速更新上，更重要的是内在思维方式的改变。在前互联网时代，绝大多数小型博物馆在资源上没有办法与大博物馆相抗衡，中小城市博物馆在资金投入等方面也无法同大都市博物馆相比，差距在所难免。但是，在互联网时代，小而精、有特色的小博物馆，则完全有机会有所作为。只要内容做得好，形式新颖，文化创意独特，同样也可以吸引很多观众。

一、达州博物馆发展现状

达州作为川东北经济文化重镇，不仅有悠久的历史文化和深厚的红色文化底蕴，其特色地方民俗也独具一格，而这些都在达州博物馆中得到了很好的浓缩和展现，本地居民和外地游客都能够方便、快捷地了解这座城市的过往和与众不同。

* 作者单位：四川文理学院政法学院。

（一）自身特色

达州博物馆位于西外市政中心右侧，共 4 层，建筑面积 1 万平方米，是一座集保护、研究、展示达州乃至川东北悠久历史文化、灿烂红色文化、独特民俗民间文化的综合性地方博物馆。

首先，博物馆的外在建筑设计新颖、独特，富有创意，以浅灰色为主色的外装色彩，与周边环境及毗邻的文化馆外观效果协调融洽，浑然一体，符合达州市城市总体规划。在建筑材质上，博物馆选择了大理石或花岗石，兼顾了经济、适用与环保的统一。博物馆的外墙采用浅灰色石材，配以镀膜玻璃幕墙和砂岩浮雕效果，不仅体现了该建筑物的大气与凝重，更隐喻了巴渠历史的厚重和奋发向上、开拓创新的不屈精神。步入博物馆正门，其门厅的古文字砂岩浮雕造型更显庄严肃穆，敲铜浮雕材质的肌理特征，则象征着历史的永恒，充分体现了一个具有历史厚重感的文化建筑特征。总体而言，其建筑设计理念充分体现了时代特征和达州的地域特色，成为达州市的地标性建筑之一。

其次，博物馆所处地理位置可通达性较强，3、6、9、24 等多路公交车途经该地，并联结火车站和汽车站，极大地方便了外地游客参观和游览。而对于本地居民来说，除了乘坐公交车，乘坐出租车也比较方便。博物馆开放时间为每周二至周六 9:00—17:00，游人凭身份证即可免费进入参观，不需要购买门票。在博物馆附近，仅仅相隔一个街区，就是达州美食城——达人街，这足以彰显其区位优势。

再者，在内容陈设和布局上，达州博物馆与绝大多数城市博物馆一样，遵循以历史发展顺序为主线的传统陈展形式，分为“历史文化”“红色文化”“民俗文化”“当代达州”4 个基本陈列区和“历代瓷器精品”“历代书画精品”2 个专题陈列区，共展陈各类珍贵文物 2000 余件。其中，国家一、二、三级文物近 900 件。最能吸引年轻群体的是少年儿童的恐龙展区，其设在二楼，展示了多具从达州各地出土的恐龙骨架，还有众多在达州各地发现的古生物化石。同时，该展厅还通过仿真模型和雕像展示了远古人类生活的场景。博物馆藏品最丰富的展区在三楼，各地出土的各个历史朝代的陶器、青铜器等众多造型各异、栩栩如生的文物就集中在这层楼展示。具有浓郁地方历史特色的巴人文化遗址、罗家坝战国墓葬在这里得到了部分复原，三具巴人勇士的骨骸静静地躺在玻璃地板下，旁边还放着他们的随葬品。四楼展示的则是近代达州的历史，达州的红色历史在这里得到全面的体现。当代达州部分则主要由一个制作精美的大型多媒体沙盘来展现，沙盘全面展示了西外新区、老城区、南城、化工园区的新貌。达城很多标志性建筑在沙盘上都有，市民也许能在沙盘上找到自家楼房的模型。除此，最新的达州发展规划也一并及时更新，悬挂在四周墙壁，全方位地展现在广大市民面前，极大地方便了当地居民了解自己家乡的过去及未来发展蓝图。

达州博物馆虽然在全国城市博物馆中规模不算很大，但也保有不少“重量级文物”。如东汉时期墓葬出土文物展区，就展出有镇馆之宝、国家一级文物——洪荒摇钱树座。

这件国宝为青沙石质地，通高0.29米，底径0.27米，锥体山形造型，出土于达县南外三里坪汉墓。有意思的是，就在博物馆外面的西侧仿古凉亭下，还悬有一件国宝，那就是南宋太平兴国禅院鸿钟，为国家一级文物。此钟通高2.41米，重达3吨多。钟顶至钟肩有六个圆孔平均分布其间，每孔周围均铸有单线水波纹和缠枝纹图案，并铸“重臣千秋”“皇帝万岁”八个大字，钟腹则铸有铸造者、捐资者以及历史名人马景修铭文。

（二）一些不足

据统计，截至2014年年底，全国博物馆总数达到了4510家，发展速度十分迅猛。但是，并不是每一个博物馆都能如故宫一样，参观人数日日爆满，很多博物馆尤其是县市一级、小型的博物馆，生存尤为不易。藏有金饭碗却饿得没饭吃，这似乎是当下不少城市博物馆的真实写照。达州博物馆作为地方性的城市展馆，同样也面临一系列问题。

首先，在藏品的陈列、展览模式方面过于保守，缺乏新意。达州博物馆在展陈方式上创新不足，还是以静态的柜台展示、墙面悬挂式为主，藏品与游客的距离感较强，难以走进历史，触摸历史，尤其缺乏立体、互动式的高科技展示手段。就目前的内部装潢和空间布局而论，其容易给人一种清幽的感觉，肃穆有余、暖意不足，并未给游客营造出一种温馨的参观体验。

一般来说，博物馆在陈列展览方面的内容设计会由博物馆自身完成，而形式设计及制作布置等则会普遍借助社会力量，往往通过政府采购招标来确定承办单位。而博物馆自身的陈列设计师碍于现行的招标制度等日渐被边缘化，成为可有可无的角色。他们虽然熟知自己的博物馆，并了解自己所生活的城市文化，却无法参与到博物馆的陈列、展览过程中。很多博物馆的陈列展览，由普通的装潢装修公司来承担，设计施工单位对陈列展览工程的特殊性缺乏认识，经常混同于普通建筑装饰工程，效果难以令人满意。虽说最后的展览投入也不少，博物馆花钱也多，但设计同质化、平庸化、模式化的问题严重。这就容易给观众造成一种感觉：很多展览都似曾相识。由此，类型展览、主题展览往往演变成了套路，许多博物馆陷入门可罗雀的尴尬境地也就不难理解了。

其次，缺乏文化衍生产品。在开发自己的历史文化创意产品，借助市场经济的力量来塑造城市文化方面，达州博物馆做得还不够好。仅在博物馆的空间功能区划上，就缺乏独立的、基于达州历史文化资源所开发的文化创意产品观览和展销区。更为重要的是，博物馆并未组建专业的核心研发团队，有意识地对馆藏资源进行开发和利用。

再者，博物馆功能区划过于单一。如今，传统的收藏、研究、教育三大基本功能已经不能满足人们的需求，许多博物馆在功能区划上正逐渐朝新的方向发展演变，努力营造出舒适而功能多元的博物馆内部空间。例如，在布局中除了展厅、库房等传统的基本区域外，还延伸出了专门用于休息、互动、娱乐、用餐等休闲的专门区域，同时拥有如学术据点、文化沙龙、娱乐厅、购物中心、接待室、旅游景点等多功能区域。

当今社会，消费成为人们日常生活中的重要主题，开发休闲旅游等诸多功能，则能够使博物馆更加人性化，更能满足人们的需求，更好地达到为大众服务这一目的。而目前的达州博物馆除了传统的展厅外，并未有其他的功能区划，因而也就无法吸引更多的大众选择来此休闲、参观和学习。

最后，达州博物馆缺乏使展品“走出去”的有效路径。当前达州博物馆的主要运营模式，还是守着藏品，等人来看。然而，在现代社会，娱乐、休闲、学习的方式可谓五花八门，可供大众选择的何其多，因此，博物馆也要摒弃“酒香不怕巷子深”的传统思维方式，不仅要想办法吸引大众尤其是年轻群体来此休闲、参观和学习，主动走进历史，聆听城市脉动，还要积极开动脑筋，使藏品和文化“走出去”，让历史记忆步入人们的生活。

二、达州博物馆发展路径分析

（一）适应时代潮流，力图展陈方式多元化

在娱乐方式日益丰富和多元的现代社会，博物馆也必须打破传统的展陈方式，推陈出新，才能满足观众日益增长的需求，特别是针对更为年轻的观众群体。只有适应时代的变革，朝着多元化发展，才能充分发挥作为公共文化服务机构的职能，全方位满足公众的文化需求，成为推动城市发展的新文化势力。例如，瑞典的哥德堡艺术博物馆就曾专门举办展览，让观者从前台走到幕后，了解博物馆人的日常工作；中国国家大剧院日前举办的“凯旋——《阿依达》剧目展”，则运用戏剧化的空间表现手段，在公共空间安置大型古埃及战船，并结合模型、道具、手稿和影像以跨界的形式呈现歌剧《阿依达》舞台艺术的魅力。

现实的情形是，博物馆越“高”，观众就“冷”。越来越多的博物馆正在放下身段，把观众体验作为重要工作来抓。在有关博物馆的发展论坛上，“转型”成为所有博物馆专家的关键词，而如何让博物馆与大众进行更好的互动，更是重中之重。

达州博物馆在传统的藏品展览之外，还可以在力所能及的范围内承接一些户外活动、公共讲座，让这里不再仅仅是观赏、学习的静态空间，也可以发展成为不同文化群体的交流平台。例如，可以针对巴賨文化、川陕苏区文化、达州民俗、元稹、张爱萍等诸多方面的地方特色研究，博物馆除了可以承接传统的会议和讲座外，完全可以举办相关的配套主题展览，作为研究的一部分，并尝试着向对此感兴趣的文化爱好者、普通市民（非专业人士）开放。除此之外，当代互联网技术的驱动，也让博物馆的线上可达性大大提高，“掌上博物馆”已不再是梦想，而微博等分享交流平台的陆续出现使得网上博物馆可以成为一座城市的公共文化载体。目前博物馆的最大挑战就是科技化和数字化转型，这同样也是博物馆业的最大机遇。达州博物馆可以努力结合高科技手段，抓住线上虚拟潜能，尝试开发网上博物馆、主题文化 APP、VR 立体体验等，吸引年轻人群，彰显博物馆的使命和传递文化的责任。

面对参观群体的多元化文化需求，达州博物馆可基于本馆条件，根据观众的消费需求和支付意愿，在保证基本参观服务的基础上，开展多样化、差异化的观众服务项目。例如，提供不同档次的餐饮服务，既有速食快餐，也有环境优雅的高档餐厅。又如，为博物馆会员提供馆刊、购物优惠、会员专用设施、会员参观专场、与博物馆研究人员会面交流等不同组合的服务。

（二）“策展”理念的变化：由物展到以“人”为核心的故事展、人物展

精品展、名品展、馆藏陶瓷展、馆藏书画展……这似乎是大多数人对传统博物馆展览的印象，俨然千篇一律的“晒家底”。然而，只有国宝级的展品才能引起观众的兴趣，普通展品并不能吸引观众前往观看。博物馆的功能由藏品为中心逐渐转移到以“人”为本为吸引越来越多的观众，一些博物馆开始寻求改变，突破固有的博物馆展览模式，引进西方“策展”理念，根据博物馆自身特色策划有主题和有故事的展览。通过故事串联展品，以展品来充实故事，让观众带着疑问而来、带着阅读历史的冲动而来。下面我们首先来看一下接近“Curator 负责制”的南博模式。

2013 年南京博物院二期改扩建，随着临展的增加，开始实行“策展人制度”，即以对某个学术领域有研究的“人”为核心而临时组建的一个项目组，策展团队的成员来自博物馆的各部门，全馆上下共同参与展览工作中。“南博的策展人制度由办公室牵头，社教、安保、陈列、信息开放中心、文创部门等共同参与，做展览的每个环节要怎么做、各部门的工作如何开展，展览配套社教、文创如何开发，都是全院共同参与决定的，不再是一个部门只关注自己的工作。全院中级以上的职称人都有成为策展人的资格，可以自己报选题，经院里审核，通过后建立展览项目团队。”南京博物院陈列艺术研究所所长陈同乐这样说。

南博的“策展人制度”看似也是展览项目负责制，但是以“人”为核心，策展人的权利和职责范围更广。“我可以毫不夸张地说，南京博物院的策展人制度是全国最好的，因为它符合中国国情，这是中国的策展制度。在某种程度上，它优于西方的策展人制度，比如我们做一个展览的策划，时间短、功效快，执行力又好，这是我们这个制度的优点，而西方策展人做一个展览通常需要 2～3 年的时间，其中因为人事的变动或者博物馆方向的变动，经费不够而导致展览项目停止。”陈同乐表示，“之所以说我们的这个策展人制度已经与西方很接近，是因为选定一个策展人后，他不仅要负责内容设计，而且有权利对展厅之外的互动、教育、文创等做决策。而作为陈列部主任，大部分时间是在帮策展人进行外部协调和沟通，因为策展人不一定有那么多的资源。”

8 月 9 日，南京博物院 2016 年度大展“法老·王——古埃及文明和中国汉代文明”开幕。来自加拿大皇家安大略博物馆的 110 件（套）古埃及精品文物，与南京博物院、徐州博物馆、扬州博物馆藏的 140 件（套）中国汉代诸侯王陵文物共同展出。

该展览选择独特的对比视角进行展示。策展人陈刚所在的部门是教育服务部，在这之前他有考古所的工作背景，也参与了汉代文物的考古项目的发掘，便于深入开展

研究。“本次展览内容和形式，都是通过一种对比的呈现方式。展览分为不朽、生活、权力、生灵四个部分，从数量、规格、空间布局及文化内涵，基本都是对称放置。通过文物对比，让观众感受到文化的比较，在对比过程中拥有自己的体会和感受。展厅内用两个色调来区分两种文明的展品和展区。埃及部分用蓝色，汉朝部分用红色。”

除了展览本身的精彩之外，配合展览还推出系列教育活动，包括专题导览、公众讲座、主题活动、青年沙龙、第二课堂、文化考察等。“针对观众的展前调研会开过两次：一次是针对普通观众，一次是针对中学历史老师的。而且根据调研会征集到的意见也确实为展览、活动、文创等带来了改变。比如，观众感兴趣的文物，在布展时会结合文物重要性，尽量放在重点的展柜中；教育活动的设计、文创的设计也都会注意围绕这些受欢迎的文物。”

陈同乐用“五个题”总结南博的策展方式。第一个题是“命题”，展览名字由“当木乃伊遇到金缕玉衣”到“两个王的故事”，再到现在的“法老·王”有很多考虑和取舍；第二个是“主题”，展览主题是两种文化的对比，这种主题展的方式更容易吸引观众；第三是“话题”，用什么样的语言、什么样的表现方式展现这两种文明是需要考虑的，展览最终是用最朴实的、观众不看文字都能看懂的对比方式来呈现的；第四个是“问题”，展览中有很多观众想了解的问题，策展时会注意解答，但也考虑到要让观众带着一些问题回家，希望展览能让观众思考。最后，这四个题归纳成一个题就是“课题”，整个展览从开始策展到开馆，都是把它当作一个课题来研究的。

加拿大皇家安大略博物馆副馆长沈辰对南京博物院的策展人制度也表示认同，认为南博的观众调查和 ROM 有异曲同工之处。他们在策划展览之前，也要做大量调查，才确定要不要做、以何种形式呈现，包括从展览的命名到展品挑选、展览陈述、宣传策略、活动设计等。

本次展览，南京博物院在不用或少用财政专项经费的情况下，向公众收取低票价，提供高品质展览的一次尝试，展览门票价格为 30 元。南博试图通过门票、出版和文创产品开发等方式实现收支平衡，这是对博物馆运营方式的探索，也得益于策展人制度的实施。

有鉴于此，达州博物馆应当主动与地方高校、各大研究所开展有效合作，培养自己的策展人才、文化创意人才，采取招标的形式，把布展“课题”外包，组建高水平的策展团队，共同研发和推进新颖的展览模式。达州本地的文化名人和特色民俗本就不少，可从“故事”、“人物”切入，串联整个专题来进行布展，并尝试同其他城市博物馆联合开展相关工作，采取对比式展览，如川陕苏区与中央苏区的对比展览。

（三）创意为先：历史文化消费时代的多样营销

在历史文化消费时代，无论情愿与否，博物馆都愈来愈和大众旅游联系在一起。那么，达州博物馆的旅游开发经营该如何做?博物馆作为一个特殊的文化旅游产品，如何彰显它的奇妙之处？如何为游客打造一场奇妙的博物馆之旅？同时，在旅游过程中，又如何能够确保城市文化和地方民俗有效地嵌入其中？

（1）节庆营销，打造浓厚的观览氛围。可以利用很多与博物馆有关的节日，推出特展和其他营销活动，如世界博物馆日、历史事件纪念日、名人诞辰纪念日等。在这些节日前后，打造一些专题展览、纪念活动等，推动市民观览的积极性。对于达州博物馆来说，在元九登高等地方民俗节日到来之际，完全可以举办一些有关元稹的特展、讲座等，使大众参与到这场活动当中来，为登高注入一股文化活力。

（2）公关营销，体现公益性与专业性。博物馆的公益性定位使其很容易进行各类社会公关宣传，如深入社区、学校举办展览、讲座等活动。在进行此类活动过程中，可以有计划地携带一些藏品，用真实的文物、展品来“献身说法”，增加宣讲的生动性，体现其专业性，让民众贴近历史，了解历史。

（3）联合营销，争取站在文化高度的深度合作。博物馆应积极与各部门开展合作联合宣传活动，如与教育部门组织的夏令营联合开展相关活动，同时加强与兄弟城市博物馆之间的资源共享，举办巡展、联览。

（4）借势营销，紧随热点精彩创意营销。博物馆的文化涉及范围较广，管理者应善于抓住社会上的热点，推出相关旅游产品，或进行宣传活动。例如，卢浮宫首度开放给好莱坞拍摄《达・芬奇密码》影片，全球热映期间卢浮宫的德农馆游人如潮。达州博物馆可以与地方自己的电视台密切合作，拍摄有关地方民俗、红色文化等题材的电影、纪录片等，多管齐下，宣传自己、宣传达州。

总而言之，博物馆的旅游产品魅力在于文化的多元集萃和地区特色的深度体验，作为地方城市博物馆，达州需要不断深挖自己的文化资源，开发优质的旅游文化产品，提供博物馆式主题服务，创意特色营销，构建“产品+服务+营销”三位一体的达州博物馆运作格局。

但是，我们需要谨记的是，旅游业是一项靠知名度、美誉度和市场认知度来吸引游客的特殊产业，只要善于利用，博物馆的公益形象就会成为博物馆长远发展的独特优势。作为文化的保存和展示的载体，达州博物馆在旅游运作过程中同样应该更加珍惜自己的公益形象，把握商业化运作的尺度，避免负面消息，更不要利用负面消息炒作。

三、点石成金——开发自己的文化创意产品

如何更好推动文化文物单位开发文化创意产品，让“馆藏文物活起来”，困扰着绝大多数博物馆。尤其在我国，由于国有博物馆的特殊公益属性，按规定不能开展相关市场经营活动。国家层面也逐渐意识到这个问题。针对博物馆在开发文创产品方面所面临的一系列政策问题，国家文物局做了相关解答。

2016年5月19日上午，文化部召开“文化部关于推动文化创意产品开发工作新闻发布会”。国家文物局党组成员、副局长关强介绍，上海博物馆、浙江省博物馆等 11家中央地方共建博物馆，除湖南省博物馆、辽宁省博物馆 2 家博物馆因改扩建暂时停

止文化创意产品生产销售外，其余 9 家博物馆 2015 年销售额总计 9700 万元，平均每馆 1100 万元。其余省级博物馆收入差异较大。受资源情况、认识水平以及政策条件限制，部分地市级博物馆开展了文化创意产品开发，县级博物馆开发较少。同时，博物馆文化创意产品开发面临一定的政策障碍，主要是博物馆经营资格问题。国有博物馆绝大多数划分为公益一类，按规定不能开展经营活动。博物馆开发文化创意产品的积极性受到影响和制约。此外，还存在博物馆文化创意产品开发财政投入机制、优惠政策、收入分配和激励机制等问题。为了解决这些问题，国办专门转发四部委局《关于推动文化文物单位文化创意产品开发的若干意见》，对相关政策做出规定。但如何使这些政策落地，确实还有很多路要走，还有很多工作要做。

关强表示，国家文物局将采取五种措施支持博物馆发展文化创意产品。

第一，营造良好制度环境。国家文物局将组织编制《博物馆经营活动管理办法》。积极推动文博单位开展试点，允许相关单位依托馆藏资源，采取合作开发、授权开发、独立开发等多种方式，开展文化创意产品开发经营。加大对试点单位的指导、管理和跟踪监测，并加强总结，根据实施效果逐步推广。

第二，加大资源开放力度。用好用活国务院第三次全国文物普查、第一次全国可移动文物普查数据，建立统一数据资源库和社会共享机制，加强藏品，展览等的数据资源开放，促进资源、创意、市场共享。鼓励博物馆与社会力量开展合作，拓展文化创意产品开发投资、设计制作和营销渠道，加强经营管理人才的培养。

第三，提升文化创意产品开发水平。鼓励和推动文博机构和有关企事业单位开发艺术性和实用性有机统一、适应现代生活需求的文化创意产品。开发出一批符合青少年群体特点和教育需求的优质文化创意产品。利用文物进出境精品展览和交流等活动，促进优秀文化创意产品走出去。

第四，发挥故宫博物院、中国国家博物馆等国家级博物馆和省级综合博物馆引领作用，实施一批具有示范带头和产业拉动作用的文化创意产品开发项目。建立区域性博物馆文化创意产品开发网络，培育博物馆文化创意产品研发的基地和示范项目，创造具有区域特色、在国内外有影响力的创意品牌。

第五，实施“互联网+中华文明行动计划”，充分利用互联网等成果，组织、引导和鼓励社会优质资源，深入挖掘文物资源蕴含的历史文化价值和时代精神，进行创作、创造、创新，为社会大众特别是中小学生生产形式新颖、内容丰富、方便快捷的公共文化产品，讲好中国故事、传播好中国声音、诠释好中国特色。这样的话，博物馆就可以开展一些经营性活动了。

对于达州博物馆而言，博物馆收藏的是社会性文化资源，达州市政府应制定把博物馆收藏用于支持文化与创意产业的相关政策和办法。一方面，要充分要保护文化遗产的安全，对恶意侵蚀和损害公共利益的行为要制定处罚办法。另一方面，应引导鼓励博物馆将收藏向文化与创意产业开放，鼓励博物馆利用馆藏文化资源培训提高文化与创意产业从业者的研发能力。

再者，达州博物馆可编制并向社会开放藏品清单，选择一定数量的有鲜明达州传统文化特色和较高艺术水准的古代文物和书画，把文物的装饰图案和书画的高清图像向社会公开，允许企业或个人用于文化与创意产品的研发和制作。在开放博物馆社会性文化资源过程中，要充分注意不同类型博物馆藏品的知识产权的所有者和权利内容的特点。如艺术类博物馆的收藏，其藏品在入藏时是否与原作者就展出、出版、改编、借用等事项有过特别约定，如有约定应该按约定执行。

最后，虽然不少城市所属博物馆基本都开展了文化创意产品开发，并呈现出开发经营模式多元化发展、品牌影响力和社会知名度不断提高、社会效益有效增强等特点。但不容忽视的是，也确实存在经营意识和能力不强、产品供应能力不足、创新能力不强、设计和制作水平较低，以及产品形式单一、社会功能拓展不够等问题。有鉴于此，达州博物馆应充分依靠当地政府部门、科研院所、相关企业等，多方面联合开展文创工作，组建跨行业的研发、营销团队，以高质量的文创产品带动博物馆业的发展，建设好达州市的文化品牌，提高其文化品位，共建美好新达州。

领导干部官德考评研究
——以达州为例

杨登述 孙 杰 唐 敏 李 德 龙开均 刘 杨 蒋明远

摘 要：领导干部官德考评结果是不是准确真实，标准和方法是关键因素。一是科学设置指标。二是定性考核要多些。三是运用综合考评法。善于从工作岗位的职责出发，突出重要事件、危机应对、个人进退等重点环节的官德考察；综合运用他评与自评相结合、过去与现在相结合、点上与面上相结合、反向调查与正向测评相结合等多种测评法，综合分析、相互印证，全方位、多角度考察；适应现代信息社会的要求，运用各类媒体，特别是网络媒介、电子媒介等新兴媒体，加强考察督导，提升考核的全面性、客观性和准确性。

关键词：领导干部；官德考评；达州

领导干部的官德建设是全面从严治党的重要内容。通过官德考评推动官德建设，提升领导干部的官德水平，使之“不忘初心，牢记使命”，更好地带领人民群众创造美好的生活，具有重要的理论意义和实践价值。

一、官德的内涵及加强官德考评的现实意义

（一）新时期领导干部官德的主要内容

官德问题从来都是为社会关注、为百姓瞩目的重大问题。习近平指出：“所谓官德，也就是从政道德，是为官当政者从政德行的综合反映，包括思想政治道德和品德作风等方面的素养”。习总书记对官德的定义简单直白，指出了官德所涵盖的基本内容和特点。新时期官德的内容十分丰富，其中最重要的有以下三个方面六点。政治道德方面两点：忠诚、为民；职业道德方面三点：务实、公正、清廉；做人道德一点：品端（品行端正），包括良好的个人道德、深厚的家庭美德、优良的社会公德。具体解析如下：第一，忠诚。忠诚是官之大德，位于官德之首。在古代官德中，忠诚被看作为官者最重要的品德，忠臣是对一个臣子的莫大赞誉。在新时代，领导干部更应该忠于马克思主义，忠于党，忠于国家，忠于民族，忠于人民，忠于真理，忠于职守。习近平总书记要求各级领导干部“坚持对党绝对忠诚，必须对党高度信赖，做到热爱党、拥护党、永远跟党走”。第二，为民。中华民族自古就有“民为邦本，本固邦宁”的思想。孟子

云："民为贵，社稷次之，君为轻。"中国共产党更加重视"为民"，将"为民"思想确认为官德的核心道德。1945 年 4 月，毛泽东在中共七大《论联合政府》的政治报告中，对全心全意为人民服务思想向全党作了正式、完整、深刻的阐释，将"全心全意为人民服务"作为中国共产党人一切工作的出发点和落脚点；习近平总书记强调"人民对美好生活的向往，就是我们的奋斗目标"。十九大报告多次强调"以人民为中心"，要求全党"必须坚持人民主体地位，坚持立党为公、执政为民，践行全心全意为人民服务的根本宗旨，把党的群众路线贯彻到治国理政全部活动之中，把人民对美好生活的向往作为奋斗目标，依靠人民创造历史伟业"。第三，务实。"空谈误国，实干兴邦"。古人云："道虽迩，不行不至；事虽小，不为不成。""为政贵在行，以实则治，以文则不治。"历史上许多空谈误国的教训值得我们深思。毛泽东要求"共产党员一定要有认真实干的精神"，邓小平强调"少说空话、多干实事"，习近平要求"各级领导干部都要树立和发扬好的作风，谋事要实、创业要实、做人要实"。领导干部无论何时何地、对人对己都要尊重事实，坚持一切从实际出发。第四，公正。作为对官德的要求，公正具体表现为分配公平、执法平等、为人正直、用人平等。为官者是否公正，直接体现该社会的公正程度，并且事关社会的稳定与发展。孔子认为，为官者公正，政令就畅通无阻，民风就会很好。其身正不令而行，其身不正虽令不从。荀子认为"以礼分施，均遍而不偏"是为官之要。第五，清廉。清廉，是古今中外一切权利道德最根本的要求。中国历代的政治家，都非常注重为官清廉的问题，把清廉视为"国之大维""仕者之德""人生大纲"等。"清官"被世代传颂。第六，品端（品行端正）。领导干部不仅是一个"官"，更是一个"人"。作为一个普通的公民，当然应当具备做人应有的道德；包括良好的个人道德，如正直诚信、遵纪守法、尊老爱幼等；深厚的家庭美德，如孝敬长辈、夫妻和睦、勤俭持家等；优良的社会公德，如文明礼貌、助人为乐、爱护公物、保护环境、遵纪守法等。一个人品有问题的人，永远不会成为一个好官。一些领导干部出现腐败问题，多是由于个人品德本身就有问题。

（二）加强领导干部官德考评的现实意义

官德考评指社会生活中特定的国家组织主体按照一定社会或阶级的道德原则和规范对官员的政治道德水平进行考察评价的活动。党的十九大对加强干部官德建设提出了新要求：选拔任用干部既要看才，也要注重德，把干部的官德放在首要位置。这是对我们党一贯坚持的"德才兼备、以德为先"用人标准的继承和发展，也抓住了干部队伍建设的关键。新形势下党政干部官德考核，是保持马克思主义执政党先进性和纯洁性的根本要求和重要保证，也是对党的组织路线和干部政策的丰富发展，具有重要的现实意义。

第一，加强官德考评是加强党的作风建设、提高党的执政能力建设的需要。随着党执政环境和所担负历史任务的变化，领导干部面临的诱惑越来越多，对干部的德行进行考核是规范干部道德行为的重要途径。当前，我国正处在社会转型期，部分干部面对拜金主义、个人自由主义、极端享乐主义的诱惑、侵袭，出现了信仰迷失、道德丧失、趋向低俗腐化等不良现象。建立官德考核机制，解决官德考核机制缺失问题，可以为领导干部提供一道官德防火墙，督促领导干部严于律己，谨慎从事，防微杜渐，不敢有恃无恐、为所欲为。第二，加强官德考核是净化和扭转社会风气的着力点和突破口，干部考核具有强烈的社会导向作用。实施官德考核，加强干部官德的约束管理，可以进一步确立正确的选人用人导向，引导领导干部加强自律意识和形象作风意识，注重个人品德形象，自觉做到为官重德、立德、树德，从而有效抑制领导干部的“失德”“失范”行为与现象，为社会建立营造一个道德标准和榜样，对社会公德的形成和发展，对净化官场环境、规范社会风尚，都可以起到巨大的示范和影响作用。

二、中国共产党官德考评的发展轨迹

官德建设和官德考评是包容关系，官德考评是官德建设一个重要的核心内容之一。中国共产党从诞生之日起，就面临着官德建设这一重大课题，官德建设及官德考评的发展轨迹与中国共产党的成长历程是联系在一起的。我们考察官德建设和官德考评的发展轨迹和脉络，可以在前进中吸取经验教训，避免发生更多的错误。笔者认为，中国共产党官德考评大体经历了四个时期。

（一）官德考评的萌芽形成期（1921—1945 年）

中国共产党官德考评的考察与追溯，应从 1921 年中国共产党建党之初开始。中国共产党从成立之初就十分重视领导干部的道德行为的作用，党的主要倡导者和参加者是一批以救国救民为己任、信仰马克思主义的革命战士。发展到后来，许多人都成为党的领袖和高级干部。救国救民、为民族利益牺牲一切是他们坚定的道德信念，这一时期是中国共产党成长的曲折时期。官德意识、官德教育处于一种自发自觉的形态，官德考评也处于一种团体间的自我认识、个体觉悟的萌芽状态。

官德考评的形成应该从 1936 年红军抗日先锋军东渡黄河、东征抗日开始至 1945 年抗日战争胜利。这个时期在官德建设上有两件大事：一是延安整风运动，二是抗日战争时期党的干部教育。延安整风运动是党内思想政治教育的伟大创举，亦是早期官德教育和考评的成功实践。整风运动坚持实事求是的原则，贯彻惩前毖后、治病救人的方针，开展批评与自我批评，通过一系列加强党性的学习活动，很好地整顿了学风、党风、文风等问题，教育了一大批领导干部。延安整风对领导干部的教育非常及时、到位、得法、富有成效，其好的做法及一些经验至今在官德教育和官德考评中仍继续延用和发展。前两个时期的官德考评是属于新创和形成时期，对革命干部的道德品行的考评重点主要集中在以下几个方面：是否形成了理论与实际相结合、密切联系群众、批评与自我批评的三大优良作风；是否以“革命为民”为主线；从领导干部和革命战士是否体现出来的为人民利益、民族解放不惜牺牲的伟大情操和先锋模范的德行。在这一时期，毛泽东先后发表《纪念白求恩》（1939年12月21日）、《为人民服务》（1944年9月8日）、《愚公移山》（1945年6月11日）等著名文章，对这个时期领导干部道德进行了科学的总结，提出了"全心全意为人民服务""毫不利己，专门利人"的官德建设原则要求，确立了"全心全意为人民服务"作为官德建设的核心内容，这也是我们今天设计官德考评指标体系必须遵循的最重要指标、考察干部官德的最重要方面。

（二）官德考评的良性发展期（1945—1957年）

从抗日战争胜利到1949年初，通过一系列运动，解决了领导干部中思想不纯、作风不实的问题，提高了领导干部的政治觉悟和部队的战斗力，密切了党群关系，保证了解放战争的最后胜利。中华人民共和国成立后一些领导干部，即将成为各条战线和部门的组织者和领导者，但一部分领导干部滋长了官僚主义和命令主义，在领导工作中高高在上，脱离实际，脱离群众，独断专行，严重破坏了党和人民的血肉关系，损害了党的形象，引起群众的强烈不满。为此，1950年开展了一场整风运动。这次整风运动的重点任务是纠正各级领导干部在工作中的错误，克服官僚主义和命令主义，密切同人民的关系，开展批评与自我批评，提高领导干部的思想政治水平和道德水平。这一时期对领导干部道德教育最深刻的一件大事是处决了天津地委书记刘青山、天津专区专员张子善。同时，大胆地提拔了一大批德才兼备的优秀分子到领导岗位上来，整顿了党风、优化了民风，从而出现了良好的党风和社会风气。这一时期我党完成了社会主义改造和领导干部的思想改造，很好地从"革命为民"转化到"执政为民"，确立了为人民服务的官德思想，这也是官德的核心价值。这一时期党对领导干部的教育、培养、考评已经摸索出一条切实可行的路子。

（三）官德考评的曲折回旋期（1957—1978年）

这一时期的官德建设可以分为两个阶段。第一阶段：从1957年反右派斗争开始到"文化大革命"前夕的十年是曲折发展时期。期间反右派斗争严重扩大化、"三面红旗"错误、阶级斗争扩大化，使党的建设逐渐偏离"八大"路线，损害了党的"三大作风"，使许多领导干部滋生自由主义、主观主义、严重脱离实际、浮夸、急于求成、急于过渡、不实事求是的毛病。在随后的整改中，有三个方面是非常值得肯定的：一是大兴调查研究之风，一切从实际出发，主观主义作风逐渐得到纠正；二是发扬民主，开展批评与自我批评，总结经验教训，在一定程度上改善了党群、干群关系，增强了党内外的团结；三是开创官德建设的新形式——"榜样教育"，学习党的好干部焦裕禄。第二阶段："文化大革命"时期。此时期是党、国家和人民遭受严重挫折和巨大损失的时期，也是党的建设和官德建设遭受严重破坏时期。

（四）官德考评的发展机遇期（1978—2012年）

这个时期可以分为两个阶段：一是1978年12月至1989年6月。十一届三中全会以后，党中央果断进行拨乱反正，恢复了解放思想、实事求是的思想路线，把工作重心转移到经济建设上来，做出了一系列加强党的建设的决定。为适应新时期需要，必须加强教育，整顿党风，从严治党，重视领导干部道德建设。1987年10月，党的十三大提出了“从严治党”的方针，强调加强党的建设，必须加强党员的教育和监督，必须着力提高领导干部的素质，提出只有从严治党才能提高党的威信，提高党的战斗力和凝聚力。党的十三大以后，改革开放取得了很好的成就，尤其在经济领域方面。然而在此过程中，“一手比较硬，一手比较软”的问题没有得到根本的解决，一些领导干部受腐朽思想的侵蚀，个人主义、享乐主义、拜金主义严重，致使腐败现象滋生蔓延。有的人以权谋私，搞权钱交易，贪污受贿；有的人挥霍公款，吃喝玩乐；有的人违法乱纪，弄虚作假；有的干部赌博嫖娼，道德败坏。所有这些不道德的现象，既毁了领导干部，又败坏了党的声誉和社会道德风气，影响极为恶劣，致使官德出现一定程度的滑坡。二是1989年6月至十八大前夕。为了使领导干部的道德教育措施得到进一步落实，这一时期党和政府相继出台和实施了许多决议、条例和决定，例如《关于党政机关县（处）级以上领导干部收入申报的规定》《中央纪律检查委员会关于共产党员违反社会主义道德党纪处分的若干规定》《中国共产党员领导干部廉洁从政若干准则》《中共中央关于加强和改进党的作风建设的决定》《中国共产党纪律处分条例》《中国共产党党内监督条例（试行）》《党政领导干部选拔任用条例》《建立健全教育、制度、监督并重的惩治和预防腐败体系实施纲要》《公务员职业道德培训大纲》《关于加强对干部德的考核意见》等。这些条例的颁布实施，为官德建设营造了良好的氛围。这一时期涌现出孔繁森、李国安、郑培民、任长霞、牛玉儒等许多优秀领导干部，在他们的身上集中体现了当代党的干部优秀品质和道德风尚。1989年6月至十八大，也是官德考评制度建设的一个重要的发展阶段。尤其是近年来，从中央到地方一直在探索干部德的考评问题。党的十七届四中全会《决定》要求：“从政治品质和道德品行等方面完善干部官德的评价标准，重点看是否忠于党、忠于国家、忠于人民，是否确立正确的世界观、权力观、事业观，是否真抓实干、敢于负责、锐意进取，是否作风正派、清正廉洁、情趣健康。”“四看”浓缩了改革开放时期党对领导干部官德的要求和我国社会主义道德建设的要求，涵盖了政治品德、职业道德、社会公德、家庭美德四个层面，勾画了干部官德考评的轮廓，突出了干部官德考评的核心和重点，我国正在积极探索新时期新的干部考评体制，关于官德的考评评价的要求越来越具体，操作性也越来越强，干部官德考评开始走向制度化。

三、新时代中国官德考评现状、存在的问题和原因

（一）新时代中国官德建设的大胆探索和辉煌成就

改革开放以来，相较于经济的快速发展，我国在思想道德建设方面相对滞后，存在官德教育的内容空泛、方法手段单一和现实指向性较差等问题。鉴于官德建设存在

的问题，习近平同志要求领导干部修德“既要立意高远，又要立足平实”，强调“官德建设在强调自觉的同时，更应该强调与法制等强制手段的配合”。通过制度建设和教育活动推动，新时期官德建设迈上了新台阶。

1. 扎牢“制度笼子”，使官德考评有法可依

党的十八大以来，以习近平同志为核心的党中央通过加强法规制度建设，从领导干部特别是高级干部这个“关键少数”入手，依法治国与依规治党相互促进，扎牢“制度笼子”，严厉惩治腐败，有力地促进了党风、政风和民风的好转，为领导干部的官德建设营造了良好的政治生态和社会环境。第一，发布《关于改进工作作风、密切联系群众的八项规定》，并制定配套实施细则，把监督和执行“八项规定”作为经常性工作。“八项规定”是全面从严治党的先声，有力扭转了党内的不正之风。第二，发布《中国共产党党组工作条例（试行）》，将党组工作纳入制度化建设的新轨道，有针对性地对党组成员提出有效约束，体现出了深入推进全面从严治党建设的基本要求。第三，发布《中国共产党巡视工作条例》，为党内监督提供了一把利器，并将纪律检查体制改革的实践成果转化为刚性制度，这对目前的党风廉政建设意义重大。第四，发布《推进领导干部能上能下若干规定（试行）》，解决了由来已久的干部“能上不能下”的症结，对于推进全面从严治党、深化干部制度改革、调动干部队伍活力、营造良好政治生态和形成高效领导班子等，都具有重要意义。第五，发布《中国共产党廉洁自律准则》和《中国共产党纪律处分条例》。这二者相辅相成，是全面从严治党实践成果的制度体现。其中，前者把对领导干部道德自律方面的要求规范化，后者把党章对纪律建设方面需要遵守的要求具体化。总之，党的十八大以来颁布的一系列领导干部廉政准则、条例等，对领导干部的官德塑造提出了许多明确要求和操作规范，对实现依规治党和以德治党的有机结合发挥了重要的作用。

2. 开展教育实践活动，推动官德考评常态化

加强官德建设，只靠完善制度规范是不够的，还要有系统的道德教育，才能让领导干部真正做到自重、自省和自警。十八大以来，我们党开展了一系列教育实践活动，推动了领导干部官德教育的常态化和制度化发展。第一，推进群众路线教育实践。针对党内存在的形式主义、官僚主义、享乐主义和奢靡之风等问题，党中央在全党范围内开展了群众路线教育实践活动，其根本目的就是要帮助领导干部树立为民、务实和清廉的行为规范。在群众路线教育实践活动中，通过学习党的群众路线，开展批评与自我批评，各级领导干部勇于解剖自己，承认并改正自己的缺点和错误，努力超越和完善自我，有力提升了自身的官德水平。第二，开展“三严三实”专题教育。“三严三实”是习近平同志在新形势下对领导干部提出的官德要求。“既严以修身、严以用权、严以律己，又谋事要实、创业要实、做人要实。”这既是领导干部的为政之道，也是做人的准则，其最后落脚点就是“做人要实”。专题教育以领导干部官德中存在的突出问题为导向，通过开展集中学习、专题党课、专题研讨和查摆整改等形式，重点培养领导干部对党忠诚、一心为民、诚实有信和公道正派等官德品质，有力促进了党风政风

的好转，是官德建设的有效措施。第三，开展“两学一做”主题教育。官德是领导干部的从政规范，领导干部要提升官德修养，必须学习党章党规和习近平总书记系列重要讲话精神，遵守政治规矩，做合格党员。“两学一做”教育的主题是“学党章党规、学系列讲话，做合格党员”，这是以上率下、深化领导干部教育的重要举措。同时，“两学一做”教育具有广泛性和经常性的特点，把教育的范围从“关键少数”扩大到全体党员，实现了从集中性教育向经常性教育的转变，确保了思想教育的持续性和实效性。第四，开展“不忘初心、牢记使命”的主题教育活动。目前，“以县处级以上领导干部为重点，在全党开展的‘不忘初心、牢记使命’主题教育”活动正在稳步进行。坚持以习近平新时代中国特色社会主义思想为指导全面从严治党，“全面从严治党永远在路上”。坚持把党的政治建设摆在首位，确立党的政治建设的统领地位，全面提升领导干部的政治觉悟和政治能力。这一系列教育实践活动极大地提升了领导干部的官德素养，为我们党领导人民群众创造更加幸福美好的新生活和实现中华民族伟大复兴提供了根本保证。

（二）目前官德考评存在的问题

通过学习和教育，不少领导干部都时刻牢记新时代“好干部”的“一二三四五”标准。一个信仰”：坚定的马克思主义信仰；“两个字”：“严”和“实”，既严以修身、严以用权、严以律己，又谋事要实、创业要实、做人要实；“三句话”：“对党忠诚、个人干净、敢于担当”；“四个人”：心中有党，做政治的明白人；心中有民，做群众的贴心人；心中有责，做发展的开路人；心中有戒，做班子的带头人；“五条标准”：信念坚定、为民服务、勤政务实、敢于担当、清正廉洁。

在充分肯定成就和进步的同时，我们也必须正视存在的问题。一是个别干部对官德的考核评价标准认识不清。不少人对官德的考评标准持“模糊论”，对官德的考评地位持“淡化论”，对官德的考评做法持“过时论”，对官德的考评内容持“代替论”，主张以经济效益代替官德的分析，把官德的考察视为过去“左”的做法。二是对干部官德的考评方法相对单一，手段简单。较普遍地存在着不健全、不系统、不完善的问题，存在许多片面性、简单化的倾向。三是缺少综合分析，结论不确切，突出表现为“三多三少”。考评标准抽象的多，具体的少，有很强的随意性和主观性；共性的标准多，专项的少，考评标准层次不清、对象不明；考评现实的多，考评过去的少，忽略以往一贯的表现。这些使干部官德的评价存在抽象化、空泛化、片面化等现象，不易看出干部官德素质的优劣。四是标准各异，评价不一。对同一考评对象，往往仁者见仁、智者见智，容易出现以偏概全、一好遮百丑的状况，甚至出现相反的观点。如有些贪污腐败分子，能力上成绩显著，但由于放松了思想素质、道德情操的修养，最终成了人民的罪人，但在案发前却不为人所关注。五是研究不够，难点颇多。一段时间以来，对干部官德的考察工作研究得较少，研究得不深，缺乏规范的考评标准，不好操作和把握，随意性比较大，如考察内容难量化、考察工作难操作、考察对象难把握、考察结果难定论、考察水平难提高等难点问题仍待解决。

（三）目前官德考评存在问题的原因分析

一是官德考评的组织者、牵头者自身能力上存在差异性。官德考评工作量大面广，因为官德考评的组织者和牵头者的心理品质、思维方式、爱好、兴趣、能力等方面存在差异，所以对同一个人或同一件事的评价会有较大的差异性，对干部官德的评价会做出不同的定性。二是在组织考察方法上存在局限性。在现行干部考评组织实施中，考察时间短，很难做到考察工作全面、深入，完全触及干部官德的深层次问题，有的单位谈话对象缺乏普遍性和代表性，有时进行民主测评的环境不够宽松，划票的时候有的干部群众心有顾虑，为保护自己，不敢自主、自由、真实地行使民主权利和充分表达自己的意愿。三是谈话对象思想心态复杂多变。一些谈话者对组织部门考察干部带有“事不关己，高高挂起”的漠视态度，觉得组织部门来找其谈话，听取意见是走过场，上级部门和领导早有定论，说真话纯属多此一举，不如避而远之；有的谈话对象因利害关系顾虑，主动回避问题；有的谈话对象为了帮助朋友，夸大政绩，故意隐瞒问题；有的谈话对象为了把考察对象推出本单位甚至出于报复、嫉妒心理，对被考察人不进行客观评价，故意歪曲事实，混淆视听。基于上述原因，考察人员有时难以真实、客观地评价被考察干部的官德是否优劣。四是考察对象官德的表现存在多面性，标准不够完善，不易考察准确。干部官德的表现具有综合性和变化性的特点，谈话人对考察对象官德的表现，一般谈不具体，对考察对象的缺点多半是提希望、话讲得不“实”，语言含糊搪塞，只谈现象不谈本质，准确地量化或评价有一定的难度，造成不少考察材料不够准确。

四、进一步完善新时期官德考评体系的建议

习近平总书记在党的十九大报告中指出：“要坚持党管干部原则，坚持德才兼备、以德为先，坚持五湖四海、任人唯贤，坚持事业为上、公道正派，把好干部标准落到实处。”官德，是为官之魂、从政之本、用权之道。德和才相比，德更加重要，有德之才才能担大任。反之，一个人如果官德不好，能力再强，也不可能做清官、做好官，只会利用公共权力做坏事，对党和国家乃至人民群众造成危害。因此，选拔任用领导干部必须坚持“德才兼备，以德为先”的原则，把考核官德放在第一位。官德考核必须从考评形式、考评内容、参与主体、考评制度等多角度着手，建立完善“官德”考评体系，完善相关制度，不断推动“官德”考评内容的明晰化、主体的多元化、方法的科学化、机制的常态化、效用的最大化。

（一）考评内容具体化，让官德考评有“德”可依

习近平同志指出：“干部德的标准包括政治品德标准、职业道德标准、家庭美德标

准和社会公德标准。”一要科学确定官德考评内容。政治品德考察干部的政治立场，包括是否有信仰坚定、对党忠诚、为民服务等方面；职业道德考察干部的职业品行，包括是否务实、公正、清廉等方面；政治道德和职业道德与官员的身份密切相关，属公域范畴，是官德评价体系的重点，这两项在官德考评的指标体系中应占主要权重。社会公德、家庭美德主要考察干部作为一个普通公民是否品行端正，与公职的联系不甚密切，主要体现在工作之外，属私域范畴，也是官德考评不可或缺的组成部分。二要厘清官德考评重点。“官德”考评的重点是公域的“官德”，核心要考察官员对党是否忠诚、是否有为民情怀，重点在于官员用权是否规范公正、为官是否清正廉洁、干事是否勤政务实。在实际操作中可以将官德按二级指标、三级指标等多个子指标进行逐层分解，如政治道德可以分解为 5 个二级指标来把握：看政治忠诚，是否牢固树立“四个意识”；看政治定力，是否坚定“四个自信”；看政治担当，是否坚持原则、敢于斗争；看政治能力，是否善于从政治上观察和处理问题；看政治自律，是否严格遵守党的政治纪律和政治规矩。又比如，在家庭美德中设“夫妻关系是否稳定和睦”的指标，在职业道德中设“是否经常接受宴请参加酒局”的指标，变软性指标为硬性指标，从而形成一套精细化、相互衔接补充的指标体系，然后分项根据权重给予一定分值，量化打分，这种方式能够更加准确地体现领导干部道德品行的优劣。要防止在“官德”考评问题上出现偏差，以私德取代公德，将考评的焦点过分关注在私域，舍本逐末。三要把人格测评列入官德考评中。德隐蔽在人的心灵深处，尽管能够通过言行举止在实际工作和现实生活有一定的体现，可是因为人性本身的复杂、多面性，在官德考评中不可避免会出现“当面一套、背后一套”“台上一个样、台下一个样”等人格分裂、表里不一的情况，影响了考核的真实性、准确性。所以，建议把人格测评的环节列入官德考评中，通过对干部进行人格测评，初步了解被考评干部的人格特质，提升干部官德考评的真实性。四要将官德单列出来考核。过去我们虽然把官德考察作为考察干部时的重要环节和组成部分，但是没有单列出来，“重绩轻德”在一定程度上为既成事实。建议在今后的干部考评时，要按照“德才兼备、以德为先”的原则，将对官德的考核单列出来，将其摆在第一位置。在民主测评环节，先测官德；在民意调查环节，先查官德；在个别谈话环节，先谈官德；在干部述职环节，先述官德，要将官德的考核摆在第一位置。同时，对关键岗位、党政正职等领导干部和群众反映较大、测评结果两极分化的干部要进行“官德”专项考评。这样，组织部门重点考核干部的能力是否“行”，纪检监察部门重点考核干部的官德是否“不行”。

（二）考评主体多元化，让群众成为考评的“主角”

领导干部干得好不好、工作到不到位、称不称职，单位职工和人民群众最有发言权。群众的眼睛是雪亮的，老百姓对领导干部官德失范的追究和谴责，有助于官德缺失责任的合理认定，有助于党和政府惩治腐败，有利于密切党群干群关系。一要相信人民，扩大群众参与。要增加群众对干部任用的发言权，加大群众评价的权重，真正把单位职工和人民群众的意见纳入官德的考评体系中。组织部门既要发挥自身在“官德”考评中的主导作用，以便实现考评与使用之间的有效衔接，又要把广大群众参与“官德”考评的积极性调动起来，动员领导干部本单位的工作人员、工作的服务对象、生活圈和社交圈的人员广泛参与，使人民群众成为“官德”评价的主体，建立基于民意导向的“官德”评价体系。在实际操作中，进行个别谈话的范围要尽量宽，参加民主测评的人数要尽量多，民意调查的渠道要尽量广，广泛听取更多的社会大众底层的、真实的呼声。二要创造条件，方便群众参与。大力推进党务公开、政务公开、居务公开，将领导干部的执政行政活动，包括一部分私域活动公布于众，让权力经常晒晒阳光，使领导干部生活在“玻璃房”内。同时，领导干部官德考评的程序、方法、内容等，都要依照有关政策规定张榜公示，及时公开，方便群众参与。三要严防报复，保护群众参与。在以往的实践中，不时发生群众真实反映被考评领导干部的问题而遭到打击报复的情况，这是群众参与考评积极性不高的根本原因。因此，要健全完善举报制度，对反映意见者和举报揭发人要实行严格的保密制度，让群众敢于真实反映被考评领导干部的道德缺失，让群众心无顾虑、开诚布公地参与组织部门对领导干部的官德考评。

（三）考评标准规范化，让考评办法更加科学准确

领导干部官德考评结果是不是准确真实，标准和方法是关键因素。一是科学设置指标。领导干部官德考评指标要体现领导干部的先进性和纯洁性，体现领导干部的示范表率作用。在设置考评标准时要确保底线不能太低，对重要岗位领导干部的官德更要高标准严要求。二是定性考核要多些。由于官德评价不具有鲜明的量化标准，因此要根据这一特点不去刻意强调定量分析，而更多的是定性评价。三是运用综合考评法。善于从工作岗位的职责出发，突出重要事件、危机应对、个人进退等重点环节的官德考察；综合运用他评与自评相结合、过去与现在相结合、点上与面上相结合、反向调查与正向测评相结合等多种测评法，综合分析、相互印证，全方位、多角度考察；适应现代信息社会的要求，运用各类媒体，特别是网络媒介、电子媒介等新兴媒体，加强考察督导，提升考核的全面性、客观性和准确性。

（四）考评机制常态化，让考评制度更加健全完善

领导干部的官德考评，既要在提拔干部告示期和换届选举等特定时间段进行，也要在平时加强官德考核制度的建设，逐步推动官德考评工作常态化、机制化。具体而言，要有以下方面的突破：一要把官德考评作为干部选拔任用的必考项目。在干部任命前或者在届中考核中，把官德的考核列入必考项目，把通过官德考核作为干部选拔任用的必要前提。对官德考核出现重大问题者实行一票否决制，一般性问题也要提出诫勉谈话，及时提醒。二是将官德考评常态化。只有官德考评常态化，把官德考评工作作为领导干部目标管理的经常性工作任务来抓落实，在年度考核、提拔任用、组织

生活时要常讲常提，才能及时发现领导干部的官德问题，也才能在选人用人的过程中相对比较客观公正地了解和评价干部的官德。三要建立“官德”档案。对领导干部的官德考评结果记录备案，作为领导干部重用、奖惩、提拔的重要依据。同时，拓宽领导干部官德不端检举揭发渠道，及时搜集、核实、分析群众举报，对领导干部在工作和生活中出现的官德问题如银行不良记录、交通违章记录、纪检投诉记录在册，对出现问题的干部及时警醒，诫勉官员谨小慎微，防微杜渐，及时挽救其政治生命。将官德有重大缺陷（“缺德”或“无德”）的干部及时清除出去，避免给党和人民的事业造成更大损失。

（五）考评效用最大化，让官德考评推动官德建设

官德考评对官德建设的推动无疑是巨大的、决定性的。一是科学的官德考评体系本身就是指挥棒，就是方向盘。官德考评活动本身就是官德教育活动，就是杀威棒。通过官德考评活动，领导干部会自觉用官德考评体系对照检查自己，发扬优点，纠正不足。同时，官德考评有利于组织更加科学、准确、全面地评价干部、激励干部、使用干部，形成正确的用人导向，引导干部多做打基础、利长远的事情。使想干事的有舞台，干成事的有进步，不干事的靠边站，切实提高选人用人的公信力。二是将考评结果作为培训干部的依据。从问题出发，增强问题意识，对症下药，制订相应的培训计划，通过理论学习、党性锻炼、情趣培养、实践历练等多种方式提高培训的针对性和实效性。三是将结果作为选任干部的重要依据。真正体现以德为先，德才兼备的用人导向，形成单位整体官德、个人自身官德的分析评价，强化责任，在内部形成互相促进，互相监督的氛围。四是将结果作为官德文化建设的依据。在官德评价体系中既体现严肃性，又突出人文关怀，通过考评让官德带动民德，从而形成良好的官德文化，熏陶干部，使之防微杜渐，自觉在文化环境中提升官德。

革命老区城镇化与农业现代化协调发展研究
——以达州市为例

朱宏尚　罗　潇

摘　要：随着改革开放的深化和扩大，达州市进入经济大市向经济强市跨越、总体小康向全面小康跨越的新阶段，城乡统筹力度不断加大，二元差距逐步缩小，城镇化进程持续提速，但仍在基础设施建设、户籍体制改革、社会民生保障、产业结构发展等方面存在诸多差异。如何促进农业现代化发展，加快革命老区城镇化进程，是当前亟须解决的难题。本文结合达州实际，阐述了革命老区城镇化与农业现代化协调发展的内涵，分析了达州城镇化和农业现代化的发展现状，革命老区城镇化和农业现代化发展的条件与优势、存在问题与制约因素，提出了加快建设的目标与重点、路径与保障，在破解农村发展瓶颈、激活发展活力、促进城乡统筹等方面具有重要作用。

关键词：农业现代化；新农村建设；统筹城乡；共同富裕

城镇化和农业现代化相辅相成、密不可分。城镇化是工业化、信息化的载体，是衡量社会发展的重要标志。随着经济社会发展，农业人口加快向城镇转移，推进农业向非农产业集聚，实现农民职业转换、农村产业转型提升、农村人口的空间转移，改变农民生产生活方式，提高农民收入，是促进农业现代化的重要支撑。农业现代化是城镇化、工业化和信息化的基础，通过加快土地流转，推广农业机械化生产，大力促进家庭农场、农业龙头企业、专业合作组织、生产基地发展，不断延伸产业链，开创产业品牌，拓宽销售渠道，提高农民收入，全面破解城乡二元结构。根据达州革命老区实际，走城镇化与农业现代化协调发展的道路，对发展现代农业，构建新型农业经营体系，推进“两化”互动、实现城乡统筹，率先在全省多点多极支撑战略中实现次级突破具有十分重要的意义。

一、城镇化与农业现代化协调发展的内涵与特征

（一）城镇化发展的基本内涵

城镇化是一种重要的社会和经济现象，是产业结构升级、农村人口向城市转移、生产方式由乡村型向城镇型转化的综合过程，包含三个方面的变化：一是人口的空间转换。城镇化的本质是人的城镇化，通过产业结构、就业方式、人居环境、社会保障

等方面的转变，实现公共资源均等化、生活方式现代化、农业人口市民化。二是经济变化。产业是城镇化的支撑，城镇是产业发展的载体。随着城镇化发展，必将推进产业集聚、要素集中、信息汇集，实现非农产业从业人员和非农产业产值的不断增加，形成产城一体协调发展格局。三是社会效益的变化。城镇化的发展将改变生产生活形态，增强个人自信，促进人的全面发展，也将提升城市的精神凝聚力、文化承载力和文明影响力，以包容的形态，优良的环境，和谐的氛围，推动幸福达州建设。

（二）农业现代化的概念与特征

农业现代化，是指用现代科学技术和生产手段装备农业，以先进的科学方法组织和管理农业，提高农业生产者的文化素质、生产技术和实践能力，把落后的传统农业逐步改造成既具有高度生产力水平又能保持和提高环境质量，可持续发展的现代农业。其具备生产技术科学化、生产过程机械化、人力资源资本化、农业经营规模化、增长模式集约化和农业发展可持续化等特点。农业现代化是一个动态的过程，其标准随技术、经济和社会的变化而变化，在当前阶段，可以通过农业投入水平、产出水平、科技水平和劳动力素质来衡量其发展程度。

（三）二者协调发展的内在联系

城镇化与农业现代化协调发展，是以农业现代化为基础，通过提高居民收入，优化产业结构，加快农村劳动力的转移，促进第二、第三产业繁荣发展，完善城市交通、住房、水电等设施，全面实现人的城镇化。坚持以城镇化为载体，为农产品深加工、销售和推广提供了广阔平台，实现多元发展、沿链发展，增加农民收入，持续增强技术、资金实力，进一步提升农业现代化水平。从本质而言，二者都是建设新农村、提高人民生产生活水平和提高城镇化率的手段和途径，是一个事物的两个侧面，彼此互为依托、互为前提、互为动力。

二、城镇化与农业现代化协调发展的背景、经验与趋势

（一）发展背景

从历史角度看，自改革开放以来，农业生产由自然经济向专业化、商品化、现代化转化，大量劳动力从农业释放出来，从事二、三产业，加速了城镇化进程。但在相当长一段时间内，各地实施的是农业支持工业、农业支持城市战略，产生了农村空心化、城乡二元化和收入不均等诸多问题，制约农村经济发展，受技术支撑、金融投入、人力资源等要素影响，农业现代化发展程度相对滞后。从发展角度看。进城务工人员已逐步适应了城市生活，不愿回到农村，大量的耕地被荒废，农民愿意流转土地，从中获得收益，这为农业产业化、规模化和集约化发展提供了基础，国家在农业资金、

技术方面的投入越来越大，农业现代化发展的条件日趋成熟。从全省现状看。四川省坚持将统筹城乡作为破解“三农”问题的根本途径，大力促进产业、基础设施、民生保障的均衡化，农业产业不断优化，农民收入不断提高，城镇化进程持续加快，呈现城乡协调发展的良好态势，为进一步提升城镇化率，发展现代农业奠定了基础。

（二）发展经验

纵观国内外城镇化与农业现代化发展过程，皆把握了以下几个重点：一是坚持农业优先，保持农业的基础地位，在发展工业与城市的同时，坚持农业协调发展，不断加强保障和投入，为经济发展提供坚实保障；二是在城镇化方面，坚持合理规划、有序推进，避免人口转移与产业发展脱节，与城市承载力脱节，减少城市病；三是在技术方面，坚持以技术创新为重点，加强技术引进、吸收、开发和创新，使农业现代化技术更符合本土特色；四是模式选择方面，坚持根据资源禀赋、区位优势、环境容量、市场需求和产业状况，发展特色农业，提升品牌效应，提高区域影响力；五是统筹规划方面，坚持城乡统筹，协调发展，不以牺牲农业和粮食、生态和环境为代价，全面破解城乡二元结构，实现基础设施、社会事业、产业发展、劳动保障一体化的城乡新格局。

（三）国内趋势

城镇化和农业现代化协调发展，是我国长期发展的重要任务，在东部发达地区，通过高起点规划、高标准建设、高水平管理，城市结构不断优化，城镇体系不断完善，居民生活水平逐步提高；同时，在产业布局、生态环境、公共服务等方面加快城乡一体化，实现资金、技术、信息向农村流动，提升农业现代化发展水平。但总体而言，第二、第三产业比例持续加大，农业自给自足的省份逐渐减少，对粮食输入的依赖度越来越强。在西部地区，尤其是四川省内，近年来积极推进城乡统筹综合配套试验改革，城乡差距不断缩小，提高农民收入，加快土地流转，实现规模化、集约化和产业化现代农业发展。但是，为保持国家粮食基本安全，西部不可能完全复制东部的发展模式，必须在加快工业化、城镇化的同时，继续强化农业基地的作用，这为农业现代化发展提供了不竭的动力。达州作为革命老区、农业大市，农业基础良好，但随着外出打工的人增多，农村空心化、农田荒芜化的情况日趋突出，通过土地流转、引进资金和人才，运用机械化手段、现代培育技术，大力发展特色农业、生态农业、高科技农业，能够优化农业产业结构，缩小收入差距，提升农民收入，增强区域综合竞争力。

三、城镇化与农业现代化的相互作用

（一）城镇化对农业现代化的作用

1. 城镇化吸收农村富余劳动力

随着生产水平的提高，农业生产必将从粗放向集约化、零散向规模化发展，城镇化率的提高，将改变农民的传统生活和消费习惯，激发消费欲望，扩大市场需求，从而带动相关产业的扩大和提升，提供更多就业机会；同时，城镇化建设能够推动基础设施建设，带动建筑、交通及其相关产业发展，为农村转移人口提供就业空间。此外，城镇化发展必然带来产业结构的优化，促进农村劳动力向非农转移，加快第二、第三产业发展，不断延伸产业链，提高工作效率，增加农民收入，缩小城乡二元差距，实现共同富裕。

2. 城镇化促进农业产业技术化升级

农业产业化发展离不开城镇的支持，城镇为农业现代化提供必要的物质和技术支持，包括农业设施建设、农业机械生产、农业技术研发，以及电力、化肥、农药等产品，都不是来自农业本身，而来自城镇的相关产业。加快农业产业化发展，需要较多的资金和物质装备，只有城镇高速发展，才能提高农民整体素质，积累更多资金，实现工业反哺农业，城镇反哺农村，提供信息、技术、人才和宣传保障，对农业进行支持和保护，推动农业高速发展、集约发展、可持续发展。

3. 城镇化是农业产业化经营的支撑载体

城镇辐射带动能力强，拥有各种中介组织和农业服务组织，是资金、技术、信息的汇集地，是龙头企业发展的重要载体，将推动与农产品加工业发展，引导农民以市场化为导向组织生产，提高农产品附加值，增强品牌效应，提高农民收入。城镇第三产业的繁荣发展，将为农业产前信息收集、产中技术咨询、产后包装推广提供极大的便利，并通过城镇这个产品中转地，将分散、封闭的农村市场联系为整体，加快农产品流通、销售和消费，实现上连市场、下接农户、直通商贸。

4. 城镇化提高农民生产生活水平

城镇拥有丰富的文化资源、更好的生活条件和健全的社会服务体系，通过城镇化建设，有利于提升农民的商品意识，增强进取心和改革勇气，推动农村产业结构调整，提升农业机械化、规模化生产程度，大幅提高农民收入。城镇化的发展，为儿童提供了更好的生活和读书条件，拓展他们的视野，完善知识结构，提高市场经济意识、法制意识、道德水平，为农业现代化发展储备了大量的人才资源。城镇生活模式的延伸，为农民提供了更好的社会保障。他们能够参与更多的社会活动，生活质量和生活品位将有大幅提升，有利于社会持续平稳和谐发展。

（二）农业现代化对城镇化的作用

1. 农业发展是实现城镇化的先决条件

农业是国民经济发展的基础和保障，只有农业现代化高度发展，农业生产率持续提高，获得大量农业产品，提供充足供应，保障社会稳定，才能推动城镇化的不断发展。农业的高度发达，可推进社会分工的进一步细化，释放更多的剩余生产力进入第二、第三产业，推动城镇发展；同时，城镇工业的许多原料，如粮食、棉麻、禽蛋等都来源于农业，若农业发展滞后，工业必将受到牵连，城镇化发展速度将大大滞缓。农业现代化发展的程度影响着城镇化发展的进度。

2. 农业产业化是提升城镇化率的催化剂

农业产业化、现代化、机械化发展，必将推动人力、资源集中，促进土地节约利用，为城镇化进程提供了资本要素和土地保障。农业产业结构调整，推动农村从单一的农业生产向农产品加工、农业服务体系、农商贸易服务等综合性经济转化，实现以农为本、以工促农、农商结合，加强城市和农村联系，持续提高农民收入，推动农民自觉向城镇集中。随着生产关系的调整，以经济为纽带的社会关系逐步加强，通过商品经济活动，城镇从农村获取产品和原料，销售农业相关产品，提供技术和智力服务。农村既是原材料的供应地，又是产品的消费市场，支撑着城镇化持续稳定发展。

3. 劳动力转移是推进城镇化的内在动力

农业现代化释放大量剩余劳动力，为城镇建设、产业发展提供动力，满足了城镇经济对劳动力的需求，并极大地刺激消费市场，推动城市繁荣发展。人口的大量流入，给城镇带来了巨大压力，促进城市住房、交通、水电、基础设施和社会保障的快速发展，并带动医疗、教育、文化和体育事业发展。农业的高速发展，人口的快速流动，既是城市发展的动力，也是迫使城镇快速建设的内在压力。

四、达州革命老区城镇化与农业现代化协调发展的重大意义

（一）二者协调发展，是实现城乡一体化的重要途径

达州是革命老区、欠发达地区，人口多、底子薄、不均衡的现状没有得到根本改善。加快农业现代化，推进革命老区扶贫与自身努力相结合、政府帮扶与产业调整相结合、区域发展与农民致富相结合，发展特色产业，提升农产品附加值，激发农户内生动力，持续释放剩余劳动力，促进人口向城镇集聚，进一步拓展农产品消费市场，畅通农产品流通渠道，有利于推进农业农村发展，提高农民人均收入，全面提升农村的经济效益和社会效益。城镇化的高速发展，将逐步改变农民生产生活方式，并在基础设施、社会保障、收入分配、户籍制度等方面进行全面调整，从而实现全面统筹、城乡一体。

（二）二者协调发展，是社会稳定发展的坚定基石

农业是经济社会平稳发展的基础，达州作为农业产业大市，强力坚持以农业“四区建设”为抓手，强力推进农业“4+8”工程，在标准化、专业化、规模化、品牌化和集约化建设方面取得了丰硕成果，农业增加值、粮食总产量位居全省前列，保障了全市人民生产生活需求，为第二、第三产业发展奠定了坚实的基础。随着收入不断提高，

农民有条件进入城镇生活，通过城镇化建设，将进一步优化产业结构，刺激消费市场，改善生活条件，满足人们不断提高的物质文化需求，促进社会持续繁荣发展，实现次级突破、跨越发展。

（三）二者协调发展，是全面建成小康社会的必然选择

全面建成小康社会，就是要实现共同富裕、区域协调、持续发展、城乡统筹。达州作为革命老区，自然条件相对恶劣，基础设施建设滞后，产业结构层次较低，人民收入水平不高，与全面建成小康社会的要求具有较大差距，必须因地制宜，发挥农业产业优势，开发人力资源，加快中心城镇建设，大力引进资金、技术、企业，不断夯实农业基础设施，加快发展现代农业产业基地，持续培育现代农业经营主体，加大对农业龙头企业的支持，不断提升产业化规模，通过城镇反哺农村，提供资金、技术、物流和农业社会化服务，推动信息共享、产业循环、市场对接，实现农业增产、农民增收、城乡繁荣、协调发展。

五、达州革命老区城镇化和农业现代化协调发展的优劣势分析

（一）机遇和条件

1. 经济快速发展，产业转型升级，为革命老区城镇化和农业现代化发展带来无限契机

近年来，全市人民发挥革命老区精神，迎难而上、拼搏奋斗，大力实施“三大总体战略工程”，在基础设施、技术升级，城乡统筹等方面都取得了长足进步，三大产业结构调整为21.4∶53.1∶25.5，地区生产总值达1245.4亿元，城镇居民人均可支配收入为18915元，农民人均纯收入为8001元。在城镇建设方面，坚持主城带动、城乡一体，实现以人为核心的新型城镇化，加速构建“1+2+3+20+83+120”现代城镇体系，不断夯实底部基础，提高县域经济竞争力，探索扩权强镇，推动县域副中心发展，突出产村相融成片建设美丽新农村，促进农民生产生活方式变革。在现代农业发展方面，达州不断巩固全省粮油主产区地位，强力推进“六带三区二基地”建设，农业设施不断完善，农民专业合作组织稳步增加，农业龙头企业持续壮大，粮食生产有望实现“八连增”，广袤的农村有了翻天覆地的变化，为城镇化、工业化和农业现代化提供了源源不竭的动力。

2. 中央、省上高度重视，必将为达州革命老区城镇化与农业现代化协调发展提供坚强支撑

作为川陕革命老区的重要组成部分，达州紧紧把握西部大开发战略、成渝经济区区域经济规划、川东北经济区发展规划、非地震灾区灾后重建示范区建设、秦巴山区

集中连片扶贫和革命老区相关政策，自强不息、奋力突破，取得了斐然的成果。党的十八大报告关于促进农业现代化、城镇化、工业化和信息化同步发展，进一步优化产业结构，改善需求结构，促进城乡统筹发展，实现经济结构战略性调整的相关内容，以及《四川省“十二五”革命老区发展规划》《关于创新农业经营体制机制加快发展现代农业促进农民增收的意见》《进一步加快新型城镇化八条措施》等规划和文件的相继出台，更是为革命老区城镇化与农业现代化协调发展提供了政策支撑。

3. 红色资源的丰沛充盈，为达州城镇化与农业现代化发展提供了多元选择

革命老区作为一种资源，可以在争取扶贫资金、政策倾斜、重大项目立项等方面，为达州创造有利条件，促进全市在区域竞争中脱颖而出，形成独具特色的城镇和农业发展模式。通过开发红色旅游线路，开发相关旅游农产品，促进农民由单纯的农业生产向旅游服务、农产品深加工转变，不断扩大优势农产品、富硒农业的对外影响力，围绕旅游景区建红色小镇、红色乡村，又将促进农民聚居，解决就业难题，改善生产生活条件，实现就地城镇化。对革命老区专项资金的综合利用，能够持续推动城镇住房、道路、基础设施建设，实现更大范围内的城镇化，发挥扶贫资金“杠杆”作用，加强农业资源优化配置，发挥现代农业示范带动作用，推进全市农业集约化、规模化、专业化发展。

4. 达州区位优势明显，物产丰富多样，生态环境不断优化，为城镇化与农业现代化协调发展奠定坚实基础

达州市紧紧围绕“融入成渝、联动秦巴、完善通道、支撑突破”目标，积极建设全国次级综合交通枢纽，“一射二环三纵四横”高速网络逐步完善，达州火车站改造升级完成，机场迁建正有序推进，航运能力不断提升，集水、陆、空为一体的立体交通网络已初步形成，有力地促进农产品的汇集流通。在农业资源方面，苎麻、商品粮、油料、生猪、中药材、茶叶、烟叶均成为全省重要的生产基地，尤其是富硒农产品具有较高的知名度。通过高新技术在农产品加工中的广泛运用，达州市逐步建立畜禽精深加工、食品饮料加工、果蔬精深加工和富硒农产品加工等产业链，推动农业不断向特色化、品牌化和规模化发展。全市生态环境不断改善，达州在大力实施“工业强市”战略同时，积极改善生态环境，开展城区“五治”工程，加大对水源、森林和土地的保护，强化空气质量监控，扩展城市公共绿地，发展生态绿色农业，改善生产生活条件，推动城乡和谐发展。

（二）问题与不足

1. 思想观念落后

达州革命老区位于大巴山深处，地理位置偏僻，基础设施落后，青壮年农民大多外出打工，留守务农人员普遍存在文化素质和科技素质较低的问题，很难接受新技术、

新理念，难以掌握机械化生产手段，缺乏长远眼光，经营模式落后、产品结构单一、销售渠道狭窄，部分农民仍受传统观念束缚，不愿意投入资金、技术和人力调整农业产业模式。如果劳动力素质得不到提高，眼界得不到拓展，观念无法转变，将严重阻碍农业现代化步伐，并影响城镇化进程。

2. 经济基础薄弱

达州经济基础相对薄弱，城镇和农村居民收入人均增长速度不快，产业集中在能源化工、钢铁制造等方面，产业链条不长，竞争优势不强，龙头企业较少，集聚成群不够，城镇化率较低，产业支撑、工业反哺、城镇带动的能力不足。农业基础设施建设滞后，传统农业向现代农业转变还处于起步阶段，农业集约化、规模化、产业化经营进展不快。第三产业规模较小，从业人员素质不高，对全市经济的贡献能力较弱，在全省排位中，面临着标兵渐远、追兵渐近的严峻局势，推动农业现代化和城镇化的外在动力不足。

3. 发展后劲不足

随着区域竞争的日趋激烈，达州在资源、人力和区位上的优势不再明显，地区生产总值、规模以上工业增速、社会消费品零售额等主要经济指标持续下行，资金投资乏力，项目储备不足，重点工程推进缓慢，体制改革推行难度较大，经济发展速度持续放缓，影响农村剩余劳动力向中心城镇转移，难以促进资金、人力和信息集聚，形成农产品对工业的有效供应不足、城镇承载能力薄弱和农村市场难以拓展等诸多矛盾，严重制约了达州城镇化建设和产业结构调整，削弱了支撑农业现代化发展的后续动力。

4. 二元差异明显

达州正处于转型提升、跨越追赶的关键期，城镇化快速发展，重点项目持续上马，必将压缩部分农业生存空间，扩大城乡收入差距，影响生态环境。在就业政策、户籍制度和社会福利方面，农村和城镇仍存在明显区别，形成制度壁垒，严重制约了生产要素的自由流动，不利于农业技术革新和农产品市场的拓展，使农业持续落后于工业和城镇发展。在思想理念、医疗教育水平、基础设施等方面，农村和城镇存在较大的差异，不利于区域均衡发展和产业相互支撑。

六、达州革命老区城镇化和农业现代化协调发展的总体构想

（一）总体思路

立足达州、放眼全局，结合全面深化重点领域改革精神，积极做好产业结构、城镇架构、农业布局和全域经济规划，统筹协调资金、人力、项目、信息资源，发挥比较优势，突出绿色农业、完善基础设施、优化产业布局，积极利用川陕革命根据地优势，向有关部门争取资金、政策，向外拓展品牌、提升影响，向内挖掘资源，凝聚合

力；用更大的力度、更丰富的手段、更多样化的渠道，引进现代农业理念、技术、资金和器械，全面推进土地流转、联合承包，为农业现代化奠定坚实基础，通过产业调整，创造更多的就业机会，促进农民就地转化为市民，加强基础设施建设、均衡城乡社会保障力度，推进城镇持续平稳发展，实现科学发展、加快发展、共同富裕。

（二）总体定位

在城镇方面，坚持实施主城区带动战略，着力优化“四层架构”，完善“1+2+3+20+83+120”现代城镇体系，全面实施市域经济“842”工程，推动产业与城市协调发展，基础与环境同步建设，物质的城镇化与人的城镇化共同推进，将达州建成川渝鄂陕结合部区域中心城市和川东北经济区核心增长极。在现代农业发展方面，坚持走生态农业、绿色农业和特色农业路线，集中发展粮油、茶叶、生猪、禽蛋等优势产业，通过加强农村基础设施建设、实施品牌发展战略、培育现代农业体系、优化农业经营模式，推进农业增产提质、高效发展，不断提高农民收入。

（三）总体原则

坚持全域规划，筹谋长远。站在全局的高度、全域的广度，用科学的手段、前瞻的眼光，全面做好城镇体系、产业布局、社会保障等规划，确保经济有序发展，城乡共同富裕，与自然和谐共生。坚持城乡统筹，三业并重。在实施“工业强市”战略的基础上，加大对农业农村的投入，夯实发展基础，筑牢底部经济，优化产业结构，推动第一、第二、第三产业协调发展，共同提升。坚持因地制宜、错位发展。以农业现代化为抓手，以市场需求为标准，立足达州实际，利用资源优势、人力优势、区位优势，发展资源密集型产业、传统优势产业、富硒产品和绿色农业，不断延伸产业链、提升附加值、突出品牌特色，促进农民增收致富，实现更大范围的城镇化。

（四）总体目标

持续加快城镇化步伐，力争推进全市城镇化率年均增长 2 个百分点，到 2017 年，中心城市人口达百万、建成区面积达 100 平方千米，每个县（市、区）至少建成 1 个城市综合体，提升农村转移人口承载力，每年培育两个以上市级重点小城镇，夯实扩权镇和中心镇基础，大力推进幸福美丽新村建设，基本实现城乡统筹，共同富裕。不断提升农业现代化水平。加快农业现代化进程，大力实施农业“4+8”工程，培育 20 万亩特色农业产业基地，发展 35 万亩林业产业基地，建成两个牛羊标准生产基地县，扶持 10 家龙头企业、20 家标准化农民专业合作社，培训新型农民 150 万人次，实现农业产业化经营主体带动农户达 70%以上，主要农作物耕种收机械化水平达到 45%。不断缩小城乡二元差距，统筹规划城乡建设，推进基础设施、社会保障、公共服务均衡化投入，加快产业结构调整速度，缩小城乡收入差距，拓展农业农村市场，激活发展内生动力。

七、革命老区城镇化与农业现代化协调发展的路径探索

（一）挖掘内在潜力，促进跨越提升

1. 树立跨越发展意识

摒除因循守旧、安于现状的陈旧思想，强化发展理念、思路和工作方法的变革与创新，以大气魄推进大提升，大手笔谋划大跨越，全面实现建设小康社会宏伟蓝图。树立“非禁即准，非限即可”的理念，想别人所未想之事，走别人所未走之路，大胆探索实践，摸着石头过河，能够经受各种质疑与挫折，寻找一条符合达州实际的发展路径。树立“逆势上扬，化危为机”的理念，敢于真解放，敢于真突破，充分利用后发优势，利用外界压力倒逼机制，做好产业规划，引进现代农业技术，培育新型农民，完善城镇结构，不断开辟生产力持续增长发展空间，彻底改变落后面貌。树立“人无我有，人有我优”的理念，现代的市场，在于技术和品牌的竞争，要发展现代农业，必须在“精”字上下功夫，在“特”字上寻优势，强化技术创新，重视品牌树立，突出宣传包装，不断抢占市场制高点。树立“和谐共融、持续发展”的理念，坚持走低能耗、低污染、高效率、高产出的绿色发展路线，不以过度开发资源、破坏环境为代价实现发展，积极探索循环经济发展模式，持续开展城乡环境综合治理，建立健全污染物回收处置机制，赢得长远发展优势。

2. 深挖革命老区资源

在中国革命历史上，达州写下了浓墨重彩的一笔，也付出了惨重的代价，必须深挖革命老区资源，不断为达州发展增添动力。要坚持秉承优秀革命传统，将“智勇坚定、排难创新、团结奋斗、不胜不休”的精神发扬光大，鼓励全市人民迎难而上、艰苦奋斗，从最基础的事做起，从最薄弱的环节突破，加快产业调整，实现经济转型，发展现代农业，建设幸福美丽新村，促进城乡统筹，缩小二元差距，彻底摆脱革命老区贫困落后的现状。要善于利用老区资源，积极联系达州籍和在达州战斗过的将领，疏通信息渠道，不断争取有利于达州发展的资金、政策、项目，推动产业、基础设施和社会保障水平的全面提升。要做好革命老区规划，开展集中连片扶贫，运用杠杆效应，促进产业提升，农民致富，城乡共同发展。

3. 实施创新驱动战略，强化科技创新

提高科技资金用于农业创新的比例，探索适合丘陵地区农业发展模式，推进农业高效、集约、集聚发展。强化企业创新主体作用，加大资金投入，强化人才引进，建立专家团队，开展全产业链技术研发继承，在品种改良、节约增效、循环农业等关键领域和关键环节取得突破。加强与科研院校的合作，利用四川文理学院、西南职业教育基地的智力资源，加强与省内外大学、科研机构合作，建立特色产业科技创新平台，坚持研发与引进吸收并重，推动科技创新与成果转化。重视制度创新。优化农业经营

体制，稳定和完善农村基本经营制度，有序推进土地承包经营权流转，加快建设特色产业示范带，推进“龙头企业+农户”“专合组织+基地+农户”等多种产业化经营模式，实现利益联结，互惠互享。围绕达州市全面深化重点领域改革的决定，稳妥推进农村产权制度改革，建立产权明晰、结构完整、管理科学的农村集体资产管理营运机制，探索林权、土地承包经营权、房屋宅基地使用权“三权”抵押融资模式，提高农民融资能力，享受到更多增值收益。促进人才创新。积极培育新型农民，探索职业农民培训模式，通过轮训、集中培训、送技术下乡、电脑课堂等多种方式，努力培训一批有文化、懂技术、善经营的新型职业农民，实现创新技术的全面运用。

4. 强化智慧城市建设

利用新一代信息技术的支撑，进一步优化产业体系，改善居住环境，完善城镇体系，从内部激发城镇科学化、智能化、系统化发展活力。推动城市配套及服务智能发展，实现智能交通、电子政务、医疗信息化、城市管理、电子商务和智能水电发展，通过智能服务，提升城市承载力和影响力，吸引农民加快融入城市，实现更为全面的城镇化。建立城镇综合运行平台，实现资源与信息交换与共享，为人才交流、政务公开、监督管理提供更大的便利，推动节能降耗、社会保障、社区服务和关联产业的系统发展，形成运行有序、资源优化、生态循环的城镇建设和管理模式，为长远发展奠定坚实的基础。

（二）强化农业建设，奠定发展基础

1. 构建现代农业体系，优化产业布局

坚持依存现状、突出优势，彰显特色，着力巩固全省粮油、生猪生产大市地位，深入实施农业“4+8”工程，夯实“六带三区两基地”农业产业发展带基础，以 3 个现代农业重点县、3 个现代林业重点县、1 个现代畜牧业重点县建设为龙头，建成 15 万亩“一牌三化”特色农业产业基地、2.5 万亩设施农业、30 万亩林业产业基地、市级以上畜禽标准化示范场 40 个，稳步形成一县一特、一乡一业、一村一品格局。发展特色产业。走绿色路，打生态牌，树有机标志，突出富硒特色，加大资金和人力投入，加强农产品加工业发展，加快重点开发技术于产品的推广应用，全面发展精品农业、设施农业和观光农业，构建粮油、蔬菜、禽畜、苎麻、中草药等特色农产品供应基地。培育经营主体，加大扶持、引导和服务力度，建立健全各类龙头企业和专合组织的运行体制、管理流程和激励机制，实现标准化、规模化、专业化发展。鼓励农民以资金、土地承包权、劳动力等要素入股，组建多种类型的股份合作社，探索家庭农场注册、评价和以奖代补标准，积极创建示范性家庭农场。

2. 加快农业设施建设

坚持科学选址、科学规划、投入驱动，加快 21 万亩农田水利基本建设综合示范区建设，整体推进山水田林路综合整治，提升农田排灌、土壤育肥和农机作业能力，高标准打造数个 3 万亩以上集中连片、基础配套、功能完善、设施先进、高效运转、建管并重的农业产业示范基地。加快推进“3+10+1”骨干水利工程，持续推进病险水库整治，保障农村人畜饮水安全，逐步完善中小水库续建配套设施，加快节水改造步伐，完成重点流域疏通治理工程，提高防洪抗灾能力。完善基础设施，积极开展土地整治，建设标准农田，加大机电设施、通信设施和饮水设施建设，确保农业用电、用水、通讯所需，逐步构建包括乡村公路、村社道路、便民机耕道及入户道路的农村路网，为机械化生产提供便利。

3. 完善农业服务体系，加强农业科技创新

推动高等院校、企业和科研院所相互合作，建立农业重点实验室和工程技术中心，组建专家领衔，专业技术骨干为核心的现代农业产业技术团队，开展全产业链技术集成研发，实现在农业重点领域和关键技术上的全面突破。加快良种繁育和技术推广，引进和培育一批优质、高产、抗逆的农业新品种，建立标准化种子种苗繁育基地，建设各类原种场、扩繁场、种养基地，形成引进、培育、繁殖、推广一体化的良种繁育体系，加强对达州本地珍稀特色资源的保护与开发。强化基层农业服务，加快建设农业科技服务站，完善配套设施建设，创新农业服务管理体系，加强农业服务队伍建设，强化产前、产中、产后社会化服务，探索建立县级主管部门、乡镇政府和农民三方考评制度，确保服务质量持续、高效、精准。完善农业风险防控体系。加快发政策性农业保险，落实政府补贴，加快核准、审批、拨款的速度，竭力降低农民损失，开辟灾后保险偿付“绿色通道”；探索建立主导产业风险防范机制，将特色产业、优势农业、产业基地纳入防范范畴；加强重大动植物疫病防控，建设标准化动物养殖示范区，开展农业病虫害统防统治工作，保障全市农业无大疫、无大灾。加快农业气象服务、地质灾害防御、应急处置体系建设，全面提高应对自然灾害的能力。

4. 拓展市场流通渠道

完善产品市场。构建以达州主城区为核心，各县（市、区）为骨干，乡镇为节点的三级农产品流通体系，建立批发市场、集配中心、农副产品交易中心和冷链物流体系，形成川东北地区重要的农产品交易市场和批发基地。降低流通成本，开辟农产品流通“绿色通道”，减免相关配套税费，降低管理费、摊位费和租赁物业费，加大物流调配力度，优先支持农产品运输，全面降低在流通环节的腐损率。创新营销模式，推进立体化营销，积极发展电子商务，充分利用渝洽会、西博会、广交会等展销平台，打响富硒品牌，拓展省内外市场，加大农超对接力度，探索农产品直接服务区，逐步形成农超、农批、农贸全面对接的发展模式。加强质量监管，建立农产品追溯和市场准入制度，推进全产业链监管模式，加强农业行政综合执法，整顿和规范农资市场，实现监测全覆盖，创建无公害农产品、绿色食品、有机食品等地理标志产品，全面提升影响力和辐射力，推动农产品在更大范围内流通。

5. 促进农民增收致富

挖掘农业内生潜力，发展观光农业、体验农业、林下经济、乡村旅游业，大幅增加农民家庭经营性收入，依托小城镇和资源优势，建立资源综合开发模式和培育本土乡镇企业，延伸产业链条、拓展品牌价值、提高农产品附加值，实现以乡镇承载企业、以企业带动产业、以产业促进增收的良性循环。大力提高农民工资性收入，发挥人力资源优势，发展对外劳务经济，稳定农村剩余劳动力输出，引进劳动密集型产业，开展专业技术和农民工素质培训，实现就地就业，积极发展农业专合组织、家庭农场和家政服务业，满足不同行业的用工需求，多渠道增加农民收入。全面提高农民财产性收入，推进农村产权制度改革，建立市、县、乡三级农村产权流转交易服务平台，探索符合规划用途的土地入市办法，深化林权制度改革，加快推进农村“三权”抵押融资改革试点，让农民享受更多改革福利。不断增加转移性收入，加大工业反哺农业、城市支持农村力度，全面落实“四补贴”等强农惠农政策，保障补贴资金兑现到户，整合革命老区、连片扶贫和产业项目资金，加大对重点地区、重点人群的转移支付，促进农村平稳协调高速发展。

（三）完善城镇体系，优化产业结构

1. 进一步完善城镇体系

围绕建设川渝鄂陕结合部区域中心城市定位，结合全市城镇发展现状，着眼可持续发展，充分考虑自然、生态、人文、产业等要素，拓展城市空间，优化功能布局，彰显川东特色，完善“1+2+3+20+83+120”现代城镇体系规划，构筑城市与生态、文化、历史相融的新型发展模式。优先做大做强中心城市，围绕“南延西扩东跨，适度向北发展”的空间发展战略，推进五组团、四大新区、四大城市综合体和四个经济增长极建设，启动河市新区建设，加快城市主干道和城际快速通道建设，形成“三横五纵一环五射”道路主骨架，拓展发展空间，提升吸纳能力。不断夯实县城发展基础。加快开江、宣汉两个卫星城建设，拓展大竹、渠县、万源三个区域中心城市框架，突出园区和城市新区建设，拓展城市规模，提升综合承载力，增强区域辐射和带动能力，实现竞相发展。加快发展小城镇，充分考虑产业特色、城镇规模、人力优势，打造产业集群、分工有序、错位竞争、联动发展的小城镇发展格局，支撑县域经济大提升、大跨越，促进农民就地转化为市民。围绕幸福美丽新村目标，全面推进新农村聚居点建设，改善农村生产生活条件，激活乡村发展活力。

2. 强化产业支撑体系

全面深化重点领域改革，加快实施三大总体战略工程，优化生产力布局，实现质量和效益双提升。坚持依托资源优势，推动产业转型升级，不断改造提升煤电冶建、纺织医药等传统产业，全力壮大能源化工、特色农产品加工等优势产业，积极发展节能环保、高端工模具等新兴产业，全面夯实现代物流、金融保险、科技咨询等生产性服务业，推进物业、家政、养老等生活性服务业发展，持续拓展就业空间，增强城镇吸纳能力。推进工业园区建设，完善基础设施，加大招商引资，集聚成链发展，全面优化达州经济开发区，壮大提升其余产业园区，实现产城一体、园城共融、以园建城。促进各类企业发展，积极壮大龙头企业，培育中小企业，鼓励小城镇发展特色产业，孵化本土企业，推动关联企业集聚发展，以企业兴产业，以产业助就业，实现区域内人口、资源、信息汇集。强化县域经济发展，大力实施市域经济“842”工程，突出中心城市、县城和小城镇的龙头带动作用，优化产业布局，促进要素集聚，提升发展活力，不断提升城镇的辐射带动力，实现更大空间、更多人口的城镇化。

3. 加强配套设施建设

推进城乡综合配套设施改革，加强城镇基础设施建设，健全外联内畅的交通体系，加快城市主干道、隧道、桥梁建设。优化地下管网建设，建立数字信息系统，做好管网建设和改造。以棚户区改造为抓手，做好停车场、绿化带、垃圾中转站等建设，提升城市环境。加强水、电、气、通讯、医院、学校、广场、商场、农贸市场等配套设施建设。强化消防设施、人防工程、避难场所建设，全面提升城镇安全保障能力。加强农村基础设施建设，以新村建设为龙头，统筹推进乡村道路入户入组、供水供电、垃圾污水处理和电视通信等设施建设，建成一批风貌突出，设施完善、功能齐全、产业配套的新农村聚居点。坚守生态文明理念，加强公园、道路山体绿化、节能改造、雨污处理等设施建设，保护城镇发展所依托的自然生态环境。

4. 不断提升城镇管理水平

建立政府主导、部门负责、协调管理的城镇管理模式，整合道路、设施、市容等管理职能，划入部分行政审批职能，构建“审批、管理、执法”三位一体的大城管格局，有效解决职能交叉、条块分割、多头管理等问题，实现高效和人性化管理。加快公共信息资源整合。完善网格化管理，促进物联网、信息网建设，健全天网工程，消除管理盲点和死角，实现城市管理便捷化、高效化、智能化、精细化。加大执法力度，坚持依法依规文明执法、透明执法、按程序执法，纠正违法用地、违法建设、占道经营、违反交通等违法违规现象。加大城镇管理经费投入，改进执法装备，加强人才队伍建设，提高综合能力，建立考核奖惩机制，提升管理水平。

（四）改善内外环境，推进城乡统筹

1. 加强生态和环境保护

积极实施“绿色城市建设计划”，严格实施城镇蓝线绿线管制制度，加快公园绿地系统、山体岩壁增绿补绿工程、城市绿化设施、行道树等设施建设，探索建立湿地公园。以城乡环境综合治理为抓手，开展生活垃圾、乡镇环境、风貌打造、违法建设、噪声扬尘污水等专项治理活动，全面改善城乡生产生活条件。坚持实施农业生态工程，促进友好型农业发展，重点推广农牧结合、沼气配套、有机肥加工、循环种养殖等新技术，大力发展生态平衡、环境友好的现代畜牧业，形成可持续发展模式。加大水土治理，加强森林防火和有害生物防治，强化征地占定额管理，落实湿地和生态源头保护，巩固退耕还林成果，坚守生态保护红线，留下青山绿水，形成人与自然和谐发展、共享共赢的新局面。

2. 突破文化二元藩篱

积极挖掘本土文化潜力，弘扬达州城市精神，把握文化发展关键节点，不断缩小城乡文化差距。强化文化基础设施建设，在现有基础上，加强县（市、区）、乡镇（街道）、村（社区）三级公共文化设施标准化建设，实现统一规划、统一建设、统一管理。落实广播电视“村村通”工程，实现市域全覆盖，持续推进文化下乡，开展新农村文艺展演，宣传社会主义核心价值观，努力打造一批符合时代要求、群众喜闻乐见的精品力作。加大对賨人文化、红军文化、川东文化的凝练和推广，增强群众的归属感、凝聚力，全面推动达州科学发展、加快发展。坚持用制度消除文化隔膜，推进基本公共文化服务均等化，鼓励文化单位、网点、设备向农村流动，采取政府采购、补贴等手段，提供书籍、报纸、电影电视等服务，保障农村群众基本文化权益。建立健全文化发展用人机制，从财政保障、人员培训、队伍建设等方面提供服务，促进文化人才脱颖而出，建立科学的管理制度，提升文化机构的服务水平。通过城乡文化均衡发展，拓展农民视野、提升专业技能、缩小二元差距，使农民更快融入城市，进一步提升城镇化率。

3. 加强社会保障和服务能力

以全省实施“百万安居工程建设”为契机，全面提升保障房供给能力，坚持政府引导、市场为主，加大经济适用房和廉租房供应，落实商品房配套建设公租房机制，建立健全住房租金补贴制度，形成覆盖不同人群的多元化供应体系。完善就业保障体系。加强就业培训和在职教育培训，提升进城务工人员就业竞争力，加大就业扶持力度，完善税收减免、提供小额贷款等激励机制，鼓励企业吸纳就业，优化服务平台，公布就业信息、保障劳动权益、提供公益岗位。稳步推进基本公共服务全覆盖，深入推进户籍制度改革，全面放开城市落户限制，鼓励农业人口就近在城市或小城镇落户，完善社会保障制度，使进城农民享受同等的养老、医疗、失业和生育等社会保障，妥善解决子女入学、保险转移接续等问题。提升文化服务，优化图书馆、文化馆布局，通过网络、电视、媒体宣传，提升市民素质，培养城市生活方式，增强城市凝聚力，增加群众归属感，真正实现人的城镇化。

4. 健全社会支撑体系

强化金融支撑，完善农村金融服务组织体系，探索培育农村资金互助社等农村新型金融服务组织，试点创建村镇银行等新型农村金融机构；创新涉农金融服务品种，加大涉农信贷投入，着力发展小额信贷等适合农村需要的金融服务，逐步开展权属清晰、风险可控的林权、农房、大型农机具等抵押贷款；加大特色农业保险支持力度，探索开展特色农业保险，完善金融的担保和风险补偿机制，建立对农业经营主体的贴息奖补政策，推动农村信用体系建设。完善土地支撑，建立以承包权为核心的用地产权机制，保障农民土地用益物权力，建立健全征地和流转机制，确保农民分享工业化、城市化红利，优化土地整理机制，以用地增减挂钩为重点，合理区分用途，加快土地整理、复垦、开发，确保城镇建设用地。做牢产业支撑，加大招商引资力度，积极引进产业关联度强、产品附加值高的劳动密集型企业，积极壮大龙头企业，培育中小企业，鼓励小城镇发展特色产业，孵化本土企业，推动关联企业集聚发展，使农民获得更多创业就业机会，不断提高收入水平，实现就地城镇化。加快扶贫攻坚，建立政府主导、资金引导、社会组织参与的扶贫攻坚机制，整合扶贫资金，实施精准扶贫、整村扶贫、生态扶贫、技术扶贫，因地制宜发展特色种养业和乡村旅游；发挥扶贫资金杠杆作用，撬动产业发展，促进技术提升，夯实基础设施建设，提升贫困地区自身造血能力，推动达州均衡发展，全面迈入小康社会。

八、保障措施

（一）强化组织领导

加大对农业现代化和城镇化的统筹力度，形成党委统一领导、党政齐抓共管、相关部门各负其责的领导体制和工作机制，完善乡镇党委、村社组织的基层核心作用，安排骨干人才到乡镇任职，积极主动地推进现代农业发展，指导优势特色产业发展，培育和发展本土企业，稳步推进农民就地城镇化。加强党风廉政建设，强化对基层干部的教育、管理和监督，开展优秀支部书记、驻村干部评选，坚决查处腐败问题。

（二）加大财政投入

坚持总量持续增加、比例稳步提高原则，优先支持农业农村发展，投入农业基础设施、土地开发和农村民生工程，探索建立特色农业专项资金，推动优势农业产业化、规模化、链条化发展；加大对企业支持，探索对食品加工及农业产业化龙头企业提供补助，对涉农贷款给予财政补贴，建立耕地、生态补偿机制，为生态开发和修复整理提供资金保障。加大对城镇基础设施、社会保障、公共服务的财政投入，保障进城农民的基本生活水平，推动城乡均衡发展。

（三）加强人才建设

利用西南职教园区、四川文理学院等教育资源，积极培育会生产、懂经营、有技术的现代农民，推动农业规模化、机械化和特色化生产，不断提高产业化水平；以“千名硕博进达州”为契机，加大对领军人才、专业人才和紧缺人才的引进力度，提升产业园区建设、城市规划、技术研发和社会管理水平，持续缩小城乡二元差距，进一步提高城镇化水平；加强在职教育，建立终生学习机制，通过脱产培训、远程教育、送技术下乡等方式，完善人才的知识结构，增强服务能力，提高社会效益；建立科学有效的人才进入和退出机制，形成有为有位、能者多收的良好氛围。

（四）落实监督考核

严格执行“三农”工作预决算制度，实施党政领导负责制度，运用农业“四区建设”单项目标管理。创新工作机制，加大督查力度，整合各方力量，不折不扣地落实各项惠农富农强农政策，继续开展农田水利建设“甘露杯”竞赛活动，加强对涉农资金运用的专项考核管理。建立科学合理的督查考核和评估测评机制，完善城镇化指标体系、检查验收、服务管理等考核办法，确保各项任务落到实处。

达州特色农产品品牌要素研究*

宋志金

摘　要：达州位于大巴山南麓，气候优越，具有特色农作物生长的有利条件。达州是农业大市，生产各类特色农产品。但目前达州特色农产品品牌营销仍处在初级阶段，还存在诸多不足。达州特色农产品品牌命名方式单一，部分品牌标志缺乏，企业网站建设不全，广告语和广告歌曲应用少，品牌包装缺乏吸引力。达州特色农产品要取得更大发展，需要进行科学的品牌命名，策划内涵丰富易识别的品牌标志，设计简单易懂的域名、朗朗上口的广告语和脍炙人口的广告歌曲，设计符合消费者审美情趣的包装。

关键词：特色农产品；品牌要素；达州

随着区域经济竞争越来越激烈，区域产业成为竞争焦点。农业作为基础产业，历来是区域产业竞争的重要因素。特色农产品是依托区域内特有的自然环境和历史文化，依据独特的加工技艺，利用区域内富有特色的农业资源开发出的农产品。达州作为农业大市，农业资源丰富，具有开发特色农产品的良好条件。做好特色农产品品牌营销工作，对于提高农民收入、提升农业产业竞争力、实现农村经济结构转型具有重大意义。

一、品牌要素的含义及分类

品牌要素，是指那些用以标记和区分品牌的商标设计，包括品牌名称与标志、域名、广告语与广告歌曲、包装等。科学合理的品牌要素设计有利于企业创建高价值的品牌资产。[1]虽然品牌要素研究是品牌研究中的基础部分，但是国内外学者对品牌要素的研究并不多。彻纳东尼（1993）构建了品牌要素模型，提出9个原子要素。彻纳东尼和莱利（1998）基于原子模型建立了品牌要素“双漩涡”模型，左漩涡代表内部品牌要素，右漩涡代表外部品牌要素。凯文·莱恩·凯勒（2003）提出了有形品牌要素理论。豆均林（2004）认为品牌要素分为有形品牌要素和无形品牌要素。[2]汪秀英（2006）将品牌要素分为基础要素、核心要素、延伸要素、传播要素、个性要素。[3]田戊戌（2011）根据彻纳东尼和莱利的观点，建立了品牌创建动态模型。[4]冯林、秦燕（2011）提出了特色农产品品牌识别要素，包括生产区域、农产品品种、生产方式和生产企业等4个方面。[5]

由于达州特色农产品品牌营销还处于初级阶段，在此阶段以凯文·莱恩·凯勒（2003）为代表的有形品牌要素理论可以较好地指导该产业发展。故借鉴其观点，对达

* 作者简介：宋志金（1982—），男，四川威远人，四川文理学院财经管理学院，讲师，硕士。

州特色农产品品牌营销现状进行调查，分析达州特色农产品品牌要素应用存在的问题，并从品牌要素的视角提出营销策略建议。

二、达州特色农产品品牌营销现状

近年来，达州特色农产品在品牌创建上取得不俗成效，农产品品质得到了稳步提升。达州已成功创建中国驰名商标3个，国家地理标志品牌25个，四川省著名商标和名牌50个，无公害农产品、有机食品和绿色食品认证180个。但达州特色农产品品牌营销还有诸多不足，从最基本的品牌要素分析，达州特色农产品品牌营销要素应用还不够深入，主要表现在：品牌名称比较单一，基本上以“地域+产品名”为命名方式；企业网络营销滞后，网站建设不全；部分特色农产品没有相应的品牌标志；宣传主要靠政府部门带动，没有策划好的广告语和广告歌曲；包装设计不精致，缺乏吸引力。总的来讲，达州特色农产品品牌营销还处在初级发展阶段。

三、达州特色农产品品牌要素应用存在的问题

（一）品牌命名方式单一

农产品品牌命名主要有两种方式：一种是传统的命名方式，即“地域名称+产品名称”的命名形式，这种命名方式在农产品市场上占相当大的比例，使人能够准确知道该品牌的原产地。另外一种新颖的命名方式，即给产品设计一个富有个性的名称。[6]对于特色农产品，地区优良的自然资源是品牌差异性和产品核心竞争力的来源和基础。[7]由于地方特色农产品与区域特色资源联系密切，大多数特色农产品在命名中广泛采用“地名+产品名”这种形式，这种方式可以借助区域给农产品品牌带来的正外部性[8]。达州特色农产品众多，但目前主要以“地域名称+产品名称”为主，比如开江白鹅、渠县黄花、旧院黑鸡、宣汉木耳、达县乌梅等。也有部分特色农产品采用其他命名方法，如灯影牛肉的命名来源于其加工工艺特色，说明牛肉片薄如纸，颜色红亮；“地名+产品名”的命名形式虽然赋予农产品品牌区域特色和历史文化，但也在一定程度上限定了其销售区域。如果企业以后希望在更大范围的区域销售其特色农产品，那么在进行品牌命名时应当尽量规避这种形式。[9]

（二）部分特色农产品品牌标志缺乏

近年来，达州在推进现代农业发展的进程中，涌现了大批特色农产品，其中油橄榄、富硒茶、黑鸡（蛋）、蜀宣花牛、苎麻、黄花已经开发为达州主要的特色农产品。根据调查，目前少数龙头企业运营的特色农产品品牌标志设计比较齐全，如巴山雀舌的品牌标志设计较好，品牌标志设计融合了茶形特征，整个标志像山雀模样，能够激发消费者正面联想。而大部分特色农产品虽然具有一定知名度，政府和企业也做了大量宣传工作，但缺乏有内涵和吸引力的品牌标志，这些产品在营销中一般直接以具体

产品形象放在包装或网页上加以宣传，收效不佳。比如，东汉醪糟虽然在品牌包装上呈现了“四川名牌”“四川老字号”“质量认证标志”“绿色食品标志”等，但只有“东汉醪糟”品牌名称及其英文翻译，缺乏好的品牌标志，而视觉形象方面主要以醪糟产品加以补充，没有起到好的营销效果。

（三）特色农产品企业网站建设不全

在现代信息社会，企业网站对一个企业的重要性是不言而喻的。建设规范的网站是企业在互联网时代开展网络营销的必备条件，特色农产品企业也应该高度重视网站建设。傅忠贤等（2015）对 2014 年达州市 21 家农产品加工重点龙头企业（包括国家级和省级）的网站建设进行了调研，发现只有 4 家企业的网站建设规范，其余企业的网站不是空缺，就是不规范。不规范的形式主要有：① 网站栏目过于简单，只有“企业简介”一条内容；② 网页设置栏目下的内容严重缺乏；③ 网页更新时间不及时等。[10]

（四）广告语和广告歌曲应用少

广告语是用来传递企业和产品信息的宣传性短语。广告歌曲是用音乐形式介绍和宣传品牌。广告语简明有力，广告歌曲朗朗上口，有利于口碑传播，广告语和广告歌曲都是有力的宣传手段。根据调查，达州特色农产品大多数没有进行广告宣传，更谈不上策划好的广告语和广告歌曲，由于特色农产品属于公共区域品牌，企业缺乏动力做营销宣传，即便是企业自己生产的特色农产品，冠以企业品牌，也很少进行广告宣传。目前，达州特色农产品品牌的营销宣传主要由政府职能部门推动，大部分以“某某之乡”“某某之都”等类似的形式进行，效果并不理想。

（五）品牌包装缺乏吸引力

包装是指产品的容器。日益富裕的消费者愿意为好的包装支付溢价。好的包装有助于品牌得到消费者认可。因此，包装对于企业声誉和产品销售都会产生非常重要的影响。根据对达州特色农产品的品牌包装进行调查，发现大多数品牌包装不够精致，与现代消费者的消费趋势不符。比如，旧院黑鸡蛋产品包装上呈现的是品牌名称和具体的黑鸡（蛋）形象，与其他盒装鸡蛋品牌相比，特色不够鲜明，从而营销效果欠佳。

四、达州特色农产品品牌要素应用策略

（一）进行科学的品牌命名

品牌名称应该易写易读，以让消费者能够更好地理解和记忆，亲切熟悉而富有含义以切合消费者的知识结构，与众不同且独一无二以形成差异化竞争品牌。在品牌命名实践过程中，有多种命名方法可采用，其中以产地命名最为普遍，如山西老陈醋，这种方法有助于该地消费者对产品产生信任感和亲近感；同时，地名本身就是一种营销形式。另外，也有以动物花卉名称命名、以人名命名、以企业名称命名等方法。[11]

达州特色农产品不应该单一地采用“产地+名称”等命名形式，应该借鉴多种命名方法，以体现产品质量特色或加工工艺特色，如“巴山雀舌”是一个好的名称，该茶形似山雀之舌，体现了产品特色。这种“高映像化”命名能够激发消费者的正面联想。

（二）策划内涵丰富易识别的品牌标志

品牌标志是用视觉形象来向消费者表达品牌内涵。品牌标志的策划需要结合品牌历史和企业文化；同时，也要考虑产品属性。达州特色农产品的品牌标志具有不均衡的特点，有些品牌具有较好的标志与图标，如川汉子牛肉干的品牌标志是一个年轻的小伙与牛头结合而成的视觉形象，与“川汉子”这个品牌名称是非常切合的；同时消费者通过标志能够清晰地判断企业所生产的产品种类，其也是企业精神（勤奋、执着、创新的汉子精神）的体现。也有些品牌标志缺乏，如旧院黑鸡（蛋），不能有力地支撑品牌发展。这些品牌需要聘请专业的营销策划人员，结合产品特征、品牌名称以及地域属性策划内涵丰富易识别的品牌标志，进而促进品牌长远发展。

（三）设计简单易懂的域名

域名是用以指向互联网网页地址的名称。域名对于企业开展网上业务非常重要，被誉为“网上商标”。域名应当尽量简单，优先选择简短、易拼写、易理解的词汇，使用与产品或品牌相关的实词。实词具有具体的含义，同时与产品或品牌相关，能够激发消费者对品牌的正面联想，而虚词很难做到。根据特色农产品的特点，在域名设计上，一方面要体现个性，另一方面要能够引导消费者方便快速地找到并登录网站。因此，建议直接使用“地点+产品名称”的域名形式。如果该名称比较复杂，可以考虑直接使用首写字母作为域名，比如开江油橄榄，可以使用“www.kjygl.com”作为域名。当然，域名设计好之后，可以通过广告或搜索引擎优化等各种形式对网站进行推广，以提高网站知名度。

（四）设计朗朗上口的广告语和脍炙人口的广告歌曲

目前，达州特色农产品的广告宣传活动较少，优秀的广告语和广告歌曲更是缺乏。因此，达州特色农产品企业在营销宣传中应该设计好的广告语和广告歌曲，在进行广告宣传时，将这些广告语和广告歌曲融入各种广告活动中，如电视广告、报纸广告以及网络广告，应用到包装方案和促销活动中。以旧院黑鸡（蛋）为例，可以设计“旧院黑鸡（蛋），我黑，所以我更营养”等广告语，或者“黑鸡（蛋）的故事”等广告歌曲，通过这些广告语和广告歌曲，可以有效地让消费者理解旧院黑鸡（蛋）的产品特点和营养价值（富硒），同时也有力地对品牌进行了宣传。

（五）设计符合消费者审美情趣的包装

对于达州特色农产品，包装是非常重要的。特色农产品包装需要紧密结合产品属性进行设计。如灯影牛肉，根据产品形状不同可以采用不同的包装形式，灯影牛肉丝一般采用塑料袋装（根据不同规格分为大袋、中袋和小袋），而灯影牛肉片可以采用罐装，外包装也采用纸盒装。对于牛肉这种产品，一般采用红色作为包装主色调。巴山雀舌茶，一般可以采用纸盒装和罐装，外包装设计要考究，讲究档次，结构分布合理，包装颜色根据茶叶属性选用绿色为宜。旧院黑鸡蛋可以采用纸盒装，外包装图案、品牌标志以及其他信息需要分布均衡。另外，蛋类产品的包装一定要讲究运输安全，根据产品富硒的特点，包装颜色可以突出黑色，以区别其他普通鸡蛋。

五、结语

品牌要素是企业开展品牌营销首先要考虑的因素，只有选择并设计了合适的品牌要素，才能提高消费者对品牌的感知，从而促进消费者形成正面的品牌联想，提高品牌资产价值。每一品牌要素都有其优势与不足，企业不能只简单地利用单一品牌要素，而应当融合各品牌要素，才能产生协同效应，产生更好的营销绩效。通过对达州特色农产品品牌要素的确认，农业企业可以设计科学合理的品牌要素，从而更好地开展品牌营销，促使企业发展壮大。

参考文献

[1] 凯文·莱恩·凯勒，李乃和，吴瑾，邹琦，等. 战略品牌管理（第2版）[M]. 北京：中国人民大学出版社，2006：153.

[2] 豆均林. 基于品牌资产的品牌要素模型研究[J]. 经济师，2004（9）：260-261.

[3] 汪秀英. 论企业品牌要素的多元组合与运行机制[J]. 现代经济探讨，2006（4）：12-17.

[4] 田戌戌. 基于品牌要素的品牌创建动态模型建构[J]. 现代营销，2011（1）.

[5] 冯林，秦燕. 特色农产品品牌识别系统构成要素研究[J]. 经济研究导刊，2011，134（24）：244-245.

[6] 王成敏. 农产品品牌成因成长机理研究[M]. 北京：经济科学出版社，2014：46-47.

[7] 李敏. 我国农产品品牌发展战略定位和策略[J]. 改革与战略，2010（2）：90-92.

[8] 杨海龙，唐小飞，邓琪. 特色农产品企业品牌选择的影响因素分析[J]. 江西社会科学，2013（3）：205.

[9] 牛永革，李蔚. 基于共享地理品牌形象影响因素的实证研究[J]. 营销科学学报，2006（2）.

[10] 傅忠贤. 区域特色农产品加工产业集群的培育与提升[M]. 成都：西南交通大学出版社，2015：217-218.

[11] 宋志金. 我国农产品品牌塑造策略[J]. 山西农业科学，2011，39（12）：1316-1319.

木门会议与川陕革命根据地军队建设*

朱　华　安晓军

摘　要：木门会议是红四方面军入川以来召开的具有重要历史意义的一次军事会议。此次会议的召开为红军队伍的壮大和川陕革命根据地的巩固，以及后来的反敌“六路围攻”取得全面胜利，起到了重要促进作用。尤其是在红四方面军的扩编和地方武装力量的加强方面做出了突出贡献。

关键词：木门会议；川陕革命根据地；红四方面军；地方武装

川陕革命根据地是在中国共产党的领导下，由中国工农红军第四方面军和川陕边区群众共同创建的“工农武装割据”，是中国共产党早期最重要的根据地之一，是当时中国共产党领导下的第二大苏区。木门会议是红四方面军入川后召开的第一个重要军事会议，为川陕革命根据地的创立、发展以及红军北上抗日创造了有利条件。

一、木门会议的历史背景

1932 年年底，四川军阀混战，无暇北顾，川北地区国民党兵力薄弱，且有四川军阀拒绝南京势力入川的矛盾，红四方面军 14 000 余人[①]在徐向前的领导下进入川北，一举解放了川北的通南巴，并创立了川陕革命根据地。川陕革命根据地的建立，立刻吸引了国民党方面的注意。田颂尧方面在蒋介石的督责下，对红四方面军实施“围剿”，企图趁红四方面军立足未稳而一举消灭。田颂尧召集约 6 万人的部队，分三路纵队对川陕革命根据地实施其“三路围攻”。针对国民党方面的强烈攻势，徐向前等红四方面军领导分析了当时战场的敌我形势，采取了“收紧阵地，诱敌深入”的方针，逐步粉碎国民党方面的“围剿”。而直到 1933 年 6 月 15 日，这场前后共四个多月的反“三路围攻”战役，在徐向前的领导下取得了完全的胜利。这次反围攻战役一并收复了通南

---

* 基金项目：四川省教育厅人文社会科学重点研究基地四川革命老区发展研究中心项目（SLQ2010C-12）
作者简介：朱华（1973—），男，四川资中人，西华师范大学历史文化学院教授，历史学博士，硕士生导师，主要从事中国近现代史、中共党史研究；安晓军（1987—）男，山西翼城人，西华师范大学历史文化学院硕士研究生，主要从事中国近现代史研究。

① 关于红四方面军入川人数，有“16000 人”的说法，参见林超主编：《川陕革命根据地历史长编》，四川人民出版社 1982 年版，第 39 页；有“15000 人”的说法，参见林超、温贤美主编：《川陕革命根据地史》，四川省社会科学院出版社 1988 年版，第 30 页；本文所称的“14000 人”，参见四川博物院主编：《西行壮歌——川陕革命根据地斗争史》，四川教育出版社 2011 年版，第 37 页。

巴以及其周边地区，这样川陕根据地的范围就扩大到“北起陕西镇巴、西乡，南至四川仪陇、江口，东达万源，西抵广元和苍溪附近，面积近 2.3 万多平方千米，人口约 140 万”[1]。随着川陕根据地的不断扩大，举行一次调整性的会议变得很有必要，而反“三路围攻”的胜利也为举行这次会议——木门会议，创造了必要的条件，川陕革命根据地将迎来新的发展契机。

二、木门会议与根据地队伍的发展

1933 年 6 月底，红四方面军于旺苍县木门镇木门寺召开了由张国焘等一百余名干部参会的军事会议——“木门会议”。这是红四方面军入川以来举行的具有重要历史意义的军事会议。此次会议对刚刚结束的反“三路围攻”做了作战经验总结，并对红四方面军过去的肃反问题做了相关检查。此外，对各个师部之间的协同作战，及全党的团结工作也做了检查。最为重要的是，川陕根据地的队伍和地方武装较入川初已经有了很大的发展，会议决定在原有的四个师的基础上，以吸纳地方武装和招募新兵的方式，把队伍扩编为四个军；同时，对部队的政治工作和军事训练做了相关部署，并决定要恢复彭杨干部学校。

（一）队伍扩编

遵照会议决定，红军于 7 月上旬进行了整编和扩编，由四个师扩编为四个军。其组成情况和编制序列为：

“以第十师为基础，连同赤江、赤北两县独立团和万源、江口的独立营扩编为第四军，军长王宏坤，政委周纯全，下辖第十师、十一师、十二师计 8 个团；

“以第十二师为骨干，与巴中、恩阳、仪陇、阆中等县市的独立团、独立营扩编为第九军，军长何畏（抗战爆发后不久叛变，投降国民党），政委詹才芳，下辖第二十五师、二十七师计 6 个团；

“以第十一师为主，连同苍溪、长池等县地方武装扩编为第三十军，军长余天云，政委李先念，下辖第八十八师、八十九师、九十师计 8 个团；

“以第七十三师为基础，连同南江、广元等县地方武装编为第三十一军，军长王树声，政委张广才，下辖第九十一师、九十二师、九十三师，计 7 个团。”[2]见表 1。

表 1　木门会议后红军扩编简表

新建制	原建制	军长	政委	所辖师团
第四军	第十师	王宏坤	周纯全	十、十一、十二师计 8 个团
第九军	第十二师	何畏	詹才芳	二十五、二十七师计 6 个团
第三十军	第十一师	余天云	李先念	八十八、八十九、九十师计 8 个团
第三十一军	第七十三师	王树声	张广才	九十一、九十二、九十三师计 7 个团

注：据中共旺苍县委党史工委办编：《木门会议文集》，内部资料，1988 年。

西北革命军事委员会为川陕革命根据地的最高军事领导机关，主席为张国焘，副主席为陈昌浩、徐向前，参谋长为曾中生，下增设红四方面军总指挥部和总政治部，分别由徐向前和陈昌浩担任总指挥和政治部主任，各军的工作分别由以上各机关统一领导。

另外，各军的司令部、政治部也在原来各师领导机关的基础上建立起来。各军还设立直属医院、修械所、担架连和迫击炮连等。红四方面军的直属机关和部队有总经理部、总医院部和警卫一团、警卫二团等单位。

木门会议关于扩编红军的决定为红四方面军的发展奠定了组织基础，推动了川陕革命根据地的大发展。经过这次队伍扩编，红四方面军已由1932年年底入川时的14000余人增加到40000余人，革命队伍得到快速发展。随着川陕根据地革命队伍的不断壮大，国民党不得不投入更多的兵力来进行围攻。这次队伍扩编在一定程度上策应了其他红色根据地的反“围剿”，为陕南战役和西渡嘉陵江战役的胜利奠定了基础，为策应中央红军胜利北上创造了有利条件。

（二）练兵运动

部队扩编完毕，便转入为期三个月的军政训练。新兵数量增加，为提高战斗力，首先帮助有烟瘾的新兵戒烟，既增强了部队体质，也密切了军民关系。其次最为重要的是苦练军事技术，在川陕革命根据地不断扩编队伍的过程中，新兵数量大幅增加，而想要在短时间内提高军队的战斗力，开展大规模的练兵运动就显得十分必要。根据地练兵运动因地制宜，在各个场合一有空闲的时间就进行练兵，而且不论品级都要练。“上自军长下到炊事员、给养员，上自总部机关下到各师团机关、连队，人人参加，无一例外。”[3]练兵运动因时因地制宜，在总结实战经验的同时，并将加强理论学习始终贯穿在练兵运动中，这样红军队伍的战斗力就得到了保证。

（三）彭杨干部学校的恢复

彭杨干部学校的恢复，为红四方面军培养了大量的军事人才，训练工作也得到了改进。川陕革命根据地的彭杨干部学校创办于1933年2月，招收18岁至25岁的农村先进工农青年进学校培养，使之成为红军和地方武装的基层干部，以适应红军和地方武装迅速扩大的需要。红四方面军入川初期战事吃紧，一度停办，1934年12月改为红军大学，办至红四方面军撤离川陕根据地。

此外，“木门会议，在抵制张国焘的罪恶‘肃反’上，取得了胜利，意义非同小可。”[3]在过去肃反工作中，张国焘推行“左”倾错误政策，造成了肃反的扩大化，因而树敌过多，自己孤立，得不到群众支持，严重妨碍了根据地的安定与巩固。许多同志内心积蓄很久的意见在此次木门会议上得到表达，并提出改变“肃反”扩大化现象的意见，对“肃反”起到一定的遏制作用。

在木门会议后不久，川陕革命根据地得到巩固和发展。1933年7月7日，蒋介石任命刘湘为“四川剿匪总司令”，令其统率四川各军阀对红军和川陕革命根据地进行新的“围剿”。红四方面军趁四川军阀互相观望之际，分别发动并取得了仪南、营渠、宣达三次进攻性战役的胜利，红军和革命根据地得到发展。川陕革命根据地延伸至“东起城口近郊，西抵嘉陵江沿岸，南起营山、达县，北至陕南的镇巴、宁强。纵 4 百余里，横 5 百余里，总面积达 42000 余平方千米，人口约 700 万。①控制着通江、南江、巴中、仪陇、营山、宣汉、达县、万源等八座县城。在川陕苏维埃政府领导下，已建立了二十三个县和一个市的苏维埃政府”[2]。根据地进一步发展壮大，逐渐达到川陕革命根据地的鼎盛时期。

木门会议为红军的发展壮大，川陕革命根据地的巩固和发展，为西渡嘉陵江、接应中央红军北上抗日，奠定了坚实的基础。徐向前这样写道：“红军进行战略大转移，如果没有川陕根据地的桥梁和连接作用，将会增加更多的困难，造成更大的损失。”[4]毛泽东也曾评价道：“川陕苏区是扬子江南北两岸和中国南北两部间苏维埃革命发展的桥梁，川陕苏区在争取苏维埃新中国伟大斗争中具有非常巨大的作用和意义。”[5]我们从上可以看出川陕革命根据地在整个革命根据地中的重要性，而这一切又是以木门会议为基调进行发展建设的。

三、木门会议与地方武装建设

川陕革命根据地的各级党组织、苏维埃政府和红四方面军各级领导机关，都很重视地方武装的发展和建设，特别是在木门会议后，更加注重对方武装力量的建设。

（一）成立工农红军川陕省军区指挥部

为了进一步加强地方武装的建设，中共川陕省委于 1933 年 8 月 8 日在通江新场坝召开地方武装代表大会，并宣布成立中国工农红军川陕省军区指挥部，②由张广才任指挥长。省军区之下设立各县军区指挥部，统一指挥独立营、战斗连、游击队、赤卫军等地方武装，维护根据地的社会治安，训练地方武装的侦察能力，并加强他们的防范间谍意识，对普通群众进行军事训练，以便发动广大群众更好地支援和配合红军作战。

（二）省军区和县军区政治部的设置，加强地方武装政治工作的领导

地方武装的政治工作，统一由红军政治部领导，地方武装的团、营政治委员一般由党的区委委员兼任，或由区委指派可靠人员担任。地方武装的连政治指导员一般由

① 关于川陕革命根据地的人口，有“500 万”的记载，参见徐向前：《徐向前元帅回忆录》，解放军出版社 1984 年版，第 336 页；有“600 万”的记载，参见中共通江县委党史工作委员会编修：《通江苏维埃志》，四川人民出版社 2006 年版，第 3 页；本文所称的“700 万”，参见林超主编：《川陕革命根据地历史长编》，四川人民出版社 1982 年版，第 175 页。

② 地方武装的作战任务由川陕省军区指挥部按照《川陕省军区指挥部条例（草案）》统一领导。该《条例》见《川陕革命根据地史料选辑》，人民出版社 1986 年版。

地方党支部书记兼任，或由上级指派可靠人员担任。另外，“在作战时期，政治工作由该地驻在红军最高级政治机关管辖”[6]。

当时，川陕省的地方武装，在县、区、乡、村，都有自己的游击队（赤卫队）。一般县成立了独立团（营），区有赤卫军团部（游击大队），乡有赤卫军营部（游击中队），村有赤卫军中队。①其中“独立团、独立营和游击队以及独立连、战斗连，实际上都是脱离生产的武装组织，可以跨县调动使用。根据 1933 年 10 月的不完全统计（宣汉、达县地区的川东游击军，脱离生产的 23 岁以下的少年先锋模范连，都未计在内），川陕省各县脱离生产的独立团、独立营和游击队，共有 19000 余人。另外，还有少年先锋师、妇女独立师、（工农学）独立师等共 5000 余人”[1]。

（三）川陕省游击总指挥部的成立

1934 年的春夏之交，川陕革命根据地成立了川陕省游击总指挥部，周纯全任总指挥，其下共有东、南、西、北四路，并由游击总指挥专门负责指挥各县的独立团（营）、袭击队和游击队进行作战。但这时很多脱离了生产的独立团（营）、战斗连已编入正规红军。“这些游击队、袭击队和独立营，大部分是在反六路围攻第二次收紧阵地时，由各县、区级机关的工作人员编成的，到收复各县地区后，又回到原地工作。”[7]

地方武装力量的壮大，为红军队伍的发展奠定了良好的革命基础。徐向前曾提道：“这次扩编，采取由地方武装、赤卫队向主力红军升级为主的办法，较好地保证了扩兵的质量。”[3]各级地方武装指挥机关的设立，使得川陕军委的指示能够上传下达。地方武装能够很好地协同正规武装力量共同作战，在丰富了作战形式的同时，对根据地也起到了有效的巩固作用。

木门会议是红四方面军在川陕革命根据地创立初期的一次重要的军事会议。“木门会议从实际出发总结了反“三路围攻”胜利的经验，肯定了实事求是的战略战术原则，为夺取新的战斗胜利开辟了道路。”[8]我们在肯定成绩的同时也应该发现其中的问题：根据地的地方武装曾受到红四方面军的重视并得到很好的发展和建设，并取得一定的成效，但由于当时张国焘把建设和发展地方武装看作扩大红军的一种手段，不断把脱产的地方武装编入到红军队伍中去，在很大程度上制约了地方武装力量的发展，以致妨碍了地方游击战争的开展，同时也增加了根据地群众的负担。另外，由于轻视了军队干部文化素质的提高，在一定程度上制约了部队的发展。拥有“一定的文化知识，是提高干部军政素质、指挥才能、战略战术素养的基础。由于红四方面军的干部队伍文化程度偏低，当时又存在普遍轻视文化知识的倾向，给部队发展建设造成的障碍，是相当严重的”[3]。

---

① 根据《西北军区赤卫军条例（草案）》中第三条的规定：赤卫军是不脱离生产的。一般的县一级行政单位才有独立团（营、连），且脱离生产，而赤卫军在一定的条件下又可以升级为正规红军队伍。

参考文献

[1] 林超，温贤美. 川陕革命根据地史[M]. 成都：四川省社会科学院出版社，1988.
[2] 林超，等. 川陕革命根据地历史长编[M]. 成都：四川人民出版社，1982.
[3] 徐向前. 徐向前元帅回忆录[M]. 北京：解放军出版社，1984.
[4] 张剑涛，等. 巴山烽火[M]. 成都：四川人民出版社，1981.
[5] 毛泽东. 中华苏维埃共和国中央执行委员会与人民委员会对第二次全国苏维埃代表大会的报告[R]. 江西社会科学，1981（S1）：97.
[6] 温贤美，等. 川陕革命根据地史料选辑[G]. 北京：人民出版社，1986.
[7] 中共中央宣传部党史资料室. 红军第四方面军和鄂豫皖边区、川陕边区史料[G]//林超，等. 川陕革命根据地历史长编[M]. 成都：四川人民出版社，1982：215.
[8] 中共广元市委党史工委，《蜀门红旗——川陕苏区广元史略》编辑委员会. 蜀门红旗——川陕苏区广元史略[M]. 内部资料，1988.

“鸡鸣三省”会议的时间和地点考证*

李光胜　张大能

摘　要：遵义会议前后，中共中央在长征途中召开了一系列极其重要的会议，其中的“鸡鸣三省”会议由于其重要的历史地位和意义而备受学者和专家的关注。但是此次会议的时间和地点到目前为止仍然没有统一的结论。笔者在梳理大量的史料和查阅相关亲历者的记载、日记等材料后，认为该会议是中共中央于1935年2月5日在四川省叙永县石厢子召开的。

关键词：中共中央；“鸡鸣三省”会议；时间和地点

在广袤的中华大地上，有为数不多的几个地方都可以称为“鸡鸣三省”，而其中知名度最高、名声最大的非川、滇、黔三省交汇处的“鸡鸣三省”莫属。不仅是因为这里奇峰迥异、地势险要，更主要的是这里在中国现代革命史上发生过一场惊心动魄、举世闻名的战役——四渡赤水，同时也在这里召开了中共历史上著名的、开启了中国革命新转折并在实践中落实了遵义会议精神的重要会议——“鸡鸣三省”会议。由于这次会议是在战斗中进行的，到前为止，还没有发现该会议的原始记录档案。因此，在党史领域内，对这次会议召开的时间和地点也就存在争议。针对争议问题，笔者查阅了大量史料和当事人的日记等材料，并对材料进行抽丝剥茧、理性分析，加以逻辑论证，从中发现事实真相。

一、有关“鸡鸣三省”会议时间和地点研究综述

在中共党史研究领域内，专家们对“鸡鸣三省”会议的研究兴趣浓厚，重视度高，成果丰硕。然而对该会议召开的时间和地点，尤其是对地点的争议很大，而且每种观点都能摆出一定的依据，说出一定的道里。

1. 有关“鸡鸣三省”会议召开时间的争议

中共四川省委党史研究室研究员、邓小平研究专家吴启权在《石厢子交权》一文中，论证“鸡鸣三省”会议是从1935年2月3日晚上一直开到5日凌晨。中共云南省委党史研究室科研处处长应细飞和王淑远同志在《“鸡鸣三省”会议地点考证和扎西会议历史地位》一文中，分析认为“鸡鸣三省”会议是在1935年2月5日晚间召开的。

* 作者单位：成都纺织高等专科学校思政部。

李申文、张静涛在《浅谈扎西会议及其意义》一文，也认为该会议时间是在1935年2月5日晚上。中共中央党史研究室研究员石雷在《中共总书记博古交权之时间和地点的考证》一文，根据众多与会者的日记、回忆和当年留下的重要电报资料，推断出“鸡鸣三省”会议的时间是1935年2月4日深夜到5日凌晨。龚才华在《被忽视了的石厢子》一文中认为，会议时间是1935年2月3日晚间，等等。

2. 有关“鸡鸣三省”会议召开地点的争议

由于红色旅游的强势崛起，川滇黔三省都在据理力争、组织专家考察，论证会议地点在自己省内。因而，在学术界有关“鸡鸣三省”会议的召开地点也就有了三个流派或者三种观点。

第一种观点是四川省叙永县石厢子说。1984年,《经济日报》前副总编辑罗开富对石厢子和狭义的“鸡鸣三省”村——岔河等地进行了考察，再根据项英和张闻天之间的电报来往时间，推断出该会议的地点是四川省叙永县石厢子。中共四川省古蔺县委党史研究室研究员何世鸿在《关于博古交权地址的考证》一文，从四个方面分析了“鸡鸣三省”会议的地址不是在云南和贵州，而是在四川叙永县的石厢子。中共四川省委党史研究室研究员、邓小平研究专家吴启权在《石厢子交权》一文中，根据1935年2月3日到5日红军的活动情况推断，也认为是在石厢子。中共中央党史研究室研究员石雷在文章《中共总书记博古交权之时间和地点的考证》中分析，“鸡鸣三省”会议的地点是四川省叙永县的石厢子。四川省叙永县政协文史资料委员会委员颜林在《博古交权的“鸡鸣三省”村究竟在哪里》一文中深入分析了一系列重要史料后，根据四个方面的依据，得出该会议的地点是四川省叙永县石厢子村。龚才华在《被忽视了的石厢子》一文中也认为“鸡鸣三省”会议是在石厢子召开的。马恒建的《“鸡鸣三省”云贵川》和童燕、周锐京的《毛泽东红军统帅地位的形成与确立》也都认为“鸡鸣三省”会议地点是石厢子。

第二种观点是云南省威信县水田寨的花屋子（今花房子）说。这一观点中，最有权威性的是中共党史研究专家、原中央党史研究室副主任石仲泉的观点。他曾用了好几年时间，亲自走完了当年中央红军的长征路和其他方面红军的部分长征路，于2006年出版发行了《长征行》一书。此书中关于“鸡鸣三省”会议地点的论述倾向于云南省威信县水田寨花房子。中国科普及传记作家叶永烈在《博古从错误中走出来》一文中推测，博古交权由张闻天负总责的“鸡鸣三省”会议地址是在云南省威信县水田寨花房子村。著名作家、张闻天研究专家程中原先生的《扎西会议考辨》和中共云南省昭通市委党史研究室副主任翟昭明的《“鸡鸣三省”洛甫博古接交权时间地点考》都认为，“鸡鸣三省”会议地点是云南省威信县水田寨的花房子。中共云南省委党史研究室科研处处长应细飞和王淑远根据对“鸡鸣三省”会议时间的确定，也认为该会议的地点是云南省威信县水田寨的花房子。李申文、张静涛的《浅谈扎西会议及其意义》一文，认为水田寨形似鸡嘴，中央红军来到这里后召开了中央政治局常委会即“鸡鸣三省”会议。

第三种观点则是贵州省毕节市林口镇迎丰村说。相比较前两个观点来说，持这一观点的人相对较少。石尚武的《鸡鸣三省东方欲晓》，聂宗荣的《乌蒙腹地三省红都：七星关区》，章华、谢家兴的《小山村鸡鸣三省闻小地方鸡鸣云贵川听小地名鸡鸣古今吟》都认为“鸡鸣三省”会议的地点是位于贵州省毕节市林口镇迎丰村。石仲泉的《走走党史：一渡赤水和“鸡鸣三省”会议》一文，全面分析了三种学说的观点依据，也深刻阐述了每一种学说中都存在的一些无法回避而又令人费解的不利因素。

要确定“鸡鸣三省”会议的时间和地点，必须要尊重一个史实，即这次会议的重要任务：一是遵义会议已经提出但始终没能落实的问题，就是中央政治局几大常委的分工问题，直到这次会议才得以切实解决：博古交出总书记的权力，张闻天开始在党内负总责，毛泽东在军事上帮助周恩来并和周恩来一起具体负责军事行动。二是针对敌兵的围追堵截，会议讨论和研究了中央红军的作战方针，改变了原先渡江入川的进攻方案，决定红军折回遵义，开始战略转移，以川滇黔三省交界处作为新的作战区域。三是讨论通过了遵义会议决议，并决定在部队中传达贯彻。四是精编红军部队，研究部署中央苏区红军会后的作战方针，并首次对湘鄂川黔等省的苏区工作进行了探讨研究，为中央苏区以后的斗争指明了方向。

对于上述中共党史上如此重大的一个事件，恐怕不是三言两语或在马背上就能立即解决的，而要经过较长时间的酝酿和讨论。也就是说，“鸡鸣三省”会议是需要一个相对安定的地点和较充裕的时间作保障的。这一重要信息是我们讨论“鸡鸣三省”会议的时间和地点的前提条件。

二、“鸡鸣三省”会议召开时间的考证

关于“鸡鸣三省”会议的召开时间，我们可以从众多当事人的回忆录和相关史料的记载中得到较为可靠、较有说服力的答案。

长征的亲历者杨尚昆在其回忆录中这样写道：在“一个叫鸡鸣三省的地方时，张闻天代替博古负总的责任，时间大概在 1935 年 2 月 5 日”[1]。再看另一位长征的亲历者——张闻天夫人刘英在《刘英自述》一书中关于此次会议时间的交代：“2 月 5 日在‘鸡三省，这个庄子里，常委分工才决定闻天接替博古负总的责任（习惯称为总书记）。”[2]如果说杨尚昆对这次会议召开时间的记忆还比较模糊的话，那么刘英对这次会议时间的记述已经非常明确了：1935 年 2 月 5 日。

再看一份史料记载，由遵义会议纪念馆原副馆长吴德坤主编的《遵义会议资料汇编》里有一篇文章叫《关于遵义政治局扩大会议若干情况的调查报告》，此文记述：“洛甫同志接替博古同志的职务，是 1935 年 2 月 5 日在鸡鸣三省，当中央政治局常委进行分工时决定的。”[3]这篇文章发表于 1983 年 2 月，主要是根据陈云在长征途中所写的传达手稿，即《遵义政治局扩大会议》编写而成。陈云的这一手稿是在遵义会议之后不久在向部队传达会议精神时所写。20 世纪 80 年代，胡乔木见到这一手稿后，对其进行

了考证，认为这一手稿是在遵义会议后不久，中央红军从云南省威信县到贵州省仁怀县鸭溪镇的行军途中完成的，据此断定写作时间是 1935 年 2 月 11 日至 3 月 11 日之内。对胡乔木的这个考证，陈云没有否定，并同意了这个考证时间。

前两份材料是在事件发生几十年后亲历者的回忆。这样的回忆出现些许游离事实的现象是有可能的。而后一份材料即陈云的这份手稿完成于“鸡鸣三省”会议结束后的一个月左右，这样的回忆可信度应该是毋庸置疑的。另外，再退一步想，即使是几十年后，杨尚昆和刘英对于“鸡鸣三省”会议时间的回忆是不准确的，但杨、刘二人却都认为是 2 月 5 日，并且这一时间还与陈云手稿记载的时间完全一致，这恐怕不是巧合二字能够解释的，反倒是恰恰说明了历史真实。

最能够印证上述三位亲历者对于“鸡鸣三省”会议召开时间回忆准确性的材料，就是下面一份文献了。这份文献的主要内容是：1935 年 2 月 5 日，张闻天代表中央给中央苏区的复电。发这份电报的背景是，中央红军在长征初期辗转来到偏远的大西南后，一方面与共产国际失去了联系；另一方面，遵义会议在理论上已经取消了博古的军事指挥权，但博古又没有交出权力，因而处于一种真空状态。因此，留在中央根据地的中央分局无法及时得到党中央的指示和作战安排。于是在 2 月 4 日，项英代表中央分局去电批评中央：“自出动以来无指示，无回电，也不对全国部署总方针。”[3]翌日，就中央根据地的行动方针等一系列问题项英又致电党中央，并要求“立复”。此时，张闻天当即组织召开中央政治局扩大会议，对项英所提的问题进行讨论。当天，张闻天以中央书记处名义“立复”项英，并指出“政治局及军委讨论了中区的问题”[3]。可见，这个时间段中央政治局以会议的形式来讨论项英提出的问题，并与中央政治局常委分工的会议是同一时间：1935 年 2 月 5 日，即一个会议讨论了多个议题。

三、“鸡鸣三省”会议召开地点的考证

历史事件考证的核心是时间和地点。前文已经明确了“鸡鸣三省”会议的时间，下一个问题就是该会议的地点考证了。

关于“鸡鸣三省”会议的地点，最笼统地说，就是“鸡鸣三省”，即“金鸡齐鸣，三省皆闻”。狭义的“鸡鸣三省”位于川颠黔三省交界、赤水河与渭河交汇处，这是一个岔河渡口，悬崖峭壁、地势险峻。红军长征时，这里已经没有村庄了，并且当年红军部队也没有在这里驻扎过。既如此，党中央就没有可能在这里开过会。

广义的“鸡鸣三省”是以岔河为中心向川滇黔三省周边辐射数十公里的一个较大范围地区。那么“鸡鸣三省”会议究竟在如此大范围的什么地方召开呢？周恩来生前对此有过描述。早在 1943 年延安整风时期，周恩来就说，“遵义会议之后，当部队行进到四川、贵州、云南交界地方，在一个叫‘鸡鸣三省’的庄子里，毛主席把我找去说，洛甫现在要变换领导。毛主席说服了大家，当时就让洛甫做了。”[4]1972 年 6 月，周恩来在《党的历史教训》的长篇讲话中，再次提到了“鸡鸣三省”。他说：“土城战

斗后渡了赤水河。我们赶快转到三省交界即四川、贵州、云南交界地方，有个庄子名字很特别，叫‘鸡鸣三省’，鸡一叫三省都听到。就在那个地方，洛甫才做了书记，换下了博古。”[5]周恩来在他的两次谈话中都谈到“鸡鸣三省”是一个“庄子”。“庄子”就是“村庄”[6]的意思，即“农民聚居的地方”[6]。根据这一释义，当年召开“鸡鸣三省”会议的地点应该是人口相对比较密集的地方。《经济日报》原常务副总编辑、中国经济前沿决策顾问中心副理事长、高级编辑罗开富曾在1984年徒步重走长征路，对石厢子和岔河等地做了实地考察：当年隶属四川省古蔺县的石厢子（今属叙永县）位于岔河一侧、赤水河北岸。更重要的是，在这样一个广义的“鸡鸣三省”的地方居住着75户人家，聚居着汉、彝、苗等族群众400多人，形成上下两条街，完全符合周恩来所说的“庄子”。而同属于广义的“鸡鸣三省”范畴的云贵边境，住户一直偏少，长期只住有罗、张两家，况且当年中央红军长征时，这两户人家已经搬迁走了。可见，“鸡鸣三省”会议的地点应该是四川的石厢子。

这样的结论由下面几组当事人的日记材料可以证明。

长征亲历者伍云甫在其《长征日记》中如此记述：“2月3日，晴，由达摩坭（尼）经安吉亭（安基屯）、乐洼（东瓦）沟，到石乡（厢）子宿营……”“2月4日”，“驻石相（厢）子”。“2月5日”，“至花屋子宿营，23时半才到。”也就是说，红军在2月3日晚间到达石厢子，第二天在这里停留了一天，于2月5日离开，直到当天深夜十一点半才到云南的花屋子。当年接替博古负总责的张闻天在当天就给项英回复了急电，如此重大、紧急的事情在半个小时之内匆匆做出决定是不太可能的。也就是说，“鸡鸣三省”会议是不大可能在云南的花屋子召开的，只有在石厢子一天半的时间里做出这个决定的可能性最大，也最合情理。

再看另一位长征亲历者陈伯钧的日记：“2月3日，始阴、继晴、微风，行军——由风水桥经摩泥（尼）到石厢子。约75里。9时出发，因吃饭关系又挨晏了（即又晚了之意）结果仍掉在野战医院后面，及至磨泥（摩尼）才插上第四科，到石厢子已晚间2时了！2月4日晨雾，继晴，休息——石厢子。石厢子系川滇黔三省交界处，处于万山中，四周岗峦环绕，形势险要。不过给养比较缺少，连水都不易找到。这两日系旧历年关……”[7]

另一位长征亲历者、时任红军总部无线电台报务主任的钱江在《长征中中央军委行军日程回忆》一文也有准确记载：1935年“2月1日到（古蔺）马蹄滩，2日到摩泥（尼），3日到（叙永）石相（厢）子（鸡鸣三省），日到水田附近花屋（房）子”[8]。

上述几名长征亲历者的日记对行军进程的记述完全一致。尤其是钱江，历任红军总部无线电台报务主任、股长等职，一直跟随毛泽东、周恩来、朱德、张闻天等中央领导同志一起行动。周恩来回忆时只记得“博古交权”是在川滇黔交界处一个“鸡鸣三省”的庄子。而钱江却能够记得周恩来所说的庄子就是石厢子，周、钱二人的回忆相互支撑，高度吻合，从而有力地证实了当年的“鸡鸣三省”会议就是在四川的石厢子召开的。

对于这一观点，从那几天项英和张闻天之间的电报中也能推断出来。1935 年 2 月 4 日，项英致电批评中央，“自出动以来无指示，无回电，也不对全国部署总方针”。而这一天，中央红军已经到达石厢子。5 日，项英又致电中央还要求“立复”。也就在这一天，张闻天代表中央“立复”项英。从前面几位长征亲历者的日记中可知，5 日上午 10 时从石厢子出发到花屋子，到夜间 11 军才到达。如此，“鸡鸣三省”会议应该是在石厢子召开的，否则张闻天还无法代表党中央给项英回电。

四、结论

综上，中央红军在实施战略转移——长征初期，于 1935 年 2 月 5 日在川滇黔交界的一个鸡鸣三省的村子——四川省叙永县石厢子，召开了党和红军历史上具有承前启后历史作用和意义非同凡响的“中共中央政治局鸡鸣三省委常委分工会议”，简称“鸡鸣三省”会议。

参考文献

[1] 杨尚昆．杨尚昆回忆录[M]．北京：中央文献出版社，2007：118.
[2] 刘英．刘英自述[M]．北京：人民出版社，2005：62-63.
[3] 吴德坤．遵义会议资料汇编[G]．北京：中央文献出版社，2009.
[4] 颜林．博古交权的“鸡鸣三省”村究竟在哪里[J]．文史博览，2009（7）：2.
[5] 中共中央党史资料征集委员会．遵义会议文献[Z]．北京：人民出版社，1985：69.
[6] 吕叔湘，丁声树．现代汉语词典（第 6 版）[Z]．北京：商务印书馆，2015.
[7] 陈伯钧．陈伯钧日记[M]．北京：中国财政经济出版社，2002：176-177.
[8] 钱江．长征中央军委行军日程回忆[M]．北京：党的文献，1991（6）：7.

“鸡鸣三省”会议的历史意义和时代价值*

钟发霞

摘　要：“鸡鸣三省”会议是中国共产党在革命历程中于1935年2月5日具体落实遵义会议精神的会议。其地点在川滇黔交界的某地，关于确切地点学界有诸多争议。而会议的内容是确定的，讨论和解决了中央高层的组织人事问题，毛泽东实际进入了军事决策层，结束了“左”倾路线，对中央红军的行动做出了正确的决策，并对苏区的革命和斗争进行了部署。“鸡鸣三省”会议对我党的思想建设和组织建设有着重要的启迪意义，同时也引发了对云贵川三地交界边区的扶贫与跨区域经济文化建设的思考。

关键词：“鸡鸣三省”会议；历史意义；时代价值

“鸡鸣三省”意为一只鸡啼晓，三个省都可同时闻聆，古人所说“金鸡齐鸣，三省皆知”，又俗称“一鸡鸣三省”或“一脚踏三省”。“鸡鸣三省”自古是川滇黔三省边界处的一个小村子，早在清末及民国时期的当地骚客文人的诗文中已可看到“鸡鸣三省”之名。民国年间，云南省镇雄县教育科科长涂向仁曾为贵州“鸡鸣三省”余氏土司题写庄园门对联，联文是“东临蜀水，西拥滇山，鸡鸣三省钟灵地；昔尚武功，今崇文治，虎踞千秋耀德辉”。这是目前贵州“鸡鸣三省”村名见于文字的最早记载。

一、“鸡鸣三省”会议的时间与地点

中国共产党的革命史中有一次会议在著名的“遵义会议”之后，学界称之为“鸡鸣三省”会议，由于这次会议的内容有承前启后的作用，召开的地点也比较特殊，学界对其有颇多研究。关于这次会议的相关研究主要依据是《中国共产党历史》上卷中的一句：“随后，在红军转战途中，2月5日前后在川滇黔交界的鸡鸣三省一带，政治局常委分工，决定由张闻天代替博古负党中央总的责任。”[1]“遵义会议”的时间是在1935年1月15日至17日，文中的“随后”即1935年的2月5日。“鸡鸣三省”会议的时间在学界无争议，即1935年2月5日。但关于会议地点围绕“鸡鸣三省”这个词争议颇多，争议表现为川、滇、黔三派。“滇派”根据当时来往的电文、亲历者的日记

* 基金项目：本文系四川省革命老区发展研究中心资助项目“‘鸡鸣三省’会议相关争议问题再研究”（SLQ20UB-08）的阶段性成果。

作者简介：钟发霞（1979—），女，四川泸州人，泸州职业技术学院思政教研部，讲师。主要研究方向：德育、党史。

或回忆而推论“鸡鸣三省”地点在云南省威信县的水田寨。[2]“川派”的罗开富、颜林等依据当时电文的时间节点、当地居民见证者的回忆把“鸡鸣三省”会议的地址确定为四川省叙永县石厢子村，并直接把会议命名为“石厢子”会议。而“黔派”不进行任何争辩，理直气壮地认为是在贵州毕节林口镇。这种争议对历史研究已经没有意义，争议本身却包含着现实意义。

二、“鸡鸣三省”会议的内容与历史意义

遵义会议之后，虽然确立了毛泽东在中共中央和红军中的领导地位，但博古仍主持中央日常工作，并延续硬拼死打、冒险渡江入川与红四方面军会合的战略决策。在党和红军处在生死存亡的紧要关头，更换最高领导的意愿在党内蔓延，因此而有了后来的“鸡鸣三省”会议。

“鸡鸣三省”会议根据毛泽东的提议，讨论和完成了中央最高领导的组织和调整，中央政治局常委工作进行了重新分工，对军队进行了部署。

第一是讨论和解决了中央最高层次的组织人事问题，对政治局常委进行了分工，决定由张闻天替代博古，在党内负总责，由毛泽东、周恩来负责军事，毛泽东为周恩来在军事指挥上的帮助者，博古任总政治部代理主任。

第二是讨论通过了《中央关于反对敌人五次“围剿”的总结决议》确定了中央红军的行动方向，决定暂时放弃渡江北上而改向敌人力量薄弱的川、滇、黔边境为发展地区，争取以战斗的胜利打开新局面，进而争取由黔西向东的有利发展，寻机创建新根据地。这一新的战略行动方针的明确化，扭转了中央红军的被动局面，创造了川滇黔游击根据地，在共产党的革命史中意义极为重大。

第三是提出了中央苏区及邻近苏区坚持游击战的基本原则，改变红军过去的组织形式和作战方式，分散开展游击战争、运动战，以保存和发展革命力量。随后又对红二、六军团，四方面军及全国白区的工作做了工作部署，恢复了中共中央对全国革命斗争的领导和指挥，成立由项英、陈毅等组成，项英为主席的革命军事委员会中央苏区分会等决定。

第四是决定对部队进行精简缩编，并对留在中央苏区的红军的战略方针和湘鄂川黔苏区的工作进行了首次的研究部署。[3]

“鸡鸣三省”会议是遵义会议的延续和补充，光照千秋，开启了新转折，是党和红军历史上又一次承前启后、继往开来的会议。会议成功完成了遵义会议决定而又尚未完成的中央最高层组织调整任务，做出的关于“中央苏区”问题的“三条决定”，使中央苏区工作有了正确的路线和贯彻正确路线的组织保证，从而扭转了中央和红一方面军主力长征后中央苏区工作出现的混乱局面，从根本上彻底纠正了王明“左”倾错误路线，结束了“左”倾教条主义在党中央的组织领导，进一步确立了毛泽东同志在党和红军中的领导地位；为贯彻执行毛泽东同志正确的军事路线提供了组织上的保证；

进一步增强了党内团结，为长征的胜利赢得了根本保证。从此，中央红军在毛泽东同志的正确领导下，声东击西，灵活作战，胜利到达陕北，完成了举世闻名的二万五千里长征，打开了中国革命的崭新局面。

三、“鸡鸣三省”会议的时代价值

“鸡鸣三省”会议会址已成为红色文化教育基地，使观临者缅怀红军及老一辈革命家的丰功伟绩的同时受到爱国主义教育，除此之外还有重要的理论精神价值和经济文化发展价值。

（一）理论与精神的时代价值

“鸡鸣三省”会议中，根据当时中国革命遇到的实际问题和形势调整战略战术，把遵义会议的精神落到实处，既延续了遵义会议的“实”，又落实了遵义会议的“实”。正是这种“实”的精神，被中国共产党人归结为党的精神传统的精髓——“实事求是”，保证了长征的胜利和中国新民主主义革命的胜利。

时至今日，“鸡鸣三省”会议过去了整整 80 多年，对“四个全面”建设的开展和中国梦的实现有极为重要的理论与精神启迪。宏观的战略需要我们依据时下的实际形势进行思考与布局，微观的具体操作需要我们一步一个脚印去解决一个又一个问题。

2014 年 3 月 9 日，习近平总书记在中华人民共和国第十二届全国人民代表大会第二次会议安徽代表团参加审议时，关于推进作风建设的讲话中，提到“既严以修身、严以律己、严以用权，又谋事要实、创业要实、做人要实”的重要论述，简称“三严三实”。当下的“三实”是“谋事要实”就是要从实际出发谋划事业和工作，使点子、政策、方案符合实际情况、符合客观规律、符合科学精神，不好高骛远，不脱离实际。“创业要实”是要脚踏实地、真抓实干，敢于担当责任，勇于直面矛盾，善于解决问题，努力创造经得起实践、人民、历史检验的实绩。

80 多年前“鸡鸣三省”会议也是“谋事”，谋中国革命红军生存与发展之事；也是“创业”，创中国独立自主、团结统一之伟业；也是“做人”，做对党忠诚、干老实事、襟怀坦白、公道正派之共产党人。80 多年后的“三严三实”是对“鸡鸣三省”会议精神财富的传承与发扬。

“四个全面”的宏观谋篇布局诚如遵义会议之转折意义，而“三严三实”恰如“鸡鸣三省”会议的落到实处。对于我们党最重要的是接下来是否能按照这种宏观布局与具体要求付诸行动，能真正改变中国改革开放近四十年来存在的问题和不足，赢得中华民族复兴的伟大胜利。读历史可以知兴衰，牢记历史，解读历史，在历史中吸取精神营养，让党和人民在波诡云谲的全球化时代中少些浮躁，对共产主义远大理想的追求坚如磐石。

（二）经济与文化发展价值

“鸡鸣三省”会议会址之争源于周恩来在 1972 年 6 月 10 日的回忆：“从土城战斗渡了赤水河。我们赶快转到三省交界即四川、贵州、云南交界地方，有个庄子名字很特别，叫鸡鸣三省。鸡一叫三省都听到，就在那个地方，洛浦才做了书记，换下了博古。”[4]而今学界对会议地址的争论除了厘清历史的真相，其他目的也不言自明。围绕红色旅游，云贵川都各有动作。四川叙永县 1998 年树立了“石厢子”会议的纪念碑，云南威信县准备以"鸡鸣三省"为依托建立红色旅游品牌，而贵州毕节林口镇在 1996 年树立了萧克将军"鸡鸣三省"纪念碑。云贵川除了各自丰富巩固自己的红色文化旅游之外，更重要的是把握现在，面向未来，从跨区域经济与跨区域文化多角度进行联手开发与发展。

80 多年前，中国共产党正是利用了三省之间人为的界限，采取灵活运动战术取得了决定性的胜利。而今我们不能让这种人为划定的界限成为云贵川三省边界进一步发展、进入全面小康建设的阻碍。

由于思想认知、政绩考核制度、地方保护主义等方面的原因，云贵川三省未能很好地利用“鸡鸣三省”独特的地理资源和历史资源，发展该地的经济文化，致使当地成为云贵川最穷的地方，交通不便，当地居民生活贫困，与 80 多年前革命先辈们经过时相差无多。

“鸡鸣三省”乃“金鸡齐鸣，三省皆闻”，位于四川、云南、贵州三省交界，赤水河与渭河交汇处。在“鸡鸣三省”中心的岔河，道路崎岖，峰峦叠嶂环绕，悬崖峭壁，这样的独特地理景观至今鲜为人知，丰富的自然旅游被白白闲置。查遍史料，无论先辈们的回忆还是其他的文史资料的记录，都没有记载“鸡鸣三省”会议的确切地址，毛泽东和周恩来的回忆都只笼统地告诉后人是在一个叫“鸡鸣三省”的村子，而今我们非要去搞清楚究竟是在川滇黔的哪个省内，其价值和意义何在，值得反思。冥冥中，先辈们似乎在昭示后人该地的发展不能人为地划分省区，而应融合在一起，你中有我，我中有你。

四、结语

“鸡鸣三省”会议是遵义会议的继续，在中国共产党的革命史上承担了重要的角色，在组织上、策略上保证了革命向着成功的方向稳步迈进。学界对会议地址的争议可以结束了，因为除了试图厘清但总有疑点的历史真相外，没有更多的意义。面对现实和未来，三地更重要的不是争议而是联合，对这个曾经铁马冰河如今依然风景秀丽而又原始贫穷的地区进行联合开发打造，解决扶贫瓶颈、实现小康目标等具体问题。在川滇黔三省跨区域经济文化发展方面学界已经开始研究，在实践中三省也在启动联手发展模式，但未有针对狭义鸡鸣三省地区的具体研究和可操作方案。云贵川三地理论与实务界应对该地投入更多的关注，给予人力、物力、财力以及政策上的支持，上可慰先辈英灵，下可安老区黎民。且在四川的边界，除了川滇黔的边界存在“鸡鸣三省”的情况外，在川陕甘、川渝等也都存在类似问题。

参考文献

[1] 中共中央党史研究室编. 中国共产党历史[M]. 北京：人民出版，1991：387.
[2] 翟昭明. 关于博古、洛浦在“鸡鸣三省”交接权时间、地点考证[J]. 党史文苑，1997（2）：53.
[3] 张薇. 红军长征中党中央在贵州召开的几次重要会议[J]. 贵阳文史，2006（9）：37.
[4] 马恒建. 鸡鸣三省云贵川・风土志[J]. 2013（8）：60.